批判性思维与中学物理教学

CRITICAL THINKING AND SECONDARY SCHOOL PHYSICS TEACHING

汪明◎著

江苏凤凰科学技术出版社 · 南京

图书在版编目(CIP)数据

批判性思维与中学物理教学 / 汪明著. -- 南京 : 江苏凤凰科学技术出版社, 2025. 6. -- ISBN 978-7-5713-5317-9

Ⅰ. G633. 72

中国国家版本馆 CIP 数据核字第 2025J3W827 号

批判性思维与中学物理教学

著　　　者	汪　明
责 任 编 辑	吴梦琪
责任设计编辑	孙达铭
责 任 校 对	仲　敏
责 任 监 制	周雅婷
出 版 发 行	江苏凤凰科学技术出版社
出版社地址	南京市湖南路 1 号 A 楼　邮编:210009
编 读 信 箱	skqsfs@163.com
联 系 电 话	(025)83657623
印　　　刷	苏州工业园区美柯乐制版印务有限责任公司
开　　　本	787 mm×960 mm　1/16
印　　　张	25.75
字　　　数	412 000
版　　　次	2025 年 6 月第 1 版
印　　　次	2025 年 6 月第 1 次印刷
标 准 书 号	ISBN 978-7-5713-5317-9
定　　　价	98.00 元

序　一

批判性思维，因其对人的成长、科技发展和社会进步的重要性，近年来在国内获得了越来越多的认可。教育界也越来越广泛地认识到融入批判性思维的能力培养的必要性。基础教育阶段作为学生思维习惯和技能形成的关键期，其中许多学科的课程标准明确纳入了批判性思维教育的成分和要求，这是令人高兴的发展。

不过，目前在基础教育领域中，批判性思维教育多聚焦于语文等人文学科，在物理等学科中系统融入批判性思维教育的报道和著作相对较少，而在物理等学科中开展批判性思维的训练对智力发展的必要性不言而喻。因此，汪明老师及其团队多年来在物理学科教学中融入批判性思维的努力和经验，是十分有意义和可贵的。

初读汪老师的这本新著，其学术价值不仅在于研究领域的独特性，更在于其独到的见解和丰富、扎实的内容，很值得教师们阅读与学习。在批判性思维的理论方面，书中采用了国际上主流的罗伯特·恩尼斯的定义——批判性思维是为决定信什么或做什么而进行的合理的、反思性的思维，并引用了杜威等的观点。在一开始的“曹冲称象”的例子中，汪老师就指出批判性思维重视问题识别、评估现有解决方案并以此为基础进行合理判断。这是当代批判性思维的特征，也是它反思过程中的根本要素。以恩尼斯为代表的当代批判性思维理论研究者认为，批判性思维是为了求真的认识和合理的行动而进行的仔细反思，是从问题开始的探究、实证、辩证和开创性的思维活动。为了求真知和合理决策，它需要考察那些必要的认识论要素，特别是问题、概念、证据、推理、假设、辩证等要素——对认知的可靠性和对行动的合理性的判断，正是对这些要素进行反思的综合体现。汪老师认为在物理学科教学中融入批判性思维，能够帮助学习者注重问题，注重证据和学科逻辑，提高他们对信息真伪、论据有效性及论点合理性的判断能力，鼓励他们从对立面审视问题，培养全面、客观的观点，避免片面性和偏见。

汪老师深刻把握了批判性思维的基本特征——合理性、反思性和建设性。合理性是批判性思维的基础，只有合乎学科逻辑、合乎学生认知结构，学生才会深入思考，合理性的实现需要基于证据进行分析、推理和论证。反思性是批判性思维的核心，只有引导学生对自己学习的过程、思维的方式与策略进行全面的反思内化，学生才可能发展认知图式、提升思维品质。建设性是批判性思维的价值体现，批判性思维教育的目的就是改进学生的思维方式，使其不断迭代优化以做出更有价值的决策。

汪老师从教学实际中感受到了一些对批判性思维的误解，包括“批判性思维价值偏移”（权威性束缚、过度指导、应试性导向）和“批判性思维理解浅化”（记忆性学习、重复性学习、标准性学习和回避性学习）。笔者认为书中对这些现象的讨论很有道理，也很有针对性。

书中关于“批判性思维融入物理教学面临的挑战”的叙述，也很有普遍意义，很能说明实际情况。“丰富四种基本物理课型的内涵”部分列出批判性思维的这些作用：帮助学生更深入地理解物理现象背后的本质，理解物理规律背后的逻辑、思想、意义和价值，全面理解实验现象，以及更有效地解决问题。这些是汪老师基于实践的经验总结，也说明培养批判性思维确实是物理学科教学的核心内容、内在需要和本源目标，物理学科教学也为批判性思维的培养提供了实践场域。因此，高中物理新课标强调的探究和多样性思考——“具有批判性思维的意识，能基于证据大胆质疑，从不同角度思考问题”，既符合批判性思维教育的要求，又符合物理学科教学的需要。批判性思维不仅是科学思维的核心内容，也是培养物理观念、科学探究、科学态度与责任的重要抓手。

除开上述的理论论述，本书还探讨了批判性思维融入物理课堂教学的哲学、心理学和教育学基础。汪老师凝练了物理学科中批判性思维的知识结构、思维技能、情感态度和元认知四个维度，创生了“浸润批判性思维的物理教学金字塔框架”教学范式，包括“三基石”“三维度”和“五层次”，构建了指向批判性思维的物理课堂教学三级评价标准，包括“新手水平”“娴熟水平”和“专家水平”三个层级。在实践方面，本书不是简单呈现案例，而是在深刻解读物理概念教学、物理规律教学、物理实验教学、物理问题解决教学、物理大单元教学、跨学科主题教学内涵与特征的基础上，将提出的“浸润批判性思维的物理教学金字塔框架”教学范式与评价标准充分融入六种教学类型，并提出了相应的教学原则、模式、策略和反思等，具有非常好的指导价值。

在内容结构上，本书每一章包含“单元导读”“名人名言”(与批判性思维相关)和“评析”等部分，概括性强，注重论述且文字精练，通过大量图表对所要表达的内容进行说明，可读性非常强。

笔者一直认为，批判性思维和学科教育相结合，既帮助学生学好学科知识，也能更有效地培养学生良好的思维习惯和技能。汪老师在《批判性思维与中学物理教学》一书中强调了运用批判性思维的探究、分析、推理、评估、辩证和开创自己观点的方式来学习的重要性，并展示了如何通过具体的教学活动和案例来培养学生的批判性思维。这是一本既有理论深度又有实践价值的著作。

汪明老师及其带领的研究团队进行了二十多年的实践、反思和凝练，形成了系列成果，继推出《批判性思维与中学物理》之后，现又推出第二本力作《批判性思维与中学物理教学》，为批判性思维融入中学物理教学做出了持续、突出的贡献，并将继续在全国产生广泛的影响。它不仅为广大物理教师提供了宝贵的教学资源，也为教育研究者和政策制定者提供了重要的参考。相信这本书能够让更多的教育工作者关注并实践批判性思维的培养，从而为学生的终身学习和全面发展奠定坚实的基础。

董　毓

序　二

基础教育课程改革二十多年来，先进的教学理念不断涌现。广大教育教学研究者和一线教师不断探索既符合先进育人理念，又综合考虑未来教育需求、国家教育战略方针等多方面因素的教学方法和策略，推动了课程改革的落地。批判性思维与基础教育学的融合，尤其是与学科教学融合的实践仍处于摸索阶段，汪明老师作为将批判性思维融入中学物理教学的先行者、实践者和引领者，立足中国本土，把教育思想观点、教学模式、方法策略、教学智慧艺术融为一体，在亲身的教学实践中不断检验、反思、修正和发展，将几十年的教学研究和实践探索凝结成《批判性思维与中学物理教学》这本著作。几个月前，汪明老师将此力作初稿送给我，希望我给提点意见。说心里话，我非常愿意阅读这样的著作，这一方面有助于我了解一线教师的教育思想和心路历程，另一方面也有助于我弥补自己一线教学经验的不足。但对于写序言一事，多有犹豫，怕写得不好，辜负了一位优秀教师的热忱，也影响读者的兴致。无奈盛情难却，加之读后确有一些想法，与各位交流，敬请大家批评指正。

批判性思维是高阶思维内核，批判性思维与抽象思维、形象思维、直觉思维和创造性思维相辅相成。一方面，只有对自己所学的知识、思维的方法和获得的观点进行再认识、再加工和再反思，才能真正内化理解，形成学科观念，再认识、再加工和再反思的过程还可以剔除一些无用的信息，节约认知空间，是运用批判性思维对自己的认知进行综合、结构化和浓缩的过程。另一方面，批判性思维让自己保持审慎、清醒的头脑和实事求是、严谨认真的态度，这有助于综合应用迁移所学知识与方法创造性地解决真实问题。在当下知识日新月异和信息爆炸的时代，每个人都需要具备批判性思维能力，因此培养学生的批判性思维是非常必要的，加强这方面的研究和实践具有重要意义和价值。

汪明老师基于自身多年实践而升华的批判性思维物理教学理论，阐述了当下物理课堂教学中存在的问题，明确了“为思维而教”的理念，还论述了物理学科核心素养与批判性思维的关系，凝练了批判性思维知识结构、思维技能、情感态度和元认知四大核心要素及其子要素，创生了“浸润批判性思维的物理教学金字塔框架”的教学理念和教学范式，提出了“深度挖掘”“有效嫁接”“充分渗透”“反思应用”的浸润批判性思维的物理课堂教学具体路径。书中涵盖了浸润批判性思维的物理概念课、规律课、实验课、问题解决课等四大课型和物理大单元教学、跨学科主题教学等多个方面，研究视角从课堂教学原则到每种课型的具体教学策略，研究方法从思辨到实证，并呈现出全面、多样的教学成果。尤其值得称道的是，书中呈现了大量优秀的物理教学案例，每个案例都与批判性思维深度融合，为批判性思维与中学物理教学的进一步研究提供了扎实的理论基础、方法指导和实践范式。

本书在中学物理教学的教学论、学习论和方法论上进行了系统思考、总结归纳，提供了详细生动的教学案例，具有较强的实践指导意义。本书的出版不仅有助于引领一代又一代年轻物理教师成长，还有助于为国家培养更多符合时代发展需求的人才。

近年来，对批判性思维的研究越来越多，但批判性思维与中学物理教学融合的研究之路依然道阻且长，这是一个值得长期探索的话题。书可载道，我在祝贺本书出版的同时，也希望看到有更多深度融合批判性思维与教育教学的先进理念和宝贵经验的著作问世。

李春密

序 三

在科学教育战略转型发展的今天，物理教育承载着比传授知识更为深远的使命，它不仅要帮助学生构建世界观，更要帮助学生学会科学认知的本领，而这正是创新能力的基石。现有的中学物理教学往往陷入“知识灌输—题海训练”的模式，培养了大量应用能力强的人才，这曾经是国家阶段性发展的需求，但在当下国家创新发展的趋势下，现有的应试教学模式已经不能满足培养创新人才的要求。如何让物理课堂从“解题场”转变为“创新人才孵化器”？汪明(2021)老师的《批判性思维与中学物理教学》一书对此给出了富有启发性的回答。这本书以批判性思维为轴心，探索创新中学物理教学的理论与实践，具有非常强的引领、示范和实践意义。

书中提出“培养批判性思维能力是物理学科教学的核心内容、内在需求和本源目标”，并以“曹冲称象”与“阿基米德测皇冠”的跨文化对比为例，归纳出批判性思维在物理教学中主要表现为五个进阶的维度——体验与感知、质疑与假设、推理与论证、分析与评估、综合与创造。针对传统教学过程中存在的批判性思维内涵窄化、理解弱化、外延泛化，以及批判性思维融入物理教学面临的挑战，汪明老师还提出了具体应对策略——通过丰富四种基本物理课型的内涵、扩展大单元和跨学科实践教学、将 HPS 和 SSI 融入中学物理教学，并从哲学、心理学、教育学三重维度分析、构建批判性思维融入物理教学的具体实施过程，将批判性思维具象化为可操作的教学路径，真正实现了“创新能力培养”与“知识传授”的深度融合。相信书中详细的操作方法和大量案例一定会对广大中学物理教育者在培养学生的批判性思维方面有所帮助。

在“双减”政策呼唤回归教育本质的今天，在国家培养探索创新人才的迫切需求下，本书的出现恰逢其时。它不仅是物理教师的案头工具书，更是一份面向未来的教育说明书。爱因斯坦曾说:“被放在首要位置的永远应该是独立思考和判断的总体能力的培养,而不是获取特定的知识。”当我们的课堂能让学生像曹冲一样敢于打破常规,像阿基米德一样执着追寻真理,物理教育便真正完成了从“授人以鱼”到“授人以渔”的升华。期待本书的出版,能让思维之光点亮物理课堂,为中国科学教育的改革点亮一盏明灯,让更多教师与学生共同踏上这场充满思辨与创造的智慧之旅。

穆良柱

2025 年 2 月 26 日于北京大学物理学院

序　四

两千多年前的《中庸》中的“博学之，审问之，慎思之，明辨之，笃行之”的智慧穿越时空而来，劈开蒙昧，振聋发聩。无独有偶，同时代在雅典学院的大理石回廊间，苏格拉底的诘问直面人们认知的盲区，如普罗米修斯般点燃人类思维的火种，也依然叩响现代人的心灵之门。今天，人类文明已迈进AI时代，知识提取已瞬时可及，知识获得亦如探囊取物，而思维锤炼却遭遇前所未有的危机。当算法可以替代人类完成常规逻辑运算，当人工智能可以瞬间生成问题的答案，教育的本质正回归到其最本真形态：培养不可被技术替代的批判性思维能力。

一、思维觉醒：物理学科的哲学基因

在物理教学中浸润批判性思维，是落实“创新是引领发展的第一动力”的关键路径。“创新能力的核心是批判性思维能力”这一论断深刻揭示了批判性思维与创新能力的本质联系。物理学作为自然科学的基础，其教学过程天然蕴含着批判性思维培养的丰富资源。从伽利略用逻辑归谬法推翻亚里士多德的落体学说开始，到爱因斯坦以“追光悖论”颠覆经典时空观，在物理教学中恰当地引导学生批判性地审视教材内容，分析实验结论的局限性，能够帮助学生建立起科学合理的认知框架，有助于深化学生对物理本质的理解。

批判性思维的哲学起源对物理学科产生深远的影响，其求真的严谨逻辑、尚善的道德追求、臻美的艺术感知与物理学科本质密不可分。物理学科的发展史本身就是一部批判性思维的进化史，每一次科学革命都始于对既有理论的质疑与重构，批判性思维的培养、物理规律的发现往往源于对既有理论的质疑与突破，牛顿力学体系的公理化建构、麦克斯韦方程组的数学演绎、量子力学对因果律的重新诠释，无不是批判性思维在科学领域的具象化呈现。物理学的发展历史让人们认识到物理理论的建构过程充满理性批判，同时也让批判性思维特质深深烙印在物理学科的成长基因中。

批判性思维的三个核心维度——质疑反思、探究实证、理性评估，在物理教学中也有着其独特的映射：质疑反思对应着物理探究的问题意识，探究实证契合着实验科学的方法论，理性评估则呼应着理论体系的自洽性要求。例如，学生在“自由落体运动”的学习中，从“重快轻慢”的直觉经验到“真空环境”的理想模型建构，正是经历着从朴素质疑到科学批判的思维跃迁。从“落体研究”知识层面抽象概括出“提出问题、猜想假设、实验论证、数学推理和合理外推”的科学研究方法，正是批判性思维与物理学科紧密结合的生动体现。批判性思维训练不仅关乎知识的习得，更在塑造一种理性精神——不迷信权威，不屈从表象，只服膺于逻辑与实证的力量。

二、时代之问：教育变革的破局之道

在人工智能蓬勃发展的今天，教育面临着双重困境：一方面是知识记忆的价值被技术消解，另一方面是思维能力的培养陷入路径依赖。当教师仍醉心于标准答案的传授，当课堂依旧充斥着“填鸭式”的知识灌输，我们正在亲手制造思维的“单向度人格”。应试教育的痼疾在于将“解题”等同于“解决问题”，将“知识”等同于“思维认知”。这种教育模式培养出的学生，或许能在考试中取得高分，但缺乏物理学科核心素养，或许会难以辨别“永动机”背后的反物理逻辑，无法在真实世界中识破“量子波动速读”的伪科学本质。当物理问题的结论被简单预设为“唯一正确”而不容置疑，思维就失去了开放性和批判性，课堂教学便沦落为制作“标准答案”的囚笼。

物理学科因其特有的实证性、逻辑性和思辨性，成为培养批判性思维的绝佳载体。新课程教学重视的科学探究精神为批判性思维提供了丰富的实践场域，如设计“验证牛顿第二定律”的实验时，学生需要思考如何控制变量、如何选择测量工具、如何处理数据误差、如何评估结论的适用范围，这种探究过程就是对批判性思维的系统性训练，其中物理能力的培养比记住几个公式结论更为重要。当发现实验数据与理论预测存在偏差时，学生需要运用逻辑推理判断偏差是系统误差还是偶然误差，进而提出改进方案。实验教学的价值，不在于让学生记住“怎么做”，而在于教会他们“为什么这样做”“还能怎样做”。用证据说话，用逻辑推理，用质疑精神突破关键能力的桎梏，才能真正让学生实现从“被动性应试”到“创造性成长”的飞跃。

当下的教学领域中，我们似乎看到了这样一个时代悖论：大家都能认识到培养开放理性和合作探究型创新人才的迫切性，但教学一线仍然在强化追求分数和强化智育的功利性的课堂教学。钟秉林先生曾说：“要推动教学方式方法的改革，注重培养学生的创新精神和实践能力，提高他们的综合素质和竞争力。”运用批判性思维浸润物理课堂教学可以激发学生的创新潜能，我们引导学生质疑“重的物体下落快”这一生活常识时，实则是在培养学生挑战权威的勇气；我们鼓励学生采用多种实验方案进行实验论证“机械能守恒定律”时，实则是在激发学生的辩证思考和综合评价思维；我们要求学生深入探讨伽利略“理想斜面实验”时，实则是让学生学习如何用逻辑推理弥补现实实验的局限，培养他们的创新思维。这种教育不仅关乎物理知识的传授，更关乎科学态度与人格的塑造，实际上就是在培育学生的批判精神和创新能力。

三、实践创新：教学改革的路径选择

突破当前教育困境需要采取“升维思考”与“降维拆解”的双重策略。

所谓升维思考，就是要跳出学科教学的窠臼，从人类文明演进的高度认识批判性思维的价值。物理教学应成为培养理性公民的摇篮。在全球化的背景下，不同文化之间的交流和碰撞日益频繁，这就需要我们以开放的心态和批判性思维去理解和包容不同的文化，从而推动文化创新和社会进步。例如，让学生在分析“宇宙膨胀”的证据的过程中，学会用批判性思维审视社会现象；在探究“能量守恒”的本质的过程中，建立可持续发展的价值观。唯有如此，才能培养出既有扎实科学素养，又具有开放胸怀的新时代人才，为建设创新型国家提供强大的智力支撑。

降维拆解则要求将抽象的思维能力转化为具体的教学实践。我们应将批判性思维培养融入概念教学、实验探究、问题解决等各个环节，使物理课堂成为滋养批判性思维和创新能力的沃土。本书提供了翔实的课堂教学案例，具体列举了“问题链设计策略”“证据链分析方法”“思维迭代综合训练”等课堂创新教学范式，这些教学范式正是将批判性思维融入日常教学的有效路径。譬如在“电磁感应”的教学中，设计递进式问题链“为什么闭合线圈切割磁感线会产生电流?”“如何验证磁通量变化是产生感应电流的条件?”“结论在非匀强磁场中是否适用?”，引导学生进阶思考，培养其逻辑推理能力，提升其问题解决能力，塑造其态度品格和科学精神。

批判性思维的核心是“不迷信、不盲从、不轻易接受”。物理教学浸润批判性思维，既是学科育人价值的内在要求，也是时代发展的必然选择。教育的终极目标是培养全面发展的人，在物理课堂中融入批判性思维，实则是在培育三种珍贵的品质：质疑权威的勇气、追求真理的执着、开放包容的胸襟。物理学科的发展历程表明，重大突破往往始于对常规思维的反叛。当学会用批判性思维审视物理现象时，学生就能发现现有解释的不足，从而萌生出创新的冲动。正如费曼所说，“科学是不确定性的艺术”，这种不确定性恰恰是批判性思维的生命力所在。在人工智能蓬勃发展的今天，我们比任何时候都更需要守护人类思维的独特性，推动思维迭代，坚持批判创新，这是理性之光，是创造之源，更是文明永续的希望。

本书的探索仅仅是一个开始。期待更多教育同仁加入这场思维革命，让物理课堂成为培养批判性思维的沃土，让每个学生都能在理性思辨中找到属于自己的星辰大海。我们深知：当教育真正唤醒了思维的力量，所有的知识都将焕发新生；当批判性思维成为民族的集体基因，中华民族的伟大复兴必将闪耀理性的光芒。

汪　明

2024 年 12 月

目　录

第四章 浸润批判性思维的物理概念教学

第五章 浸润批判性思维的物理规律教学

第六章 浸润批判性思维的物理实验教学

第一章

批判性思维与物理教学概述

本章导读：在“双减”的时代背景下，要突出科学教育的“加法”，其中批判性思维是科学教育的重要内容。“理性思维、批判质疑”也是核心素养的基本要点之一。同时，培养批判性思维也是中学物理教学的本质要求之一。通过本章的阅读，你将了解到：中学物理教学融入批判性思维的必要性、迫切性及其面临的挑战。传统教学过程中存在的批判性思维内涵窄化、批判性思维理解弱化和批判性思维外延泛化等问题，给批判性思维的培养带来了严峻的挑战。在此基础上，我们提出了以下策略：丰富四种基本物理课型的内涵，扩展大单元和跨学科实践教学，将 HPS 和 SSI 融入中学物理教学培养批判性思维能力。

博学之，审问之，慎思之，明辨之，笃行之。

——《礼记·中庸》

第一节　批判性思维与中学物理教学

一、从“曹冲称象”“阿基米德测皇冠”说起

先从东西方两则相近的故事说明批判性思维的内容和重要性。

一则是“曹冲称象”，出自《三国志·魏书·武文世王公传第二十》。原文（陈寿，2009）如下：

（冲）少聪察岐嶷，生五六岁，智意所及，有若成人之智。时孙权曾致巨象，太祖欲知其斤重，访之群下，咸莫能出其理。冲曰：“置象大船之上，而刻其水痕所至，称物以载之，则校可知矣。”太祖悦，即施行焉。

这是我国古代一个著名的故事。故事发生在三国时期，当时孙权送给曹操一头大象，曹操非常高兴，但不知道这头大象的质量。官员们纷纷提出各种办法，但都不太可行。曹操的儿子曹冲提出了一个创新的办法：首先，把大象牵到一艘大船上，在船身稳定后，在船舷上刻下水位线的记号；然后，把大象牵上岸，用石头一块一块地装到船上，直到船下沉到之前刻的记号处。这样，只要称出石头的总质量，就能知道大象的质量了。

这个故事不仅展示了曹冲的聪明才智，而且体现了批判性思维的多个要素。批判性思维是一种思维能力，它涉及对信息进行深入分析、评估和判断，以便做出合理的决策。“曹冲称象”体现的批判性思维要素有：一是问题识别与定义。故事的背景是曹操想知道一头大象的质量，但当时没有现代的测量设备。传统的方法无法解决这个问题，因此这是一个新颖且具有挑战性的问题。曹冲通过识别问题的核心——如何在不伤害大象的前提下测量其质量，展现了良好的问题识别能力。他不仅看到了问题的表面，还深入分析了问题的本质。二是评估现有解决方案。

在故事中，大臣们提出了多种方案，但这些方案要么不可行，要么成本高昂。曹冲并未盲目地接受这些建议，而是对每种方案进行评估。这种评估现有解决方案并做出合理判断的能力，是批判性思维的重要组成部分。另外，曹冲提出的解决方案是利用水的浮力来测量大象的质量。他跳出了传统的思维方式，找到了一个创新的方案。三是逻辑推理与实践验证。曹冲的解决方案基于逻辑推理。他理解到：如果将大象放入船中，船会下沉一定深度，而这个深度可以转化为相应的质量。这种逻辑推理能力是批判性思维的核心，因为它涉及对信息的系统分析和推导。曹冲在逻辑推理的基础上，还通过实际操作验证了自己的想法。他让人将大象引入船中，并在船身上划下标记，然后以石头替代大象，最终得出了大象的质量。

二则是阿基米德测皇冠的故事。某一任叙拉古国王怀疑工匠制作的纯金皇冠掺杂了其他金属，但苦于无法验证，于是请阿基米德帮忙解决这个难题。阿基米德苦思冥想多日，一次偶然跨进澡盆洗澡时，观察到水溢出的现象，顿悟出可通过测量皇冠排开的水量来解决国王的疑问，成功解决了这个难题。在著名的《论浮体》一书中，阿基米德按照各种固体的形状和比重（密度）的变化来确定其浮于水中的位置，并且阐述了现今闻名于世的阿基米德原理：放在液体中的物体受到向上的浮力，其大小等于物体所排开的液体所受重力。从此人们对物体的沉浮有了科学的认识，阿基米德原理奠定了流体静力学的基础。

阿基米德测皇冠的故事是一个经典的科学推理和论证研究案例。其体现的批判性思维要素有：一是问题分析。阿基米德面临的问题是确定皇冠是否由纯金制成，而不能损坏皇冠。这需要他找到一种非破坏性的方法来检测皇冠的材质。他必须明确问题的核心在于测量皇冠的密度，因为相同质量下，不同材料的体积不同。二是逻辑推理。阿基米德通过一系列逻辑推理来验证他的想法。他计划测量皇冠的质量和体积，然后计算其密度，再与纯金的密度进行比较。三是科学论证。阿基米德设计了一个实验来测量皇冠的体积。他通过比较皇冠和同质量纯金排开的水的体积，从而确定皇冠是否掺假。

二、浸润批判性思维的中学物理教学

对比两则故事(表 1-1),发现曹冲和阿基米德都面临在不能破坏被测量物体的前提下进行测量的挑战,另外他们都利用了水的浮力。但可惜的是,曹冲没有将这个方法进一步挖掘和定量化,提升为普遍的规律。阿基米德则从中领悟到通过测量物体排开水的重力来确定浮力大小,从而得出浮力定律。

表 1-1　“曹冲称象”和“阿基米德测皇冠”故事的对比

对比项	曹冲称象	阿基米德测皇冠
问题的提出	如何称出大象的质量	如何判断皇冠是否由纯金制成
解决的问题	利用浮力原理,称量石头的质量来确定大象的质量	利用浮力原理,测量皇冠和等质量黄金的排水量差异
原理	浮力原理	浮力原理(阿基米德原理)
创新性	利用简单工具(石头、船)解决复杂问题	创造性地利用物理原理来检验皇冠的纯度
对科学的影响	体现了我国古人的智慧和创新精神,智慧故事广为流传	推动了物理学的发展,对现代科学有深远影响
逻辑推理	通过类比思维,将大象质量转化为易于称量的石头质量	通过实验验证和数学推理,得出了判断皇冠纯度的方法
科学思维	体现了对传统方法的挑战和创新	体现了对已有方法的质疑和科学实验的重要性

在《中国学生发展核心素养》中,“理性思维、批判质疑”(核心素养研究课题组,2016)是基本要点之一。综观国外的核心素养框架,大多将批判性思考、创造力列为核心要素。2018 年,北京师范大学中国教育创新研究院发布的《21 世纪核心素养 5C 模型研究报告》提出了 21 世纪核心素养的 5 大基本要素:文化理解与传承、批判性思维、创新、沟通、合作。批判性思维位列其中。为培养学生的理性态度,批判性思维的诸多要素已被融入各国基础教育课程内容之中,也成为我国基础教育课程改革的重要方向。然而,目前基础教育阶段的批判性思维教育仍然存在土壤

不适、路径不明和方式不当等现实困境，亟待改进和突破。

批判性思维也叫审辨式思维，是指为决定信什么或做什么而进行的合理的、反思性的思维。批判性思维可以追溯到苏格拉底著名的“苏格拉底提问法”，这种方法强调思考的清晰性和逻辑的一致性，并通过提问揭示对话者的思维盲点。杜威提出的反思性思维则是一种解决经验问题的方法，也是一种使经验不断重组和改造的方法。批判性思维包含批判性思维技能和批判性思维倾向两个维度。在物理学科领域内，批判性思维技能包括分析、解释、推理、评价、论证和自我校准；而批判性思维倾向包括求真性、开放性、系统性、独立性和反省性。

《普通高中物理课程标准（2017 年版 2020 年修订）》（以下简称《课程标准》）明确提出：“具有批判性思维的意识，能基于证据大胆质疑，从不同角度思考问题。”“能对已有结论提出有依据的质疑、采用不同方法分析解决问题。”（中华人民共和国教育部，2020b）物理学是一门以实验为基础、以理性思维为中心的学科，理性思维主要指批判性思维，可见，培养批判性思维能力是物理学科教学的核心内容、内在需要和本源目标。同时，物理学科教学也为批判性思维能力的培养提供了良好的实践场域。

批判性思维在物理教学中主要表现为五个进阶的维度，从低到高依次为体验与感知、质疑与假设、推理与论证、分析与评估、综合与创造。体验与感知是培养批判性思维的基础，基于具身认知理论，身体体验是学习主体与环境交互的基本方式，没有体验就没有学习，这也是获得感性认识的过程。质疑与假设是批判性思维发展的动力，对物理现象、过程或结论提出自己的想法与观点，是后面活动的基础。推理与论证是批判性思维的核心活动，是基于证据进行关联、整合的过程，科学推理和科学论证也是科学思维的重要内容。分析与评估是对学习的过程和结果进行“复盘”、反思，实现自我调节、自我建构的过程，也是获得理性认识的过程。综合与创造是将内化的知识外化解决实际问题的过程，是批判性思维价值的集中体现。

第二节　物理课堂教学中培养批判性思维的问题与挑战

一、对批判性思维理解存在的问题

（一）批判性思维价值偏移

批判性思维是为决定信什么或做什么而进行的合理的、反省性的思维，批判性思维过程是通过分析、推理、论证、反思、评价和综合等手段，对信息进行深入思考、理解和创新的过程。在平时教学过程中，一些教师对批判性思维的理解比较片面或不够到位，甚至直接将批判等同于批评。这种误解必定会影响对学生的批判性思维等高阶思维能力的培养。批判性思维价值偏移在物理课堂教学中主要表现为权威性束缚、过度指导和应试性导向。

权威性束缚。从 2001 年第八次课程改革（以下简称新课改）以来，教学一直倡导发挥学生的主体作用。然而，在实际的课堂教学中，教师往往具有绝对的话语权，其观点和方法对学生而言具有权威性和不可挑战性，学生的某些观点或者不同见解常常被忽视，甚至被压制。也就是说，教师将自己的观点或教材中的内容视为权威或真理，不鼓励学生质疑和辩驳，学生也因此失去了基于证据为自己的观点进行论证或相互评价的机会，这限制了学生的批判性思维发展。批判性思维不仅要求学生理解和接受已有知识，还要求学生能够质疑和挑战这些知识，甚至推翻它们，提出不同于教师或教材内容的观点，从而形成独立的思考能力。

过度指导。新课改强调要突出学生的主体地位，以学生的学为中心。教师教学的根本目的是促进学生的自主学习，在教学中要做到由扶到放，教师应扮演教练的角色。如果教师过度指导和干预学生的思维过程，而不给予学生足够的自由空间和时间去探索和思考，长此以往就会导致学生思维僵化，无法主动去探索和解决问题，反而习惯性地等待老师的“投喂”，从而限制了学生的批判性思维能力发展。批判性思维能力的养成和发展需要学生自主地提出问题，寻找解决方案，并进行评价和反思，而过度的指导和干预反而会削弱学生的自主性和主动性。

应试性导向。目前，由于中考和高考的压力，中学物理教学过程过于应试化，题海战术依然盛行，过于重视分数和结果，而忽视了学生的思维过程和方法。尤其在课时比较紧张的情况下，教师往往会直接给学生一些“二级结论”，让学生记忆，而忽视学生对知识本质和内涵的自主建构。批判性思维注重的是学生的思考过程和方法，而不仅仅是结果，因此教学应当注重培养学生的思维能力和方法，而不是简单地追求分数和成绩。

为了有效地培养学生的批判性思维，教师在教学过程中应该注重学生的主体地位，鼓励他们积极参与、质疑和思考，提供多样化的学习资源和机会，创设开放的学习环境，转变教学方式，使学生成为具有质疑批判能力的独立思考者和问题解决者。

（二）批判性思维理解浅化

批判性思维是学生理解、分析和评价信息的重要方式，它超越了简单的知识获取，更注重学生的思考、质疑和判断能力。然而，如果在物理教学中对批判性思维的理解出现浅化，就可能会影响学生的深层次学习和思维能力的发展。这种浅化主要表现为记忆性学习、重复性学习、标准性学习和回避性学习。

记忆性学习。在初中物理学习过程中，一些内容是定性和半定量的，有一些现象和简单的问题确实只需要记住就能应付考试。此外，对于一些简单的计算题，有些学生通过记住公式并套用也能解决。虽然记忆性学习能解决一小部分问题，但学生如果在初高中衔接学习过程中未能转变学习方式，那么到了高中阶段继续采用此方法就会遇到许多困难。首先，这种方法无法满足高中阶段的学习需求，因为高中阶段许多物理概念较为抽象，需要学生进行基于深度理解的探索；其次，这种方法无法帮助学生建立完整的知识结构，记忆性学习使得学生所掌握的知识变得碎片化、零散化，缺乏必要的关联与整合，不利于解决较复杂的实际问题；最后，这种方法也无法提升学生的高级思维能力。根据认知负荷理论，人类的认知结构由工作记忆和长时记忆组成。其中，工作记忆也可称为短时记忆，其容量有限，一次只能存储 5～9 条基本信息或信息块。当需要处理信息时，工作记忆一次只能处理 2～3 条信息，这是因为存储在其内的元素之间也需要工作记忆空间进行交互，这就减少了能同时处理的信息数量，进而影响新信息的整合与分析。

重复性学习。重复性学习和记忆性学习不同，重复性学习指的是对同一层次上同一知识内容的重复或反复学习，而没有实现螺旋式的进阶和拓展。重复性学习的危害是显著的。首先，它浪费了大量的宝贵时间，重复性学习占用了本可以用来学习新知识或进行学科实践的时间；其次，重复性学习降低了学生的学习兴趣，扼杀了学生的好奇心，使学生感到学习就是重复训练；最后，它导致浅层学习，让学生不重视对知识的深度理解和批判性思考，缺乏对知识的主动思考和质疑能力的培养。

标准性学习。在日常的教学中，指向考试的问题或练习大多属于结构良好问题，这类问题的初始条件、目标状态和解决路径都是明确的，这样就导致学生的思维被禁锢。在物理教学中，如果只强调问题的单一解答和标准答案，而忽视了学生自主观察物理现象，提出问题、分析问题和解决问题的过程，就会限制他们的批判性思维发展。批判性思维强调的是多元性和辩证性的思考与解决问题的能力，而标准性答案导向的学习则弱化了学生的学习过程和思维发展路径。

回避性学习。错误是宝贵的学习资源。从自己或他人的错误中获得经验，并进行反思、总结和综合，是提升批判性思维等高阶思维的良好机会。如果教师在教学中对学生的错误采取回避或惩罚的措施，而不鼓励他们从错误中学习和成长，就会削弱学生的批判性思维能力。批判性思维能力的培养需要学生勇于提出问题，尝试新方法，不惧怕犯错，并能从错误中吸取教训。教师应该给予学生足够的支持、鼓励和包容，营造和谐平等的课堂文化氛围。

（三）批判性思维外延泛化

批判性思维是有边界的，不能无限制地扩展其内涵。批判性思维能力的发展需要基于证据进行质疑与辩证，而不能为了反对而反对、为了反驳而反驳、为了求异而求异。

在物理实验教学中，学生常常需要辨析和处理多种数据和现象。对得到的数据，学生要有分析和质疑的意识。在中学物理教学中，批判性思维能够帮助学生深入理解物理知识，提升他们的科学素养和逻辑推理能力。然而，批判性思维也有其边界，我们不能一味地对所有观点进行质疑和批判，必须基于充分的证据和理论依据，并通过符合科学的方法进行验证。批判性思维的定义中强调合理性，正是出于这一考虑。

二、批判性思维融入物理教学面临的挑战

（一）学习目标预设缺失

在中学物理教学中，学习目标缺乏批判性思维内容是一个普遍存在的问题。许多教师确定学习目标时，很少关注批判性思维的培养。《课程标准》提出了物理学科核心素养的四个维度：物理观念、科学思维、科学探究和科学态度与责任。其中，科学思维强调科学推理、科学论证和质疑创新，科学探究强调证据，这些都是批判性思维的核心内容，需要在教学中将它们深度融入学习目标中。

仔细分析当前一线中学物理教学中的学习目标，我们会发现这些目标往往过于侧重学科知识的传授和应用，而缺乏对学生批判性思维等高阶思维的培养。学习目标是教学和评价的出发点和归宿，也是实现“教—学—评”一致性的关键，如果学习目标中没有明确的批判性思维内容和要求，那么必然会弱化批判性思维的培养。也就是说，传统的学习目标通常偏向于培养学生对知识的理解和掌握，而忽视了对学生逻辑推理、分析论证和评估反思等批判性思维能力的培养。

教师的教学理念和教学方法直接影响着学生的学习效果和思维习惯。然而，目前许多教师缺乏对批判性思维的认识和理解，往往局限于传统的教学方式和教学目标，过于关注高考考点和教材内容。

（二）学习活动组织零散

《义务教育课程方案（2022年版）》强调学科实践和在活动中学习，然而如果学习活动组织零散，就会导致批判性思维的培养流于形式。学习活动组织零散的原因主要有：

缺乏系统性。在当前的物理教学中，一些学习活动缺乏系统性、连贯性和进阶性，教师往往倾向于采用单一的教学方法和活动形式，这使得课堂上的学习活动难以促进批判性思维能力的培养。一个课时或一个单元内的学习活动应当进行总体规划，每个活动都应有对应的功能和目标，并明确它们如何共同促进学生在物理学科核心素养的某一维度上的发展。在教学设计时对这些内容应该有清晰的表述。

缺乏交互性。在当前的物理教学中，一些学习活动缺乏师生及生生间的互动和合作。课堂上的学习活动往往由教师主导，学生缺乏参与的机会和动力，这导致学生在学习活动过程中思维不够活跃，自我反思和相互评价的时间和空间不足，不利于批判性思维能力的培养。批判性思维是在与同伴的协商和互动中形成，并在不断的自我反思和改进中发展的。

缺乏支撑性。教学资源的利用不充分也是导致学习活动组织零散的一个重要原因。在中学物理教学中，除了教师演示实验、学生分组实验和一些视频或仿真资源外，还应利用一些先进的现代技术，如虚拟现实和人工智能等。数字化时代将极大拓展学生学习的时间与空间，实现技术对学生学习过程的强力支撑，尤其是一些传统意义上的"思想实验"或"理想实验"，如今也可以进行实践。

缺乏个性化。在当前物理教学中，一些学习活动设计缺乏个性化和差异化，无法满足不同学生的学习需求和能力水平。教师大多采用"一刀切"的教学方法，忽视了学生的个体差异，导致部分学生在学习过程中缺乏积极性和主动性。

（三）教学评价反馈不足

教育部印发的《普通高中学校办学质量评价指南》明确指出："建立学校常态化评价网络信息平台及数据库，完善学生综合素质评价档案；通过实地调查、观察、访谈等方式，深入了解掌握实际情况，切实做到定性评价和定量评价相结合，确保评价真实全面、科学有效。"（中华人民共和国教育部，2021）《普通高中课程方案（2017年版 2020 年修订）》明确提出："准确把握课程标准和教材，围绕核心素养开展教学与评价。"（中华人民共和国教育部，2020a）《义务教育课程方案（2022 年版）》进一步要求："促进'教—学—评'有机衔接。"（中华人民共和国教育部，2022a）新课程背景下，评价在教学中的作用日益凸显。

评价在物理教学中发挥着诊断、导向、激励和反馈作用。评价不仅是对学习结果的评定，更是对学习起点的诊断和对学习过程的促进。在教学中，通过收集学生学习表现方面的信息，教师可以综合进行分析和处理，及时地对学生的思维层次和知识理解程度做出判断，而后采取针对性的教学策略。这充分体现教学的生成性和生本性，让教学对学生而言始终充满挑战性，促进深度学习的真实发生，达到"以学定教""以学评教"的目的。然而，教学评价如果不到位，无法有效地引导学生进行反思和内化知识，就会严重阻碍批判性思维能力的培养。

首先，评价不仅是对学生学习情况的量化反馈，更是对物理教学效果的检验和促进。通过评价，教师可以了解学生的学习状况，及时调整教学方法和策略。如果评价不到位、不准确、不及时，学生就会对自己的学习情况不了解，也就无法有效地对自己的学习过程进行反思和校正，从而影响批判性思维能力和元认知能力的发展。

其次，评价反馈是促进学生反思的重要途径。中学阶段学生的自主反思能力比较欠缺，需要教师的引导和帮助。通过评价反馈，学生可以对自己的学习情况进行深入思考和分析，找出问题所在，并及时进行调整和改进。如果评价不到位，学生就很难对自身学习情况有一个清晰的认识，无法进行有效的反思与内化。学生即使在课堂上认真听讲，掌握了一些知识点，也很难将其运用到实际生活中或与其他知识点进行联系，从而无法形成系统的知识结构。

最后，评价本身就是批判性思维的重要内容。评价在布卢姆的教育目标分类中属于高阶层次，也是批判性思维的重要内容。批判性思维需要学生能够对自己的学习情况进行客观的分析和评价，及时发现问题并加以调整。学生如果对自己的学习情况不了解或者缺乏自我反思意识，就很难培养起批判性思维能力。

因此，教师在进行教学评价时，需要注重评价的准确性、及时性和持续性，引导学生对自己的学习情况进行深入的反思，从而有效地促进批判性思维的培养。教学评价的关键是帮助学生养成良好的自我反思习惯，及时发现思维方式中存在的问题并加以修正。

（四）作业设计形式单一

在“双减”政策背景下，基础教育学科的作业设计问题成为研究的重点话题，作业设计是课程和教学改革不可或缺的重要领域。《国务院办公厅关于新时代推进普通高中育人方式改革的指导意见》指出：“提高作业设计质量，精心设计基础性作业，适当增加探究性、实践性、综合性作业。”（国务院办公厅，2019）教学过程是通过师生交互，解决“学什么？怎么学？”的问题的过程，而做作业过程则是通过学生自主学习，解决“如何学得更好？”的问题的过程。由此可见，作业是连接教学、评价的重要桥梁。

作业不仅是巩固知识、提高技能的重要手段，更是培养学生批判性思维的关键环节。然而，如果作业设计形式单一，缺乏启发性、探究性和实践性，学生的批判性思维能力的提升就会受到阻碍。

首先，作业是学生课后巩固知识、拓展思维、提高实践能力的重要方式。学生不仅可以通过作业将课堂所学知识进行巩固，更可以借此实践运用，加深对知识的理解。但是，如果作业设计形式单一，缺乏层次性、针对性和灵活性，学生的学习兴趣就难以激发，更谈不上培养批判性思维。

其次，如果作业形式单一，只注重事实性知识的掌握与运用，而不深入概念性知识、程序性知识和元认知知识层次，学生的批判性思维就难以培养。因为批判性思维需要学生在解决问题的过程中运用分析、概括、综合和反思等思维方式，而不是简单地重复和套用所学知识。

总之，浸润批判性思维的中学物理教学需要丰富作业设计的形式和内容。作业设计除了传统的填空题、选择题和计算题外，还可以包括案例分析、实验报告、探究性问题和实践性项目等。通过这些形式多样的作业，学生可以从不同的角度去思考和解决问题，培养他们的批判性思维和创造性思维能力。此外，在作业设计过程中，教师还应该注重作业的层次性和挑战性，使不同水平层次的学生都有参与感和获得感。作业不应只是单纯的重复练习，更应该是对学生能力的挑战与提升。

第三节　浸润批判性思维的物理课堂教学研究的意义

一、丰富四种基本物理课型的内涵

融入批判性思维对物理概念、物理规律、物理实验和物理问题解决的教学具有极其重要的意义。融入批判性思维能优化传统的物理概念、物理规律、物理实验和物理问题解决教学，更好地培育学生的物理学科核心素养。本书后续章节将对每个内容进行重点讨论，这里仅作简要陈述。

首先，融入批判性思维可以帮助学生更深入地理解物理现象背后的本质。物理概念通常比较抽象，是去情境化的，并且容易受到错误的前概念的干扰。只有借助分析综合、推理论证和反思评估等批判性思维方法，学生才能真正理解物理概念。通过融入批判性思维，学生能够深度探究和理解概念的建构过程以及和内涵外延。

其次，物理规律是对自然界运动和相互作用规律的总结和归纳。批判性思维能够帮助学生深入理解物理规律背后的逻辑、思想、意义和价值。通过融入批判性思维，学生能更加主动地建构物理规律，分析规律的形成、发展、适用范围及其局限性，并能够将规律应用到不同的实际问题中，从而更好地理解和运用物理规律。

再次，融入批判性思维可以使学生更全面地理解实验现象、实验结果和误差分析。通过实验，学生可以亲身体验物理现象与事实，实验探究的过程即寻找证据和基于证据进行论证的过程。通过融入批判性思维，学生能够主动质疑实验现象的本质，分析实验结果的合理性和误差产生的原因，归纳综合得出结论，从而更好地发挥实验探究的育人价值。

最后，融入批判性思维可以帮助学生更有效地解决问题。物理问题往往涉及不同的物理概念和规律，批判性思维能够帮助学生在解题过程中理清思路、找出解题方法，并能够对解题过程和结果进行评价和反思。中学物理问题解决教学的一般过程包括审题、状态与过程分析、模型建构、列式计算、检查核验和变式拓展。融入批判性思维能很好地优化问题解决教学过程，解决当前高中物理问题解决教学中存在的主要问题。

二、扩展大单元和跨学科实践教学

（一）批判性思维与中学物理大单元教学

要弄清大单元教学，首先必须明确单元的内涵。崔允漷（2019）指出，大单元是指一种学习单位、一个学习事件、一个完整的学习故事、一个微课程；单元是指依据统摄中心，按学习的逻辑组织起来的、结构化的学习单位，是实现素养目标的一种微型课程计划。即单元是学习单位，也是一个微型课程计划，单元本身体现了一定逻辑，它是结构化的单位，旨在导向素养目标。

物理学是以实验为基础、以理性思维为中心的学科。大单元教学与物理学科知识结构特征相适应，大单元教学能够将整个单元的知识点整合起来，基于某一主题，运用提问引导、合作探究等手段，让学生根据已有知识与经验，对大单元中的知识点进行理性质疑、充分思考、合理判断，使学生在掌握大单元知识点的过程中形成良好的批判性思维，从而有效培养物理学科核心素养。中学物理的学科知识结构主要围绕单元展开，每个单元中的课时知识相互联系，但单元与单元之间的知识点却缺乏直接关联。同时，物理学科中的知识点包含大量具有质疑、批判、创新、发展特征的材料，这些材料由浅入深，逐步抽象，能够为培养学生批判性思维提供良好的支撑。教师若想帮助学生理解物理学科的本质，就需要根据物理学科知识结构特征，选择合适的教学方法，促进学生结构化的学习。教师可以以单元为教学单位，根据学生批判思维能力统筹设计教学内容，确保学生在批判质疑中将每个单元的知识点以体系化的形式深度理解。

在批判性思维视角下开展物理大单元教学时，应优化学习过程设计，明确单元和课时数量，按照学生物理学习需求，整体规划单元内容，针对大单元课时补充相应的微专题教学，针对不同能力水平的学生调整微专题难度，确保整个教学设计过程能够着眼于大单元，围绕大概念规划整个单元教学目标、教学重难点和学习活动，切实解决以课时为单位的知识碎片化问题，使单元内容结构化，为发展学生的批判性思维打好基础。

（二）批判性思维与“物理+”跨学科实践教学

2022 年 4 月，教育部发布了最新义务教育初中物理课程标准，其中课程内容部分增设了跨学科实践主题，以促进学科核心素养的落成。本书中主要讨论的“物理＋”跨学科实践教学，立足物理学科视角，以发展跨学科素养为目标，采用任务议题为设计形式，具备综合性、实践性和生成性的特点。跨学科实践教学将加速物理课程内容体系整合的图景建构，契合物理学科核心素养发展目标，并回应物理课程理念育人导向的价值关切，在中学物理教学中具有重要意义。

在跨学科实践学习过程中，学生需要从多个学科的角度来分析和评估问题，考虑各种不同的因素和因素的相互关系。这种学习方式能够培养学生多维度审视问题的能力，提升他们的批判性思维和创造性思维。

批判性思维作为一种通用的思维模式，具有较高的抽象性和反思性，常被看作推理、归纳、论证等逻辑思维工具的结合，因而具有跨学科的特点。例如，物理实验探究、化学实验探究和生物实验探究，都有助于培养学生基于证据的分析综合和推理论证能力，这是批判性思维认知技能的重要成分。同时，这些实验有助于培养学生严谨认真、实事求是的态度，这是批判性思维情感特质的重要内容。

（三）基于 HPS 教育和 SSI 教学培养批判性思维

2023 年 5 月 26 日印发的《教育部等十八部门关于加强新时代中小学科学教育工作的意见》指出："推进基于探究实践的科学教育，激发中小学生好奇心、想象力和探求欲，培养学生科学兴趣，引导学生广泛参与探究实践。"（中华人民共和国教育部，2023）批判性思维是科学教育的重要组成部分，同时，强化科学教育也有助于提升学生的批判性思维能力。下面介绍中学物理教学中批判性思维与 HPS 教育和 SSI 教学的关系。

1. HPS 教育与批判性思维

HPS 教育是习得科学知识、渗透科学方法、培养科学精神和提升科学素养的重要路径，HPS 是科学史（History of Science）、科学哲学（Philosophy of Science）和科学社会学（Sociology of Science）的简称。

HPS 教育将科学史、科学哲学和科学社会学有机融合，为批判性思维的发展提供了肥沃的土壤。正如《科学教学：科学史和科学哲学的贡献》前言中所说："尽管有这样那样的缺陷，科学传统促进了理性、批判性思维和客观性的发展。它逐渐渗透了一种关注证据的态度，并以世界的本质、而非个人及社会的喜恶来发表观点。"（迈克尔·马修斯，2022）

首先，物理学史就是一部批判性思维发展史，很多知识的发生与发展过程都充分体现了物理学家的批判性思维技能和求真求实的批判性思维倾向。对物理学史的深入挖掘能很好地发展学生的批判性思维。

其次，科学社会学指向科学知识产生的时空背景和应用场域，任何知识的产生与发展都离不开当时社会文化和生产技术的支持，同时科学知识及其思想又深刻地影响和推动着社会的发展，教学中需要引导学生批判性地分析它们之间的耦合关系。例如，能量守恒定律的发现是19世纪40年代迈尔、焦耳和赫姆霍兹等一大批科学家努力的结果，这与当时蒸汽机在炼铁业、纺织业中广泛应用，工程师们急于提高热机效率的社会背景密不可分。后来对能量守恒定律的深入理解和应用又促使奥托成功设计制造了第一台使用汽油的发动机，这说明科学发展与社会生产力紧密关联。

最后，科学哲学是对科学本质理解的结果，科学哲学的发展是对科学本身批判性反思的结果。夏皮尔的科学实在论、波普尔的科学否证论、库恩的科学范式论和拉卡托斯的科学纲领论都是科学哲学家们批判性的自我反思和抽象概括的结晶。例如，在“楞次定律”的教学中，通过对原磁场方向、原磁场引起的磁通量的变化、感应电流方向以及“中介”——感应电流产生的磁场方向的分析综合，最终得到楞次定律。通过对楞次定律内涵的分析发现，其与化学领域的勒夏特列原理类似，体现了统一的哲学思想。

人教版高中物理新教材中的“问题”“科学漫步”“STSE”“拓展学习”“课题研究”栏目渗透了一些科学史、科学社会学和科学哲学方面的内容，但数量有限。教师需要深度挖掘与学习主题相关的HPS教育材料融入教学实践中，以提升学生的批判性思维等高阶思维能力。

2. SSI教学与批判性思维

SSI是“社会性科学议题(Socioscientific Issues)”的简称，因其科学性、社会性、争议性、不确定性等特征，成为国内外科学教育中培养学生科学素养的重要方式之一。

SSI是指由当代科学技术研究开发所引起的一系列与社会伦理道德观念、经济发展及自然生态环境等紧密相关的社会性问题。将社会性科学议题作为真实情境提供给学生，能够很好地促进学科实践，培养科学态度与责任，践行学科育人。常见的社会性科学议题有：核能的开发利用问题、克隆技术引发的伦理问题和生态环境问题。但并非所有的社会性科学问题都可以引入教学，适合教学的社会性科学议题要贴近学生生活，与学生的生活背景密切相关，并且要涵盖学科核心知识，体现学科思想方法和承载学科核心素养(图 1－1)。

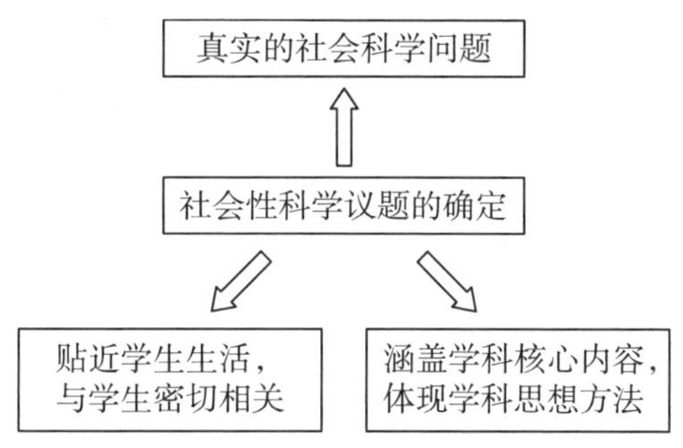

图 1－1　教学用社会性科学议题的确定

SSI 能促进学生对科学本质的理解，通过 SSI 教学让学生认识到：

科学知识的尝试性。科学知识不是永恒不变的，它只是在一定的范围内适用，即有适用的条件和边界。

科学的证据属性。大多数科学理论是基于真实实验或理想实验证据支撑下的概括和凝练，证据的获得是科学发展的基础，证据的科学性和合理性显得尤为重要。

科学的社会属性。科学的发展和当时的社会背景具有互动关系，科学的发展涉及社会伦理、生态文明和道德问题。

基于社会性科学议题的教学需要重构知识观、教学观和评价观，促进学生深度理解科学知识，有效发展科学思维和全面培养态度责任。基于社会性科学议题的教学将社会上发生的现象或问题作为教学情境，一方面能有效激发学生学习的兴趣，另一方面能将相关核心知识融入科学议题中，让学生在沉浸式参与社会性科学议题的分析、交流和批判中，自然获得对相关知识的深度理解。

社会性科学议题的交流与讨论，需要学生围绕原始科学问题，经过抽象概括建立物理模型，基于模型进行推理和论证。社会性科学议题往往是“两难”问题，不存在“对”与“错”，而需要学生基于事实证据，进行多角度、多层次的科学论证以及批判性的思考，做出较为合理的判断，这一过程将有效地促进批判性思维等高阶思维的发展。

社会性科学议题不能仅仅从科学发展的向度进行分析，而是要从可持续发展和人类命运等多个角度综合思考。要帮助学生认识到科学技术的发展依附于人及其文化背景，人是“社会中的人”，因此科学教育需要植根于社会大课堂，在科学实践中注重培养学生的科学态度和责任。

总之，对批判性思维的培养是一个系统工程，需要从理性认识、课堂教学模式构建、学习活动组织和评价方式变革等方面协同发力。这需要认识物理学科的本质，联系生产、生活实际，引入 HPS 教育、SSI 教学和结构不良问题等内容，以丰富和变革中学物理教学形式。基于批判性思维的内涵与外延，优化中学物理概念教学、物理规律教学、物理实验教学和物理问题解决教学是培养批判性思维的重要路径。批判性思维本身是跨学科的，在跨学科的情境中能更好地发展批判性思维能力。

第二章

浸润批判性思维的物理教学的理论基础

本章导读：批判性思维的兴起根植于哲学、心理学和教育学的融合，这三个维度也构成了批判性思维的理论基础。通过本章的阅读，你将了解到：在哲学方面，主要是否证论、复杂性理论和过程哲学对物理教学提出了更高的要求；在心理学方面，建构主义理论、多元智能理论、发现学习理论和具身认知理论对物理教学有巨大的促进作用；在教育学方面，认知发展理论、元认知理论、探究学习理论和合作学习理论帮助我们重新审视物理教学，尤其是元认知理论对批判性思维融入物理教学有很重要的指导意义。

我总是首先对自己采取严厉的批判态度，然后才给别人以这样的机会。即使现在，我想，对于我的观念，我能够提出的反对意见，比其他任何人都要强烈。

——法拉第

第一节　哲学基础

一、否证论

在古代,科学与哲学属于同宗同源,然而,在近代,尤其是20世纪以来,由于科学迅速发展,哲学受到极大的冲击,它们之间呈渐行渐远之态势。爱因斯坦认为,科学的方法论、科学史和科学的哲学思维都是极具意义和教育价值的。

(一)否证论的主要观点

可否证性也称为可证伪性。在波普尔以前,科学哲学领域中的逻辑实证主义长期占主导地位。它基于观察与实验,以经验为凭据,以逻辑为工具,通过推理论证得出科学理论。波普尔认为,科学理论不能单纯依赖于经验归纳,更不能用经验来证实。因为科学理论多是全称陈述和普遍命题,而经验观察到的仅仅是具体事物,是一定时空条件下的有限的经验事物。有限的事实只能证实个别命题或单称陈述,无法证实普遍无限的科学理论。他进一步指出,科学理论并不像逻辑实证主义者所主张的那样起源于感觉经验或观察陈述,而是起源于问题,它源于人们猜想假说和理论事实之间的张力。即使是已经得到证实的科学理论,它总归还是一种假说,一种猜测。例如,牛顿万有引力定律本质上仍是一种暂时性假说,爱因斯坦的狭义相对论也是一种假说。

科学理论追求普适性,多为全称命题。波普尔认为,确证性是不现实的,个别经验不可能推广到无穷,过去的有限实证也不可能无限推广到未来。因此,科学和非科学应该用否证而不是用确证的原则来分界,因为无论有多少个别的事例,也证实不了一个全称判断。一个反例可以反驳一条定律,例如,有一只黑天鹅存在就可以推翻“天鹅都是白色的”这一判断。波普尔认为,理论在经验上是绝不可证实的,假如我们想避免实证主义者所犯的错误……可以作为划界标准的不是确证性而是可否证性。

科学应具有批判精神和创造精神，区分科学与非科学的分界标准不是确证性，而是可否证性。批判性思维与否证论息息相关，可否证性体现了坚持怀疑、批判、创造的科学精神。为了追寻否证论的科学性，波普尔找到了试错法。他认为，试错法是一切生物生存的普遍法则。一切生物对于环境发生的行为的最本质特征是试探性，当试探成功时，生物就会把成功的模式和行为保持下来，失败了则进行新的尝试，生命的发展运动就是尝试新行为和修正旧行为持续进行的过程，这与心理学家桑代克等的思想合拍。

波普尔还认为，科学是在猜想和反驳的过程中不断进步的，科学发展本质上是一个持续试错的过程。它具有三个强烈特征：猜测性、可否证性和逼真性。即使是那些得到充分证实的科学理论，也总归是一种假设，本质上就是一种猜想。为此，波普尔提出了四段图式理论，其简略表达式为“P1—TT—EE—P2”，即“问题—试探性理论—排除错误—新的问题”。P1（problem 1）即问题，即方法论程序是从问题出发，而不是从经验或理论出发。此处的问题一定是针对自然界中事物的，用理论解释世界是因为有需要解释的现象存在，解释方式就会产生相应的科学问题。TT（tentative theory）表示试探性理论，试探性是科学理论解释的固有特征。问题和理论是以某种方式一起产生的，理论需要大胆猜想和假设，是自由思想的创造。针对科学要解决的问题提出尝试性解释，就是物理假说的形成过程。解释自然现象和预测科学事实都依赖于物理假说，也就是依赖于猜想，但物理假说必须遵守科学方法论，合理解释也必须概括更多的物理事实，解释更多的物理现象，此外物理假说也应该更综合、更概括、更简单、更有效。EE（error elimination）表示排除错误，即对解决同一个问题的各种理论，通过实验和实践进行批判和反驳。检验的目的是反驳理论，找出错误。只有经过严格反驳的理论才是更好的理论，而实现这一目标的途径就是让假说经受更严厉的反驳。理论迟早都会被反驳，经受反驳后又会产生新的问题 P2(problem 2)，揭示出新的尝试性假说的方向，从而完成一个完整的科学研究循环。

(二) 否证论与物理教学

物理教学的本质是什么？怎样才能进行好物理教学？如何让学生在增长物理知识的同时发展科学智慧？……这些问题是物理教学理论的核心问题，在教学实践中无法回避。否证论为我们提供了一种科学的方法论，帮助我们区分科学与非科学、理性与非理性。它是理解和评估理论、假设，乃至思考方式的重要工具，这是一种崭新的科学发展观念，强调物理教学核心要素在于主体与实践的互动。学生要实现知识的增长，首先要善于发现问题和提出问题，其次要针对问题提出尝试性解释，接着接受实验和试验的检验和反驳，然后在证伪中发现问题，再提出假设性解释……如此循环。由此可见，科学知识是在猜想、尝试、批判、反驳的过程中获得的。这种教学本质就是师生共同对知识进行分析、猜想、检验、综合、批判和创造的一种心智活动过程。

否证论的问题意识观对物理教学有很强的启发意义。波普尔认为，理论先于观察，科学开始于问题。科学理论是对自然界的普遍性的猜测，而猜测总是从问题的提出开始的。具体到物理教学中，问题在科学研究中具有特别的韵味，没有问题的物理教学是缺乏意义的教学。在进入课堂之前，学生应具有问题意识，此时学生反映出的前概念可能并不科学，诸多问题需要通过课堂教学来获得正确解答。在课堂中，师生可以共同探索问题背后隐含的隐性知识，采用较为合理的尝试性方案，逐一论证和检验。待此问题解决之后会产生新的更高层次的问题，以此实现教学的螺旋式攀升。

此外，否证论的知识批判观反映到物理教学领域，也有其深刻内涵。在中学物理教学中，一度存在"以教材为纲，课本知识就是绝对真理"的观念，许多教师觉得教材是由权威专家精心筛选和汇编而成，因此教学的主要任务就是如何解读和消化教材。这是一种错误的认知，也与新课程所倡导的"不是教教材，而是用教材教"

思想相矛盾。波普尔提出的否证论能对上述错误的认知进行有力的反驳。一切知识都具有猜测性、否证性和逼真性，即使是那些得到最充分证实的科学理论，也只是一种假设和猜想。这意味着在教学实践中，教师要放弃对权威的迷信和崇拜，允许学生对知识进行质疑和思考，坦然地接受学生的质疑和批判，因为科学理论是可否证的，绝对可靠的科学理论是不存在的，任何理论都要接受理性的检验与审视。

当然，波普尔的否证论也受到了广泛的质疑。研究科学史之后会发现，科学并不完全按照波普尔说的证伪过程发展。例如，在公元前就有学者曾提出过“日心说”，这个学说能对当时的主流理论起到证伪作用，但是它并没有被当时的主流学界认可与接受。还有一个著名的科学史案例是牛顿发表万有引力定律之后，有人发现天王星的运行轨迹跟计算出来的不一致。按理说，牛顿的万有引力定律应被证伪并抛弃，然而，当时的科学家坚信牛顿并没有错，他们认为天王星运动轨迹不相符的原因是受附近一颗未被发现的行星影响，接着，通过数学计算，科学家成功发现了“笔尖上的行星”——海王星。这一案例表明批判性思维在召唤更优秀的科学哲学出现。

二、复杂性理论

有人曾预言，21 世纪是复杂性科学的世纪。21 世纪一场重要的思想革命是关于复杂性思想的革命，2021 年诺贝尔物理学奖的揭晓进一步诠释了复杂性科学的应用前景和时代意义。自 20 世纪 70 年代以来，耗散结构论、协同学、突变论、超循环论、混沌动力学、涌现、自组织和选择适应性等理论构成了复杂性科学产生的基础、动力和原则。

复杂性科学拥有丰富的内涵，通常是指以复杂性系统为研究对象，以超越还原论为方法论特征，以揭示和解释复杂系统运行规律为主要任务，并以提高人们认识世界、探究世界和改造世界的能力为主要目的的一种综合性、非线性的新兴科学研究形态。

(一) 复杂性理论的主要观点

埃德加·莫兰(2004)认为:“复杂的东西不能用一个关键词(概念)来概括,不能归结为一条规律,也不能化归为一个简单的思想。”但我们还是能够归纳出复杂性理论的主要观点。

1. 非线性、混沌

埃德加·莫兰认为,在人类社会、自然界甚至是宇宙中,非线性的系统或过程远比线性系统更常见。“世界上几乎所有的事情,所有的人都被笼罩在一张充满刺激、限制和相互关联的巨大的非线性大网之中”(埃德加·莫兰,2004),各种变量之间的联系是非线性的,具有偶然性和不确定性。通过这张由各变量间非线性联系构成的大网,初始条件的细微变化就会引起其他变量乃至整个系统结果的不规则、不均匀变化,即复杂系统对初始条件的敏感性,从而引发了混沌。

2. 无序性、自组织

埃德加·莫兰认为,世界的存在既不可能是纯粹有序的,也不可能是纯粹无序的。他说:“无论在认识自然世界的领域里还是在认识历史的或社会的世界的领域里,都不可能把我们的观点归结为单纯的无序或者是单纯的有序。……到处都有这个两重性的问题:有序和无序的必然的和难解的交织和对抗的问题。”(埃德加·莫兰,2004)

为什么不能用单纯的有序即决定论以及单纯的无序来解释这个世界呢?埃德加·莫兰(2004)认为:“一个严格的决定论的宇宙是一个只有有序性的宇宙,在那里没有变化,没有革新,没有创造。而一个只有无序性的宇宙将不能形成任何组织,因此将不能保持新生事物,从而也不适于进化和发展。一个绝对被决定的世界和一个绝对随机的世界都是片面的和残缺的,前者不能进化而后者甚至不能产生。”

无序性包含着偶然性或者说不确定性,这意味着对于事物的发展变化,我们不可能做出极其精确的预测。也就是说，即便在初始条件确定的情况下，我们也不可能完全预知未来的情形。无序性的存在使我们认识到，事物的发展变化过程包含着很大的偶然性，我们只能在可能的范围内对事物的发展趋势做出预测，而这个预测仅表明一个概率问题。无序性还包含着能动性，即事物的自组织过程。自组织是指事物本身能动地根据发展过程中出现的随机、偶然因素，通过利用外界信息来与环境实行有利于自身的物质和能量的交换，把负熵流引入自身，最终实现自主地组织化、有序化的过程。

因此，虽然事物的无序性会扰乱事物原有的秩序，在事物发展道路上产生偶然的、随机的影响，但事物的自组织过程却可以保证事物与外界环境进行恰当的能量、信息交换，以平衡自身的发展并最终实现自身的有序化。

3. 元观点

埃德加·莫兰(2004)认为："任何一个概念系统必然包含一些只能在系统之外给予回答的问题。因此，要考察一个系统，就必须参照一个元系统。"元系统是指一个在证明手段上比系统更加有力、在内容上更为丰富的形式系统。它包含了系统成立的条件或其前提的根据。元系统包含着有关认识对象的更为广阔的视界，系统视界只代表着元系统范围内的一个特例。例如，牛顿的经典力学(系统)在相对论力学(元系统)的视界中，仅代表着研究宏观物体低速运动的特殊条件下的极限情况。

从这个意义上讲，传统经典科学的研究范式是使研究对象脱离其存在环境，使被认识的对象脱离其认识主体，仅在系统视界内进行的研究。而复杂性理论则要求把研究视界从系统的层次上升到元系统的层次，将研究对象置于其所存在的环境中，将研究者本人包含在他的认识活动过程中。这就要求关于某类研究对象的理论系统不应当是绝对封闭的，它应该随时准备对它的元系统开放；它对对象的考察应当既在系统的框架内进行，又在元系统的框架内进行。这样既能看清对象的现状，又能看清对象的根据或限度，这就叫"用双目观物"。

(二) 复杂性理论与物理教学

复杂性理论关于世界是无序与有序相互交混和自组织的观点，为物理课堂教学及其实施策略提供了宽广的哲学理论基础。在复杂性理论视角下，课堂教学应当被视为一种复杂的适应系统。在这种复杂的适应系统中，教学应有其自身的预设，并且预设的方案要详细且缜密。然而，鉴于复杂性思维所承认的偶然性和无序性的不可消除性，这种教学设计一定要具备弹性，以便在教学过程中给教学的动态生成留出空间。从复杂性理论的角度来看，教学过程是一个极其复杂和充满变数的不确定的过程。就课型而言，我们可以从学习内容、教学方法或学习方法等不同的维度对课型进行划分。而每一种课型由于教学对象和教学环境的不同，又必然表现出形态各异、纷繁复杂的教学流程或教学操作策略。具体课堂教学过程充满了灵活性和应变性，并且对于同一位老师来说，随着学识、教学经验的变化，每次授课都会有所不同；对于学生而言，学习过程有很多生成性因素，从学习的效果及其对个体的影响来看，受到诸多因素的制约，是不确定的，并且随着知识背景和知识结构的不断变化，生理、心理的发展，兴趣的变化，学习与个体发展之间的关系也日趋复杂。因此，我们不固守一种课型或一种实施策略来完成不同学科的教学。由此可见，我们必须摒弃追本溯源式的本质主义的思维倾向，不应强行给复杂多变的教学过程寻找一个唯一的、永恒不变的本质或答案，或试图发现一种放之四海而皆准的教学实施策略。夸美纽斯主张的单一课型以及大一统的教学策略也许在他所处的时代有其存在的合理性。但实践证明，那种寻找“阿基米德基点”的思维模式或主张是一个误区，违背了教育的本质追求，违背了人性发展的内在需求。

世界是无序与有序相互交织、充满不确定性的，但这并不意味着世界是杂乱无章、无法为人所认识的；教学过程极为复杂，充满不确定性，但这并不意味着教学过程必定是一团乱麻，教师可以随心所欲或跟着感觉来进行教学。相反，复杂性理论启示我们，在混沌、无序和不确定的世界中存在着有序性的因素，因此更加需要批判性地识别关键要素，在无序中发现规律。模式的存在反映了有差别的事物统一于某种结构与秩序。人类的发展有赖于对结构与秩序的认识与把握;在充满变数的教学过程里存在着确定性因素和秩序化特征。从具体的教学过程看,教材是确定的,教学对象及其现有的知识与能力是确定的,学习任务是确定的,教学设计是确定的,教学设施是确定的……教师的任务之一就是正确认识教学过程中的确定性因素,按线性的观点来观察其中的有序性,从中寻找规律性、普遍性的东西,并形成较为明确的教学意图、步骤和策略。

物理教学及其实施策略是一个整体结构、一个有机的系统,是在整体上对原有的个别教学经验框框的突破和超越。一名优秀的教师除了必备的专业知识外,必须掌握一定的教育学、心理学知识,然而每一种理论都是一个十分复杂的体系,要将理论应用于实践或将实践上升为一种理性的认识并非易事。物理教学模式及其实施策略既是教学理论的简约形式,又是教学实践的抽象与概括。

三、过程哲学

(一) 过程哲学的主要观点

1. 过程就是实在

传统的实体哲学认为,无限复杂的宇宙可以还原为某些基本实体,即具有既定或固有质的绝对本体;绝对本体超感性、超现实,却是现实和感性世界的基础。事物的质和属性是事物本身固有的,与该事物直接同一,其思维逻辑如下:存在=实体=固有质。这种质是坚实的、不可消解的,或者说,它的消解就是物质本身的消解。既然实体与自身的固有质直接同一,那么事物的质就是既定的、本来的、预成的。有某物即有某质,事物、质不存在生成的问题,不是在过程中成为它的。

过程哲学一反传统的实体哲学,它把宇宙视为一个有机整体,认为宇宙是由过程构成的,过程是宇宙的本体或实在。怀特海把宇宙的事物分为"事件"的世界和"永恒客体"的世界。怀特海强调,自然界的终极事实就是事件,用相关性进行认识的本质就是利用时间和空间来详细说明事件的能力。所谓事件，就是以某种既定方式相互关联的现实际遇的一种关系。怀特海把事件看作宇宙的基本单元，它们处于一种流动的状态之中。关于事件的性质，怀特海指出，每个事件都是包括它自己在内的其他事件的一部分；同时，每个事件又把其他事件作为它的部分包括了进来。怀特海事件理论的主要历史影响在于提出了“以事件作为宇宙的终极要素”的核心思想，并借助事件理论取消了实体概念。事件世界中的一切都处于变化的过程之中，各种事件的综合统一体构成机体，从原子到星云、从社会到人都是处于不同等级的机体。机体有自己的个性、结构、自我创造能力，机体的根本特征是活动，活动表现为过程。过程就是机体各个因子之间有内在联系的、持续的创造活动，它表现为一机体可以转化为另一机体，因而整个世界就表现为一种活动的过程。在过程的背后并不存在不变的物质实体，其唯一的持续性就是活动的结构。而这种结构是进化的，所以自然界是活生生的、有生机的。怀特海认为，自然和生命的分开是不可理解的，只有两者的融合才构成真正的实在，即构成宇宙。所谓永恒客体，在怀特海看来只是作为抽象的可能性而存在，并非人们意识之外的客观实在，它能否转变为现实，要受到实际存在客体的限制，并最终受他所信奉的宗教的“最高神”的限制。他认为，事件世界正是他所信奉的宗教的“最高神”从许多处于潜在可能状态的世界中挑选出来的，因此他所信奉的宗教的“最高神”是现实世界的泉源，是具体实在的基础。

2. 一切都是发展变化的

在怀特海看来，过程是根本的，成为现实的就是成为过程的。过程承继过去，立足现在，面向未来。他反对“自然（机体）是死的”这种机械论的观点，认为“自然是活的”，只有赋予自然以生命、生成、目的、创造、享受等内涵，它才有意义。怀特海所理解的过程包括多方面的内容，它既是内在的，又是外在的；既是主观的，又是客观的；既是宏观的，又是微观的。但所有这些方面又都是统一的，是一个过程的不同方面。“‘变化’这个概念就是对进化着的宇宙之历险的描述。”（怀特海，2021）

3. 一切都是内在相关的

世界是一个有机整体，现实体(actual entity)“是世界借以构成的终极的现实事物”。“机体”和“过程”密不可分，它们“以双重方式相关:现实事物的共同体是一个机体，但它又不是一个静止的机体，它乃是生成过程中的一种不甚完善的状态。……在这个意义上，一个机体就是一种关联。其次，每一个现实体本身都只能描述为一个机体过程……都是其后继阶段走向完善的现实基础”(怀特海，2021)。因此，怀特海反对现代哲学中的实体思维模式，即一种关于实在的机械论模式，反对二元对立(如所谓主体/客体、精神/物质、概念/实体的二元划分)，反对对世界作分离的和僵化的理解。

4. 过程和机体是历险的和创造的

怀特海认为，宇宙的进化和文明的进步都必须经历冒险，纯保守的力量是和宇宙的本质相抵触的。换言之，过程和机体都必须经历冒险和创造。怀特海所说的历险，主要是指观念的历险，是某些先进观念在加速人类文明中所产生的积极影响，即“对新的完美的追求”。他指出，没有历险，文明就必然会衰败。怀特海所说的创造属于他所谓的“终极性范畴”(它表达的是过程哲学或机体哲学所预设的一般原则)，对于理解过程和机体有着至关重要的作用。创造表示的是“多”和“一”的关系。在怀特海看来，一切事件都包含了无数可能性的实现。当我们把宇宙之过去的、分离的杂多融入一个新的、未来的统一体之中时，亦即把先前表现为主观形式的多种可能性融入一种经验的客观内容时，就会产生一种丰富了经验并增进了经验享受的“新质(novelty)”，这种新质即过去未曾实现过的可能性，就是创造。因此，创造性和真正的潜力密切相关，“创造性就是潜力的实现”。

5. 过程和机体是享受的和艺术的

怀特海经常使用的“享受(enjoyment)”这个语词比“过程”这个语词更富有启发性。怀特海认为，过程的所有单位(无论是在人的层次上还是在电子的层次上)都是以享受为特征的，都具有内在的价值。成为现实的就是成为享受的，缺乏享受乃是纯客体的标志。与此同时，享受还是一个丰富的意义“母体(matrix)”，具有更广泛的意蕴，“它乃是多种存在中的一种存在的自我享受，以及一种基于多种成分而产生的存在的自我享受”(怀特海，2021)。享受的过程也是审美的过程，因而享受和真、美、历险、艺术、平和一样，也是文明的一个不可或缺的因素。

(二) 过程哲学与物理教学

过程哲学认为，世界是由过程构成的，过程就是机体各个因子之间有内在联系的、持续的创造活动。每种事物都以过程的形式存在，是各种状态间不停转化、生成的过程。过程的特征在个别事物中表现出来，理解个别事物也必须根据包含在其内的过程来理解。以此反观课堂教学，我们应该确立生成性的过程思维，以动态、开放、活力为特点的过程思维代替以静止、封闭、僵化为特点的实体思维。要充分认识课堂教学的过程性特征，对课型范式及其实施策略由追问“是什么”的实体思维转向追问“如何”的过程思维，逐渐自觉地形成重视发展变迁的态度和思维方式，以“生成”“过程”的眼光看待教学过程的存在。课堂教学作为一个有机过程，它是由教师、学生、教学媒介、教材及其他教学资源等多种因子间有内在联系的、持续的创造活动构成的。在持续性的活动过程中，作为机体的教学过程表现为一定的结构——课型及其实施策略。作为教师，我们必须在动态的教学过程中去把握这种结构，正确处理教学过程中各种因子间的关系。当然，过程哲学认为，一切事件都包含了无数可能性的实现。课型范式及其实施策略作为一种主观形式，它存在着多种可能的实现方式。因此，不管什么学科、什么教学内容，我们都不能用一种不变的课型及其实施策略来实施教学过程，否则，“教学机体”就失去了创造力。

过程哲学认为，一切都是内相关的，世界是一个有机整体，“现实实有(actual entities)”具有普遍联系的性质，每一个实有都是由其他实有决定的，表现为一种关系性存在，是多种潜在因素缘起、显现的结果，也就是“现实实有”的存在不是其本身孤立的存在，“现实实有”相互之间不是彼此隔绝的，而是“有机的综合(organic synthesis)”，“现实实有”的世界就是一个彼此相连的结构，这种整体结构，是一个层次结构,既有时间上的前后承继关系,又有整体与部分的包容关系。自然界中的事件就是自然界中的实在。事件是一个实体,是一个在一定时空范围内的过程,而不仅仅是若干部分或成分组成的集合体。因此,作为时空统一体的事件,就具有了它的现在、过去和未来。作为实体的事件,多次反复而表现为一定的模式、形式或特性,而成为“客体(objects)”。过程哲学把存在预设为动态关系,把存在者预设为潜在因素在关系中的显现,并以此为前提诠释一切,这种思维方式为我们提供了崭新的认识世界的视角。用关系思维的视角来审视课堂教学过程,我们可以发现,教学过程是一个有机联系的整体,构成教学过程的各个环节(因子)是相互联系、相互影响的,物理课堂教学及操作流程作为实体,是经无数次教学过程的反复而表现出来的模式或形式,正确把握物理教学“客体”模式,有利于确保课堂教学达到理想的效果。物理教学模式的呈现,为教师从整体上正确认识和把握教学过程,合理处理教学过程各环节的关系,发挥教学的最大效能提供了有力的支点。

过程哲学认为,一切都是发展变化的,变化发展不是简单的流动,不是一种没有形式的连续性,而是从一个阶段进展到另一个阶段的过程,其中每一个阶段都是后续阶段走向完善的现实基础。过程哲学的观点表明,我们不能为了获得“共时性”的客观规律而单纯地采用孤立、静态、片面的认识态度,而是必须以事物普遍联系的视角,从相互影响、相互作用的角度,动态、整体、综合地看待研究对象。物理教学及其实施策略作为一种带有总结概括性和普遍性的方法和策略框架的形式系统,以理论的方式使一定的教学现象及过程得到更深刻的、更合理的说明,同时能帮助我们高屋建瓴地把握教学过程的实施策略问题。但从历史的角度来看,我们必须意识到,物理教学及其实施策略一直处于不断的变化和完善之中,我们不能把物理教学模式当作僵死的教条,而应该把特定时空中产生的物理教学模式当作走向完善教学过程的现实基础。我们必须处理好物理课堂教学及其实施策略的相对静态性与学生的创造性之间的关系,让教学过程变成能够激发并满足学生好奇心的充满探险乐趣的创造之旅。

第二节　心理学基础

物理教学有其心理学基础，也需要遵循一定的心理学规律，归纳起来，它与建构主义理论、发现学习理论和具身认知理论等有着密切的关联。

一、建构主义理论

建构主义是认知心理学派中的一个分支。它强调个体在意义建构中的作用，其代表人物有皮亚杰、维果茨基等。建构主义理论由于重视个体在认识世界中的作用，强调主体性，因而在教育领域广为传播。尽管在建构主义者内部也存在观点分歧，但总体而言，他们认为世界是客观存在的，而对于世界的理解和赋予的意义却是由每个人自己决定的。我们是以自己的经验为基础来建构事实，或者至少说是在解释事实，我们个人的经验世界是用我们个人的头脑创建的。由于每个人的经验以及对经验的信念不同，每个人对外部世界的理解便也迥异。因此，建构主义更关注如何以原有的经验、心理结构和信念为基础来建构知识，强调学习的主动性、社会性和情境性，对知识、学习、教师、学生等都提出了许多新的见解。

（一）建构主义的基本观点

1. 建构主义的知识观

知识不是对现实的纯粹客观的反映，任何一种承载知识的符号系统也不是绝对真实的表征。知识只不过是人们对客观世界的一种解释、假设或假说，它不是问题的最终答案，必将随着人们认识程度的深入而不断变革、升华和改写，成为一种新的解释和假设。

知识并不能绝对准确无误地概括世界的法则，也无法提供对任何活动或问题都实用的解决方法。在具体的问题解决中，知识不可能一用就准、一用就灵，而是需要针对具体问题的情景对原有知识进行再加工和再创造。

知识不可能以实体的形式存在于个体之外，尽管通过语言，知识被赋予了一定的外在形式，并且获得了较为普遍的认同，但这并不意味着学习者对这种知识有同样的理解。真正的理解只能是由学习者基于自己的经验背景而建构起来的，取决于特定情况下的学习活动过程。

2. 建构主义的学习观

学习不是由教师把知识简单地传递给学生，而是由学生自己建构知识的一个过程。学生不是简单被动地接受信息，而是主动地建构知识的意义，这种建构是无法由他人来代替的。

学习是学生根据自己的经验背景，对外部信息主动地进行选择、加工和处理，从而获得个人的意义的过程。外部信息本身并没有意义，意义是学习者通过新、旧知识经验间反复的、双向的相互作用过程而建构成的。

学习意义的获得，是每个学习者以自己原有的知识经验为基础，对新信息重新认识和编码，建构自己的理解。在这一过程中，学习者原有的知识经验因为新知识经验的进入而发生调整和改变。

同化和顺应是学习者认知结构发生变化的两种途径。同化是认知结构的量变，而顺应则是认知结构的质变。人的认知水平发展就是同化、顺应循环往复，平衡与不平衡相互交替的过程。学习不是简单的信息积累，而是认知结构的重组，学习过程不是简单的信息输入、存储和提取，而是新旧知识经验相互作用的过程，即学习者与学习环境之间互动的过程。

3. 建构主义的学生观

学习者并不是空着脑袋进入学习情境的。在日常生活和以往的各种形式的学习中，他们已经形成了相关的知识经验，他们对任何事物都有自己的看法。即使有些问题从来没有接触过，没有现成的经验可借鉴，但当问题呈现在他们面前时，他们仍会基于以往的经验与认知能力，形成对问题的解释，提出自己的假设。

师生之间、学生之间需要共同针对某些问题进行探索，并在探索中相互交流和质疑，了解彼此的想法。由于经验背景的差异，学习者对问题的看法和理解千差万别，而这些差异本身就是一种宝贵的资源。建构主义虽然非常重视个体的自我发展，但并不排除外部的引导，即教师的影响作用。

4. 建构主义的教师观

教师是学生建构知识的忠实支持者。教师应该给学生提供复杂的真实问题，创设良好的学习环境，保证学习活动和学习内容的平衡，促成学生认知加工能力的培养。

教师要成为学生建构知识的积极的帮助者和引导者，应当激发学生的学习兴趣，引发并保持学生的学习动机；通过创设恰当的情境和提示新旧知识之间联系的线索，帮助学生自主建构知识；还应尽可能组织协作学习，展开讨论与交流，并对协作学习过程进行引导。

（二）建构主义与物理教学

建构主义提倡在教师指导下的以学生为中心的学习。学生进入一定的情境，借助其他人的帮助，利用必要的学习资料，通过意义建构的方式来获取知识，这个过程需要学生对外部信息进行甄别，批判性地吸收和建构新知识。情境、协作、会话和意义建构是以建构方式学习的四大要素。

情境：建构主义学习理论认为，学习活动是在一定的情景（即社会文化背景）下进行的，而且学习环境中的情境必须有利于学生对所学内容的意义建构。

协作：建构主义学习理论认为，协作发生在学习过程的始终，对学习过程的各个阶段均有重要的作用。这里的协作对象可以是教师或同学。

会话：会话是协作过程中不可缺少的环节，会话使每个学生的智慧为整个学习小组所共享。会话是达到意义建构的重要手段之一。

意义建构：建构主义学习理论认为意义建构是整个学习过程的最终目标。所要建构的意义是指事物的性质、规律以及事物之间的内在联系。

根据以上基本要素，建构主义对物理教学有以下几点启示：

1. 物理教学要为学生提供支架

支架是指教师为学习者提供的一种概念框架，用于帮助学习者建构起对知识的理解。这种框架中的概念是为发展学习者对问题的进一步理解所准备的。根据维果茨基的观点，学生的发展水平可分为现有发展水平和潜在发展水平，在这两者之间存在着一个“最近发展区”(图 2－1)。在这样的背景下，课型设计中的教学支架必须与最近发展区相适应。如果支架搭得太低，在现有发展水平以下，学生无法获得发展；如果支架搭得太高，超越了潜在发展水平，学生“跳一跳”也摘不到“桃子”。

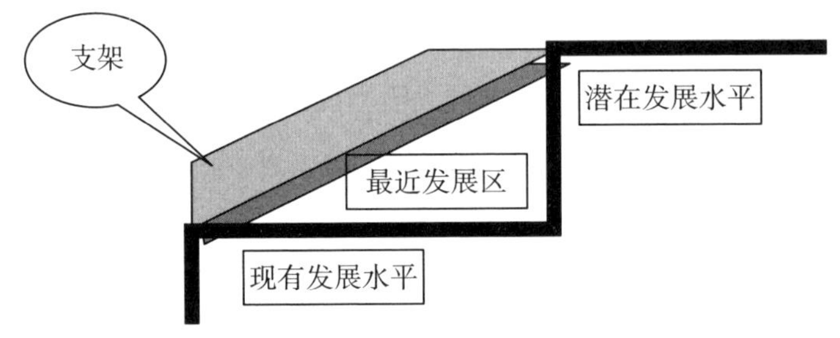

图 2－1　最近发展区

为学生提供支架的基本程序一般包括：第一，搭脚手架。围绕当前学习主题，按“最近发展区”的要求建立概念框架。第二，进入情境。将学生引入一定的问题情境。第三，独立探索。探索内容包括确定与给定概念有关的各种属性，并将这些属性按其重要性排序。探索开始时要先由教师启发引导，而后让学生自己去分析。探索过程中教师要适时提示，帮助学生沿概念框架逐步攀升。第四，协作学习。进行小组协商和讨论，使原来多种意见相互矛盾且态度纷呈的复杂局面逐渐变得清晰。在共享集体思维成果的基础上，达到对当前所学概念比较全面、正确的理解，即完成意义建构。第五，效果评价。具体包括对学生自主学习能力进行评价，对小组协作学习所做出的贡献进行评价，以及对是否完成意义建构进行评价。

2. 物理教学要注重创设真实问题情境

建构主义主张使学生在完整、真实的问题情境中产生学习的需要，并通过嵌入式教学以及学习共同体成员的合作学习，亲身体验从识别目标到提出目标、达到目标的全过程。

在建构主义视野中,“抛锚”是一个关键词,教学成功与否的关键是“锚”能否抛出,而所谓的“锚”就是真实的、有意义的问题情境。在这一情境被呈现出来后,学生将在这一情境中通过自主、协作等学习方式去解决问题。因此,能否给学生提供一个真实的情境让学生置身其中,对于课型设计来说非常重要。

“抛锚”的具体过程一般包括:第一,创设情境。设计学习发生的、与现实情况相一致或类似的情境。第二,确定问题。让学生面临一个需要解决的现实问题。第三,自主学习。教师提供解决问题的线索,包括需要搜集哪一类资料、从何处获取信息、现实中专家解决问题的过程如何等,学生在获得这些线索以后,自主进行学习。第四,协作学习。在自主学习之后,教师要鼓励学生之间进行讨论、交流,通过头脑风暴加深对当前问题的理解。第五,效果评价。检查学生是否解决了问题,有无解决问题的真实过程,据此判断其学习效果。

3. 物理教学要强调学生的随机进入

随机进入是指教师在教学中通过对情境的创设,使学习者可以随意通过不同途径、不同方式进入同一个教学内容,从而获得对同一事物或同一问题的多方面认识与理解。

随机进入的关键在于,对于同一个教学内容,让不同的学生从不同的角度切入进去。在建构主义者看来,认识是具有个体性的,同样的一个事物,不同的人会产生不同的认识,并因此而构建出个性化的意义来,而每个个体建构出的意义又都会对他人产生一定的影响。因此,呈现出一个事物的多面性极为重要,这对课型设计提出了新的要求,在课型设计的过程中,要考虑到不同学生的认知背景。

随机进入的基本程序包括:第一,呈现基本情境。向学生展示与当前学习主题的基本内容相关的情境。第二,随机进入学习。由于学生存在个体的差异性,因此每个学生学什么取决于他(她)随机进入学习时所选择的角度和内容。第三,思维发展训练。教师在此过程中要帮助学生建立思维模型,尤其要培养学生的发散性思维,从而打开学生的思路。第四,小组协作讨论。学生进行小组交流,每个学生说出自己的认识,分享他人的认识,从而建构出更为完整的意义。第五,学习效果评价。检查学生是否完整地掌握了教学内容,是否达成了教学目标。

二、发现学习理论

发现学习理论是美国著名心理学家布鲁纳提出的,在心理学领域具有重要地位,对课型设计也有着重要的借鉴意义。

(一) 发现学习的主要特征

强调学习过程。布鲁纳认为,在教学过程中,学生是一个积极的探究者。教师的作用是创设一种学生能够独立探究的情境,而不是提供现成的知识。学习的主要目的不是记住教师所讲和教科书上的内容,而是要学生参与对该学科的知识体系的构建过程。因此,学生不是被动的、消极的知识的接受者,而是主动的、积极的知识的探究者。

强调直觉思维。布鲁纳认为,直觉思维不同于分析思维,它不遵循仔细规定的步骤,而是采取跃进、越级和走捷径的方式来思维的。不论是在正规的学科领域还是在日常生活中,不论是科学家还是小学生,都需要使用直觉思维,所不同的只是程度上的差异。

强调内在动机。布鲁纳认为,在一般教学条件下,学生的学习动机往往是混乱的。有些学生谋求好成绩,是由于受到一些外来动机的驱动,如获得教师和家长的奖励。布鲁纳更重视的是激发学生的内部动机,或将外部动机转化成内部动机。而探究活动有利于激发学生的好奇心,学生容易受到好奇心的驱使,对探究未知的结果表现出兴趣。

(二) 发现学习与物理教学

发现学习理论对物理教学最重要的启示就是在设计过程中要重视学生的主体探究,探究即发现,学习即研究。

探究的特点在于开放性、自主性、实践性和体验性。学生学习中的探究与科学实验中的探究有很大的区别，物理教学中的科学探究是为了发现知识和真理，而学生学习中的探究是为了让学生获得探究的方法和体验。学习中的探究因此呈现出自己的一些特点：一是开放性。学生探究的内容是开放的，物理教学不应把学生的学习内容限制在某些方面。只要学生想到且有能力探究的，都可以成为探究的内容。学生所获取知识的探究也是开放的。除了从书本上获取知识，学生还要广泛获取第一手资料，经过头脑加工而形成结论。二是自主性。学习中的探究是把学习的自主权还给学生，物理教学要让学生探究自己感兴趣的问题，经历自己的探究过程，得出富有个性的答案。三是实践性。探究是一种实践，学生在书本上无法进行探究，必须带着问题到实践中去，通过实践获得知识，而不是间接地从知识到知识。四是体验性。探究注重学生自我体验和感受，亲历探究、获得发现、取得成功是一种体验，经历失败也是一种体验，与人对话、交流、合作是一种体验，独自完成探究也是一种体验。不管哪种体验，只要是学生亲历的，对于他们的成长都是有益的，也都应该成为课型设计的关注点。

物理教学，必然会涉及对教师和学生角色的定位，在发现学习理论的视野下，教师和学生的角色特点都非常鲜明。

首先，教师具有多元化的角色。教师不再是知识的掌握者和提供者，因为学生所探究的问题往往是跨学科的综合性问题，是一个教师在自己的学科领域无法单独解决的。在学生的探究过程中，教师是帮助者、促进者、合作者、指导者和信息提供者。教师的作用在于：第一，帮助学生确定探究问题。一个好的问题就是一次好的探究教学的开始，在学生提出探究问题以后，教师要考察这个问题的科学性、可行性以及是否具有探究价值，只有达到基本要求后，才能进入下一阶段的学习。第二，帮助学生形成探究方案。确定好探究的问题后，要帮助学生制订探究方案，即要解决哪些具体问题、何时完成、借助何种工具等。第三，为学生提供探究方法的指导。探究需要依靠一定的方法才能展开和深入下去，从某种意义上来说，方法直接决定探究的结果，教师要自始至终为学生提供方法上的指导，与学生合作，促进学生的探究。第四,为学生提供探究信息。尽管教师不能保证为学生提供所有知识,但教师需要在学生探究的过程中,为学生提供足够的信息,比如查找什么样的资料、哪些人可能会对解决问题起到重要的作用、学校和社区里还有哪些资源可用等。只有帮助学生掌握了足够的信息,学生的探究才能顺利开展。

其次,学生是探究的主体。发现学习理论提示我们,要充分信任学生,他们在一定程度上有能力去主动地探索世界,揭示世界的奥秘,发现并创造知识。因此,要鼓励学生走自主创新之路。学生可以主动选择学习内容,确定学习方法,安排并实施学习计划,评价学习结果。学生的探究过程是别人无法代替的,即便学生探究需要花费更多的时间,即便得到的是不尽如人意的结果,教师也不应该揠苗助长,而是应该耐心等待。唯有如此,学生才能获得真正的发展。

在物理教学过程中,不必担心教学进度问题。尽管从效率的角度考虑,"满堂灌"的被动接受比主动探究更快,但在学生的大脑被教师用冰冷的知识"填"满之后,那些知识除了用到考试中去,往往就没有别的用途了,考试结束后,知识就会"还"给老师,这种情况屡见不鲜。因此,课型设计应该明确学生在学习中的主体地位,让学生建构起自己的知识世界。

三、具身认知理论

2023 年颁布的《教育部等十八部门关于加强新时代中小学科学教育工作的意见》指出:"重在实践,激发兴趣。以学生为本,因材施教,推进基于探究实践的科学教育,激发中小学生好奇心、想象力和探求欲,培养学生科学兴趣,引导学生广泛参与探究实践,做到学思结合……注重将知识学习与实践相结合,强化做中学、用中学、创中学。"(中华人民共和国教育部,2023)《义务教育科学课程标准(2022 年版)》(中华人民共和国教育部,2022b)提出了"深化教学改革,强化学科实践"的要求。

从表面上看,科学教育正在从学科探究走向学科实践,而其内在本质是从离身的第一代认知科学向具身的第二代认知科学转向。在批判传统"身心二元论"的基础上,“身心合一”的具身认知理论被提出。具身认知理论认为,个体的认知发展不是单向度的线性过程,而是认知、身体以及环境相互促进、相互影响的整体协调过程。

(一) 具身认知的主要观点

具身认知的概念源自美国著名认知语言学家莱考夫和约翰逊的经典著作《肉身哲学:亲身心智及其向西方思想的挑战》。传统认知认为学习过程仅是在大脑内进行的,有人称这种学习为“脖子以上的学习”。身心“一元论”的具身认知理论反对第一代认知科学的离身主义、内在主义、经典认知主义和方法论唯我主义,强调学习的“脑—心—身”一体化构建和全身心参与的过程,新知识是心智、身体和环境三者相互作用的结果,强调身体参与影响认知过程与认知结果,即认知是包括大脑在内的整个身体的认知。在具身认知理论中,身体不仅是理解自我存在的重要因素,也是与外部环境交互和学习的主体。具身认知具有涉身性、体验性和生成性的特征。

具身认知理论认为生理体验与心理状态之间有着强烈的联系。生理体验激活心理感觉,反之亦然。认知是包括大脑在内的身体的认知。身体的解剖学结构、身体的活动方式、身体的感觉和运动体验决定了我们怎样认识和看待世界。我们的认知是被身体及其活动方式塑造出来的,它不是一个运行在“身体硬件”之上并可以指挥身体的“心理程序软件”。具身认知的研究纲领强调的是身体在有机体认知过程中所扮演的角色,这与传统认知主义将身体仅视为刺激的感受器和行为的效应器的观点截然不同。具身认知赋予身体在认知的塑造中的枢轴性作用和决定性意义,具身认知在对认知的解释中提高了身体及其活动的重要性。

(二) 具身认知与物理教学

物理教学具身转向是回应学科育人和实践育人的重要举措。传统的离身学习割裂了知识与身体的关联,学生无法很好地理解知识背后蕴含的意义和价值,无法将抽象的物理概念和冰冷的物理规律“打开”和“激活”。具身认知理念倡导“身心合一”的教学实践,是真正以学生为中心的教学理念。

教师应为学生创设具身性、实践性和趣味性的学习境脉与场域，引导学生充分参与其中，促进身体、心智与环境的多维交互，为教学、学习和评价创造条件，并实现“教—学—评”的一体化，让深度学习真实发生。

横向上，具身认知对物理学科核心素养四个维度的发展都有重要的作用。首先，物理观念是物理概念和规律的凝练和升华，是不断抽象和概括综合的结果。学生物理观念的形成是从现象和事实开始，并不断进阶和发展的过程，这个过程需要亲身投入和体验，以获得所学物理概念和规律的意义。其次，科学思维是在活动过程中和活动后的回顾和反思中形成的。具身体验有助于学生获得直观的感受，分辨出影响问题的主要因素和次要因素，从而帮助学生建构物理模型，基于模型进行推理论证和解决问题。再次，科学探究就是以学生为主体，全身心参与研究和内化知识的过程。在科学探究过程中，学生的身体、情感和热情都会被充分调动起来。最后，具身体验能很好地提升学生的科学态度与责任。身体和环境交互过程能有效地激发学生学习的积极性，是培养学生严谨认真的态度和积极情感的最好方式。

纵向上，具身认知延展了学习时空。学习目标、学习内容、学习方法、学习评价和作业设计的具身转向能够很好地促进学生理解学科本质和发展高阶思维。首先，学习目标的具身转向体现在学习过程中注重学生的参与和体验，以及学习后能做什么、做到什么程度，突出行为动词、行为表现和表现层次。其次，学习内容的具身转向体现在将抽象的物理知识“稀释”和“还原”，与生活实际情境相结合，让学生回到知识产生的背景和发生的过程，认识到所学知识的实践价值。再次，学习方法的具身转向，强调以学科实践的方式学习，通过调查、制作和辩论等理解学科本质，领悟知识中蕴含的思想方法和情感态度价值，学科本质理解不可能一蹴而就，需要经过反复迭代，不断深入。此外，学习评价的具身转向要丰富评价的维度和评价标准，增加对学生参与学习活动过程和同伴互动行为的关注，以及锻炼表达自己想法的能力。最后，作业设计的具身转向突出实践性、拓展性和项目性的内容，将具身体验的时空从课堂拓展到课外、从学校延伸到社会，充分利用“社会大课堂”。

第三节　教育学基础

指向批判性思维的物理教学的教育学基础主要包括以下几个方面:认知发展理论、元认知理论和探究学习理论。

一、认知发展理论

(一)认知发展理论的内涵

认知发展理论是著名发展心理学家皮亚杰所提出的,被公认为20世纪发展心理学领域的权威理论。所谓认知发展是指个体自出生后在适应环境的活动中,对事物的认知及面对问题情境时的思维方式与能力表现随年龄增长而改变的历程。皮亚杰特别关注将儿童的认知发展作为连接生物学与认识论的桥梁,他认为通过对儿童个体认知发展的了解可以揭示整个人类认识发生的规律,从而建构起他的整个学说——“发生认识论”。

皮亚杰认知发展理论中包含四个基本概念:

图式。图式是皮亚杰理论中的核心概念,指的是动作的结构或组织。个体能对刺激做出反应,是因为其具有应付这种刺激的思维或行为图式。图式使个体能够对客体的信息进行整理、归纳,使信息秩序化和条理化,从而达到对信息的理解。图式不是静态的结构,而是随着经验的增加而不断发展和变化的。个体的认识水平取决于认知图式。图式具有概括性的特点,可应用于不同的刺激情境。新生儿仅具有几个简单的遗传图式,如吮吸反射,即嘴唇触到任何物体都会进行吮吸。学习之所以产生迁移,是因为在前一学习中形成了某种图式,而后被应用到下一学习情境中去。皮亚杰认为,人的认识发展不仅表现在知识的增长上,更表现在认知结构的完善和发展上。图式的发展水平是人的认识发展水平的重要标志，既是认识发展的产物，又是认识发展的基础和条件。

同化。同化指有机体将环境成分整合到自己原有结构中的过程。皮亚杰借用同化来说明个体把新鲜刺激纳入原有图式中的心理过程。在整个有机体中，有三个层次的同化：生理层面上，是物质的同化；动作层面上，是行为的同化；智慧层面上，是思想的同化。从教育学的角度来说，同化就是将外界元素整合到一个正在形成或已形成的结构中。因此，同化过程受到个人已有图式的限制。个人拥有的图式越多，同化的事物的范围也就越广泛；反之，同化范围就相对狭窄。

顺应。顺应是指个体调节自己的内部结构以适应特定刺激的过程。当个体遇到不能用原有图式同化的新刺激时，便需要对原有的图式加以修改或重建，以适应环境。这样将促使个体改变现有的认知图式，形成某些适合新经验的新图式，从而引起认知结构的不断发展变化。图式的发展和丰富是通过同化和顺应两种机制来实现的。皮亚杰认为，刺激输入的过滤或改变称为同化；内部图式的改变以适应现实叫作顺应。同化是量变的过程，而顺应是质变的过程。在认知结构的发展中，同化与顺应既相互对立，又彼此联系、相互依存。对于人的认识成长来说，如果只有同化没有顺应，认识就谈不上发展；如果没有同化，也就没有顺应可言。认识永远是外物同化于内部图式、内部图式顺应于外物这两个对立统一过程的产物。

平衡。平衡是个体通过自我调节机制使认识的发展从一个平衡状态向另一个较高平衡状态过渡的过程。儿童认知最初处于较低水平的平衡状态中，当面临新异刺激时，会产生不平衡，此时通过主体和客体的相互作用，即通过同化或顺应，认识达到一个新的水平并恢复平衡状态。认识的发展就是“平衡—不平衡—平衡”的过程。平衡从三方面调节着个体的认知过程：一是调节同化与顺应之间的关系，使两者保持平衡；二是调节个体认知结构中执行不同功能的子系统；三是在个体知识的分化与整合中保持平衡。

（二）认知发展理论与物理教学

皮亚杰认知发展阶段理论应用于物理教学当中，主要表现在以下几个方面：

1. 强调适时适度教育

皮亚杰将学生的认知发展划分为感知运动阶段、前运算阶段、具体运算阶段以及形式运算阶段。他强调，儿童的认知发展按照这四个阶段依次进行，不可跨越也不可颠倒。因此中学物理教学中应强调教育要适时适度，不能揠苗助长，反对超前超量的教育。

在学前阶段的科学教育中，大多数孩子还处在感知运动阶段，他们主要靠感觉和动作来认识周围的世界。在这个阶段，父母对于学前儿童的教育具有至关重要的作用。父母应注重培养儿童的爱好兴趣，关注孩子的天性释放，在日常生活中关心孩子，充分发掘并发扬孩子的潜能。但在这个过程中要注意适度，在孩子能够接受的程度上给予引导。

在小学阶段的科学教育中，因为大多数孩子处于前运算阶段和具体运算阶段中，所以呈现学习内容时，应尽可能做到具体形象，能够用图片、实物或视频呈现。同时，由于处在具体运算阶段的儿童已经初步具有运算的知识，能够在一定程度上做出推论，所以在教学中还需要注意引导学生进行思考，进行自我反思和初步的科学论证，培养发散性思维。

在中学阶段的物理教学中，大多数青少年的智力和思维已经发展到形式运算阶段，具备了一定的推理运算能力，可以对抽象的材料进行逻辑推理。在中学阶段的物理教学过程中，教师发挥着重要作用，应当充分注重培养学生的批判性思维技能和批判性思维倾向，提升高阶思维能力。

2. 强调理解的学习

皮亚杰的观点认为，儿童的学习不仅是得到外界信息的过程，而且是学习如何习得知识的过程，也就是建立新的认知图式的过程。通俗地说，皮亚杰认为学习更多关注的是学习的过程，即学生在获取新知识时头脑中所进行的程序。刺激—反应学习理论所强调的学习属于机械学习，它不强调学习者在学习中头脑发生的变化，只研究学习者学习的结果。而皮亚杰更加关注学生学习的过程，他着重研究学习者的认知在学习过程中的转变。在皮亚杰看来，重复训练虽然可以使学习者学会知识，但这样习得的知识在停止训练后很快就会被忘记，只有充分理解知识，也就是能够将新的知识同化进已有的认知图式中，这才算真正地学会了这种知识。

理解性学习对于物理科目的学习来说尤为重要，物理教学相对于其他学科的教学，更加注重对学生逻辑思维以及推理能力的培养。在物理学习过程中，概念理解及逻辑推理占据十分重要的地位，《课程标准》中也对物理概念、科学思维等进行了强调。因此，教师在中学阶段进行物理教学的过程中，更要充分注重情境的创设以及物理实验的设计，从生活引入物理，再将物理引入生活，让学生能够通过学习真正地理解知识，提升批判性思维等高阶思维能力。

3. 强调因材施教

皮亚杰在他的认知发展阶段理论中强调，虽然各个发展阶段出现的先后顺序是固定的，不可跨越也不能颠倒，但个体进入各个阶段的具体年龄会因个人智慧发展速度以及所处社会环境的不同而有所差异。首先，学习者由于先天条件的不同，智慧发展速度可能有一定的差别，因此各个阶段出现的年龄可能不完全一致。其次，学习者的社会经验可能会加速或阻碍其认知图式的发展，比如教育发达地区的儿童由于教育条件更优越，在认知发展上可能会略优于教育资源匮乏地区的同龄儿童。同样，在同一个班级中，也可能因为各种因素，比如智慧程度和家庭环境的差异，学生的认知发展水平并不完全一致。这就需要教师充分掌握因材施教的教学策略。因材施教就是教师需要针对学生在年龄、能力以及认知风格等方面表现出的差异而采取有针对性的教学策略，针对不同的学生给予不同的教育方法，以保证教学目标的实现。教师应围绕学生展开教学，充分关注学生的成长，针对不同的学生采取不同的教学策略与教学方法，逐步提升每个学生的批判性思维能力，力求使每一个学生都能得到充分而全面的发展。

二、元认知理论

（一）元认知的内涵

元认知是主体对其认知活动的自我意识、自我监控和自我调节，即对认知的认知，强调主体的认知活动需要其元认知知识、元认知体验和元认知监控的相互作用。元认知理论为批判性思维的发展提供了坚实的基础。

美国心理学家弗拉维尔于 20 世纪 70 年代提出元认知这个概念，他将元认知定义为反映或调节认知活动的任一方面的知识或者认知活动。布朗等认为元认知是个人对认知领域的知识和控制。斯藤伯格将元认知定义为关于认知的认知，认知包含对世界的知识以及运用这种知识去解决问题的策略，而元认知涉及对个人的知识和策略的监测、控制和理解。

（二）元认知的组成要素

尽管在元认知的定义方面，不同的人有不同的见解，但他们都认同元认知最根本的特征，即元认知是以认知过程本身为对象的一种现象。不仅关于元认知的概念有多种说法，而且对于元认知所包含的要素的认识也是各不相同。弗拉维尔认为元认知有两个主要要素，分别是元认知知识和元认知体验。他指出，元认知知识是个体所存储的与认知主体、任务、目标、活动及经验有关的知识片段；元认知体验即伴随并从属于智力活动的有意识的认知体验或情感体验。布朗等认为元认知的两大要素是关于认知的知识和认知调节。萨尔瓦多等认为，元认知能力一方面是指关于自身知识、所使用的策略和策略的运用的知识；另一方面是指对自己学习过程的控制，包括对认知调节和控制的各种评价。萨比纳等研究者认为，元认知调节过程可分为三类：计划，执行任务前选择和使用策略，分配认知资源；监控，在任务中理解和表现的意识；评价，在结束任务后对成绩的评估。

国内研究者倾向于将元认知要素分为三类：元认知知识、元认知体验和元认知监控。元认知知识是主体通过经验积累起来的、关于认知活动的一般性知识，即对影响认知活动的因素、各因素之间的相互作用以及作用结果等方面的认识，元认知知识又包括认知主体、认知任务和认知策略三个方面。元认知体验是主体在进行认知活动过程中所产生的认知和情感体验。元认知监控则是指主体在进行认知活动的过程中，将自己正在进行的认知活动作为意识对象，不断地对其进行积极而自觉的监视、控制和调节的过程。

汪玲和郭德俊等认为，元认知的三个基本要素是元认知技能、元认知知识和元认知体验。其中，元认知技能是个体进行调节活动所必须具备的根本条件，元认知知识为调节提供基本的知识背景，而元认知体验则是调节得以进行的中介。三要素之间相互作用、相互影响。

（三）元认知与物理教学

1. 元认知理论在物理概念与规律学习中的应用

物理概念与规律是构成物理学科知识体系的大厦，起到基础铺垫的作用。物理中的物理概念与规律组成较为复杂，而且内容繁多，需要安排大量课时。只有夯实基础知识教学，才能进一步发展学生的物理素养。因此，每位物理教师都十分重视基础知识的教学。教和学是统一的整体，两方面缺一不可，但在实际教学中高中物理教师重视教，而常常忽视学。在元认知理论指导下的高中物理教学中，教师必须重视学生的学，可以通过帮助学生掌握学习方法、学习步骤、学习目标等来实现高效率的学习。

2. 元认知理论在实验中的应用

学生在实验中可以最大限度地发挥主动性。在以往的实验教学中，教师往往会事无巨细地包揽，认为这种教学效果会更好，使得实验教学完全在教师的控制下进行，导致学生对自己的认知过程缺乏监控和调节。针对这一现象，教师可以使用元认知理论来指导实验教学，帮助学生监控他们的实验过程，并适时地调节他们的实验学习。教师可以预先帮助学生制订实验计划，并在实验过程中提出引导问题，通过这些教学手段来帮助学生监控和调节实验学习。

3. 元认知理论在复习中的应用

复习是一个查漏补缺、提升能力的过程，极具价值。在通常情况下，高中物理教学中的复习主要是教师以复习课的方式来进行的。复习课是在教师主导下的教学活动，教师通过全面的讲解来复习知识点，并采用具有一定综合性的题目来训练学生的物理能力。在元认知理论下的复习教学中，教师应采用有效的教学方法，来引导学生发现他们在知识体系上存在的不足，并促使他们根据自身的需要展开针对性的复习。学生认识到了自己在总体学习中的问题，他们会制订相应的计划，并且按照计划开展复习。在复习中，学生能够监控自己的复习情况，并适时调整，以提升复习效果。

三、探究学习理论

（一）探究学习的内涵

探究学习是学生在主动参与的前提下，根据自己的猜想或假设，在科学理论指导下，运用科学的方法对问题进行研究，在研究过程中获得创新实践能力，获得批判性思维等高阶思维的发展，自主构建知识体系的一种学习方式。在教育学中，人们公认探究学习理论是由美国芝加哥大学教授施瓦布首次提出的。

探究学习理论强调学生通过观察、实验、探究等活动来建构知识，重视学生的实践能力和探究精神。在物理教学中，教师可以通过设计探究性的实验和问题情境，引导学生主动参与学习，培养其批判性思维。

（二）探究学习的特征

探究学习具有开放性、自主性、过程性和实践性的特征。

1. 开放性

探究性学习的目标在于：第一，发展学生的能力，包括发现问题的能力、制订计划和解决问题的能力；第二，培养学生主动积极、科学严谨、坚持不懈的态度；第三，培养学生的问题意识和创新精神；第四，帮助学生获得关于社会的、自然的、生活的综合知识，而不仅仅是学科知识。这些目标是一个整体，通过长期的潜移默化而逐步形成；不能将它们割裂开来，如第一学期要形成提出问题能力，第二学期要形成制订计划能力……这些目标也没有像知识目标那样有明确具体的要求和预定水平，不应该硬性规定到哪个年级学生必须掌握什么或达到什么水平。探究性学习的目标应该是灵活的，可以因地因人而异。

探究性学习在内容上是开放的。不应把学习内容限制在某些方面，只要学生想到而且力所能及的，都可以成为探究的内容。通过探究性学习，学生获得一种关于社会的、自然的、生活的综合知识，而不仅仅是学科知识。这是因为现今学生所面对的诸多问题都是综合性问题。解决这些综合性问题，所需要的知识远远超出某一学科的范围。在探究过程中，不论是关于生活、社会还是自然的知识，只要需要就应该用上。因此，从所需的知识而言，探究性学习是开放性的。

探究性学习的开放性要求教师不要因为学生提出的课题“不够深刻”或“不够水平”而横加干涉。探究性学习的重点是培养学生的问题意识和创新精神。问题意识即一种怀疑精神、一种探索意识，它是创造的起点，没有问题意识就没有创新精神。许多有重大意义的问题最初都不为人们所理解，因而被认为没有意义。要养成问题意识，就需要养成问“为什么”的习惯，同时也要养成尊重他人提出问题的习惯，教师应该以身作则。特别是对正在成长过程中的中小学生来说，他们的问题意识和创新精神需要成年人的呵护和鼓励，才不至于被扼杀。

就学生所获取的知识而言，探究性学习也是开放的。在探究性学习中，知识的来源是多方面、多渠道的。除了书本知识以外，学习者还要广泛地获取未经加工处理的第一手资料，经过头脑的加工形成结论，使获得的知识超出书本知识的极限。

2. 自主性

自主性是实现探究性学习的目标所必需的。不论是探究的能力，主动积极、科学严谨、不折不挠的态度，还是问题意识和创新精神，都只有通过亲自实践才能逐步形成。即使是知识，也必须通过学生的主动建构生成，单纯靠传授式的教学是难以获得的。

让学生自主地进行探究，是否就意味着教师是多余的，或者说教师没有什么作用呢？当然不是。在探究性学习中让学生自己去提出问题，教师就可能遇到各种各样的问题。教师不可能什么都懂，应该与学生一起探究、一起学习。但是，教师毕竟是成年人，可以向学生提供经验和帮助。因此，在探究性学习中，教师是组织者。教师应该开阔学生的视野，启发学生的思维；要善于发现学生思维中的闪光点；要向学生提供经验，帮助学生进行价值判断；要帮助学生整理思路和计划，检查学生计划的可行性；要提醒学生注意探究中可能出现的问题和困难；要安排学生活动、防止事故发生；要向学生提供必要的资源和帮助；要纠正学生不规范的做法，防止偏见和差错，提醒学生注意实事求是，关注结论的可靠性；要注意引导学生对探究的过程进行总结反思；要引导学生自我评价，包括对课题意义的再认识，总结成功与失败的原因，报告自己的收获；等等。

提倡学生自主学习就意味着教师应当把自己摆在与学生平等的地位。目前有一种值得注意的倾向是过分强调教师在学生探究性活动中的指导地位和指导作用，认为学生不知道要研究什么问题，用什么方法去研究，怎么实施研究，在研究中碰到问题该怎么办，等等。教师给予指导实际上就是告诉学生做什么、怎么做。这种观点显然没有摆正学生的主体地位，没有摆脱教师权威、教师中心的思想，过分地要求教师作为指导者去指导探究性学习的各个方面。由于把自己置于高于学生的权威地位，许多教师指导探究性学习时，不知道如何尊重学生自己的选择，也不知道如何对学生的选择给予支持和帮助。

3. 过程性

强调探究性学习的教育价值，注重的自然是探究的过程。学生的体验和表现比结果更重要，让学生在探究中学会交流和合作，在探究中得到发展，是探究性学习的最主要目的。学生探究的是生活中的小问题，似乎没有什么显著的学术价值和社会效益，但从教育的角度看，这却是成功的。通过探究活动，学生体验了科学探究的全过程，从提出问题、确定研究的方法和程序到最后的评鉴，都是学生自主完成的，学生从中得到了真正的锻炼和提高。即使最后没有明确的结论，但只要认真经历了这一过程，学生也会有很好的体会和收获。有的活动没能得出结论，给学生留下一点遗憾，让他们反思所做的探究存在什么问题，为什么没有结果，也能起到很好的教育作用，因此，探究活动不一定非要有明确的结论。重要的是帮助学生总结经验、及时调整探究的过程。过分追求探究的结果，甚至为此而揠苗助长，弄虚作假，这样危害更大。

强调探究的过程，但不能让探究的过程模式化、固定化。探究的过程没有固定的模式，提出问题、进行假设、制订计划、收集数据、整理分析、得出结论、评鉴预测，这些都是科学探究过程的要素，而不是固定的规范。它们之间也没有固定的先后顺序，不能硬性规定哪个步骤在先，哪个步骤在后，也不必强求探究过程的完整性。一次活动可以集中在如何提出问题、如何制订计划、如何进行评鉴等任何一个方面或几个方面，也可以是相对完整的探究活动。

探究性学习重在过程，因此评价学生的学习成果时就不应以成败论英雄，更不应以课题的学术价值和社会效益作为评价的主要依据，而是要看学生的态度和表现，要以形成性评价为主，以学生的自我评价和相互评价为主。对于那些完全不投入学习活动的学生，既要在成绩上有所体现，更要让他们自己找出差距。但是，对于能积极投入的学生，不一定要区分成绩的高低。现在提倡的档案袋评价就是一种很适合探究性学习的评价方式。每次活动结束后让学生写一份报告，将自己的探究问题、计划、成果、体会以及对今后的展望记录保留下来，把自认为好的放进档案袋，不满意的可以替换掉，等到毕业的时候再回头看看这几年的进步。这种自我评价的方式与他人的评价相结合，比一个简单的分数更能反映学生的情况，这个过程也是培养学生批判性思维的过程。

4. 实践性

探究性学习不同于学科知识传授，不能只是坐而论道，需要实践和活动。需要注意的是，过去我们往往狭隘地将实践理解为与体力活动或动手技能相关的操作活动，比如过去的理科实验课强调的就是动手操作技能。而现在，随着自动化程度的不断提高，动手操作的技能在科学实验中的重要性相对下降，更重要的是能够发现问题，并能制订一套方案去解决问题，技术层面的问题可以由专门人员去解决。实践并不等同于操作，它包括从提出问题到求得结论、做出评价的整个过程。除了操作之外，思考、计划、查找资料、理论探讨、收集数据、分析整理、归纳总结、撰写报告或文章，都是实践的一部分。所谓探究性学习的实践性，就是强调探究性学习应以活动为主、让学生亲身经历探究过程，体验感受探究过程，并在实践中实现创新。

崔允漷(2021)认为，学科实践是指具有学科意蕴的典型实践，即学科专业共同体怀着共同的愿景与价值观，运用该学科的概念、思想与工具，整合心理过程与操控技能，解决真实情境中的问题的一套典型做法。

作为一种重要的学习方式，学科实践对促进物理学科学习方式变革和课堂深度学习真实发生具有重要意义：学科实践有助于思维过程的表现、思维方式的建立和思维品质的提升，有助于物理学科知识的转化、物理学科思想的活化和物理学科能力的升华，能够有效地培育物理学科核心素养。

（三）探究学习与物理教学

1. 物理知识的建构：科学探究的根基

物理知识是科学探究的载体和基础，如果失去知识的承载、铺垫和支撑，科学探究将是无米之炊、无根之木。探究教学的每一环节都与学生的知识密切相关，它们或涉及对相关事实性知识的识记与回忆，或涉及对概念性知识的理解和运用，或涉及对技能、方法等程序性知识的了解与掌握。在探究活动中，学生运用学过的知识与方法去探究未知事物，并在探究中逐渐获得对新知识的理解，最终获得知识与能力的增长。

在物理教学中，一些教师只强调通过“做科学”来培养学生的科学技能，却常忽视通过“学科学”来促进学生对科学知识的建构。显然，这种探究具有片面性，不利于学生对概念的深层次理解。这种不关注学生的知识背景和知识获得的探究，为了探究而探究,不过是形式上的探究。因为真正的探究是不可能与知识及知识的建构相分离的。

2. 科学方法的学习:科学探究的精华

物理学是一门具有方法论性质的科学,这一学科的特点决定了物理教学必须重视科学方法教学。科学方法是人们在认识客观世界的长期实践活动中逐渐形成的思维方法和行为方式,它是将知识与能力联结起来的桥梁。在中学物理教学中加强科学方法训练可以有效地提高学生学习物理知识的能力,如同授人以渔,掌握了方法,学生就有可能获得终身学习的能力。

《课程标准》明确要求,让学生"体验科学探究过程,了解科学研究方法"。这意味着学生在学习物理知识的同时,还要接受运用科学方法的训练。但是,许多教师往往从探究的操作层面去理解科学方法,只是把探究的程序当成了科学方法。一般来说,科学探究有质疑、观察、提出问题、假设、计划、设计、实验、推理、评价及交流等要素。这些要素中往往蕴含着关于科学方法的教学。但学生在经历探究的过程中,往往也只是"照方抓药",缺乏真正的思考,这不利于学生掌握科学方法与遵循认知规律。

3. 科学思想的启迪:科学探究的灵魂

科学思想是科学知识和方法的概括和提升,它有助于知识的扩展和方法的推广。而我们这里所说的物理思想是对物理概念、规律、方法、理论进一步概括而形成的知识,它对人们运用物理知识、解决实际问题具有方向性的指导作用。物理思想是一种科学思想,它不是物理课堂教学内容之外的附加品,而是渗透在物理教学过程中、体现教学价值的重要教学内容。

然而,在当前的探究教学中,仍然存在着忽视学生科学思想的形成与深化的现象,导致一些学生不会思考或缺乏思想。物理教师如果能在教学中不断向学生渗透科学思想的教育,那么必将使物理课堂教学取得更大的效益,从而推动整个物理教学质量的提升。

第三章

浸润批判性思维的物理教学实践逻辑

本章导读：批判性思维如何融入中学物理课堂教学？有哪些具体的原则、范式与路径？如何评价融入批判性思维的中学物理教学？这些都是一线教师教学实践时面临的基本问题。通过本章的阅读，你将了解到：浸润批判性思维的物理课堂教学基本特征与原则；中学物理“三三五”课堂教学范式和教学路径以及融入浸润批判性思维的物理学习表现层级；浸润批判性思维的物理课堂教学评价有效策略。

在科学工作中要有严格的自我批判的精神，有实事求是的精神，这是青年从事科学的第一关。

——钱学森

第一节　浸润批判性思维的物理课堂教学特征与原则

一、物理学科核心素养与批判性思维关系分析

《课程标准》中明确提出“培养具有批判性思维的意识，能基于证据大胆质疑，从不同角度思考问题”“能对已有结论提出有依据的质疑、采用不同方法分析解决问题”等要求。可见，《课程标准》对批判性思维的培养提出了具体的要求。批判性思维和物理学科核心素养之间到底是什么关系呢？笔者认为物理学科核心素养是批判性思维在学科层面的具体表达，它们是充分融合、相辅相成的关系，如图 3－1 所示。

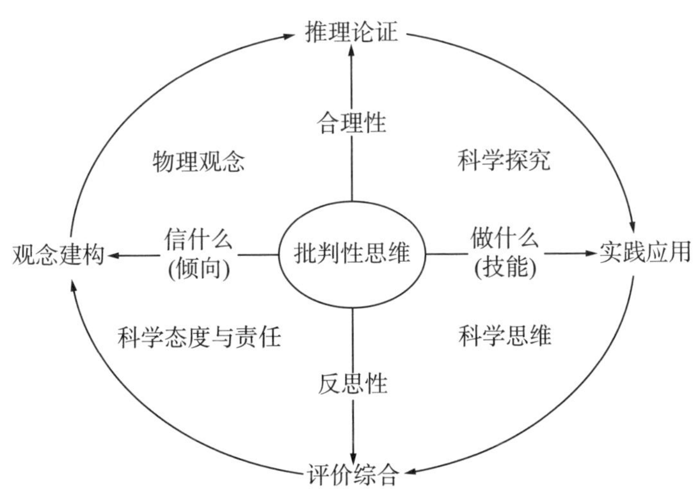

图 3－1　批判性思维与物理学科核心素养的关系

依据批判性思维的定义——批判性思维是为决定信什么或做什么而进行的合理的、反思性的思维，可以将其分为四个要素：信什么、做什么、合理性、反思性。其中，信什么反映了批判性思维倾向，是情感和价值取向的维度，指向观念建构。这

里的观念不仅包括学科层面的，还包括价值层面的。做什么反映了批判性思维的技能，是迁移和问题解决的维度，指向实践应用。这里的实践不仅包括外显的行为，也包括内隐的思维。合理性是批判性思维的基础，只有合乎学科逻辑、合乎学生认知结构，学生才可能深入思考。合理性的实现需要基于证据进行分析、推理和论证。反思性是批判性思维的核心，只有引导学生对自己学习的过程、思维的方式与策略进行全面的反思和内化，他们才可能发展自己的认知图式，提升思维品质，从而综合应用所学知识创造性地解决问题。

观念建构在学科层面的合理论证结果体现为学科观念（在物理学科上即物理观念），观念建构在价值层面的反思与内化就体现为科学态度与责任。外显的、合理性的学科实践过程表现为科学探究，内隐的、反思性的实践过程则表现为科学思维。

基于对《课程标准》的分析，我们将物理学科核心素养蕴含的批判性思维内容总结如表 3 - 1。

表 3 - 1　物理学科核心素养蕴含的批判性思维内容

物理学科核心素养	关键词表述	批判性思维内容
物理观念	物理概念和规律在头脑中的凝练与升华	决定相信什么，进行合理整合
科学思维	分析综合，推理论证，基于事实证据和科学推理对不同观点提出质疑与批判，对结论进行检验和修正	对做什么的过程与方式进行反思与优化
科学探究	基于证据得出结论并做出解释，对科学研究过程与结果进行交流、评估和反思	外显的、合理的学科实践过程
科学态度与责任	严谨认真、实事求是和持之以恒的科学态度，推动可持续发展的责任感	决定相信什么，进行反思性的内化

物理学科核心素养和批判性思维是相互支撑、相辅相成的。物理学科核心素养的培养离不开批判性思维：物理观念的形成需要批判性的自我反思，将事实、经验和问题等抽象内化为观念；批判性思维是高阶思维的内核，同样也是科学思维的

内核;科学探究中需要对实验方案进行批判性论证,对实验误差和实验结论进行批判性的分析;运用批判性思维的过程本身就是培养严谨认真和公平公正的科学态度与责任的过程,批判性思维内蕴着积极反思的态度。发展批判性思维的过程其实就是培养物理学科核心素养的过程。

二、物理学科中的批判性思维内容分类

现代批判性思维运动之父格拉泽认为:批判性思维是态度、知识和技能的综合体。“没有批判的内容是盲目的,没有内容的批判是空洞的。”(武晓蓓,2018)因此,知识内容也是批判性思维的一个重要维度。物理学科中的批判性思维主要包括知识结构、思维技能、情感态度和元认知四个维度,如图 3-2 所示。

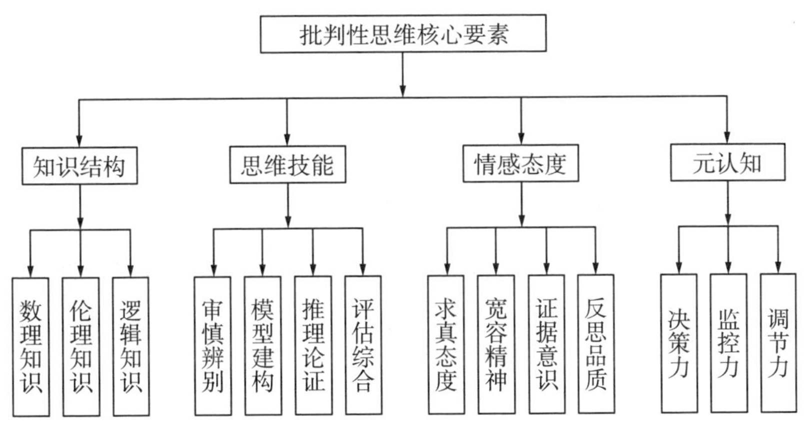

图 3-2 物理学科中的批判性思维的结构

知识结构、思维技能、情感态度和元认知四个一级维度下分别包括三个、四个、四个和三个二级维度,这与物理学科核心素养的结构体系相一致。物理观念、科学思维、科学探究、科学态度与责任四个一级维度下也分别包括三个(物质观念、运动和相互作用观念、能量观念)、四个(模型建构、科学推理、科学论证、质疑创新)、四个(问题、证据、解释、交流)和三个(科学本质、科学态度、社会责任)二级维度。

(一) 知识结构

知识是批判性思维的基础，良好的知识结构能为批判性思维提供可靠的证据和合理的推理，这里的知识结构包括数理知识、伦理知识和逻辑知识。

数理知识涵盖三个方面：一是用数学的眼光观察物理世界，二是用数学的语言表达物理世界，三是用数学的思维思考物理世界。物理是一门关于物质世界的自然科学，探讨自然界中各种物质和能量、相互作用和运动规律。物理学的发展深受数学的影响，历史上很多伟大物理学家同时也是数学家，物理学上很多伟大的发现离不开数学的支持。虽然物理结论与规律是通过观察、实验和推理得到的，但最后往往以一个简洁的数学方程来概括，体现出客观性、可重复性和定量性等特征。知识的客观性：物理学研究的对象是客观存在的物质世界，物理知识是基于客观观察和实验得到的结果，具有一定的普遍性和可验证性。知识的可重复性：物理实验可以在相同的条件下重复进行，得到相同的结果，这为物理知识的验证和深入研究提供了可能。知识的定量性：物理学通过数学量化的方法研究物质世界，如测量物体的质量、长度等，从而建立一套严密的数学描述和计量方法。

伦理知识则是关于道德原则、价值观和行为准则的知识。在批判性思维中，伦理知识是一个重要的维度，在通过分析、评估和推理对信息进行客观、深入和有条理的思考过程中，要坚持一定的道德标准和伦理规则。作为一个批判性思维者，首先要有道德判断能力，这包括对伦理原则、道德理论和历史背景的理解，批判性思维能够帮助人们更全面地分析伦理问题，并基于伦理知识做出合理的道德判断；其次要有伦理冲突分析能力，这需要对不同的伦理观点和伦理系统进行比较和评估，批判性思维可以帮助人们识别和分析伦理冲突，即当不同伦理原则或价值观之间存在冲突时进行权衡和决策；最后，要有伦理立场的评估能力，这包括对个人的价值观、偏见和成见的认识以及对伦理观点的批判和审视，通过运用批判性思维，人们可以对自己的伦理立场进行评估和反思。

逻辑知识是一门研究思维和推理规律的学科，涉及思维的结构、推理的形式和论证的有效性等方面。逻辑知识可以帮助我们分析问题、辨别谬误并形成合理的思维和决策，具有普遍性、形式化和规范性等特征。普遍性：逻辑知识是普遍适用于人类思维和语言的规则和原则，不受具体内容的限制。形式化：逻辑学运用符号和符号规则进行推理，采用抽象和形式化的方式进行研究，具有一定的形式性和精确性。规范性：逻辑学研究推理的规范和准则，帮助我们辩证思考，正确使用和评估各种推理形式。

数理知识、伦理知识和逻辑知识是批判性思维的基础，它们相辅相成，为我们进行分析、推理和论证提供了可靠的工具和依据。数理知识帮助我们了解自然界的运行规律和物质的本质，为我们观察和实验提供了可靠的证据。伦理知识帮助我们从多个角度和层面思考和评估问题，以便做出明智和负责任的决策。逻辑知识帮助我们抽象和形式化思维过程，进行正确的推理和辨识，提高思考的准确性和逻辑性。

（二）思维技能

思维技能主要包括审慎辨别、模型建构、推理论证和评估综合，它们之间呈现出逐层递进的关系。

审慎辨别是指对物理内容学习过程中的信息进行仔细、深入的分析和判断。批判性思维需要人们学会辨别事实和观点、真实和虚假、客观和主观等，从而评估信息的可信度。在审慎辨别中，人们需要学会提出物理问题，收集和检验证据，识别偏见和误导，并学会从多个角度思考问题，以获得全面和准确的判断。

模型建构是指建立一个可靠和合理的思维框架来解释和理解问题，它也是物理学科核心素养中科学思维的核心内容。批判性思维需要人们能够构建逻辑和物理学的模型来分析和解决实际问题。这些模型可以是概念图、流程图、思维导图等。通过构建模型，人们可以更好地组织思维，揭示问题的本质和内在关系。

推理论证是指根据已有的信息和逻辑规则进行推理和推断。批判性思维需要人们能够运用归纳推理和演绎推理，从已知的事实和信息出发推导出结论，并检验推理的合理性和有效性。通过推理论证，人们可以拓展思维的边界，发现新的关联和规律，做出逻辑上正确的推断和决策。

评估综合是指对思考过程和结论进行全面和综合的评价。批判性思维需要人们学会分析和评估不同观点、证据和解决方案之间的差异和优劣，整合和综合各种信息，形成一个全面、准确和合理的结论。评估综合需要人们具备批判性思维的灵活性和创造性，以充分发挥思考的潜力。

这四种思维技能在批判性思维中相互交织、相互依赖。审慎辨别提供了思考的基础，模型建构为思考提供了框架和方法，推理论证帮助人们从已有的信息出发进行推理和推断，评估综合则需要综合考虑各种信息和观点，形成最终的判断和决策。这些技能的逐层递进使批判性思维更具系统性、完整性和科学性。

（三）情感态度

学习本身是知、情、意、行的融合发展过程，情感的投入对于学习的重要性越来越突出。情感态度同样是批判性思维的重要内容，批判性思维倾向主要包括求真、公正、开放、理性和谦虚等，这些均属于情感态度范畴，在学习过程中要让学生获得积极的情感体验。

求真态度：求真是进行批判性思维的前提条件。物理学科核心素养要求学生以实事求是的科学态度认识科学本质。之所以要培养学生的批判性思维，正是为了引导学生用科学的方法追求真理。此要素指向“为什么要培养学生的批判性思维?”这一问题。例如，当学生在进行实验探究，发现自己得到的实验数据和其他人的实验数据差异比较大时，教师应引导学生不要过于追求结果，而是要反思过程与方法，坚持实事求是的态度。

宽容精神：鼓励学生保持开放的心态，尊重和接受不同的观点、经验和理解。

不仅要接受老师或教科书给出的知识，还要对物理现象和理论持有自己的看法，并且尊重他人的观点，即使对方的理解或看法与自己的完全不同，也要尝试着站在对方的立场思考导致不同的根源。宽容精神能够帮助学生拥抱多样性和不同的解释，提升思维的灵活性和开放性。

证据意识：鼓励学生对已有的证据进行评估、分析和判断，学会从实验、观察和数据中收集和评估证据，以支持或反驳物理理论或解释。证据意识教导学生要善于质疑并结合合理的证据和推理来支持自己的看法和论点。这样的思维习惯可以帮助学生发展科学推理和解决物理问题的能力。

反思品质：反思是培养批判性思维，激发创新和创造力的过程。它涉及多元思考，帮助学生跳出常规思维模式，是思维技能要素进阶上升的基石。此要素指向批判性思维培养的提升和发展问题。

（四）元认知

决策力：批判性思维的第一层级是体验和感知，通过体验和感知对信息进行预判，选择相信什么，随之决定怎么做，决策力是这一过程的前提。

监控力：主要指思维监控。当用批判性思维解决问题时，对自己的思维方式与策略进行不断的反思和评估，这一行为便是思维监控。

调节力：在思维监控的基础上调整和优化自己的思维方式，促进思维的不断进阶。

三、浸润批判性思维的物理课堂教学特征

批判性思维的培养是学生自我反思的过程，需要在一定的场域中展开，离不开具体的情境。批判性思维是多元开放的，突出思维发散性和创造性。批判性思维促进学生解决实际问题，提出更好的问题解决方案。浸润批判性思维的物理课堂教学有以下特征：

情境性。情境性是浸润批判性思维的物理课堂教学的一个重要特征。通过将物理知识与真实或虚拟的情境相结合,学生可以更好地理解和应用所学的知识。而且,批判性思维作为一种高阶思维能力,其培养和评估必须借助真实的情境,特别是能激发认知冲突的"两难"情境。为了构筑物理课堂教学的情境性,首先,教师可以设计各种情境,如实验环境、现实生活中的问题、科学探索任务等,让学生在具体背景中思考和解决问题;其次,教师可以提供物理原理在不同情境下的应用案例和相关故事,帮助学生了解物理原理在现实世界中的重要性和应用价值;最后,教师可以引导学生观察和思考与情境相关的物理现象,培养学生将所学知识应用于情境中的能力。

反思性。反思过程是促进批判性思维发展的重要路径,反思性也是浸润批判性思维的物理课堂教学的一个重要特征。恩尼斯在批判性思维的定义中就专门提出了"反思性思维"。教师通过引导学生对所学知识进行思考和反思,促进学生深入理解,推动其批判性思维的发展。反思在物理课堂教学中的作用,包括但不限于:一、学生在学习过程中被鼓励反思和分析自己的学习方法、理解程度和解决问题的过程,从而提高学习效果;二、教师通过设置反思时间和空间,并提供反思工具如学习日志、学习笔记等,帮助学生记录和总结学习经验,促进思维的深入;三、教师通过提问和讨论引导学生深入思考,帮助学生分析和评估各种观点、理论和解决方案的优缺点,培养他们的批判性思维能力。反思学习者自我对话的过程,也是促进批判性思维形成的内在机制。

多元性。在浸润批判性思维的中学物理教学中,教师需要改变追求唯一正确答案或标准答案的课堂教学模式,容许学生犯错,对于同一个问题,鼓励学生发散思维,提供多种解决问题的方法,拓宽思考的边界和研究问题的视角。在当前高中物理课堂教学中,我们经常看到:用有限的几组实验数据就轻而易举地归纳出某个定律,或者用"大量实验都表明……"这样的话语来敷衍。这本质上都是基于单一证据或单一推理过程佐证主张,缺乏反驳与辩证。教学需要保持开放性,容许学生相互质疑、容许学生多角度思考“除了这样，还可以怎样?”的问题，重点是要突出思维的发散性和多元性。

建设性。批判性思维是人类思维发展的高级阶段，将批判性思维融入物理教学需要回答两个核心问题:一、如何质疑? 这是批判性思维的起点。二、如何判断? 这需要用有说服力的论证和推理给出解释和判断，包括新的、与众不同的解释和判断。将这两个方面结合起来，批判性思维就是一种以提出疑问为起点，以获取证据、分析推理为过程，以提出有说服力的解答为结果的思维。在这个意义上，批判不是否定，而是指审辨式、思辨式的评判，目的是做出更好的决策和提出更优的路径。这是一种建设性思维，物理课堂教学中要注重对一些物理现象或物理问题提出更好的解决方案，并对多种可能方案进行论证。

四、浸润批判性思维的物理课堂教学原则

(一) 注重学科实践

基于物理学科的特点，物理学科实践从形式上可以分为外部实践和内部实践。外部实践的核心是体验，主要包括观察、实验、调研、操作、设计、策划、制作和阅读等;内部实践的核心是思维，主要包括模型建构、等效转化、分析、综合和抽象概括等，突出反思性思维、批判性思维和创造性思维等高阶思维的发展。物理学科实践是“外部—内部—外部”不断交互迭代的过程。教师不仅要让学生参与实践，更要引导他们深入思考实践背后的理论，发展反思性思维、批判性思维和创造性思维等高阶思维。

在学科实践的过程中，教师不仅是知识的传授者，还是学生学习的合作者、组织者和引领者。学生在学科实践的过程中与产生知识的真实情境相遇，理解知识的本质，真正将公共知识转化为个人知识。促进学科实践的方法包括以下三个方面:

提供具有挑战性的问题或任务。教师应该设计能够引发学生思考和实践的问题或任务，这些问题或任务最好落在学生的最近发展区内，并且具有挑战性，能够激发学生参与探究的欲望，让学生通过自主探索来解决问题。

提供切身体验的机会。第二代认知科学——具身认知理论认为，知识的获得不是“脖子以上的”活动，而是“全身”运动，是身体、环境和心智交互作用的过程。在物理教学中，要多鼓励学生通过实验或社会实践来观察和验证现象，从而理解物理原理。

鼓励学生互相讨论和合作。学生之间可以互相分享和讨论自己的思考过程和发现，通过协作来促进学习。学生在讨论的过程中相互评价，在争论和讨论中发展批判性思维能力。

（二）回归生活世界

浸润批判性思维的物理课堂教学应该关注物理知识与现实世界的联系。当利用真实生活实例教学时，教师应引导学生批判性地审视这些实例与物理原理之间的联系，分析其在现实生活中应用的局限性，鼓励学生提出新的疑问和改进建议。具体做法如下：

提供真实生活中的实例。教师以真实生活中的实例来说明物理原理和规律，回归生活背景，这样不仅能很好地激发学生的学习兴趣，还能帮助学生将所学知识应用到实际问题中，在问题解决中发展分析、论证、综合和评估等高阶思维能力。

鼓励学生提出问题。传统教学中，教师往往提出很多问题让学生回答，即“师问生答”的单向形式，学生的主体地位未能凸显。教师应引导学生提出问题，特别是高质量问题，鼓励学生从生活中发现问题，并运用物理知识设计实验进行验证，同时培养他们的质疑精神和批判性解决问题的能力。

（三）解决实际问题

浸润批判性思维的物理课堂教学注重培养学生的问题解决能力，使其能够独立思考和解决问题，尤其是解决结构不良问题。问题的核心要素包括：初始状态、目标状态及算子。初始状态是指所需解决的问题提供的信息；目标状态是指问题所要得到的结论；算子是指解决问题需要使用的方法和途径。其中，初始状态和目标状态均明确给出，且有确定运算规则的问题为结构良好问题；反之，初始状态、目标状态中有一项或两项没有明确给出，造成解决途径及解决标准不唯一的问题为结构不良问题。人们在日常生产、生活中需要解决的实际问题大多为结构不良问题，如电路故障的排除等。

解决结构不良问题时，教师应引导学生批判性地分析问题的各个方面，识别并评估不同解决方案的优缺点，培养他们批判性决策和风险评估的能力。教师可以有意地提供不完整的信息，让学生自己思考和研究，激发他们解决问题的能力。例如：中国女排曾获得世界杯冠军、奥运冠军等多项荣誉，展现了强大的统治力。排球运动员发球时在最高点将球水平击出，请你通过定量推导说明，发球速度在什么范围内，才能保证排球既不触网又不越界。

（四）突出推理论证

论证是一种沟通和互动的活动，即论证者通过提出一系列证明其主张的命题，让理性评判者接受其立场，以消除彼此之间意见分歧的过程。指向批判性思维的论证式教学是证据、推理和主张的整合，让学生经历提出主张、寻求和评价证据、为主张辩护和反驳等互动交流的过程，并在这个过程中自主建构知识和发展批判性思维能力。论证式教学对于科学思维的发展、物理观念的形成、实验探究过程和情感态度的升华都有重要的作用与价值，所以在科学哲学中有“思维即论证”和“科学即论证”的论断。

物理知识是一代又一代物理学家辛勤探索的结果，透过历史审视这些知识，挖掘其背后蕴含的质疑、分析、论证和综合等科学思维技能，以及求真、向善和臻美的科学精神，有助于充分发挥物理学科的育人价值。推理论证教学需要遵循实验逻辑和理论逻辑。实验是物理学的基础，也是学习物理的基础，要引导学生进行规范的实验探究；理论逻辑主要是引导学生进行理论探究，遵循因果律、同一律、矛盾律和排中律等进行理性思考。论证教学过程中要注重引导学生分析不同的观点，论证各自的合理性，即进行换位思维，在不同观点的竞争和评估中，寻找更优论证，形成科学主张。

（五）促进自主建构

浸润批判性思维的物理课堂教学鼓励学生自主学习和持续反思。在自主的探究和整合中，教师要注重及时反馈，对学生的学习过程除了及时校准外，还要让学生“看见”自我的思维过程。具体做法如下：

提供自主学习的机会。在物理教学中，一方面要多鼓励学生主动参与学习，自主选择课题和深入研究，培养他们的自主学习能力和学习兴趣；另一方面要在课堂中给学生足够的时间和空间，鼓励学生静下心来自主思考，在热闹的课堂中，学生的思维往往停留在浅层，静默的课堂能更好地培养学生的高阶思维。

引导学生进行反思。在学习过程中，学生应当被鼓励进行反思，分析自己的学习方法和效果，及时调整学习策略。传统教学往往对知识内容关注得多，这样就容易导致教学节奏偏快，没有时间和空间让学生静下来对自己的学习过程和效果进行反思和优化。教学中应该放慢节奏，设计一些能促进学生反思的问题，这些问题要触及知识的本质，监控思维的过程，并树立优化的意识，使学生能够对自己的学习策略进行全面的分析与调整。

第二节　浸润批判性思维的物理课堂教学范式与路径

一、构建浸润批判性思维的物理课堂教学范式

浸润批判性思维的物理教学离不开良好的批判性思维环境支持，包括物理文

化、境脉和资源等。物理学科的人文意蕴在于求真、向善、臻美，因此求真、向善、臻美是物理教学的文化基石和价值追求。求真是批判性思维培养的基础和重要倾向，向善是批判性思维培养的基本方向和基本原则，臻美的要求层次更高，是批判性思维的价值追求。在此基础上构建的金字塔框架如图 3－3 所示。

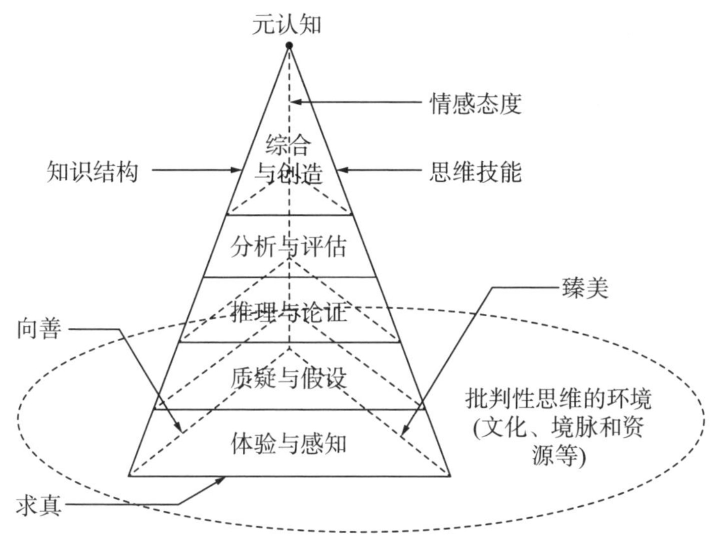

图 3－3　浸润批判性思维的物理教学金字塔框架

批判性思维环境的边界用的是虚线框，这表明这里的环境没有绝对的界限，随着学习的深入可以不断向外扩展。元认知位于该框架的顶点，贯穿于教学全过程，教师要引导学生对自己的思维发展进行持续反思，从而不断优化学生的思考方式与策略。另外，在这个模型中，实线部分对应的内容（知识结构、思维技能和求真）具有显性之意，虚线部分对应的内容（情感态度、向善和臻美）具有隐性之意，共同构成物理教育的结构体系。这一框架也可称为“三三五”模式。

(一) 三基石(底边)

三个底边分别表示求真、向善和臻美。其中求真是物理教学的基础，也是批判性思维发展的动力和源泉。向善是价值取向，一方面指向个人，表明在批判性思考的过程中要充分尊重其他人的观点；另一方面指向社会，表明批判性思维应当为人类社会的进步贡献力量。臻美是精神层面，在经历批判性思维后，学生往往能体会到物理学的逻辑美、简洁美、对称美和统一美。著名物理特级教师吴加澍(2005)也认为，真、善、美是物理教学的最高追求。其实，在物理学发展史上，也有很多科学家将真、善、美作为自己追求的最高价值和终极目标，如麦克斯韦、爱因斯坦等。

(二) 三维度(侧棱)

三个侧棱分别表示知识结构、思维技能和情感态度。现代批判性思维运动之父格拉泽认为，批判性思维是态度、知识和技能的综合体。知识是批判性思维的主体对象，并在批判性思考的过程中不断被优化，形成系统化的知识结构。因此，离开知识谈批判性思维就是空中楼阁。思维技能是批判性思维的重要内容，在物理教学中主要包括阐述、解释、分析、评价、推理、论证、自我改进等能力。由于物理学科较为抽象，在物理教学中发展批判性思维需要坚韧不拔的意志和严谨认真的态度。积极向上的情感和良好的学习态度是持续进行批判性思考的保障。

(三) 五层次(层级)

批判性思维在物理教学中主要表现为五个进阶的维度，从低到高依次为体验与感知、质疑与假设、推理与论证、分析与评估、综合与创造。

1. 体验与感知

创设与学习主题相关的多元化、网络化的物理情境脉络，引导学生进行亲身体验与感知，激发学生积极的情感和探究的热情。体验是学习的基础，没有体验就没有真正的学习。体验是人对某事或某物的一种融入式的感受与领悟，是主体经过亲身经历从而形成的对事物独特的、具有个体意义的经历、情感和体会。体验包含三个层次的内容：首先是“以身体之”，强调学习者的亲历性，没有身体的参与很难产生体验；其次是“以情感之”，强调情感上的激荡，要引发学习者内心情感的变化；最后是“以心验之”，强调学习者的内心体会与感悟，这有助于形成信念。

知识的产生源于体验。知识的产生与人的体验密切相关，没有体验就没有知识。哥白尼的日心说和牛顿的万有引力猜想等，都是出于对已有知识的质疑和批判，这种质疑与批判便是科学家一种独特的个人体验。基于教学重演律，学生学习知识的过程本身就是重演科学家研究的关键步骤，也就是经历关键的体验环节，深刻理解知识的产生背景和发展过程。

思维的进阶源于体验。物理学科是培养学生高级思维和思维品质的肥沃土壤，有时学生难以理解一些综合性问题，这说明他们的思维深度还不够，此时最好的方式就是通过体验和探究，促进自主建构，帮助学生实现批判性思维等高阶思维的发展，也就是在学生思维进阶的关键点进行体验。

意义的获得源于体验。如何将公共知识转化为学生的个人知识？答案是体验。体验是将显性知识转化为隐性知识，将隐性知识内化为个人观念的重要途径，内化为观念也就实现了知识的意义化。只有理解了知识的内涵和意义，才能灵活地进行迁移和应用，真正凸显学习的价值。

2. 质疑与假设

随着探究的深入和问题的驱动，学生有时会在新知和旧知之间产生认知矛盾，进而发出质疑，教师要引导学生在质疑的基础上进行合理假设。

质疑与假设是发展批判性思维的重要工具和方法，培养学生质疑和假设的能力，可以提高他们的批判性思维水平，加深他们对物理学科知识的理解和掌握。

质疑和假设能够激发学生的好奇心和求知欲。物理学是一门探索自然规律的科学，其中有许多未解之谜。通过提出质疑和假设，学生开始主动思考，并试图寻找答案。这样，学生的学习动力会得到提高，他们会更加积极主动地参与到物理学科的学习过程中。

质疑和假设能够培养学生的观察和思辨能力。物理学是一门实验科学，观察是获取物理现象和规律的重要手段。学生提出质疑和假设的前提是仔细观察现象和实验结果，思考其中的联系和规律。这种观察和思辨的能力是培养学生科学精神和探究精神的关键，也是批判性思维的重要组成部分。

质疑和假设还能够培养学生的团队合作和交流能力。在解决复杂的物理问题的过程中，往往需要多名学生合作，互相讨论和交流想法。质疑和假设能够促使学生之间进行积极的互动和合作，共同探索问题的答案。在这个过程中，学生将学会倾听和尊重他人观点，培养团队合作和交流的能力。

3. 推理与论证

借助物理学习过程中的有效反馈，学生不断修正、改进自己的假设，在寻找证据并进行反复论证的过程中，形成对物理学科本质的理性认识。

推理与论证是一种沟通和互动的活动，即学习者通过提出一系列证明其主张的命题，让理性评判者接受其立场，以消除彼此之间意见分歧的过程。指向批判性思维的论证是证据、推理和主张的整合，让学生经历提出主张、寻求和评价证据、为主张辩护和反驳等互动交流的过程，并在这个过程中自主建构知识和发展批判性思维能力。论证对于科学思维的发展、物理观念的形成、实验探究过程和情感态度的升华都有重要的作用与价值，所以在科学哲学中有“思维即论证”和“科学即论证”的论断。

中学物理论证需要遵循实验逻辑和理论逻辑。实验是物理学的基础，也是学习物理的基础，要引导学生进行规范的实验探究；理论逻辑主要是引导学生进行理论探究，遵循因果律、同一律、矛盾律和排中律等进行理性思考。教师在论证教学过程中要注重引导学生分析不同的观点，论证各自的合理性，并进行换位思维，在不同观点的竞争和评估中，寻找更好的论证，形成科学主张。

4. 分析与评估

分析与评估是指通过对学习内容、过程与方式的持续反思，做出合理的评估，实现物理知识的意义化建构。分析与评估在物理教育中对于发展批判性思维至关重要。

分析与评估可以帮助学生理解和解读物理学中的复杂概念和理论。物理学是一门抽象的科学，其中包含了许多抽象的概念和理论。通过分析和评估，学生可以深入剖析这些概念和理论的内涵与外延，找出其中的关键因素和规律。这样，学生不仅可以更加准确地理解物理学知识，还能将其应用到实际问题中。

分析与评估可以培养学生的思维能力和逻辑思维。在物理学中，分析和评估常常需要学生进行推理和逻辑思考。学生需要从多个角度和层面进行分析，将问题拆解成更小的部分，并找出其中的关联。同时，学生还需要评估不同方案和观点的优劣，进行抉择和决策。在这个过程中，学生的思维能力将得到锻炼，逻辑思维将得到提升，问题解决和决策能力也将得到加强，并达到促进批判性思维和创新思维发展的效果。

分析与评估还可以培养学生的沟通和表达能力。在进行分析和评估的过程中，学生需要将自己的想法和观点清晰地传达给他人，并与他人进行有效的交流和讨论。这种沟通和表达的能力是学生日后在学术和职业领域所必需的。

5. 综合与创造

综合与创造，即对所学的物理知识与思想方法进行综合，迁移到陌生情境中创造性地解决复杂问题。培养学生综合与创造的能力可以提高他们的批判性思维水平，激发创新和创造力。

综合与创造能够帮助学生将不同的知识和概念进行有机的整合和连接。物理学是一门综合性强的科学，其中包含了许多不同的知识和概念。通过进行综合与创造，学生可以将这些知识和概念进行整合，形成更为系统和完整的认知体系。这样，学生可以更好地理解物理学的内在关联和逻辑，提高对知识的整体把握能力。

综合与创造能够培养学生的问题解决和应用能力。在物理学科的学习和实践中，学生需要将所学的理论知识应用到实际问题中，并找到解决问题的方法和策略。通过进行综合与创造，学生可以将多领域的知识和技能相互融合，开展创新性的思维与行动，并将其应用到解决问题的情境中。这样，学生可以培养出独立思考和解决问题的能力，为今后的学习和职业发展打下基础。

综合与创造能够培养学生的自主学习和终身学习能力。在物理学科的学习和实践中,学生需要不断学习新的知识和技能,适应不断发展的科学理论。通过进行综合与创造,学生将培养起主动学习的习惯和能力,学会独立思考和自主寻求新的知识和资源。这种自主学习和终身学习的能力将使学生能够适应不断变化的社会和职业环境,实现个人的持续学习和成长。

二、浸润批判性思维的物理课堂教学路径

浸润批判性思维的物理课堂教学路径可以与学科本质融合、与教学目标融合、与教学活动融合、与教学评价融合。

(一) 深度挖掘:与物理学科本质融合

物理学是一门以实验为基础、以理性思维为中心的学科,理性思维主要包括批判性思维和创造性思维。可见,培养批判性思维是物理学科教学的核心内容、内在需要和本源目标。物理学科教学也为批判性思维的培养提供了实践场域。《课程标准》对物理学科本质的表述中明确指出,"通过科学推理和论证,形成系统的研究方法和理论体系",这里的"科学推理和论证"就是批判性思维的内容。

与物理学科本质融合培养批判性思维可以采用 HPS 教育模式。学科教学中引入 HPS 教育的根本目的是帮助学生理解学科本质,发展高阶思维能力。物理学史的发展过程蕴含着丰富的育人资源,很多史料与资源都充分体现了物理学家的批判性思维和实事求是的思维倾向,如开普勒对火星的运动数据的分析。当用圆轨道这一传统范式进行研究时,他发现理论与第谷的观测数据有 8′(1°的十五分之二)的误差。经过批判性分析,他开始摒弃行星运动的圆轨道说,又花了 3 年时间,才确定实际轨道应该是椭圆形的。他提出这一想法后,遭到了当时很多人的批评和抨击,但他并没有屈服,而是坚持自己的观点并继续深入研究,最终得出了著名的开普勒三大定律。

（二）有效嫁接：与物理教学目标融合

将批判性思维浸润于单元教学目标或课时教学目标，是实现批判性思维与学科融合的有效路径。批判性思维既是物理学科教学目标的重要内容，也是落实教学目标的重要手段。例如，“自由落体运动”的教学目标之一是“通过观察、实验和归纳等过程，学会批判性审视、质疑和推理；重演伽利略研究自由落体运动的过程，培养学生追求真理、严谨认真的科学精神”，前者是批判性思维的技能目标，后者是批判性思维的倾向目标。自由落体运动模型的建立过程也离不开分析、评价、推理和反思等批判性思维能力。

物理学科核心素养是物理课程目标的集中体现。在新课程背景下，物理教学突出了物理学科核心素养的目标定位。物理观念的形成需要批判性反思，将事实、经验等证据整合以建构物理观念；批判性思维是科学思维的内核，科学思维包含的分析综合、推理论证、基于证据和质疑批判等要素其实就是批判性思维的内容；科学探究中需要对实验方案、误差和结论进行批判性的论证分析；批判性思维倾向本身内蕴着严谨认真和追求真理的科学态度与责任。

（三）充分渗透：与物理教学活动融合

教学活动是教学实施的重要形式。为了将批判性思维充分渗透到教学活动中，可以引导学生对学习活动的内容、过程和结果进行深入反思，确定哪些证据是真实的、哪些推理过程是合乎逻辑的，这也是学生决定自己信什么和做什么的前提。培养批判性思维的教学活动需要营造和谐平等、公正无私的课堂氛围，并建立良好的师生关系，让学生敢于批判质疑。当学生提出质疑时，教师要给予积极的反馈和正向鼓励。

浸润批判性思维的教学活动可以基于 U 形过程设计。杜威认为知识不能直接进行传授，知识的理解需要经历一个复杂的过程，即还原与下沉、体验与探究、反思与上浮的过程，这一学习过程恰似 U 形。基于 U 形过程的教学活动，第一个环节是创设开发性、挑战性的问题情境，将物理知识还原与稀释；第二个环节是学生对学习内容进行体验、探究和审视质疑，这一环节是U形的底部；第三个环节是反思内化，这一环节超越符号知识的表层意义，实现公共知识的个人意义达成。这一过程对应着培养批判性思维的“准备—建构—内化”三阶段。

(四) 反思应用：与物理教学评价融合

教学评价是判断目标达成度的过程。威金斯提出的逆向教学设计原理认为应将评价嵌入教学过程中，以评促学。批判性思维与物理课堂教学评价的融合，一方面是将批判性思维作为评价的工具，通过分析、论证和反思等过程判断教学实施的效果；另一方面是将批判性思维作为评价的对象，主要通过表现性评价判断批判性思维的发展情况。

著名课程论专家施瓦布认为教师、学生、知识和环境是课程开发的四个基本要素。批判性思维的培养需要构建合适的场域环境，浸润批判性思维的中学物理教学可以从点、线、面、体四个维度发力：点的维度是将批判性思维与具体物理知识学习过程相结合；线的维度是将批判性思维与物理单元整体教学内容相结合；面的维度是在整个中学物理学习过程中深入渗透批判性思维；体的维度是从课堂走向课外，从学校延伸至家庭、社会，学校、家庭和社会三位一体地培养批判性思维。

三、浸润批判性思维的物理课堂教学策略

借助图3-3中的物理教学金字塔框架，可以将批判性思维与物理教学充分融合，框架中五个进阶的维度对应的五个物理教学策略如下：

创设挑战情境，诱发认知冲突，促进体验与感知。情境是物理教学的基础，也是培养批判性思维等高阶思维的基础。创设开放性、挑战性的问题情境，一方面可以激发学生的探究热情，另一方面可以有效诱发认知冲突。认知冲突是新情境与已有认知结构的暂时性矛盾，能促进学生深入思考，是培养批判性思维的起点。

把握问题本质，建立物理模型，促进质疑与假设。物理模型是在研究或解决物理学问题的过程中，舍弃次要因素，抓住主要因素而建立的。建立模型需要对所研究问题的本质有清晰的认识，对相关影响因素进行分析。在实际教学中，学生往往无法第一时间就对问题本质有深刻的理解，需要经历“质疑—假设—验证”的螺旋进阶过程。

基于已有认知，进行自主建构，促进推理与论证。在已建立物理模型的基础上进行推理论证是物理学家们常用的方法，也是物理教学的重要策略。学生需要充分利用已经学习的知识与方法，对所研究的问题进行自主或相互合作的推理与论证，让新知识深深扎根于旧知识，并在已有认知的“土壤”上不断“生长”，进而理解新知识的合理性，实现自主建构。这就是求真的过程，也是发展批判性思维的核心环节。

寻找有效证据，实现深度理解，促进分析与评估。批判性思维是基于事实证据的分析与反思。它在教学中一方面可以给学生提供正、反两方面的证据，让学生分析和甄选有效证据，进行证实或证伪；另一方面可以让学生自主或相互合作寻找证据来支撑自己的观点。在对证据进行分析和反思的基础上，学生能够对知识背后蕴含的逻辑美、对称美进行深度理解。

解决实际问题，培养责任意识，促进综合与创造。解决实际问题是批判性思维的重要维度，也是培养批判性思维的重要方式。学生在解决实际问题的过程中需要对纷繁复杂的信息进行辨析，需要经历构建物理模型、分析综合和论证评估等过程。实际问题往往与社会发展紧密联系，有助于增强学生的社会责任感，这也是物理教学向善的过程。

物理学是一门以实验为基础、以理性思维为中心的学科，培养批判性思维能力是物理课堂教学的核心内容和本源目标。物理学科教学为批判性思维能力的培养提供了广阔的实践场域。只有充分理解批判性思维与物理学科核心素养的内在逻辑关联，我们才能将批判性思维有效浸润到物理教学中并加以发展。

第三节 浸润批判性思维的物理课堂教学评价与反馈

一、批判性思维的评价

评价对教育实践具有显著的导向作用。对批判性思维的评价的研究具有多重价值和意义，主要体现在为研究者和实践者在探讨创新拔尖人才培养时提供统一的范式，我国对批判性思维的实证研究数量日益增多。综合心理学和教育学的研究，一般从目标指向、构成要素、话语环境三个维度来理解批判性思维的测评基础。

在目标指向上，“批判性思维”作为一个外来词，其中的“批判性”来自两个希腊词语，分别意为“恰当的判断”和“标准”，因此，从词源上讲，批判性思维是“基于标准的、有辨识能力的判断”，即以确认问题、接受问题、辨析问题为目的，强调对现实的反思和再认识。其学术渊源可追溯到古希腊苏格拉底所倡导的“探究性质疑”(probing questioning)，即“苏格拉底方法”或“助产术”，这种方法的实质是通过质疑通常的信念和解释，辨析它们中哪些缺乏证据或理性基础，强调思维的清晰性和一致性。

在构成要素上，法乔恩撰写的《德尔菲报告》定义了批判性思维的六个组成要素：解释、分析、评估、推理、说明、自我调控。罗清旭认为批判性思维由批判性思维技能、思维人格倾向、思维情感道德和思维知识四部分组成。保罗等界定了评价批判性思维的九个标准：清晰性、准确性、精确性、相关性、深度、广度、逻辑性、重要性、公正性。

在话语环境上，对批判性思维的研究在全世界的大学中普遍受到重视，特别是在20世纪70年代以来通识教育盛行的背景下更是得到了广泛关注，以布鲁姆、恩尼斯、保罗、法乔恩等学者的基础性研究为代表。创造性思维测评基础主要来自吉尔福德、托兰斯、威廉姆斯等心理学家的开拓性工作。从有影响力的国际成果发表情况来看，批判性思维测评的研究成果主要发表在与大学教学和学习、学术写作相关的学术期刊上。

国际范围内，批判性思维的测评可以分为行为表现评估、测验、自陈报告、他人评定四种方法。行为表现评估旨在获得被试的实际行为信息，即被试思维形成的产品、表现或成就，研究者在控制条件下（如模拟现实生活场景）观察和记录个体的表现，数据具有很高的可信度，但时间和财力成本较高，且在真实世界中，思维有多种表达方式，很难在个体之间直接比较。测验则是在控制条件或标准化条件下，要求被试对结构化的任务或问题做出反应，通过这种反应来解释其思维的品质。测验具有客观性、标准化特征，易于量化和比较，但时间成本较高、精确计分相对复杂。自陈报告通过编制一系列问题或陈述句，要求被试根据自己的实际情况或感受来回答，然后根据被试的答案来衡量其在特定人格特质上的表现程度。自陈报告因为执行和计分相对简单，成本较低，使用较为广泛，但是自陈报告普遍存在因自我认知带来的数据偏差、跨背景数据的可比性不足以及随着时间变迁产生数据不稳定等问题。他人评定通常由教师、父母或者其他熟悉被试的人来进行，但评价者的态度和信念会造成数据存在一定偏差，因此很少单独使用。笔者从测验内容、测验时间、测验对象、测验形式和评分、优缺点等方面对国际上具有代表性的批判性思维测评工具进行了梳理，具体内容见表 3－2。

表 3－2　批判性思维典型测评工具

工具名称	编制者	测验内容	测验时间	测验对象	测验形式和评分	优缺点
沃森－格拉泽批判性思维测试量表（WGCTA）	G. 沃森和 E. 格拉泽	推理、假设识别、演绎、解释、论述 5 个维度，共 80 题	约 40 分钟	9 年级以上学生和成年人	单选题，客观性评分	优点：较好的信度和效度。 缺点：试题相对简单，有较高的猜对率

续表

工具名称	编制者	测验内容	测验时间	测验对象	测验形式和评分	优缺点
加利福尼亚批判性思维倾向问卷(CCTDI)	P. A. 法乔恩和N. C. 法乔恩	寻求真理、开放思维、分析能力、系统化能力、自信心、求知欲、认知成熟度7个维度,共75题	约20分钟	15岁以上学生和成年人	单选题,客观性评分	优点:较高的信度和效度,有多种语言版本。 缺点:测验偏向和稳定性较低,有较高的猜对率
加利福尼亚批判性思维技能测试(CCTST):大学生版	P. A. 法乔恩	分析、评价、推理、归纳推理和演绎推理5个维度,共34题	约45分钟	大学生和成年人	单选题,客观性评分	优点:结构效度较好。 缺点:内在一致性不足,信度有待验证,较难精确区分分析、推理、评价、归纳与演绎,有较高的猜对率
批判性思维测试	美国教育考试服务中心(ETS)	分析和综合2个维度,共52题	约90分钟	大学生	单选题和多选题,客观性评分	优点:良好的结构信度和内部效度。 缺点:无法具体精确区分分析、综合和解释能力,有较高的猜对率

二、浸润批判性思维的物理学习表现层级与内容

笔者将浸润批判性思维的物理课堂教学分为体验与感知、质疑与假设、推理与论证、分析与评估、综合与创造五个内容。由于元认知是批判性思维的核心,所以将以上五个内容加上元认知共六个方面进行分层评价,分为三个维度。这三个维度的划分参考了理查德·保罗等(2016)对批判性思维的推理的划分,以新手水平对应保罗的“不娴熟的推理者”,以能手水平对应“娴熟的推理者”,以专家水平对应

"批判性反思"。建立的浸润批判性思维的物理学习表现层级与内容见表3-3。

表3-3　浸润批判性思维的物理学习表现层级与内容

表现层级	新手水平	能手水平	专家水平
体验与感知	被动地参与物理情境体验,获得碎片化的感知和表面认识	积极主动地参与物理情境体验,与已有认知结合,形成个人感性认识	全身心、沉浸式地参与物理情境体验,将体验内容与已有认知融合,形成意义化的个人经验
质疑与假设	能模糊地表述自己的问题,并笼统地提出假设	能表达自己发现的问题,并提出相关假设	能合理地、清晰地表达自己的多个问题,并科学地提出多个假设
推理与论证	基于碎片化的信息与证据进行推理,提出主张	主动地收集信息与证据进行推理,提出科学、合理的主张	辩证地综合多方面的信息和证据,进行多路径推理,提出科学、创新的主张
分析与评估	在教师引导下,对自己的思考过程进行分析与反思	有意识地对推理与论证的环节和过程进行分析与反思,能发现一些问题	审慎地对推理与论证的每个环节和过程进行深刻分析与反思,能给出评估反馈和改进建议
综合与创造	初步整合所学物理知识与思想方法,形成物理概念,能解决相似情境或熟悉情境中的问题	熟练地整合与凝练所学物理知识与思想方法,形成物理大概念,并迁移应用到陌生情境中解决实际问题	深度整合与凝练所学物理知识与思想方法,形成物理观念,并迁移应用到陌生情境中,创造性地解决复杂实际问题
元认知	初步掌握一些自我反思的策略与技能,但不能自觉地进行阶段性反思	熟练掌握自我反思的策略与技能,能自觉、主动地进行阶段性和结果性反思	精通自我反思的策略与技能,形成良好的自我监控和支持系统,不断为自己赋能,提升自我效能感

三、浸润批判性思维的物理课堂教学评价的有效策略

对批判性思维技能和思维倾向的评价，以及浸润批判性思维的物理教学表现层级，都是以质性评价为核心的，需要根据学生的真实表现来做出判断。因此，对批判性思维的评价以表现性任务为主要内容，并结合 SOLO(Structure of the Observed Learning Outcome，可观察的学习结果的结构)分类评价理论进行综合设计。

表现性评价通过可观察、可评价的外在表现倒推学生的内在能力及情感态度的变化。可见，表现性评价不同于纸笔测试，而是聚焦批判性思维等高阶思维和真实表现两大着力点。用于表现性评价的问题或具体任务称为表现性评价任务，表现性评价任务的设计是实施表现性评价的核心环节。

(一) 表现性评价任务的基本特征

著名课程与教学专家威金斯和麦克泰格提出了以 GRASPS 设计工具架构表现性任务。其中，“G”表示目标(goal)；“R”表示角色(role)；“A”表示对象(audience)；“S”表示情境(situation)；“P”表示表现或产品(performance/product)；“S”表示标准(standards)。综合分析得出表现性评价任务的基本特征：目标性、真实性、挑战性和量规性。

目标性：表现性评价任务评什么？为什么评？怎么评？这三个基本问题的结果都指向学习目标，也就是说表现性评价任务的设计一定是目标导向的。表现性评价任务的设计一般先进行学习目标设计，然后确定目标达成的证据，最后开发相应的学习活动，即遵循逆向设计的理念。指向批判性思维的表现性评价任务聚焦学科大概念和批判性思维等高阶思维能力的发展。

真实性：表现性评价是真实性评价，表现性评价任务是在真实环境、逼近或模拟真实环境中创设的任务。只有真实性的任务才能评测学生真实的能力，才能判断学生的批判性思维情况。在真实性的情境中，学生需要综合分析，整合各种能力

及所学知识，明确方向，理清思路并创新解决，真实性的表现性评价任务本身也是有效的学习活动，即为学习而评价。

挑战性：表现性评价任务要激发学生的研究欲望，促进批判性思维，就需要落在学生的最近发展区内，在表述上多用“你能……吗?”的挑战性语句，另外任务本身要有合适的难度，符合学情，需要学生集其所学，“跳”起来“摘桃子”，这样才能让学生真正体会到完成评价任务的愉悦之情。

量规性：表现性评价任务的设计主要包括两个内容，一是任务本身与要求的表述，二是诊断完成情况的量规设计。评价量规的设计要分层次进行，以《课程标准》中的“学业质量”和 SOLO 分类评价理论为指导，注重过程与结果相结合、定性与定量相结合、外在表现和内在理解相结合、个人表现和团队合作相结合。

（二）指向批判性思维的高中物理表现性评价任务设计策略

指向批判性思维的高中物理表现性评价任务要基于批判性思维的要求和表现性评价任务的特征综合设计，具体包括任务内容、任务要求和评价量规三个方面。真实问题解决、项目化的产品和学生访谈交流是表现性评价任务设计的有效策略。

1. 基于真实问题解决，设计表现性评价任务

基于真实问题解决设计表现性评价任务是常用的策略。真实问题大多是结构不良的，其解决过程需要迁移已有知识和观念进行类比、抽象、建模和综合，很多中间状态需要学生亲自测量、查阅资料。在此过程中，根据学生的综合表现对学生的知识技能、本质理解、思维层次、迁移能力和情感态度进行有效评价。

任务内容：在学习了摩擦力后，设置如下挑战性的真实问题：现有一个量程为 5 N 的弹簧测力计和一个木块，如何测量出一瓶（矿泉水瓶）沙子的重力（约 8 N）?

任务要求：① 能设计出具有可行性和创新性的测量方案；② 能对方案进行清晰的表述；③ 实验操作规范，数据记录科学；④ 能精确地测出一瓶沙子的重力。

评价量规:可以根据 SOLO 分类评价理论的“前结构”“单点结构”“多点结构”“关联结构”和“抽象扩展结构”5 个层次进行评价量规设计,如表 3-4。

表 3-4　解决真实问题的表现层级

<table>
<tr><th>水平</th><th>每个层次的表述</th><th>SOLO 结构</th><th>层次</th></tr>
<tr><td>1</td><td>不能识别问题,无法设计出测量的方案</td><td>前结构</td><td rowspan="3">低阶思维</td></tr>
<tr><td>2</td><td>能应用所学知识粗略地说出测量的方案,通过小组合作较为粗略地测出一瓶沙子的重力</td><td>单点结构</td></tr>
<tr><td>3</td><td>能应用所学知识对测量方案进行清晰表述,语言规范,实验操作正确,能较为精确地测出一瓶沙子的重力</td><td>多点结构</td></tr>
<tr><td>4</td><td>能理解所学知识与本问题的本质关系,并进行清晰表述,综合应用所学知识设计方案,能规范地进行实验操作,能精确地测出沙子的重力</td><td>关联结构</td><td rowspan="2">高阶思维</td></tr>
<tr><td>5</td><td>能清晰、系统地理解所学知识与本问题的本质关系,能综合应用所学物理知识提出多种可行和科学的实验方案,能规范地进行实验操作,能精确地测出沙子的重力</td><td>抽象扩展结构</td></tr>
</table>

2. 基于项目化的产品,设计表现性评价任务

项目化的产品和真实问题解决是不同的。真实问题解决主要在于提出科学、可行和创新的方案(如探究加速度与质量和合力关系的实验方案设计),而项目化的产品则需要学生根据自己或小组的理解,设计方案并制作符合要求的产品,且需展示交流,体现“做中学”的理念。在这个过程中根据产品的结构、功能和美观程度,评价学生的德、智、体、美、劳发展情况,有效践行学科育人理念。

任务内容:在学习了交变电流单元后,引导学生以小组为单位上网查阅资料,了解风力发电机的原理和构造,并利用课后时间制作一个小型风力发电机。

任务要求:① 能将自制发电机与负载(小灯泡)正确连接;② 能让额定电压为 1.5 V 的小灯泡发光(电吹风提供风源);③ 所用材料来自生活,制作成本低;④ 结构简单,外形美观;⑤ 介绍产品时语言流畅、表述规范、自信大方。

评价量规：可以从五个方面、三个层次对项目化产品进行评价量规设计，如表3－5。

表3－5　项目化产品的表现层级

评价内容	优秀(5分)	良好(3分)	一般(1分)
产品性能	发电机能持续稳定旋转，小灯泡持续发光且亮度稳定	发电机运转稳定，小灯泡能发光但亮度不稳定	电动机基本可以实现发电，但无法点亮小灯泡
选取材料	1. 取材巧妙，成本低； 2. 全部自制	1. 部分材料选取不当； 2. 材料部分来源于成品	1. 取材随意，缺少部分材料； 2. 基本来源于成品
外形美观	1. 外形精致美观； 2. 衔接及比例和谐	1. 外形略粗糙； 2. 部分衔接不当，比例相对和谐	1. 外形粗糙； 2. 衔接不当，比例不和谐
产品介绍	小组成员合理分工制作，介绍时语言流畅、表述规范、自信大方	小组成员分工较合理，介绍时语言较为流畅、规范	小组成员分工不合理，介绍时语言不流畅、不规范
有创新性	设计巧妙，自主创新	部分参考网络资源设计	没有创新，基本是仿照现有资源设计

3. 基于学生访谈交流，设计表现性评价任务

学生是学习的主体，在一个课时或一个单元学习后，围绕一些指向学科本质理解的访谈问题与学生交流，一方面可以评价学生的思考力和表达力，另一方面可以评估学生对学科的兴趣和热爱程度。这一过程要自然、轻松，避免过于刻板和正式，在宽松和谐的氛围中让学生畅所欲言，表达他们真实的理解和想法。

任务内容：在学习楞次定律后，演示跳环实验。器材：动态楞次定律演示仪（内部有一个大电容，开关打开先充电，开关闭合后瞬间产生的大电流通过线圈）、线圈、铁芯和一个闭合铝环（其内径比铁芯半径大，比线圈的外径小），如图3－4所示。先将铝环套在铁芯上，闭合开关，过几秒钟，断开开关，会发现铝环神奇地跳起20多厘米高。

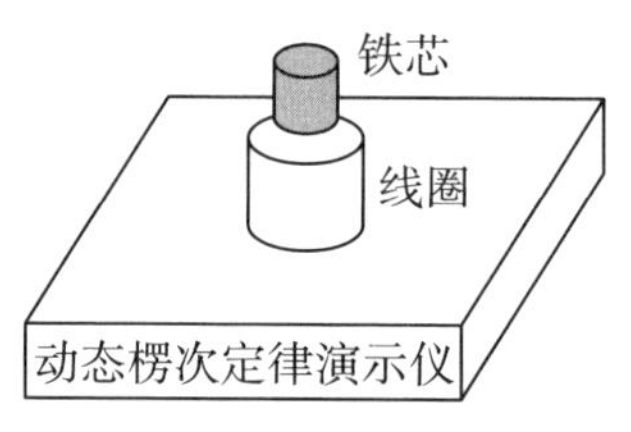

图 3-4 跳环实验

任务要求：(1) 分析和解释产生这一现象的原因；(2) 铝环跳起时其机械能增加，分析跳环实验中的能量是如何转化的，说说你的理解。

评价量规：在访谈交流中，同样可以根据 SOLO 分类评价理论来设计量规以评价学生在表达中体现出的思维发展层次，如表 3-6。

表 3-6 学生访谈的表现层级

水平	每个层次的表述	SOLO 结构
1	两个问题都不能解释，不知道从什么角度去思考	前结构
2	对两个问题能够粗略地进行解释，大致说出分析的过程，但不够深刻	单点结构
3	能应用所学知识对两个问题进行合理解释，分析过程较为深刻，对知识的理解准确	多点结构
4	能综合应用所学知识与方法对两个问题进行合理解释，分析深刻，体现出运动与相互作用观、能量观	关联结构
5	能清晰、系统地应用所学知识与方法对两个问题进行合理解释，能灵活地从运动与相互作用观、能量观等多个角度进行创新性分析	抽象扩展结构

第四章

浸润批判性思维的物理概念教学

本章导读:批判性思维与物理概念教学有何关系?物理概念教学如何浸润批判性思维?具体教学过程如何展开与实施?通过本章的阅读,你将了解到:物理概念教学与批判性思维教学要素间的联系,批判性思维指引下的物理概念学业水平划分;浸润批判性思维的物理概念教学的逻辑、条件和原则,以及浸润批判性思维的物理概念教学的“五点交叉双闭环”教学模式。结合教学案例,本章将明确说明浸润批判性思维的物理概念教学的行动路径。

提出一个问题往往比解决一个问题更重要。因为解决一个问题也许仅是一个数学上或实验上的技能而已，而提出新的问题、新的可能性，从新的角度去看旧的问题，却需要有创造性的想象力，而且标志着科学的真正进步。

——爱因斯坦

第一节　批判性思维与物理概念教学的关系

一、物理概念与物理概念教学价值

（一）物理概念

物理概念反映物理现象、物理过程的本质属性，是在大量观察、实验的基础上，运用逻辑思维的方法，将一些事物的本质的、共同的特征集中起来加以概括而形成的。这些概念不仅代表着一种物理事实，还代表着概念形成的相关物理过程。例如，物理学中的力和运动这两个核心概念：力是改变物体运动状态的根本原因，它可以使物体加速、减速或改变方向；运动则是物体在空间中沿着某个轨迹运动的过程。这两个概念紧密相关，力可以影响物体的运动状态，而物体的运动状态也可以反映出它所受到的力。物理概念教学在整个物理教学中具有极其重要的基础性地位。物理学科的基础知识主要由物理概念、规律和理论所构成，而规律和理论又是由概念之间的相互关系、相互作用和相对运动所产生和形成的。

1. 物理概念的内涵和外延

内涵是概念中事物的特有属性，即概念的含义。在物理学科中，物理概念的内涵通常指该概念所描述的物理现象、过程或属性的本质特征。例如，力的内涵可以理解为物体之间的相互作用，导致物体运动状态改变的原因。

外延则是具有概念所反映的特有属性的对象，即概念的范围。对于物理概念来说，外延指的是符合该概念定义的所有具体实例或现象的集合。例如，力的外延可以包括各种形式的力，如重力、弹力、摩擦力等。

内涵和外延之间存在密切的关系。一般来说，一个概念的内涵越丰富，其外延就越小；反之，内涵越贫乏，外延就越大。这意味着，当我们对某个物理概念的定义越精确、越具体时，它所涵盖的范围可能就越窄；反之，如果我们采用更宽泛、更一般的定义，那么它所涵盖的范围可能就更广。

具体概念、抽象概念、特殊概念。在物理学科中，概念可以按照其性质和范围分为具体概念、抽象概念和特殊概念。具体概念是指那些与具体的物理现象、物体或过程直接相关的概念，如速度、长度、质量等。这些概念通常可以通过感官直接观察或通过实验来验证。抽象概念则是指那些无法直接通过感官观察，而需要通过理论推导或逻辑思考来理解和把握的概念，如力、能量、场等。它们是对物理现象和规律的一种概括和提炼，通常具有更广泛的适用范围。尽管这些抽象概念难以直接观察，但它们对于解释和预测物理现象至关重要。特殊概念则是指那些只适用于特定物理现象或领域的概念。例如，在光学中，折射率就是一个特殊概念，它用于描述光线在不同介质中传播时速度的变化；在量子力学中，波粒二象性也是一个特殊概念，用于解释微观粒子的奇特性质。

定性概念和定量概念。在物理学科中，定性概念通常用于描述物理现象的本质、规律和特点，帮助我们理解其背后的原理和机制，而不是具体的数量或大小，如质点、参考系、电磁感应等。定量概念则侧重于用数值或量度来表示事物的属性和特征。在物理学科中，定量概念通常用于描述物理量的大小、范围、变化等，以及它们之间的数量关系，如速度、加速度、力等。

状态量和过程量。状态量描述的是物体在某一时刻或某一位置的状态，如温度、压力、体积等，它们代表了系统的静态性质，可以看作系统的瞬时特征。而过程量则描述了物理量在状态上的变化，如功、冲量等，它们代表了系统的动态性质，反映了系统在一段时间内的变化。

性质量和作用量。性质量是描述物体某种性质的量，如密度、劲度系数、电阻等。作用量是描述物体之间因相互作用才表现出来的物理量，如力、功、冲量等。

微观量和宏观量。微观量通常涉及原子、分子等微观粒子的性质和行为，如电子的电荷、质量以及分子间的相互作用力等。这些微观量决定了物质的微观结构和性质。而宏观量则关注物体整体或作为大规模系统的属性，如物体的质量、体积、温度等，它们描述了宏观世界的可观测性质。

矢量和标量。矢量既有大小又有方向，能够全面描述物理量的完整信息，如力、速度、加速度等。它们遵循矢量运算法则，如平行四边形定则，体现了物理量之间的相互作用和合成效果。标量则只有大小，没有方向，如质量、时间、温度等。标量运算相对简单，通常只需进行加、减、乘、除等基本运算。

广延量和强度量。广延量与系统的大小或容量成正比，如质量、体积、物质的量等，它们具有可加性，即整体的值等于各部分的和。而强度量则与系统的大小或容量无关，如温度、压力、密度等，它们并不具备可加性，其值取决于系统内各点的状态。

相对量和绝对量。相对量是指依赖于参照系或标准的物理量，其值随参照系的变化而变化，如速度、加速度等。相对量的引入使我们能够更灵活地描述和分析物理现象，特别是研究相对运动时。而绝对量则是不依赖于参照系或标准的物理量，如质量、电荷等，其值具有普遍性和客观性。

基本量和导出量。基本量是具有独立量纲的物理量，它们不能表示为其他量的组合或函数。基本物理量的数目是能融洽一致地描述物理学中所有物理量所必需的最小数目。在国际单位制中有七个基本量，包括长度、质量、时间、电流、热力学温度、物质的量和发光强度。而导出量则是基于基本量通过数学运算得到的物理量，如速度、加速度、力等。这些导出量的量纲可以由基本量的量纲组合而成。比如速度就是位移和时间的比值，加速度就是速度的变化率等。

2. 物理概念教学的价值

在教学过程中，学生建立的概念随着教学层次的提高而深化。教学过程中的不同阶段，学生所建立起的概念允许存在一定程度的片面性、含糊性和表面性。在物理概念不断深化的过程中，学生逐步建立物理观念、培养科学思维、养成科学探究精神、形成科学态度与责任，进而发展批判性思维。

建立物理观念。物理观念是对物理现象、物理规律等物理知识的深入理解和概括，是物理概念和规律在头脑中的提炼和升华，物理概念是构成物理观念的基本要素。通过学习物理概念，学生能够掌握物理学科的核心知识和基本思想，为形成正确的物理观念奠定坚实的基础。学生在学习物理概念的过程中，需要不断地将物理概念与自身的经验、观察、实验相结合，进行反思和对比。通过这一过程，学生能够将外在的物理知识内化为自己的认识和理解，进而形成物理观念。这种提炼和升华的过程，不仅有助于学生对物理知识的深入掌握，还能够提升他们的科学思维能力和创新能力。高中物理概念教学还能够帮助学生理解物理观念之间的内在联系。物理学科是一个有机整体，各个物理概念、物理规律之间都存在着密切的联系。通过学习物理概念，学生能够逐渐认识到这些联系，理解物理知识之间的内在联系，从而形成更加完整和系统的物理观念。

培养科学思维。任何物理概念的形成都离不开物理科学思维，而物理科学思维又是在物理概念的基础上进行分析、综合、判断、推理等过程形成的。因此，物理概念和科学思维是相互促进、相辅相成的关系，物理概念是形成物理思维的基础。物理概念是在大量的观察、实验基础上，通过感性认识、分析比较、归纳综合等过程建立起来的。学生在学习物理概念的过程中，不仅了解了物理现象的共同特征，更深入地理解了物理事实的本质。这种对事物本质的探索和把握，正是科学思维的核心内容。物理学科中的科学思维具体包括模型建构、科学推理、科学论证、质疑创新四个要素。高中物理概念中常见的模型有对象模型和过程模型，对象模型有质点、点电荷、轻杆、轻绳、轻弹簧、单摆、理想气体等；过程模型有匀变速直线运动、自由落体运动、简谐运动、完全弹性碰撞等。这些概念模型的建立又离不开科学推理、科学论证和质疑创新。

养成科学探究精神。科学探究是基于观察和实验提出物理问题，形成猜想和假设，设计实验与制订计划，获取和处理信息，基于证据得出结论并做出解释，以及对科学探究过程和结果进行交流、评估、反思的能力。物理概念教学为科学探究提供了必要的理论基础。物理概念是对物理现象和过程的抽象概括，是科学探究的起点和基础。通过学习和理解物理概念，学生能够建立起对物理世界的基本认识，为后续的探究活动提供必要的支撑和指导。物理概念教学有助于培养学生的观察能力和实验技能。在学习物理概念的过程中，学生需要通过观察实验现象、收集和分析数据来加深对概念的理解。这种实践性的学习方式不仅有助于提高学生的动手能力，还能培养他们的实验设计能力和数据处理能力，为科学探究提供有力的工具。物理概念教学能够引导学生形成科学的探究方法。同时，通过解决物理问题，学生能够学会提出假设、设计实验、收集证据、得出结论、解释交流等科学探究的基本步骤，为将来的科学研究打下坚实基础。

形成科学态度与责任。科学态度与责任是指在认识科学本质，认识科学、技术、社会、环境之间关系的基础上，逐渐形成的探索自然的内在动力，严谨认真、实事求是和持之以恒的科学态度，以及遵守道德规范，保护环境并推动可持续发展的责任感。高中物理概念的学习有助于学生形成对科学严谨、求真务实的态度。物理概念通常具有抽象性、客观性和可测性，这些特点要求学生在学习过程中，必须以严谨的态度对待每一个物理现象和实验数据。通过对物理概念的深入理解和应用，学生能够逐渐培养出对科学严谨求实的态度，这是科学态度与责任的核心内容之一。高中物理概念教学能够帮助学生建立起对科学的社会责任感。物理学作为自然科学的重要分支，对社会发展和人类进步具有深远的影响。通过学习物理概念，学生能够了解到物理学在能源、环境、医疗等领域的应用，从而认识到科学对社会发展的巨大作用。这有助于学生树立起节约能源、保护环境、促进社会可持续发展的社会责任意识。

（二）物理概念教学与批判性思维教学要素间的联系

《德尔菲报告》强调了批判性思维的两个维度——批判性思维技能和批判性思维心理倾向，由此建构了由认知技能和情感特质两个维度构成的批判性思维的双维结构模型，如表 4－1。

表 4－1 批判性思维的双维结构模型

<table>
<tr><th colspan="6">认知技能</th><th rowspan="2">情感特质</th></tr>
<tr><th>阐释</th><th>分析</th><th>评估</th><th>推论</th><th>解释</th><th>自我校准</th></tr>
<tr><td>归类，理解意义，澄清意思</td><td>分析看法，找出证据，分析论证</td><td>评价观点，评价论据</td><td>质疑证据，提出假设，得出结论</td><td>陈述结果，说明方法，得出论据</td><td>自我评估，自我纠正</td><td>好奇、自信、开朗、灵活、公正、诚实、谨慎、好学、善解人意等</td></tr>
</table>

对于批判性思维这两个维度的教学，笔者建立了浸润批判性思维的物理教学金字塔框架(参见图 3－3)。批判性思维在物理教学中主要表现为五个进阶的维度，从低到高依次为：体验与感知、质疑与假设、推理与论证、分析与评估、综合与创造。

浸润批判性思维的物理概念教学是指在物理概念教学不断深入的过程中，将批判性思维充分融入，形成五个进阶的概念教学阶段：体验与感知——建立初概念；质疑与假设——突破前概念；推理与论证——形成科学概念；分析与评估——创建系统概念；综合与创造——发展进阶概念。

1. 体验与感知——建立初概念

概念的建立需要丰富的体验和感知。只有感觉的材料十分丰富和合乎逻辑，才能构建出正确的概念和理论。要完整地反映整个事物，反映事物的本质，反映事物的规律性，就必须经过思考，将丰富的感觉材料加以去粗取精、去伪存真、由此及彼、由表及里的改造制作，使感性认识跃迁到理性认识，从而建立初概念。在“运动的描述”这个模块，学生会遇到高中的很多“第一次”。例如，第一次遇到质点这样抽象的理想物理模型，教师要提供大量的引入质点概念的事例，引导学生思考为何要引入质点的概念，如何忽略次要因素，突出主要因素，进而建立质点的初概念；第一次遇到“位移-时间”图像、“速度-时间”图像等，用图像来定量描述两个物理量的关系，教师要通过实例让学生体验图像表示的直观性，同时感知横纵坐标对应物理量的具体含义，建立图像的初概念。

2. 质疑与假设——突破前概念

前概念是指学生在学习新概念之前，基于过往学习与生活经历所形成的一种模糊而主观的认知。教育实证研究表明，学生在学习新概念的过程中必然受到前概念的影响，尤其是学生在面对较为复杂的问题或者陌生的情境时，往往会使用前概念。前概念对新概念学习的影响是双面的。正向的影响能够为科学概念的建立铺设基石，使其顺利形成；而负向影响则会阻碍科学概念的形成。学习者需要在不断质疑、假设、检验、修正与再检验中，突破前概念，形成科学概念。学习者不断地产生假设的过程，就是学习者不断地将各个元素关联起来的过程，也就是对各个元素的共性的认识，以及各个元素的个性在头脑中被淡忘和消失的过程。以速度概念为例，高中物理对速度概念的定义：物理学中用位移与发生这段位移所有时间之比表示运动的快慢，即速度。当一位同学沿着操场跑一圈回到原点时，按照高中物理对速度概念的定义，他会发现自己的速度为零，而这与他亲身的体验以及在初中阶段对速度的理解产生冲突，因而让其难以置信，质疑的“火花”由此四溅。此时，教师的引导显得尤为重要，合理引导不仅可以使学生突破对速度概念的固有理解，还能发展学生的批判性思维，使他们学会在质疑中探索，在反思中成长。这样的教学过程，既是对学生认知能力的提升，也是对他们思维方式的深度锤炼。可以这样设计：

设问 1：初中物理是如何定义速度的？这两个概念有什么区别？

设问 2：为什么在初中用路程描述速度，而到高中改用位移？

设问 3：这两个概念有什么关联？

设问 4：速度所描述的物理本质是什么？

3. 推理与论证——形成科学概念

在物理概念形成的过程中，推理和论证发挥着至关重要的作用。推理是一种从已知事实出发，通过逻辑分析得出新结论的思维过程。而论证，则是对推理所得结论进行验证和深化的过程。推理和论证，是在突破前概念的基础上，由初概念形成科学概念的重要环节。学生在形成速度的科学概念上会经历一些曲折，主要在于从标量到矢量的变化以及瞬时速度和平均速度的区分。由初高中速度概念对比图（图 4－1）可知，初中速度的概念只是速度这一科学概念很小的一部分。为了形成速度的科学概念，可以从初中的速度概念入手：一个物体在相同的时间内移动了相同的距离，但由于运动方向不同，速度本该不同，可是初中的速度概念却体现不出这个不同，怎么办？这样就运用推理突破了速度的矢量性。物体的运动有可能时快时慢，如果笼统地用位移比时间，很难精准地把握物体实际运动的细节情况，因此，提出瞬时速度与平均速度之别。

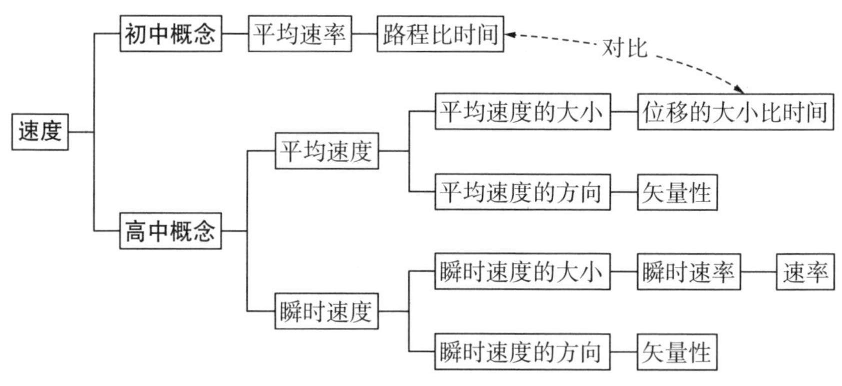

图 4－1　初高中速度概念对比图

再比如，学生学习位移-时间图像时，会产生这样的疑问：位移-时间图像是不是位置-时刻图像？通过查阅教材，学生发现书上是这样描述的：在直角坐标系中选时刻 t 为横轴，选位置 x 为纵轴，其上的图线就是位置-时间图像，通过它能直观地看出物体在任意时刻的位置。如果将物体运动的初始位置选作位置坐标原点 O，则位置与位移大小相等（$x=\Delta x$），位置-时间图像就成为位移-时间图像，又称 $x-t$ 图像。从 $x-t$ 图像可以直观地看出物体在不同时间内的位移。原来，位移-时间图像就是位置-时间图像，也是位置-时刻图像。同理，我们可知，速度-时间图像即速率-时刻图像。

4. 分析与评估——创建系统概念

学生对于物理概念的掌握，是一个由浅入深、循序渐进的过程。这并不仅仅是单纯的记忆和背诵，而是需要在具体情境中去感知、理解概念，在情境中分析、评估和应用概念，只有这样，才能真正实现知识的内化与迁移。如果仅停留在基于教学情境获得科学概念，忽略科学概念在具体情境中的应用，就会失去其本质的存在意义。对于学生而言，没有经过情境应用检验的物理概念，往往只是停留在表面和浅层的理解。这样的概念往往是零散的、不成体系的，因此也更容易被遗忘。而真正的学习，应该将这些概念融入已有的知识体系中，通过不断分析、评估和应用，逐渐构筑起一个牢不可破的概念体系。在经历了这样的学习过程后，学生不仅能够更深入地理解物理概念，还能够将这些概念与实际问题相结合，形成解决问题的有效策略。这样，物理概念就不再是孤立的、抽象的存在，而是成为他们思考和行动的有力支撑。从系统的角度构建“运动的描述”，按照描述的对象、运动的相对性、运动的定量描述、位置变化的快慢以及速度变化的快慢等，形成如图 4－2 所示的链条式发散型概念体系。

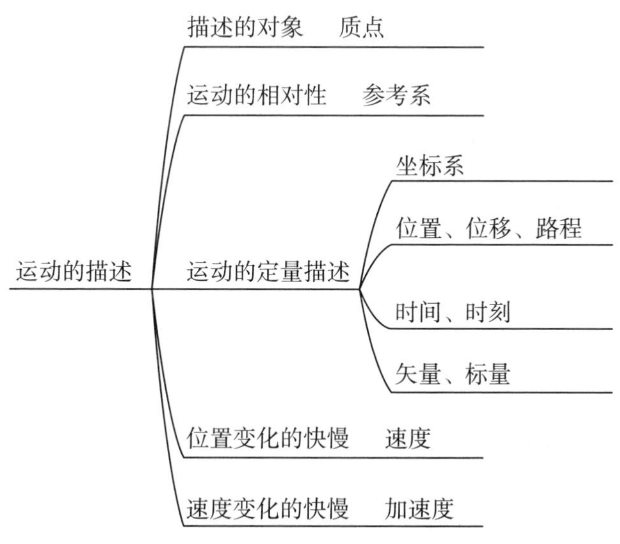

图 4－2　“运动的描述”系统概念

5. 综合与创造——发展进阶概念

物理学科中的概念组成一个个有机的整体，各个概念间存在着密切的逻辑关系。一个物理概念，往往是一些物理概念的发展，又是另一些概念的基础。例如，学生在逐渐理解位移概念的过程中，了解到位移是表征物体位置变化和方向的物理量。物体在位置发生变化过程中有快有慢，而位置变化快慢，已经不能用初中速度的概念来表示。此时，需要将初中的速度概念（路程与时间之比）发展到高中的速度概念（位移与时间之比），这是概念的进阶。从位移到速度是一种进阶，从标量到矢量也是一种进阶。在掌握了速度是表征物体位置变化快慢和方向的物理量之后，会遇到匀速和变速不同的情况。而变速又存在变化的快慢，即速度的变化率，用加速度表示，这又从速度进阶到加速度。当学生有了牛顿第二定律的知识，对于一个既定的物体，他现在必须提出这样的假说：那个在大小和方向上都已由他精确表述了的加速度，是同作用在这物体上的力成比例的。这个表征物体的加速能力的比例系数，完备地描述了这个物体的力学性质，这样就发现了质量这个基本概念。这一进阶过程如图 4－3 所示。

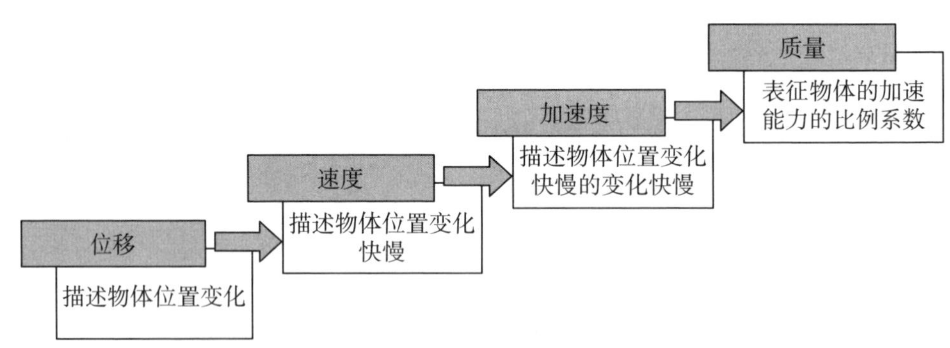

图 4－3 “运动的描述”概念进阶过程

二、物理概念教学的评价

高中物理概念教学的评价是以学生发展为本，基于对物理概念的理解与应用，发展学科核心素养的评价，其目的在于促进学生物理概念的学习和改进教师教学。

物理概念教学的评价应围绕学科核心素养以及发展学生科学思维的具体要求，创设真实而有价值的问题情境，采用多元多样的评价方式，客观全面地了解学生对物理概念的学习情况，找出存在的问题，明确发展方向，及时有效地反馈评价结果，促进学生对物理概念的学习应用和思维的发展。

（一）物理概念教学评价原则

目的明确。物理概念教学的评价目的往往包括检验学生对物理概念的理解程度，评估学生应用物理概念解决问题的能力，监测学生在物理学习过程中的进步与成就，判断学生达到的思维水平和物理概念学习中的问题，明确下一步的学习方向。明确的目的能指导评价内容的设计、评价方法的选择以及评价结果的解释，确保评价活动始终围绕着“促进学生学习和发展”这一核心目标展开。

可信有效。可信性和有效性是评价原则中的基石。可信性要求评价过程公正、客观，不受主观偏见和外界干扰的影响。这需要通过标准化的评价工具、明确的评价标准和规范的评价程序来保障。有效性则强调评价能够真实反映学生的学习状况和教师的教学成效，即评价结果具有准确性和可靠性。

全面深入。物理概念教学评价活动不仅要覆盖物理概念的广泛领域，还要深入学生的学习过程和批判性思维层面。在物理教学中，这意味着评价不仅要关注学生对物理概念的基本记忆和理解，还要考察他们如何运用这些概念进行分析、推理和解决问题。全面深入的评价可以通过多种途径来实现，如课堂观察、作业分析、实验操作、口头报告、小组讨论等。这些途径能够全面展示学生的学习情况，揭示他们在物理学习中的优势和不足，为教师的教学改进提供有力的依据。

多元多样。在物理概念教学中，单一的评价方式往往难以全面反映学生的学习情况，因此需要采用多种评价方式相结合的方法。这包括定性评价和定量评价的结合、形成性评价和终结性评价的结合等。同时，评价主体也应多元化，包括教师评价、学生自评、同伴互评以及家长评价等。多元多样的评价方式能够更全面地反映学生的学习情况和成长过程，增强评价的公正性和客观性，保证评价结果与改进策略的一致性。

激励进步。物理概念教学评价不应仅是对学生学习成果的简单判断，更应是促进学生持续学习和进步的重要手段。在物理概念教学中，教师可以通过评价给予学生积极的反馈和鼓励，激发他们的学习兴趣和动力。同时，还要帮助学生认识自己的优点和不足，明确努力方向和改进措施。通过评价，学生可以更加清晰地看到自己的成长轨迹和进步空间，从而增强自信心和成就感，为未来的学习和发展奠定坚实的基础。

（二）物理概念教学评价设计

1. 批判性思维指引下物理概念水平质量划分

美国当代著名的教育家和心理学家布卢姆认为，教学质量涉及如何向学生提供线索或指导，学生参与学习活动的程度，以及如何给予强化以吸引学生学习。这反映出教学质量不仅是教学过程的产物，还包括教学对学生达到预期教育结果的促进程度。从狭义层面讲，教学质量是符合为满足社会需要而规定的教学标准条件的总和。从广义层面讲，教学质量是符合既定教学成果、教学管理工作等的培养规格、目标和要求。

浸润批判性思维的物理概念教学质量是一个动态、复杂多维的概念，它随着教育过程、学生的表现和需求变化而发展。浸润批判性思维的物理概念教学质量是学生在完成一个物理概念学习之后的学业成就表现。批判性思维指引下的物理概念学业水平划分表（表 4－2）结合了批判性思维课堂教学结构的五个层级，对学生学业成就表现进行了总体刻画。依据批判性思维不同层级表现的关键特征，物理概念学业质量划分为不同水平层次，主要表现为学生在不同层级中对物理概念的感知与发现、分析与理解、综合与应用等方面的关键特征，不同水平之间具有由低到高逐渐递进的关系。表 4－3 给出了批判性思维指引下的曲线运动概念学业水平划分的具体案例。

表 4 - 2　批判性思维指引下的物理概念学业水平划分表

水平划分	层级				
	体验与感知	质疑与假设	推理与论证	分析与评估	综合与创造
水平 1	被动参与情境体验，了解物理概念起源与经验有关，具有将物理概念与实际问题相联系的意识	模糊地提出与物理概念形成相关的问题，对有助于建立概念的方法给出笼统的猜测，制订初步的探究、论证计划	在他人帮助下，对证据进行分析，发现其间规律，提出建立概念的主张	对推理论证过程进行分析评估，有反思改进推理论证过程的意识，能模糊地建立物理概念	能基本分清物理概念所属的知识范畴和类型，有用物理概念解决相似或熟悉情境的意愿
水平 2	积极参与情境体验，凭借以往经验能捕捉到与物理概念有关的某个信息，尝试发掘概念相关要素，具有建立物理概念的初步印象	提出与物理概念有关且有探究价值的问题，能准确提出与概念建立过程和方法有关的几个假设，能制订探究计划与方案	对比证据间的差异，准确地发现其间蕴含的规律，提出合理建立概念的科学主张	有目的、有意识地进行推理论证过程反思，能发现一些问题并改正错误，能建立物理概念并知道其应用	能发现物理概念的共性和规律，对概念进行整合，能应用概念解决实际问题
水平 3	主动积极地参与体验并自主创设情境开发体验过程，引发联想，将体验内容与已有物理概念融合形成新的经验，综合应用知识和经验解决实际问题，初步形成物理概念	有意识地、迅速地从多个角度发现和提出与物理概念有关且有价值的问题，逻辑连贯地提出与概念建立过程和方法有关的科学且有依据的多个假设，能制订详细的探究计划和周密的探究方案	多角度、多方法地进行科学对比，辩证综合地分析其间规律，多路径地提出合理建立概念的独创性、科学性主张	审慎地对推理论证的每个环节进行分析，在评估过程中给出最优方案，熟练地依据论证分析建立完整概念，尝试实际应用	能深度整合新旧物理概念与思想方法，形成知识体系，明晰科学本质。灵活熟练地将新概念应用于陌生情境，创造性地解决复杂问题，并通过新感知提出新的质疑与假说

表 4-3　批判性思维指引下的曲线运动概念学业水平划分表

水平划分	层级				
	体验与感知	质疑与假设	推理与论证	分析与评估	综合与创造
水平 1	能从物理学视角看待生活中的曲线运动,知道经验有助于建立曲线运动的概念	模糊地提出物体做直线运动或曲线运动的影响因素,对曲线运动速度方向提出猜测,制订初步探究方案	通过自然现象归纳出曲线运动任意一点速度方向为切线方向,知道圆周运动是一般曲线运动的特例	有反思曲线运动速度方向探究方案的意识,愿意与同伴进行交流以改进论证方案	基本分清曲线运动属于运动和力相互作用观范畴,有用曲线运动概念解决实际问题的意愿
水平 2	积极观察生活中的曲线运动,能凭借生活经验捕捉到曲线运动速度方向可能有共同规律的信息,具有建立曲线运动概念的初步印象	知道曲线运动速度方向由力决定,与他人讨论后提出曲线运动速度方向可能是切线方向的假设,尝试用直线运动的研究方法研究曲线运动速度方向	结合生活经验,设计不同实验以探究圆周运动速度方向为切线方向,尝试推理论证一般曲线运动的速度方向	有意识地对一般曲线运动速度实验论证过程进行反思,能发现实验探究一般曲线运动速度方向的局限性,能主动与同伴交流,知道对工作和生活实践有指导意义	能对曲线运动和直线运动概念进行整合,初步具有力和相互作用观,能用曲线运动概念解释链球围网、自行车挡泥板等常见的实际问题
水平 3	主动地、有意识地观察生活中的曲线运动,尝试用不同方法使物体做曲线运动,引发联想,将曲线运动与直线运动联系,知道物体运动状态由力决定,形成曲线运动速度方向的初步印象	独立自主地提出曲线运动速度方向可能是切线方向假设,相信能用牛顿第一定律的方法来分析曲线运动速度方向,能从多个角度制订详细的探究计划和周密的论证方案	有运动与相互作用观念,能从实验和理论两方面推理论证一般曲线运动速度方向,理解极限思想论证曲线运动瞬时速度方向的合理性	自我评估并主动交流曲线运动瞬时速度方向探究过程及其中的科学方法,会审慎思考、实事求是地评价曲线运动速度方向的论证过程和探究方案	通过曲线运动概念形成过程建立物质运动观,会综合运用运动观、力和相互作用观创造性地阐释和理解客观世界。意识到物体受力的方向与速度方向的关系会影响曲线运动速度大小,提出新的问题与假设

2. 物理概念水平质量划分与物理概念评价的关系

物理概念水平质量将批判性思维五个层次分为三级水平，既是指导学生学习物理概念、教师开展教学设计的参考标准，也是进行教学评价的重要依据。三级水平表示学生对物理概念的理解和应用层层递进，教师应依据《课程标准》，结合物理概念教学内容，合理设计教学目标，帮助学生达到相关的物理概念学习水平等级。在物理概念教学评价中，要时刻关注学生对概念具体内容的掌握情况和批判性思维的不同表现，时刻关注思维和概念理解应用之间的整体性和融合性。

(三) 物理概念教学评价方式

物理概念教学评价方式主要包括主观评价与客观评价有机融合、日常学习评价、自我评价和同伴评价。

主观评价与客观评价有机融合：当前研究评价的工具或试题主要是针对客观评价，对学生进行总结性评价较多，而学生在学习物理概念过程中会不断发展批判性思维，这需要通过教师观察学生在体验活动中的表现，听取学生推理论证过程，小组合作的评价交流等形式来显现。因此，物理概念教学评价过程应是主观评价与客观评价的有机融合。主观评价能够反映人的真实感受和需求，但可能受到个人偏见、情绪等因素的影响；客观评价能够提供准确、可靠的数据支持。通过两者的结合，教师既可以了解学生利用批判性思维学习物理概念时是否掌握概念的内在逻辑和本质，又能观察其外在表现和实际效果，从而使对物理概念学习的评价更具全面性、合理性和科学性。

日常学习评价：批判性思维指引下的物理概念教学外显的弱化导致评价难度较大，需要评价者具备丰富的专业知识和实践经验。重视批判性思维物理概念教学的评价工作，应在日常教学中有所创新，如根据浸润批判性思维的物理概念学业水平划分表，对学生从高一开始进行跟踪记录，做成批判性思维成长档案袋等。再如利用各级各类考试的导向性，在考试命题中针对物理概念的理解和应用设计“双向细目表”，增加批判性思维发展内容，以此促进平时教学中批判性思维的应用和培养。这些还需要更多的一线教师在教学实践中不断探索与总结。

自我评价和同伴评价:批判性思维指引下的物理概念学习主张让学生作为主体对自己和同伴的学习进行评价,检查回顾概念学习和思维过程中的困难与问题及产生原因,从而对自己的学习方法和能力有清醒的认识,明确下一步学习的方向,进而学会批判性地学习,这对学生形成终身学习能力也非常重要。

第二节　模式与策略

一、物理概念教学的现状与困境分析

物理概念是中学物理教学过程中最为基础也最为重要的核心内容。对物理概念的学习能够培养学生分析、概括、归纳、综合等高阶思维能力。形成物理概念的过程能培养学生的科学探究能力,激发学生对物理事物和问题的好奇心,让学生领略物理世界的奇妙,感受科学家坚持不懈、实事求是、独立思考、追求真理的科学态度,树立知识服务于生活的意识,建立改造社会、振兴中华的使命感和责任感。

(一) 教学现状

物理概念的建立与应用过程是物理观念形成的内化和外显过程,也是培养科学思维、提高科学探究能力的根本保障,还是培养科学态度、提高社会责任意识的基本前提,更是践行和深化学科核心素养的发展路径。然而,长期以来,物理概念的教学深受传统教学模式的影响,教师在教学过程中通常采用“知识讲授—练习巩固”的“二八模式”(教师讲“二”,学生练“八”),导致新课改形同虚设,学生的探究能力、思维能力、创新能力等无法得到有效培养。不少一线教师对物理概念教学理解认识不全面,导致教学效果与预期目标之间也存在一定的差距。教学中存在的问题主要有:

概念引入忽视认知经验，缺少启发引导。物理概念往往与实际生活密切相关，但有的课堂教学引入物理概念时，往往只简单给出定义，忽视物理概念与生活的联系，导致概念的学习缺乏启发性和趣味性，学生无法理解物理概念的实际应用和意义。学生在学习一个新的物理概念之前，通常已经有了一些前概念和认知结构。然而，一些教师引入物理概念时，总是按照自己的教学设计进行教学，忽视学生已有认知经验，导致学生对新概念的理解产生障碍，对新知识的习得缺少认知基础。

概念生成忽视学生主体，缺少互动探索。顾明远先生曾提出“学生主体说”教学理论，强调学生是学习活动的主体，具有主观能动性和自主性。学生在学习过程中应主动参与、积极思考探索，成为学习活动的中心和主导者，而不是被动地接受知识。当前，“学生主体说”虽然被一线教师认同，但更多停留在思想层面，并未得到有效实施。许多教师仍采用传统的灌输式教学方法，将物理概念一股脑地灌输给学生，缺乏对学生认知规律和需求的考虑。灌输式教学方法往往导致学生无法真正理解物理概念的内涵，只是机械地记忆公式和定义。

概念理解忽视深度挖掘，缺少审视反思。物理概念的形成包括科学抽象和逻辑加工两个过程。因此，学生对概念的理解也应从这两方面入手。科学抽象是从具体的物理现象中提炼出普遍适用的规律和本质特征，而逻辑加工则是对这些抽象出来的概念进行逻辑分析和推理，形成完整的概念体系。当前的物理概念教学对物理概念形成过程关注度不够，教学过程只停留在浅层的文字理解，忽视了学生的自我审视和反思，没有深入概念的本质和内涵，导致学生对物理概念产生误解、混淆。

概念建构忽视同质建构，缺少知识迁移。物理中的许多概念是同质相关的。同质建构能够帮助学生将新的物理概念与已有的知识、经验和认知结构相联系，从而更清晰地把握新概念的特征和应用范围，深刻理解新概念的本质和内涵。这样的知识体系不仅便于记忆和应用，还能够帮助学生更好地理解和应对复杂的物理问题。然而，由于物理教学任务繁重、课时安排紧张等原因，在概念教学中，教师往往只关注单个概念的教学，忽视了概念之间的联系与整合，这让物理概念学习效果大打折扣。学习的过程实质是一个不断进行知识迁移的过程，在这个过程中，学生需要不断地激活和调用已有的知识，同时也需要不断地将新知识纳入已有的知识体系中。只有这样，学生才能够更好地学习和掌握知识，提高学习效果和解决问题的能力。

概念应用忽视具体实践，缺少学科融合。实践应用可以加深学生对物理概念的理解，培养他们分析和解决问题的能力。同时，将知识迁移到实际，还可以培养创新思维、综合能力和团队协作能力等。然而，由于实践应用很难在短期内实现效果，加之在熟能生巧观念的长期影响下，物理概念教学的相当一部分应用还停留在习题巩固或浅层的简单应用层面。物理概念的教学，仍然会以相似概念的辨析、概念的文字理解等的选择题形式出现，导致学生对物理概念的深层逻辑加工和操作运用不足。此外，随着跨学科教学的兴起，物理概念可以与其他学科如数学、化学、工程、科技等进行交叉融合，这种融合有助于学生更好地理解物理概念的实际应用，体现学科价值。目前，物理概念的跨学科实践在教学过程中罕有呈现。

（二）困境分析

1. 物理观念缺失——教师究竟为什么教？

物理概念的学习涉及对大量自然现象的科学抽象和对这些科学抽象的逻辑加工。学生可能认为其枯燥无味、难以理解和掌握，这导致他们对物理学习的兴趣不高，缺少主观能动性。这种消极的态度可能使他们在学习物理概念时不够投入，从而影响他们建立物理观念。同时，学生在日常生活中可能积累了一些与物理概念相悖的经验或观念，这些前概念和已有认知可能会干扰他们接受和理解新的物理概念。例如，日常生活中“重的物体下落速度更快”这一自然现象，就与物理学中的自由落体运动原理相悖。此外，教师在课堂上可能只采用传统的讲授式教学，过多注重知识的灌输；应试教育影响下的题海战术使得学生的探究浮于表面，实际应用浅尝辄止……这些都可能导致学生无法进行物理概念的深度思考和学习，难以形成物理观念。

物理概念的教学，教师首先要解决为什么教的问题。学科核心素养的落地，物理观念的形成和发展需要学生通过对物理概念等内容的学习和应用才能逐步实现。物理概念是学生形成物理观念的有机组成部分，物理概念教学应注重培养学生系统的反思和迁移应用能力，让学生能够用物理观念解决生产、生活中的实际问题，将知识服务于生活。

2. 概念教学浅表——教师究竟应该教什么？

当前物理概念的教学常常只是浅层次地简单介绍概念，而忽视概念的内涵和外延。在教学过程中，教师应该帮助学生明确概念的内涵和外延，以便他们能够更好地理解和应用概念。

物理概念的形成通常经历了一个逐步深化和发展的过程。教师在进行物理概念教学时不能仅停留在概念表面，还应该让学生了解概念的形成过程，包括概念的起源、演变和发展等方面，同时培养他们的科学思维和科学探究能力。

学习物理概念的目的在于应用。教师应教授学生如何应用概念来解决实际问题，包括如何运用概念进行计算、分析和推理等。通过实际应用，教师应培养学生的逻辑思维能力和综合分析能力，提高他们的物理学科核心素养。

在物理概念的教学中，教师不能仅教概念的浅层含义，还要教概念的内涵和外延，教概念的形成和发现过程，教概念的实际应用。

3. 教学模式僵化——教师究竟应该怎么教？

导致教学模式僵化的原因主要有：

其一，课堂教学理念落后导致教学模式僵化。在应试倾向明显的教育环境中，学校和教师往往过度强调分数和应试技巧，学生被要求机械地记忆公式和概念以应对考试，而不是深入理解其内涵和应用。部分教师教育理念落后，仍坚守着传统的教学理念，认为教师的主要任务是向学生灌输知识，而学生则被视为知识的接受者。这种理念忽视了学生的主体性和主动性，导致教学模式的僵化。

其二，课堂教学实施偏离学生学情导致教学模式僵化。教师在进行物理概念教学时往往按照自身逻辑和设计实施教学，预设性远大于课堂生成性，课堂实施并非基于学生的认知水平和逻辑顺序。每个学生都是独特的个体，具有不同的学习需求和风格，“一刀切”的教学方法严重影响学生对物理学习的兴趣和动力。

其三，缺乏全面的评估和反馈导致教学模式僵化。教师可能只关注学生的考试成绩，忽视对学生学习过程和学习效果的全面而综合的评估及反馈。这对及时调整教学策略和促进学生的全面发展非常不利。

物理概念的教学课堂，教师应将主动权还给学生，尊重学生、理解学生、相信学生，正确引导和评价学生的学习行为与学习能力。

4. 思维本位缺失——学生究竟应该怎么学?

长期处于“被告知”教学方式下的学生可能只会被动地接受知识，而缺乏主动思考和探索物理问题的能力与机会，学科思维得不到有效训练与加强，这导致学生出现能够机械地重复某些物理概念或公式，却无法深入理解其背后的逻辑关系、原理的现象。分析问题时，学生缺乏深度剖析能力，只能看到问题的表面而无法探究问题的根本原因;推理问题时，学生更倾向于遵循传统的思维方式和方法，而不是尝试新的方法或提出新的观点，创新思维受限;解决问题时，学生无法灵活应用所学知识，只会盲目地套用公式概念，或只会进行简单的数学运算，并没有真正理解问题的物理本质;遇到不熟悉的情境或复杂问题时，学生难以清晰地表达自己的观点和想法，缺乏组织和逻辑思考的能力，需要花费大量的时间寻找解决方案，甚至无法解决问题。

学生学习物理概念时要学会质疑和评估信息，从不同角度审视物理问题，并勇于提出自己的观点和疑问。努力从多个角度思考问题有助于拓宽思维视野。学生要加强与不同背景的人的交流，了解不同观点和思维方式，学会向专业人士请教，寻求他们的指导和建议，并接受他人的反馈和意见，以便及时发现问题并改正;要定期反思自己的思维方式和行为，及时调整和改进，避免陷入固定思维;要鼓励自己提出新的想法和解决方案，不拘泥于传统思维框架;要勇于接受挑战，在试错过程中，不断学习和成长，提升自己的思维能力和适应性。

二、批判性思维指导下的物理概念教学原则与模式

(一) 批判性思维指导下的物理概念教学模式理论架构

1. 批判性思维指导下的物理概念教学的三重逻辑

物理概念的学习过程是一个认知逐步深化的过程，应建立在物理学科本质和遵循学生认知规律的基础上，从抽象到建构，从应用到创造，基于整个学习过程达到提升元认知的目的。

物理概念的建构逻辑。物理概念是以客观世界为基础，经过主观意识加工形成的。物理概念的形成过程是个体在感性认识的基础上，进行比较、概括、分析的科学抽象过程，是人们对自然现象、客观事物、运动过程等的物理共性或本质特征主动建构的逻辑加工过程。物理概念的建构逻辑强调从具身体验到抽象概括再到自主构建，强调生活经验与所学知识的相互转化，注重将新的个体经验纳入自身认知体系。

物理概念的应用逻辑。批判性思维指导下的物理概念教学主张学以致用，其教学目标是基于真实问题情境的知识迁移与应用，要求学生能熟练地用习得的物理概念在陌生情境中灵活地解决新问题，促进知识的活化、内化、外显和可操作化。物理概念的应用逻辑强调以真实情境为载体，在明确物理概念内涵和外延的基础上，对概念进行深度整合与挖掘，建构概念体系，解决实际问题。

物理概念的创造逻辑。概念的学习过程也是学生学会学习的过程。学生在概念学习过程中，不断质疑、论证、分析、评估、反思、修正，丰富自身认知结构，发展学习品质，培养数理思维，提升学科核心素养。物理概念的创造逻辑强调批判与积极反馈，通过自我决策力、监控力和调节力指向元认知的发展，让学生学会学习。

2. 批判性思维指导下物理概念教学的四个条件

深度参与。在物理概念的学习过程中，深度参与是批判性思维形成和发展的

基础。物理概念是对自然现象、客观事物的抽象过程,与生活息息相关。安德烈·焦尔当(2015)在《学习的本质》一书中提出:“对学习者的前概念的考虑必须成为一切教育计划的出发点。”因此,要保证浸润批判性思维的物理概念教学的真实有效,首要条件是让学生在已有的前概念基础上深度参与到学习中来,凸显其主体地位。在此过程中,学生要通过推理论证、动手实验、讨论交流、问题解决等学习过程,在加深理解和探索物理概念的同时,运用批判性思维去分析原因,寻找解决方案,以充分调动学习的主观能动性、积极性和自觉性等要旨。教师要让学生在体验与感知层级保持持久性,在质疑与假设层级保持敏锐性,在推理与论证层级保持逻辑性,在分析与评估层级保持公正性,在综合与创造层级保持创新性。

深度审辨。物理概念的建立不仅是科学抽象的过程,还是逻辑加工的过程,需要进行逻辑加工以提炼出现象或过程的本质特征。物理概念的学习过程,是运用批判性思维对所学知识进行审视、质疑、分析和评估的过程。这种深度审辨的过程是批判性思维的核心体现,也是进行物理概念教学的重要目标之一。对于一些较为复杂的概念,还应在概括出共同特征的基础上,辨别出哪些因素与研究问题有关,哪些无关;哪些是本质特征,哪些是干扰因素。这些要求学生做到不懈质疑、包容异见、力行担责。深度审辨让物理概念的学习过程成为一个探索和发现的过程,而不是被动接收、记忆、拷贝和重复的过程。深度审辨是一个审问、慎思、明辨、决断的过程。教师教授物理概念的过程并不是传授“标准答案”,而是要通过物理概念教学过程提高学生的思维水平。深度审辨可以让学习不再是单向灌输,可以保护学生的好奇心,鼓励他们的怀疑精神,激发他们的创造力,从而让学生在明确物理概念内涵和外延的基础上,更深刻地理解物理学科本质。

深度迁移。物理概念的学习不是为了获得一系列抽象的符号、公式,而是要让学生能在课堂之外的场所熟练、灵活、科学、合理地应用这些概念解决实际问题。情境认知理论认为,“知”与“行”是交互的,知识是情境化的,只有通过活动才能不断向前发展。因此,深度迁移是批判性思维指导下的物理概念教学的应用与拓展。

学生通过深度迁移将新学到的物理概念与已有的知识、经验和直觉进行广泛联系，这种联系使学生能够更深入地理解物理概念的本质特征，还能在已有的知识体系中纳入新的物理概念，实现知识的整合。通过将新概念与旧知识进行关联和整合，学生可以构建更加完整、更加系统的知识体系，提高知识的连贯性和可用性。不仅如此，深度迁移还能使学生更好地运用所学的物理概念解决实际问题，通过将概念迁移到不同的情境和问题中，从不同角度和层次思考问题，学会灵活运用知识，提高问题解决的能力，推动自我在物理学和相关领域的长足发展。

深度领悟。物理概念的学习过程是知识从静态结果到动态生成的过程。学生可以通过概念形成的推理论证过程，形成节点，并通过科学方法的外显等进行反思领悟，从而达到自我决策、自我监控、自我调节的目的，促进元认知能力的提高。深度领悟是批判性思维与物理概念教学的自然融合，是物理概念知识内化过程，也是思维提升过程。深度领悟不仅是对物理概念学习的一般性回顾或重复，而且是通过深究概念学习活动中所涉及的知识、方法、思路、策略等激活个人智慧。深度领悟的目的也不仅是回顾过去，更重要的是指引未来的学习和探究。通过反思，学生对实际问题及用概念解决问题的思维过程进行全面的考察、分析和思考，深化对概念的理解，优化思维过程，揭示概念本质，探寻一般规律，促进概念的同化和迁移，进而产生新的概念。深度领悟可以拓宽思路、优化解法、完善思维过程，是同化、探索、发现和再创造。深刻的领悟和反思可以帮助学生学会学习，使学生的学习成为探究性、研究性的活动；可以增强学生的能力，提高学生的创造力，促进他们的全面发展。

3. 批判性思维指导下的物理概念教学的四个原则

教学原则对教师教学实践有着直接的指导作用，准确的教学原则能够客观反映教学规律，对教学起到积极的促进作用。在教学过程中，教师若能结合教学实际，正确运用教学原则，则可以显著提高教学质量。浸润批判性思维的物理概念教学过程要遵循以下四个原则：

启发性和探究性融合原则。启发性原则是指教师在概念教学过程中要善于启发引导，充分调动学生的自觉性和积极性，引导学生独立思考，积极探索，融会贯通地掌握知识并提高分析问题和解决问题的能力。在浸润批判性思维的物理概念的教学中，教师应着重启发学生的思维能力，引导他们主动思考、积极探索，通过提问、讨论、探究等方式，激发学生的学习兴趣和好奇心，帮助他们自主构建物理概念。探究性教学则是指教师引导学生通过体验、实验、观察、分析等方式，自主发现共同规律，利用规律解决问题。在遵循探究性原则的教学中，学生不再是被动地接受知识，而是成为知识的发现者和探究者。接受探究性教学，学生可以深入理解物理概念的内涵和外延，掌握物理规律的本质和应用，同时也可以培养自己的实验技能、观察能力和分析能力。物理概念教学过程中将启发性原则和探究性原则相融合，能充分发挥学生的主观能动性，鼓励学生积极参与学习过程，在主动参与过程中培养思维能力和实践能力，提升学习能力和综合素质。

直观性和抽象性结合原则。直观性和抽象性是物理概念本身所固有的特点，也是物理概念教学需要关注的重要方面。因此，在概念教学过程中有必要遵循直观性和抽象性原则。直观性是指物理概念与人们的直接感知和观察经验有关，可以通过实验、模型、图表等直观手段来帮助学生形成对物理概念的直观认识。例如，当学习力学中的“力”这一概念时，教师可以通过展示日常生活中的例子（如推、拉、提等动作），或者进行实验演示（如弹簧秤的拉伸），使学生直观地感受到力的存在和作用方式。这种直观性的教学方式能够加深学生对物理概念的感性认识和直观印象，进而促进他们对概念的理解。抽象性则是指物理概念是从具体的物理现象中提炼出来的，具有一定的概括性和普遍性。物理概念的形成需要经过抽象思维的过程，即从具体的物理现象中抽象出共同的本质属性和规律。例如，从多个具体的力的例子中，我们可以抽象出“力是物体之间的相互作用”这一概念，或者从多个运动现象中，我们可以抽象出“速度是描述物体运动快慢的物理量”这一概念。这种抽象过程需要学生具备一定的思维能力和概括能力。在物理概念教学中，直观性和抽象性是相互补充、相互促进的。直观性可以帮助学生形成对物理概念的感性认识和直观印象，为抽象思维提供基础；而抽象性则可以帮助学生深入理解物理概念的本质属性和规律，提高概念的概括性和普遍性。

科学性与思想性统一原则。科学性是物理教学的基石。物理是一门严谨的自然科学，它的知识体系是建立在严格的科学原理和实验基础之上的。因此，在概念教学中，教师必须遵循科学的原则和方法，确保所传授的知识准确无误，符合科学发展的规律。同时，教师还需注重培养学生的科学思维和科学方法，引导他们通过观察、实验、推理等方式探究物理现象的本质和规律，培养他们的科学素养和创新能力。例如，当讲授光的折射率概念时，要讲清某种介质的折射率指的是光线从真空射向该种介质时入射角和折射角正弦的比值，而非某两种任意介质角度的正弦比值。概念教学的思想性由物理概念特征决定。从认识论的角度看，物理概念从感性认识开始，感性认识是基础，但若只停留在对客观事物的感性认识阶段，则无法达到对物理概念的真正认识。物理概念中蕴含着丰富的思想方法，思想方法是产生和形成物理概念的源泉。因此，思想性原则是浸润批判性思维的物理概念教学的灵魂。物理教育不仅是知识的传授，更是思想的熏陶和精神的培育。在概念教学中，教师要注重培养学生的辩证唯物主义和历史唯物主义思想，引导他们正确看待物理现象和物理概念，认识到自然现象的客观规律性，树立科学的世界观和人生观。科学性原则和思想性原则在物理教学中是相互渗透、相互促进的。科学性为思想性提供了基础和支撑，而思想性则为科学性提供了引领和保障。只有在科学性和思想性的有机结合中，浸润批判性思维的物理概念教学的质疑与假设、推理与论证、分析与评估层级才能达到最优的教学效果。

渐进性和整体性交互原则。物理概念的学习是一个逐步深入的过程，渐进性原则是指概念教学应该按照学生的认知规律和知识的逻辑顺序，循序渐进地展开。这意味着教学应该从简单到复杂，从具体到抽象，从已知到未知，逐步深入。教师应根据学生的实际情况和学习能力，合理安排教学内容和难度，确保学生在稳固掌握基础知识的同时，也能够逐步提高思维能力和解决问题的能力。渐进性原则有助于学生逐步建立完整的物理知识体系，并为后续的学习打下坚实的基础。整体性原则指物理教学应该注重知识的系统和完整，将各个知识点和概念有机地联系起来，形成一个完整的知识体系。物理学科作为一个庞大而复杂的知识体系，其内部各个知识点和概念之间存在着紧密的联系。因此，教师在教学过程中应该注重整体性，将各个知识点和概念串联起来，形成一张完整的知识网络。这有助于学生更好地理解各个知识点和概念之间的联系和区别，加深对物理学科整体性的认识。渐进性原则和整体性原则相互补充、相互促进。渐进性原则保证了教学的有序性和有效性，为整体性原则的实现提供了基础；而整体性原则能使教学更加系统化和全面化，有助于实现教学的最终目标。因此，在浸润批判性思维的物理概念教学过程中，应该充分考虑这两个原则，确保教学的质量和效果。

基于上述理论分析阐释，浸润批判性思维的物理概念教学理论架构如图 4-4 所示。

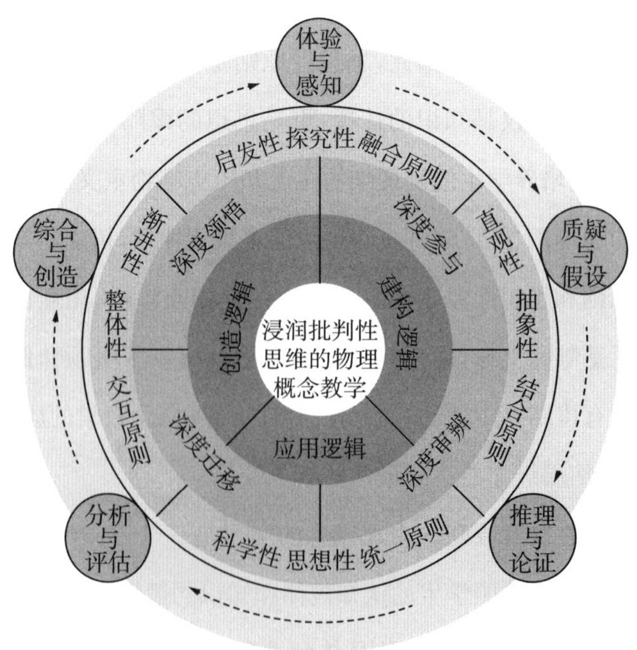

图 4-4　浸润批判性思维的物理概念教学理论架构

(二) 批判性思维指导下的物理概念教学模式的建构

物理概念教学不仅是知识的传授,更重要的是学生思维能力的培养。而良好的教学模式通过引导学生主动思考、探究和解决问题,有助于培养学生的逻辑思维、创新思维和实践能力。在应试教育背景下,物理概念教学往往侧重于知识的传授和解题技巧的训练,忽视了对学生思维能力和创新能力的培养。通过引入多样化的教学模式,注重培养学生的综合素质和创新能力,教师能够改变这种现状,使学生更好地适应未来社会的发展需求。批判性思维指导下的物理概念教学模式的建构能帮助学生系统化地学习物理概念,通过有序的教学步骤和方法,使学生逐步建立起完整的物理知识体系。该教学模式基于批判性思维教学框架,结合概念教学理论基础,构建了“五点交叉双闭环”教学模式(图 4-5)。图 4-5 中外环是批判性思维层级结构圈;内环是物理概念教学流程圈,指在批判性思维引导下学习物理概念的流程。

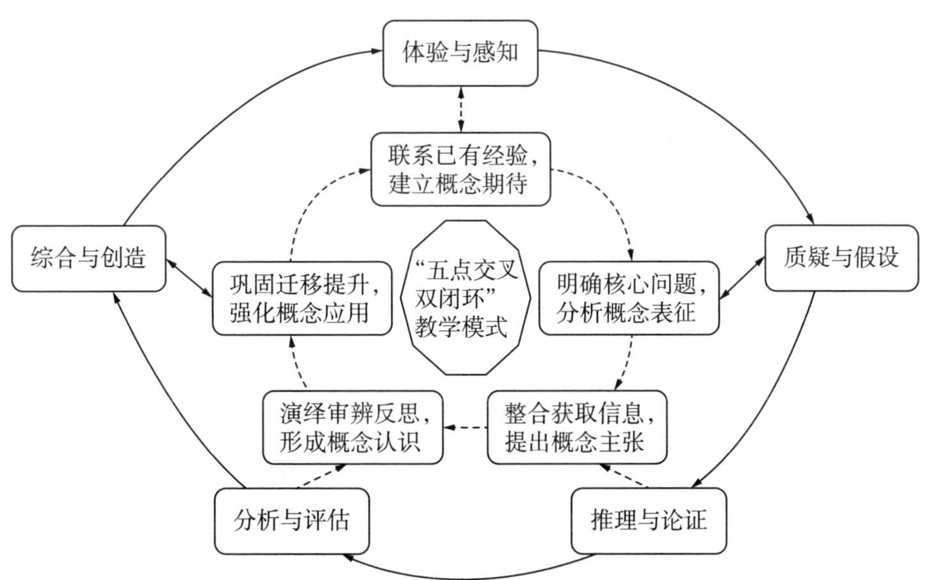

图 4-5　浸润批判性思维的物理概念教学“五点交叉双闭环”教学模式

第一个环节，因为很多物理概念都来源于自然现象和现实生活，所以在学习的最初阶段，教师可以创设多种体验活动，让学生有所感知和思考。在这个环节中，教师要创设与学生已有经验相关的真实情境，通过游戏、表演（如魔术）或实验等方式让学生对物理概念产生具体的体验。这样还能激发学生的兴趣和好奇心，引起学生积极思考。当然，学生如果以前已经有过相关概念的体验，那么也可以通过回忆以往的体验进入下一环节，并非每次概念的学习都需从真实体验开始。通过体验，学生联系已有经验，建立起对物理概念学习的期待。

第二个环节，教师利用问题引导的方式对学生已有的体验进行质疑与假设，通过科学抽象分析物理概念的表征。问题引导时可围绕“WPHE”四个导向进行设计：What（是什么）指物理概念是什么，此概念有哪些知识需要学生掌握；Possess（具有）指学生已经会什么；How（怎么做）指怎么通过体验、实践、反思和概括设置问题台阶，引导学生学习概念；Effect（效果）指物理概念学习达成的效果。本环节可以通过问题启发，层层深入，引发学生思考，提高学生的学习能力。

第三个环节，教师要呈现概念原理，提供学习条件，给予学习支持，让学生通过问题引导和提示，运用多种高级思维方式进行推理和论证，尝试给物理概念下定义，提出自己对概念的理解和主张，根据概念的特点，厘清概念的内涵和外延，为认识概念和应用概念做准备。

第四个环节，教师可以组织学生形成学习小组，合理引导学生对概念主张进行演绎归纳。学生在与同伴的交流过程中反思自己对概念的认识，并提出自己的观点，教师则提供反馈和纠正。在这个环节中，学生的交流表达能力、反思审辨能力、团队合作能力将得到极大提升。

在学生认识物理概念之后，最后一个环节即检验和应用概念解决问题。在这一环节中，教师可以让学生回顾课堂开始的游戏、表演（如魔术）或实验，尝试用所学习的概念进行解释，也可以创设新的情境让学生解决。这个过程不仅能引导学生更深入地理解概念，而且能让学生学以致用。这也是促进概念迁移巩固，形成物理观念的途径之一。同时,在检验过程中发现新问题,学生可以开启新一轮的浸润批判性思维的物理概念学习。

需要特别说明的是,浸润批判性思维的物理概念教学的体验感知,并不局限于操作体验,还涵盖了思维体验;也并非一定从具体体验开始进入学习,可以根据教学需要灵活从任意环节开始学习。概念教学应引导学生在学习过程中不断发现新的问题,产生新的体验,使整个学习进入一个螺旋上升的学习周期,从而促进学生习得概念的不断深化,实现知识的增长、能力的形成和学科素养的培养。

(三) 对批判性思维指导下的物理概念教学模式的反思

新一轮课程改革强调解决真实问题,而贴近生活的情境问题能最大程度促进学习者参与学习,迁移应用知识。物理概念的学习亦始于真实问题的创设和学生元认知的感知。通过情境的体验与启示,学生梳理相关资料,提炼根本问题,明确能解决问题的关键信息,提出质疑和假设,决定自己"信什么",为培育批判性思维奠基。随后,学生提出解决方案,明确自己要"做什么",借助教师的有效反馈,反复推敲论证方案假设是否合理、理解是否准确、知识是否充实,并不断修正与改进,将新知识融入原有知识系统,促进知识体系的拓展深化、完善升级,进而形成科学的认识,批判性思维也由此获得长足进步。从方法论看,基于批判性思维的物理概念教学旨在通过师生协作、生生合作交流分析、评价反思、内化升华,让学生在分析论证中综合创造性地解决问题,培育发散思维和创新思维;在科学探究过程中养成学术研究的科学方法和实事求是的科学态度,体会物理的逻辑美、简洁美、对称美和统一美。

物理学的每一次进步都是科学家通过大量的观察和实验,运用智慧和科学的思想方法,凭借锲而不舍的精神,经过艰苦探索和求真创造的结果。没有批判性思维,就没有物理学的辉煌。将培养批判性思维倾向作为教育理念渗透于日常物理教学过程中,是启动对物理概念精确深刻理解,寻找解决问题方法的发动机。教师在教学过程中应成为践行批判性思维的表率与典范,如在表达自己观点或论证过程中欢迎学生质疑；如在讨论某个有争议的问题过程中，鼓励学生积极寻找论证自己观点正确的论据，评价观点时要不偏不倚，客观公正。因此，批判性思维的教学不仅体现在学生学，还体现在教师教，需要用心为之，科学栽培，才能让批判性思维之花更加绚丽多姿、姹紫嫣红。

三、浸润批判性思维的物理概念教学行动路径与示例

如何在物理概念教学中培养学生的批判性思维呢？物理概念的建立离不开特定的物理情境，教师在教学的过程中需要创设适切的物理情境。在特定的物理情境中，师生协作进行观察实验、分析推断、归纳推理或演绎推理等活动，在过程中建立相应的物理概念。下面我们通过一些实际示例来说明这个问题。

（一）抽象生活实例，创设同类特点情境

生活中的实例往往为学生所熟悉，每个物理概念都是为了描述生活中实例存在的某方面的规律被人为规定的。因此，抽象生活实例，突出主要因素，更容易让学生发现对应的物理概念。在课堂教学中，可以通过创设典型的由生活实例抽象而来的情境，而后师生共同分析、归类、比较等，在此过程中建立物理概念。例如，在进行向心力的概念教学的过程中，我们可以这么做：

如图 4－6 甲所示，小球在细绳的牵引下在光滑的水平桌面做匀速圆周运动。请学生分析：小球在运动过程中受到哪些力？绳子给小球的作用力在整个运动过程中有什么特点？

如图 4－6 乙所示，物块在水平圆盘上随圆盘做匀速圆周运动。请学生分析：物块在运动过程中受到哪些力？假设圆盘光滑，物块如何运动？什么力对物块做圆周运动起了作用？

如图 4－6 丙所示，物块随匀速旋转的滚筒做匀速圆周运动。请学生分析：滚筒内物体受到哪些力？支持力在物块运动过程中有什么特点和作用？

如图 4-6 丁所示，小球在细绳的牵引下在空中做匀速圆周运动。请学生分析：小球运动轨迹的圆心位置在何处？受到哪些力？同样特点的运动，受力特点也是相似的，通过力的分解，物体在竖直方向合力为零，水平分力有什么特点和作用？通过力的合成，物体受到的两个力的合力有什么特点和作用？

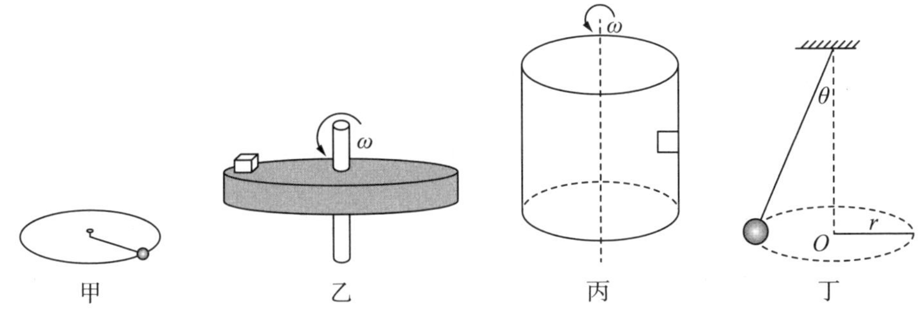

图 4-6　一些生活中的实例

请同学们列举生活中类似的例子，突出受力的特点。

教师总结：做匀速圆周运动的物体，总是受到一个方向始终指向圆心的合力，我们把它称为向心力。

(二) 对原有的物理概念进行逻辑推理建立新概念

一些物理概念在生活中应用广泛，这使得学生在学习中容易将物理概念泛化。如果根据已有的知识进行逻辑推理建立概念，学生思维发展会更加深入和具体，之后迁移应用概念也更容易。例如在教学中我们可以这样建立功率的概念：

如果物体受到的力为 F，时间间隔 t 内发生的位移是 l，力 F 的方向与位移的方向的夹角为 α，则在这段时间内力做功的功率 $P=\dfrac{W}{t}=\dfrac{Fl\cos\alpha}{t}=Fv\cos\alpha$。讨论：若力的方向与速度方向相同，则 $P=Fv$；若力的方向与速度方向有夹角 α，则分解力或者速度使得它们共线。这里的功率是指 t 这段时间内的平均功率，当时间 t 趋近于 0 时，速度可以看成瞬时速度，此时 P 可以看成瞬时功率。

(三) 在原有的情境下深化概念

高中的部分物理概念在名称上与初中的相同,在意义上也有相似之处,学生在思维上不容易分清楚。我们可以在初中的情境基础上进行深化,扩展物理概念的内涵和外延,顺应概念的思维的发展。例如,在教学中我们可以这样建立速度的概念:

播放百米赛跑或行人步行的视频,或者自行车、汽车在相同时间内的运动情况视频,启发学生思考用什么物理量描述这种不同。基于初中的知识,学生会用速度描述物体运动的快慢不同。然后教师通过举例启发学生对比初中和高中的速度概念。举例 1:你和同学同时由同一个小区出发,经历不同的路径,同时到达学校,这段时间内你们两个位置变化的快慢是否相同?举例 2:你和同学分别向前、后两个方向运动,路程与时间的比都是 1 m/s,位置变化的快慢是否相同?利用诸如此类的示例,让学生明白:研究物体运动的快慢,很多时候是要研究物体的位置随时间变化的快慢,如何定义速度更能体现这一点?显然可以用位移与时间之比定义速度。

(四) 通过实验探究再现概念建立过程

物理学是基于观察与实验,建构物理模型,再通过科学推理和论证而形成的理论体系。物理实验是培养学生批判性思维发展的重要手段之一。设计物理实验,再现物理概念的建立过程,这有助于学生对物理概念的理解与把握。例如,我们可以在课堂上这样建立热平衡的物理概念:

准备一个双层真空玻璃杯、一个带孔的杯盖、两个无线温度传感器、一块钻孔的铝块(铝的导热性能良好)、一个保温热水壶,并在玻璃杯中装入适量冷水(铝块放入能够淹没铝块)。

实验:将带有无线温度传感器的铝块放入热水中,直到无线温度传感器显示温度不再变化,表明铝块处于平衡态。再将带有无线温度传感器的铝块放入装有冷水的杯子中，盖上盖子。观察水和铝块的温度曲线，可以观察到铝块的温度降低，水的温度升高，两者温度相等后保持不变，二者达到新的平衡态。

逻辑推理：热铝块和冷水相互接触而发生热传递，由于两个系统冷热程度不同，铝块放出热量，水吸收热量。两者的温差随着时间的推移而慢慢变小，最终它们的冷热程度相同，两者之间不再传递热量，这种状态将保持稳定，铝块和水达到了热平衡状态。

（五）建构学生熟悉的模型，类比形成新的物理概念

有的物理概念描述的是生活中通常接触不到的物理问题，需要进行思维建构。我们可以利用学生已经有经验和理论知识，来类比建立这类物理概念。比如，在教学中我们可以这样建构结合能的概念：

我们想象两个相距很远的物体，由于万有引力而相互接近，运动速度越来越大，引力势能转化为动能。最后，它们相撞，一部分动能变成热量并散失。两个物体为了结合而付出了代价——失去了一些能量。如果要把它们分开，就要重新赋予它们能量。

如果要把原子核中的两个核子分开，可以用什么办法呢？同样也需要赋予它们某种能量，把核子分开需要的能量与核子结合的时候放出的能量有何关系呢？

在科研中，用 γ 光子照射氘核，可以使它分解为一个质子和一个中子。只有当光子能量等于或大于 2.22 MeV 时，这个反应才会发生。相反的过程是一个质子和一个中子结合成氘核，要放出 2.22 MeV 的能量，这个能量以 γ 光子的形式辐射出去。

这个过程类似于氢原子电离，如果要让氢原子的基态电子电离，则需让它得到 13.6 eV 的能量。这个能量实际上就是电子与氢原子核的“结合能”，不过通常把它叫作氢原子的电离能，而结合能只用在描述原子核的反应中。

第三节　案例与评析

本节以“液体”相关章节教学为例，具体说明浸润批判性思维物理概念教学的行动路径。

一、教学内容与思维发展关系分析

（一）《课程标准》内容分析

“液体”相关章节是高中物理选择性必修第三册模块“固体、液体和气体”主题下的核心内容。《课程标准》要求：观察液体的表面张力现象；了解表面张力产生的原因；知道毛细现象；分析生活中与表面张力相关的实例；设计实验，比较肥皂水和清水的表面张力。《普通高中物理课程标准（2017 年版）解读》对《课程标准》的解读：要求学生通过日常现象和实验观察液体的表面张力现象，并且能够应用分子动理论解释液体表面张力产生的原因。学生应该对实验现象进行观察和思考，尝试解释实验现象。

（二）教材内容分析

“液体”相关章节是紧随固体、气体知识点之后安排的教学内容，旨在利用微观结构理论进一步解释宏观现象，巩固和拓展学生的知识体系。教材重视引导学生利用所学知识解释身边现象。在讲授液体表面张力时，教材从实验入手，引导学生观察实验现象，深入思考。为了说明液体表面具有收缩趋势，教材还引入表面层概念，帮助学生初步理解液体表面具有收缩趋势的原因，从而深化对表面张力现象的理解。在讲授浸润、毛细现象时，教材也从实验入手，引导学生认识现象，最后联系生活中常见的毛细现象，使知识更加贴近学生生活。

(三) 学生学情分析

学生已初步掌握分子动理论、气体、固体的相关知识，并在生活中了解与表面张力有关的现象，如露珠近似呈现为球形，太空中的水失重时呈现为球形，荷叶上的水呈现为水珠(不浸润现象)以及硬币浮在水面上等。利用生活实例引入表面张力，引发学生思考。演示实验能使学生直观认识表面张力，形成感性认识。为增强学生对表面张力已有的感知，应展示大量真实情境。例如，把一条细棉线系在铁丝环上，使环上布满肥皂水薄膜，这时膜上的棉线圈是松弛的，用热针刺破棉线圈里的肥皂膜，棉线圈外的薄膜就会收缩，使棉线圈张紧为圆形。又如，让学生在装满水的杯子内轻轻放入一些小硬币，观察杯边水面形状，并说明现象产生的原因。鉴于表面张力的问题与日常生活联系紧密，教师可以要求学生交流日常生活中所见到的表面张力现象，并讨论、解释这些现象。学生已经了解分子间作用力特点：当分子间距比较大时，分子间作用力表现为吸引力。教师可以基于这一点引导学生从微观角度解释表面张力的产生机理。不过，学生对液体表面层不了解，知识缺乏，这部分知识需要教师向学生补充讲解，为学生用分子间作用力解释表面张力奠定知识基础。

(四) 思维发展分析

在学习“液体”相关章节的教学课堂上，学生通过观察、实验等方式探索液体的特性和表面张力形成机理，此过程需要运用观察、比较、归纳等科学思维方法。学生需要面对液体表面张力、浸润和毛细现象等问题，并通过思考、讨论和合作等方式找到解决方案，从而培养问题解决能力。同时，学生需要根据已有的知识和经验，通过推理来判断液体的特性，这一过程有效锻炼了其推理能力。此外，对液体的不同特性进行评估和分类，也需批判性思维的参与。因此，本节课能够促进学生科学思维、问题解决能力、推理能力、批判性思维等多方面的发展。

二、批判性思维与教学目标的制订

(一) 物理观念

1. 知道液体表面张力的概念,并了解其形成原因。

2. 了解浸润和不浸润现象,知道毛细现象形成的原因。

(二) 科学思维

1. 通过建立表面层和附着层的模型,深入认识液体的微观结构和基本性质。

2. 基于对液体的微观结构的理解,能推理表面张力、浸润、毛细现象的形成原因。

(三) 科学探究

1. 通过实验,直观认识液体的性质。

2. 观察液面呈现的现象,积极参与实验探究活动,经历“发现问题—猜想—探究—结论—交流”的探究过程。

3. 掌握探究表面张力、浸润及毛细现象的实验,学会与他人交流合作,提高动手能力和观察探究能力。

(四) 科学态度与责任

1. 通过观察生活现象和实验,坚持实事求是,培养合作精神。

2. 通过对自然现象的分析,增强学生透过现象认识本质的科学意识,体验科学规律的应用价值,培养探索科学的兴趣。

三、教学重点、难点与教学策略设计

(一) 基本设计理念

问题是课堂教学的核心。《课程标准》倡导情境化教学,通过创设情境进行教学,这对培养学生的物理学科核心素养具有关键作用。物理概念的建立需要创设情境。学生在学习物理概念之前，基于生活经验已经形成了大量的经验性常识。要在此基础上建构物理概念，必须对所观察的现象进行重新加工，在诸多客观情境中概括出事物的共同属性，抽象事物的本质特征，完成从经验性常识向物理概念的转变。在此过程中，教师应促进学生科学思维的发展。教学实践证明，在物理概念的教学中，创设体现概念本质特征的情境以发展学生的科学思维至关重要。

本教学设计秉持以学为中心的教育理念。以学为中心的教育模式是一种注重学生的学习需求和能力发展的教育理念。它强调学生在教学过程中的主动参与和自主学习，将学生置于教育的核心地位。学生需主动观察液体性质的实验现象，积极思考其背后的本质原理。在以学为中心的教育中，学生的学习需求和兴趣是教学的出发点和核心，因此需要调动学生主动研究液体现象的兴趣。在探究的过程中，学生被鼓励发展自主学习和批判性思维的能力，培养解决问题和适应变化的能力。在这种教育模式下，教师的任务是提供学生需要的学习资源和指导，创设适合学生学习的环境，鼓励学生探索、实践和创新。

（二）教学重点、难点

教学重点：液体的表面张力、浸润和不浸润现象、毛细现象。

教学难点：表面张力形成的原因、毛细现象形成的原因、解释相关现象。

（三）主要教学方式及策略

实验教学、讲授法、质疑求证启发式教学。

四、教学过程

（一）任务1：认识表面张力

1. 体验与感知

情境1：烧杯中放满水，将一分钱硬币放入水中。

问题 1:将硬币放入水中会发生什么现象?为什么?

[学生活动]学生猜想硬币比较重,可能会沉入水中。

[学生活动]学生猜想硬币有可能浮在水面上,并联系生活中小虫子在水面上行走的现象。

[教师活动]教师取一枚硬币轻轻地放在水面上,结果硬币没有下沉。

[学生活动]对此现象展开讨论。

2. 质疑与假设

问题 2:对于硬币没有沉入水中的现象,大家是否怀疑老师对硬币做了什么手脚?

[学生活动]向教师提问:硬币的密度比水大,硬币怎么会浮在水面上呢?

[教师活动]请学生上台演示,把硬币放在水面上。如果学生失败,教师可再次将硬币放在水面上。为了增加对比效果,增强体验与感知的震撼力,教师可以在水面上放上多枚硬币,如图 4-7 所示。

图 4-7 多个硬币"浮"在水面上

设计意图:以趣味小实验引入新课,得到与常识相悖的实验现象。由现象提出问题,以此吸引学生注意力,激发学生敢于质疑的精神。

3. 推理与论证

情境 2:学生分组实验,将回形针放在水面上。

问题 3:明明浮力小于重力,回形针为什么能够浮在水面上呢?

[教师活动]引导学生观察放回形针前、后水面的变化。

[学生活动]学生进行实验操作，将回形针放在水面上，同时观察水面形状的变化。

设计意图：通过分组实验，学生能体会到把回形针放在水面上非常困难，需要非常小心，这也可以让学生感知到水的表面非常“脆弱”，很容易破裂。成功放好回形针后，学生可以亲眼看到水面形状的变化，亲身体验到表面张力的存在，进而建立起表面张力的初概念。小组合作的方式让学生达到互帮互助、共同进步的教学目的。本环节体现了以学生为中心的教育思想，并突出了教学重点。

4. 分析与评估

情境3：观察水面上的回形针对水面的影响。

问题4：你观察到水面有怎样的变化？

[学生活动]观察到水面凹下去了，似乎能够感觉到水面上有一层水膜，是这层水膜“托”住了硬币。

[教师活动]引导学生观察、思考、交流。

5. 体验与感知

情境4：一个金属圆圈，在金属圈上系了一根松弛的细线。把这个金属圈放入肥皂液中，取出以后，在金属圈上形成了一个液体薄膜，细线嵌在肥皂膜中。

问题5：薄膜上的细线是松弛的还张紧的？

[学生活动]学生观察后回答：松弛的。

情境5：教师用热针去戳破一侧的薄膜(图4-8)，学生观察细线的变化。

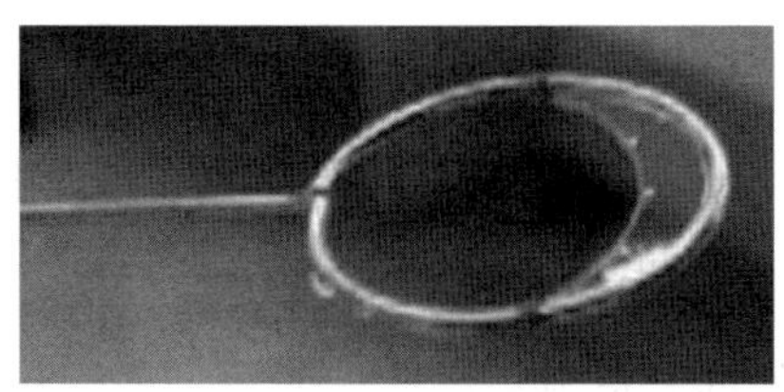

图4-8　戳破一侧肥皂沫的实验现象

问题6:细线形状如何变化?

[学生活动]观察后回答,如:被拉到另一侧去了。

问题7:被谁拉到另一侧去了?

[学生活动]分析并回答,如:被没破的那个肥皂膜。

问题8:这说明肥皂膜具有怎样的趋势?

[学生活动]分析并回答,如:肥皂膜具有收缩的趋势。

6. 质疑与假设

问题9:既然薄膜具有收缩的趋势,那么在戳破薄膜之前,为什么细线静止不动?

[学生活动]分析并回答,如:两侧的肥皂膜对细线的拉力平衡了。

设计意图:从生活入手,展开对表面张力的探索,让学生在真实的案例中发现问题,体会物理模型来源于生活,激发学习兴趣,引出本节课研究的对象——液体的表面层。

7. 推理与论证

情境6:如果在液体表面任意画一条线 MN,那么,在这条线两侧的液体之间有作用力。请大家尝试在纸上画出这个力的方向。

[教师活动]提问:我看到你画的力是沿着薄膜的,请说说你这么画的理由。

[学生活动]说出作图理由,如:肥皂膜只是在一个平面内收缩,戳破一侧的肥皂膜以后,另一侧薄膜被沿着薄膜平面拉开,并没有鼓起来。

设计意图:引导学生对表面张力如何发生作用展开思考。

8. 体验与感知

情境7:方框金属圈上放一个可以自由滑动的细金属丝。认识到液面表面张力的存在以后,再体会一下肥皂膜的收缩性。

[教师活动]戳破一侧的肥皂膜。

[学生活动]仔细观察后说出观察到的现象,如:能够明显观察到金属丝被拉

动了。

设计意图:创新的矩形线框更易于学生理解液体的表面张力具有使液体表面收缩到最小趋势的性质。

情境8:观看太空授课视频——王亚平老师在“天宫一号”上的实验演示:从水袋中挤出一个水滴。

情境9:一张扎破水气球瞬间的照片(图4-9)。

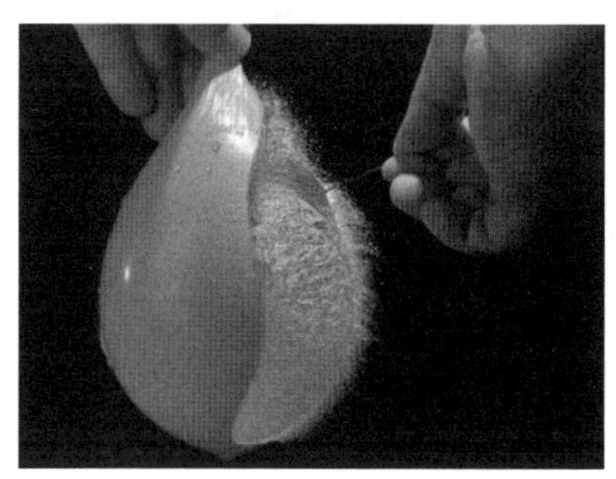

图4-9 水气球被扎破瞬间

问题10:一个小水滴上某点的表面张力是什么方向?

[教师活动]播放视频,展示照片,提出问题。

[学生活动]观察后回答,如:沿着切线向四面八方。

设计意图:帮助学生全面正确理解表面张力的方向,以及让他们通过自主实验获得结论,加深对知识的理解。

9. 推理与论证

情境10:气体很容易被压缩,而液体像固体那样不易被压缩。

问题11:大家能举例说明气体和液体内部分子的疏密情况吗?

[教师活动]向学生展示分子间作用力与分子间距离的关系图(图4-10),唤醒已有知识,并说明:我们一般认为液体分子间距离在r_0附近,而气体分子间距离在$10r_0$附近。

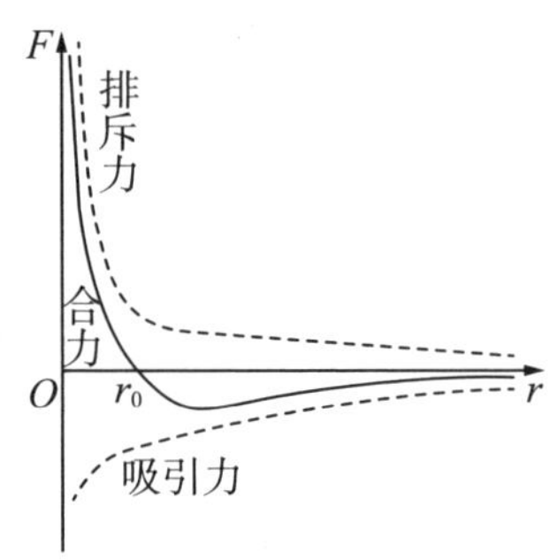

图 4-10 分子间作用力与分子间距离的关系图

[学生活动]分析后回答，如：气体容易被压缩，气体中分子是比较稀疏的，而液体分子间的距离要小得多。

设计意图：引导学生学会从本质上去分析问题。从液体的微观结构上来分析回形针不能从水面下沉的原因。

情境 11：液体表面与外界大气接触处有一薄层，叫表面层(图 4-11)。引导学生认识表面层，进而分析表面张力的存在本质。

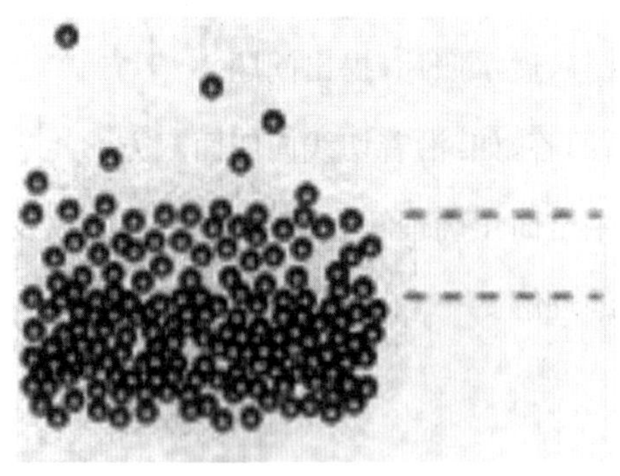

图 4-11 液体表面层

问题 12：那液体表面为什么会有表面张力呢？

[学生活动]分析后回答，如：我们能够看出，表面层内分子间距离介于液体和气体之间，表面层内分子间距离大于 r_0。结合前面学习的分子动理论知识，可以知道，分子间距离大于 r_0 时，分子力表现为引力。

[教师活动]液体表面层分子间的相互吸引力是液体表面张力产生的本质原因。

设计意图:用图画直观地展现液体表面层分子的排列特点,让学生理解表面层分子之间的相互作用为吸引力。将分子动理论与物态变化相结合,学生既学到了新知识,又加强了对旧知识的理解。

学生发展:能够用已有的知识和经验解释现在遇到的问题。

10. 综合与创造

情境 12:表面张力概念的得出。

问题 13:什么是液体的表面张力?

[学生活动]分析并回答,如:液体表面分子间的引力使得液面收缩绷紧,这种力叫作液体的表面张力。

情境 13:前后呼应,解释水滴为什么是球形的。

问题 14:为什么水滴是球形的?

[学生活动]分析并回答,如:在液体表面张力的作用下,液体的表面积总是趋于最小。而相同体积的液体,球形的表面积最小。

[教师活动]当然了,由于重力的影响,大一些的水滴能够明显看出是椭球形的。

设计意图:借助自制教具和微观模拟,以直观的视觉效果说明肥皂膜收缩的原因,进而将微观原因与宏观现象有机地结合在一起,达到化抽象为具体的教学目的。真正地做到了让学生知其然,必知其所以然,进而顺利地攻克教学难点。

情境 14:课堂体验,教师自制巨大肥皂膜,让学生当堂体验。

[教师活动]用自制的肥皂液在课堂上吹大大的泡泡,用巨大的肥皂膜套住学生。

[学生活动]参与课堂吹泡泡,用巨大的肥皂膜套住其他同学。

情境 15:水黾停在水面上。

问题 15:水黾为什么能够停在水面上呢?

[教师活动]展示水黾停在水面上的照片。

[学生活动]讨论此现象并解释原理,如:跟浮在水面上的硬币是一样的,由于水的表面张力的作用,水的表面形成一张水膜,是这张水膜支撑着水黾不落入水中的。

设计意图:结合生活中常见的现象,知道液体表面张力在日常生活中的应用。

(二) 任务 2:认识浸润、不浸润与毛细现象

1. 体验与感知

情境 1:播放毛细现象视频。

问题 1:管子的粗细与液柱的高低之间存在怎样的关系?

[教师活动]总结:短片中展示的现象,即液体在细管里上升或下降的现象,被称为毛细现象。

[学生活动]描述观察到的现象:通过实验观察可以得出,管子越细,液柱上升或下降的高度越大。

设计意图:采用实验直观展示,便于学生认识毛细现象。

情境 2:观看浸润与不浸润现象的照片(图 4-12)。

图 4-12 浸润与不浸润现象

问题 2:大家能否辨认出哪个细管里装的是水,哪个细管里装的是水银?

[教师活动]展示照片。

[学生活动]通过观察,识别出水的液面是凹液面,水银的液面是凸液面。

设计意图:通过观察直观的照片,帮助学生深入理解浸润和不浸润形成的原因。

学生发展:从实验现象入手,培养观察能力,进而思考现象背后的物理原理。

2. 质疑与假设

情境 3:质疑水是绝对浸润液体。

问题 3:我们能否断言水就是浸润液体?生活中是否存在水不浸润的固体?

[学生活动]观察荷叶照片(图 4 - 13),得出"当水洒在荷叶上时,会形成小水滴并且滚动"的结论。

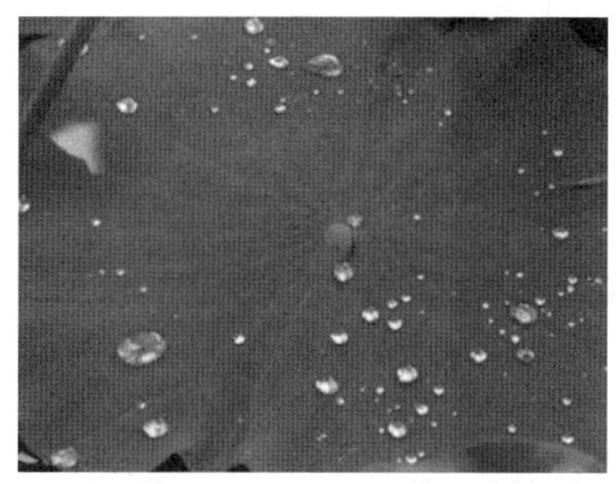

图 4 - 13 荷叶上的小水珠

[教师活动]总结:因此,浸润与不浸润不是单指某种液体或某种固体的性质,而是某种液体相对某种固体而言的。

学生发展:培养学生的质疑能力。凡事都问个"为什么",激发学生的思考。

3. 分析与评估

情境 4:观察水和水银在玻璃板上的表现(图 4 - 14)。

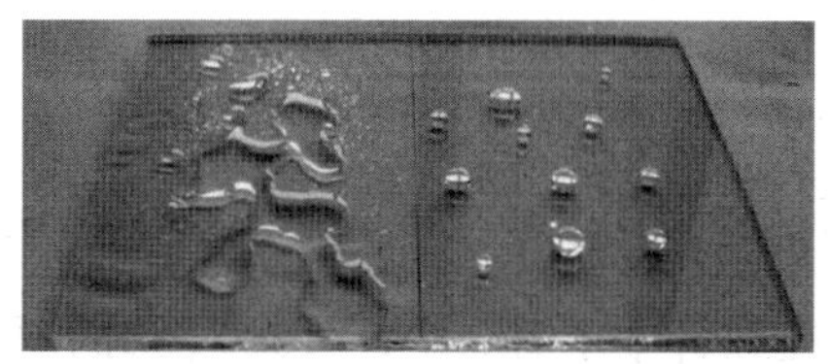

图 4 - 14 水和水银分别倒在玻璃板上

问题 4:请学生观察现象,尝试分析其原因。

[教师活动]总结:我们将图 4－14 左边这样的现象,即一种液体会润湿某种固体并附着在固体表面上的现象叫作浸润。我们把图 4－14 右边这样的现象,即一种液体不会润湿某种固体,不附着在固体表面上的现象叫作不浸润。

[学生活动]描述观察到的现象:观察到水均匀铺在玻璃上,而水银则形成一个个小水银球,到处滚动且不附着在玻璃上。

情境 5:分析浸润及不浸润的原因。

问题 5:那为什么会出现浸润、不浸润现象呢?

[教师活动]进行说明:液体和固体接触的表面叫附着层(图 4－15)。我们发现,对于液体浸润固体的现象,附着层内的分子排列比液体内部要密集,从分子力与距离关系可知,分子间距离小于 r_0,分子力表现为斥力。

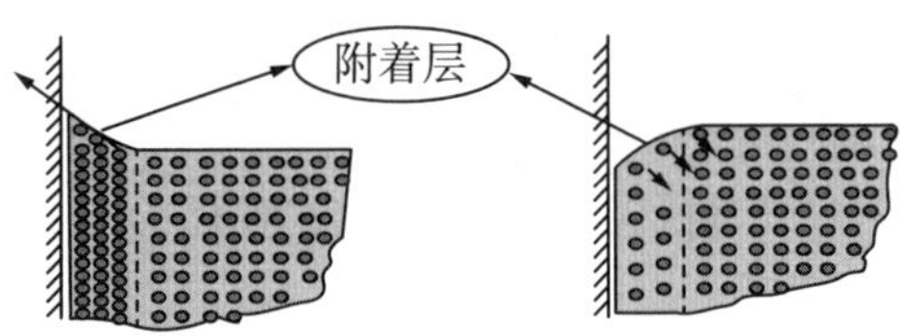

图 4－15 附着层

[学生活动]分析并回答,如:附着层的液体被沿着器壁推了上去,液体附着在固体表面。而不浸润现象刚好相反。

设计意图:引导学生利用已学的分子间间距和作用力的关系,来逐步分析解释物理宏观现象,做到新旧知识的联系。

情境 6:分析毛细现象。

问题 6:请大家分析液体为什么会在细管中上升或者下降?

[教师活动]对液体在细管中上升(图 4－16 左图)的原因进行分析:浸润现象中,附着层分子间是斥力,液面是凹液面,再加上液面上表面张力的作用,表面张力

就“希望”液面的上表面收缩到最小，就这样被一点一点地提了起来，就像液面两侧有两个向上的力把这段液柱给提了起来。谁来解释液体在细管中下降(图 4 - 16 右图)的现象?

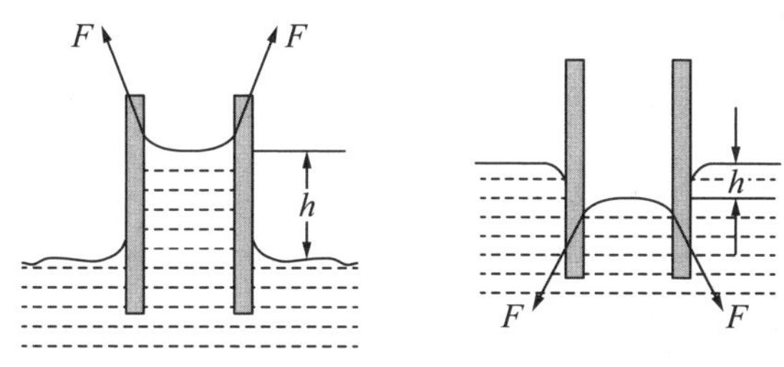

图 4 - 16 毛细现象原因分析

[学生活动]分析并回答，如：对于不浸润液体，附着层分子间是引力，液面是凸液面，凸液面也要收缩，就像液面两侧有两个向下的力把一段液柱拉了下来。

设计意图：引导学生应用刚学习的浸润知识分析毛细现象，活学活用。

学生发展：透过现象看本质，从现象入手，逐步分析出背后的物理原理。

4. 综合与创造

情境 7：举例说明浸润、不浸润和毛细现象。

问题 7：请举出生活中关于浸润、不浸润和毛细现象的实例。

[教师活动]举例：毛巾吸汗、砖块吸水、粉笔吸墨水，都是常见的毛细现象。在纸张、棉花、毛巾、粉笔、木材、土壤、砖块等物体内部有许多细小的孔道，起着毛细管作用。

[学生活动]举出例子，如：脱脂棉脱脂；游禽用嘴把油脂涂到羽毛上，使水不能浸润羽毛；能够用墨水在纸上写字；雨衣、帐篷需用不被水浸润的材料制作。

设计意图：通过对各种现象的解释，加强学生对浸润和不浸润的理解。体现了从生活走向物理，从物理走向社会的教育理念。

学生发展:学会应用和拓展,学会创新和创造,用已学的知识解释自然,培养问题解决的能力。

五、板书设计

液体

一、表面张力

1. 在液体表面,使液面收缩

2. 表面张力是分子间作用力的宏观形式

二、浸润和不浸润

三、毛细现象

六、评析

(一) 对案例的反思

本节课的成功之处显而易见,备课的宗旨与新课改的要求高度一致,能够有效地引导学生通过自我探究和自主分析得出物理规律,进而形成深刻的物理概念。同时,课件设计美观且逻辑清晰,进一步提升了教学效果。课堂上的小实验不仅巧妙地引入了新课,而且极大地激发了学生学习的积极性。明显的演示实验让学生在观察和探究中自然而然地吸收了知识,再通过教师的提问与总结,使重点知识深深扎根于学生心中。特别是那巨大的肥皂膜套住学生的环节,无疑会给学生留下深刻的印象。

然而,在备课及实际教学过程中也存在一些不足。由于本节内容繁多,而教学时间有限,使得在实际教学中留给学生思考和探讨的时间被压缩,略显仓促。为了更全面地让学生掌握液体的性质,我们应更加重视每一个演示实验,让学生通过直观的现象对表面张力、浸润和不浸润等物理概念形成生动的感性认知。

在这里，需要特别强调的是，物理概念的教学中融入批判性思维的培养至关重要。批判性思维不仅能够帮助学生更深入地理解物理现象和原理，还能培养他们独立思考和解决问题的能力。例如，在教学中，我们可以鼓励学生提问，如"为什么小液滴是球形的?""为什么回形针可以'浮'在水面上?""为什么细管中的液柱会上升或下降?"……鼓励学生质疑已有的理论和实验结果，激发他们探索未知的领域的兴趣。同时，我们还可以设计一些开放性的问题，让学生在寻找答案的过程中锻炼批判性思维。

（二）物理概念教学中融入批判性思维的体现与教学建议

在物理概念教学中，积极培养学生的批判性思维至关重要。为实现这一目标，教师可以采取以下策略：一是鼓励学生广泛地体验与感知，从大量的观察现象中体验内化，为抽象出物理概念打下坚实的基础。例如，观察球形小液滴、观察水黾在水面上行走、观察肥皂膜等。二是鼓励学生勇于质疑，不仅要针对已知的物理定律和理论提出疑问，还要敢于挑战现有的科学解释，从而激发他们的探索欲望和创新精神。例如，他们可能会好奇为什么硬币能"浮"在水面上？细线为什么会被拉直？三是设计具有开放性和争议性的讨论话题，让学生在辩论中学会辩证看待问题，锻炼他们的逻辑推理和批判分析能力。例如，探讨液体和气体内分子的疏密情况，或分析硬币所受浮力小于重力，为什么能"浮"在水面上？四是组织实验设计和操作，让学生在实践中发现问题、提出问题并尝试解决问题，这一过程不仅能够增强他们的动手能力，还能深化他们对物理概念的理解，并提升他们的批判性思维能力。五是定期评估学生的批判性思维能力，通过反馈和指导，帮助学生不断提高这一关键技能。

对于教学，笔者认为可从以下几个方面着手：一是预留更多的时间供学生进行自主探究和讨论，确保他们能够充分消化和理解新知识；二是在课堂上设置更多的批判性思维训练环节，比如组织学生对某个物理现象或理论进行辩论，以提升他们的思辨能力;三是加强课后实践,比如鼓励学生在家重复教材上的实验或者自主设计新实验,通过亲身实践增强对物理概念的感悟和理解。

物理教学不仅是传授知识,更重要的是培养学生的科学思维和探究能力。通过融入批判性思维的教学,我们可以帮助学生建立更全面、更深入的物理知识体系,为他们的未来发展奠定坚实的基础。

第五章

浸润批判性思维的物理规律教学

本章导读:物理规律教学对于培养学生批判性思维有何价值和意义?浸润批判性思维的物理规律教学如何进行?……本章试从物理规律教学的定义、分类、步骤和价值深入分析,探寻物理规律教学与培养学生批判性思维之间的内在关联,分别论述物理规律教学四个阶段——创设物理情境,探究物理规律,理解物理规律,运用物理规律,对于培养批判性思维的意义,并结合课堂实例探讨浸润批判性思维的物理规律教学模式及教学策略。以光的折射一课为例,展示浸润批判性思维的物理规律教学完整过程。

永远别把“不验自明”的定律视为必然。

——吴健雄

第一节　批判性思维与物理规律教学的关系

一、物理规律及物理规律教学价值

（一）物理规律

物理规律是反映物理现象、物理过程在一定条件下必然发生、发展和变化的内在本质联系。物理规律反映了各物理概念之间相互制约关系，反映在一定条件下某种物理过程的必然性。物理规律一般是在观察与实验的基础上，通过归纳推理、演绎推理、类比推理方法得到，并用文字以及其他符号加以表述的认知结果。物理定律、定理、方程和原理统称为物理规律。

1. 物理规律与物理概念教学之间的关系

在特定的物理过程中，物理概念之间的联系被称为物理规律。物理规律作为物理概念的语言表达或者数学表达，反映了各种物理概念之间的相互制约关系。物理规律教学是使学生掌握物理科学理论的中心环节，是物理教学的核心之一。形成和掌握概念与发现和建立规律是中学物理教学的中心任务。

2. 物理规律的分类与教学步骤

高中常见的物理规律分为三种：通过实验验证、归纳总结得出的规律称为实验规律；以人们公认的定理和定律为依据，通过严密的逻辑推导得出的规律称为理论规律；以事实经验为依据但没法进行实验验证的规律称为理想规律。按照这种分类方法对高中阶段常见的物理规律进行分类，分类结果如表 5－1。

表 5-1 高中阶段常见物理规律的分类

类型	内容
实验规律	牛顿第二定律、牛顿第三定律、法拉第电磁感应定律、楞次定律、闭合电路欧姆定律、电阻定律
理论规律	热力学第二定律、机械能守恒定律、动能定理、动量定理、能量守恒定律、动量守恒定律、万有引力定律、安培定则、左手定则
理想规律	牛顿第一定律

高中物理的规律教学具有阶段性。与概念教学认知目标的阶段性不同，物理规律教学过程的阶段性一般是指对该规律认知过程的阶段性。因此，不可随意对知识加深和扩展。物理规律教学的重点在于引导学生关注物理规律发现和建立的过程，使学生感受到每一个物理规律的发现对物理学和科学发展的贡献。物理规律教学一般包括提出问题、探索规律、讨论规律和运用规律四个阶段。

提出问题。在教学开始阶段，在明确相关物理概念的同时，创设学生便于发现问题的物理情境，学生通过体验获得探索物理规律所必要的感性知识，实现从现实到物理的问题意识。

探索规律。物理规律分为三种类型：实验规律、理论规律和理想规律。根据其类型，选择恰当的方法展开探索，学生在领会定量探究（理论或实验）的作用的同时，学到建立规律的思路和过程。

讨论规律。对物理规律的讨论，一般包括：准确理解规律表述式中的关键词；明确物理规律的物理意义；明确公式中各物理量的单位；明确物理规律的三种表达方式，即文字表达、公式表达和图像表达。

运用规律。物理规律往往都是在一定的条件下建立或推导出来的，只能在一定的范围内使用，超越这个范围，物理规律则不成立。运用规律的过程，要有明确的目的性和针对性，而且要有典型的代表性、启发性和灵活性。

3. 物理规律的适用范围

物理规律是建立在观察与实验的基础上，运用模型方法建立的关系模型。它往往是在特定情况下忽略某些次要的因素，将实际问题进行简化从而创立的模型。因此，物理规律是对客观因素的近似描述，需满足特定的理想化条件才能成立。大部分物理规律都有它的适用范围，只有极少数物理规律具有普适性。某种物理规律只在适用范围内起作用，如果不是适用范围内的物理过程，就无法用这种规律去解决问题。学生只有明确了物理规律的适用范围，才不会乱用规律或者乱套公式。

（二）物理规律教学价值

物理规律教学在高中物理课程中占了很大比例。物理规律是在对物理现象和物理概念进行充分研究和观察后得到的结论，它是物理的灵魂。一个学生的物理学得好不好，就看他能否运用规律解释现象或解决问题。学生如果不理解物理规律，就很难创设一个物理情境，更别说将情境中需要研究的对象所经历的过程描述出来，这样也就无法很好地培养科学思维。因此，教师必须设法使学生认识到物理规律的重要性，同时教师自身也要有意识地提升物理规律教学水平。综上所述，物理规律是整个物理学科体系中的一个重要组成部分，物理规律教学工作的重要性不言而喻，其价值主要体现在：

激发学生学习动机。学生在学习的过程中，会产生比较复杂的心理活动，而这些心理活动会受到学生的认知和情感的支配。因此，学生的认知规律和对知识学习的情感动力会直接影响学生的学习成果。有效的物理规律教学，能够很好地调动学生的学习兴趣，激发学生的学习动机。例如，在进行物理规律教学的过程中，引入生动有趣的实验、结合实际应用案例、采用多样化的教学方法、设置挑战性和趣味性的任务等。

开发科学探究兴趣。物理规律的数学表达式虽然简单，但其得出过程却饱含了科学家们的辛勤与汗水。因此，在规律教学中，有血有肉的史料、绘声绘色的讲述、身临其境的参与，能够使学生对规律的形成印象深刻，同时也能够激发学生学习的兴趣和探究的动力。

培养科学探究才能。科学探究包含提出问题，形成猜想与假设，制订研究方案与设计实验，实施实验收集数据，分析数据论证猜想，推广研究和交流，等等要素。在物理规律教学中，教师通过精心设计的教学活动，引导学生经历完整的物理规律探究过程，能够有效地培养学生的科学探究才能，发展科学探究意识。

形成科学态度与责任。科学探究的学术价值在于追求原理性知识的获得，而教育价值在于获得科学方法、科学态度和科学精神，以及增进对“科学—技术—社会”的了解，激发学习的兴趣和热情，增强社会责任感和学习动力。物理规律即真理，探求物理现象背后的物理规律，需要讲究一定方法，付出艰辛的体力和脑力劳动，并且坚持不懈，锻炼意志品质，培养科学态度，塑造科学精神，形成至善至美的人格。

二、物理规律教学与批判性思维要素间的联系

批判性思维作为一种高阶思维，涉及对信息和论点的理性分析、质疑和反思、评估与创新等。物理规律教学过程包含着众多批判性思维要素。

（一）物理规律教学蕴含理性思维过程

在物理规律教学中，实验是学习的重要手段。在探究物理规律的实验过程中，学生需要对实验现象进行细致观察，分析现象背后所蕴含的规律；对收集到的数据进行客观、全面的分析，评估数据的可靠性和准确性，从数据中提取有价值的信息，对实验结果进行合理解释；基于这些数据对物理规律进行验证或质疑，理性思考实验结论以及背后所蕴含的物理原理。这一过程培养了学生的批判性思维。此外，物理规律的得出往往需要通过理论推导来完成。在推导过程中，学生需要运用逻辑思维、推理能力和批判性思维来审视每一步的推导是否合理、是否严密。这种推导过程也有助于培养学生的批判性思维，使他们学会对理论进行逻辑分析和评估。例如，高中物理圆周运动中向心力表达式的推导，需要学生基于已有的对圆周运动、加速度定义和牛顿运动定律等知识的理解，运用微元、极限等思维方式，有逻辑

性地、严密地结合数学工具，才能正确地得到最终的结论。在此过程中，学生的理性思维得到了有效发展。

（二）物理规律教学蕴含质疑反思意识

物理规律的应用并非简单的公式代入，而是要在深度理解物理规律的基础上灵活准确地进行运用。因此，教师在物理规律教学的过程中，往往需要引导学生对物理规律进行质疑和反思，明确其适用范围和局限性，从而帮助学生更深入地理解物理规律。在此过程中，学生的质疑反思意识能够得到较好的发展。例如，欧姆定律的教学中，在进行欧姆定律表达式的规律教学之后，可以设置电动机中电流的相关计算，引发学生对所学习的物理规律产生认知冲突，从而引导学生明确欧姆定律主要适用于纯电阻电路，而发动机等元件不符合此规律；在进行功的定义式 $W=Fl\cos\theta$ 的规律教学之后，可以设置变力做功的问题，引导学生明确这一定义只适用于恒力做功，了解角度在不同问题中的具体意义。

（三）物理规律教学蕴含创新精神培养

培养创新思维，培育具有创新精神和创新能力的人才，始终是学科教学的终极目标之一。物理规律教学往往涉及对原有知识的发展和深入，需要学生突破思维限制。当原有知识不足以解决现有知识时，教师需引导学生大胆质疑，积极创新。例如，在闭合电路欧姆定律的规律教学中，通过实验发现电压表测量出的电源两端的电压并不等于电源的电动势，从而引导学生意识到电源内阻以及电压表内阻的存在及影响；在电磁感应定律的教学中，引导学生发现有时导体棒切割磁感线并不能产生感应电流，有时导体棒不切割只是磁场强弱变化却能产生感应电流，从而让学生质疑切割磁感线产生感应电流的原有知识，逐步建立“闭合回路中磁通量发生变化才是感应电流产生的条件”这一物理规律。

三、关于物理规律教学的评价

（一）学习环境——物理规律有效教学的前提

座位的设置符合具体物理规律教学的需要；实验器材设施等物质条件达标且准备就绪；师生关系、生生关系和谐；物理概念学习情境创设合理；有融洽的学习共同体。

（二）学习唤醒——物理规律有效教学的关键

教师从自身特长出发，激发学生学习物理规律的兴趣，帮助学生建立积极、长远、正确的物理规律学习动机，使学生认识到将要学习的物理规律的重要意义。

（三）学习内容——物理规律有效教学的基础

教学材料要具有逻辑意义，符合学生的“最近发展区”。教学材料要贴近学生的生活、联系社会实际。教学材料要与学生原有认知结构中的有关知识建立某种联系。

（四）学习方式——物理规律有效教学的重点

有认知参与、行为参与、情感参与、社会化参与过程；有感知、领会阶段的自主、合作、探究（学习）过程；有完善、巩固阶段的自主、合作、探究（学习）过程；有深化、扩展阶段的自主、合作、探究（学习）过程。

（五）教学过程——物理规律有效教学的保证

在了解学生的兴趣、爱好的基础上进行教学设计；在了解学生学习物理规律的思路、方法、习惯的基础上进行教学设计；在明确物理规律的教学目标的基础上进行教学设计；把学生的旧规律作为新规律的生长点；学生参与到物理规律的建构中，成为物理规律学习的主人；物理规律的建立与形成所需时间与习题训练的时间比例合理；注意物理规律形成的阶段性，根据课堂实际，灵活有序地组织教学；教师和学生有课后反思；师生之间有及时的教与学的反馈。

第二节　模式与策略

一、浸润批判性思维的物理规律教学的研究现状

在中国知网上，以“物理规律教学”为主要主题，可搜索到 209 篇文献（截至 2024 年 4 月 19 日），这些文章自 2010 年之后数量呈现快速增长之势；以“批判性思维”联合“物理规律教学”为主题或关键词搜索，并没有找到相关文献。由此可见，物理规律教学的研究成果已较为丰富，但在物理规律教学中浸润批判性思维的培养，将二者有机融合方面的研究则极为缺乏。一方面，这与一线教师对于批判性思维与规律教学的内在联系理解不够有一定关系；另一方面，这也说明一线教师在实际的物理规律教学过程中，对于批判性思维的培养缺乏足够的关注。

二、物理规律教学对于培养批判性思维的意义

物理规律教学实质上是教师引导学生探究物理概念之间必然关系的认知过程。阎金铎等（2019）在《中学物理教学概论》中提出物理规律教学的教学过程包括以下四个阶段：第一，创设物理情景，形成科学问题；第二，实施科学探究，促进知识建构；第三，讨论物理规律，理解物理意义；第四，运用物理规律，解决实际问题。朱铁成等（2010）在《物理课程与教学论》中提出，物理规律教学一般分为“创设情境，提出问题”“经历过程，探索规律”“确切表述，理解规律”“应用规律，巩固深化”。对比两本著作可以发现，物理规律教学的一般过程概括起来就是通过情境提出问题，通过探究发现物理规律，通过讨论理解物理规律，通过应用深化物理规律。物理规律建构过程的各环节天然蕴含着培育批判性思维的土壤，深度浸润着批判性思维

中的系统性、逻辑性、准确性、反思性、开放性及客观性等特征。同时，物理规律的学习过程也需要批判性思维的深度参与。

（一）物理规律的情境创设对于培养批判性思维的意义

新课程理念下，情境是教学活动的中心环节。不论是物理概念的建立还是物理规律的学习理解，都离不开情境。基于情境的学习活动是发现问题、提出问题的起点，也蕴含了批判性思维的深度参与。一方面，情境通常涉及复杂的现实问题，它们很少是单一知识点的直接应用，学生需要识别问题中的关键要素，并分析这些要素如何与物理原理相关联。另一方面，真实情境常常要求从不同的角度来考虑问题，包括科学、技术、经济、环保和社会等角度，这种多元化的思考方式促使学生去质疑常规做法，探索新的解决方案，增强他们的创造性思维和批判性思维。因此，物理情境的创设对于培养学生的批判性思维有着重要的意义。

（二）物理规律的探究发现过程对于培养批判性思维的意义

物理规律的探究是指基于观察、实验和理论分析对物理规律进行探究进而发现并获得正确认识的过程。具体来说，学生需要基于对已有物理规律或概念的理解，进行理性和客观的分析，设计合理的探究方案，规范准确地进行现象观察或实验操作；根据观察结果提出假设，并通过逻辑推理进行验证，探寻现象背后所蕴含的物理规律；将具体的物理现象和实验数据进行抽象，得出一般性的规律，将不同的物理规律联系起来，构建出物理规律的逻辑结构；在此过程中，基于事实证据和科学推理对不同的观点和结论提出质疑和批判，检验和修正自己或他人的观点，进而提出新的见解。探究发现物理规律的过程不仅是对物理现象和规律的深入了解，也是培养批判性思维的过程。在物理规律的探究过程中进行现象观察、数据收集、结果分析，并对观察结果提出合理的解释，发展了批判性思维中的逻辑性；基于证据提出问题和质疑，以证据为基础，分析物理问题的因果关系，发展了批判性思维中的客观性；从不同的角度来看待现象，从多元的视角来思考问题，培养了批判性思维中的开放性;在规律的探究过程中进行质疑,提出创新性的思考和观点,提升了批判性思维中的反思性。

(三) 物理规律的讨论和理解对于培养批判性思维的意义

物理规律的理解过程是复杂且系统的。它开始于对物理现象的仔细观察和深入分析,通过讨论、推理、论证等方式,逐步形成对于物理概念和规律的认识,归纳和总结通过实验或观察得来的数据,提炼出普遍性的原理或法则。通过讨论物理规律,学生能够深入理解物理规律的适用范围和局限性。学生在理解物理规律的过程中经历了实证意识、逻辑思维、问题意识、科学素养等方面的发展,从而提升了批判性思维。

(四) 物理规律的应用和深化对于培养批判性思维的意义

物理规律的应用和深化通常涉及将学到的知识运用到实际问题的解决中。在应用过程中,学生需要在深刻理解规律的物理意义的基础上,正确应用物理规律解决问题,并在此过程中通过实践检验其正确性和适用性。学生在进行物理规律应用的过程中通常要经历模型建构、信息提炼、信息甄别、规律选择、规律应用、反思评估等步骤。在此过程中,学生需要针对模型提出关键问题,形成假设,收集与之相关的各种数据并进行有效性及可靠性的评估,正确选择规律并科学地进行规律的应用,同时深化对于物理规律的理解,并发展运用数学思维及逻辑推理解决相关问题的能力,从而实现批判性思维的培养和提高。

三、浸润批判性思维的物理规律教学模式

浸润批判性思维的物理规律教学模式核心在于将批判性思维的培养全面渗透到物理规律教学的各个环节中,具体包括以下四个方面。

(一) 激发批判性思维过程的物理规律情境创设

激发批判性思维过程的物理规律教学活动要营造一个鼓励学生深入思考、敢

于质疑和积极表达的物理情境，使学生能够在教师精心设计的教学活动中，激发认知冲突，发现科学问题，深入分析问题并尝试解决问题。情境类型可以丰富多样。激发批判性思维过程的物理情境创设，应当具备问题导向、能够激发认知冲突、能让学生进行反思和评估等特征，从而帮助学生在认知技能上得到提升，培养他们的好奇心、求知欲和自主学习能力，使学生能够在不断实践中锻炼和提高自己的批判性思维能力。浸润批判性思维的情境创设具体包括：

1. 问题情境创设

开放性的问题情境能够激发学生的认知冲突，引导学生提出疑问并寻求答案，从而发展批判性思维。

示例：《普通高中教科书　物理　必修　第一册》第一章第一节的开篇就提出问题："生活中随处可见运动的物体，例如玩耍的孩童、行驶的汽车、翱翔的雄鹰……对于这些运动的物体，我们如何准确地描述它们的运动呢？"（人民教育出版社等，2019a）

这类问题情境结合学生的生活体验提出开放性的问题，学生需要从物理的视角去看待生活场景，发现生活中常见物体运动的情况，并开始思考应采用怎样的物理概念、运用怎样的物理思维来研究问题，从而发展问题意识，促进批判性思维的发展。

2. 经验情境

利用学生已有的经验来创设情境，激发他们的学习动机，通过启动效应，产生学习内驱力，驱动批判性思维的逐步形成。

示例1：《普通高中教科书　物理　必修　第一册》第三章第三节中提出："大人跟小孩掰手腕，很容易就把小孩的手压在桌面上。那么，他们施加给对方的力，大小相等么？"（人民教育出版社等，2019a）

学生大多有过掰手腕的经历。从学生有切身体会的经验入手来创设的情境，便是典型的经验情境。经验情境能够让学生基于真实的生活体验来理解所学习的物理知识，起到激发具身体验，深化知识理解和应用的作用。

示例2：在学习摩擦力相关知识点的过程中，可以创设这样的经验情境："摩擦力一定都是阻力么？""人走路时地面给人的摩擦力到底是动力还是阻力？"

这样的经验情境能够引发学生的认知冲突，让学生批判性地审视已有的知识结构和知识理解，从而更加深入地思考现象背后的本质原因，促进批判性思维的发展。

示例3：《普通高中教科书　物理　必修　第三册》第十章第二节提出："如果我们要从6楼走到8楼，影响我们做功多少的因素是这两层楼的高度差而不是楼的高度。"（人民教育出版社等，2019c）

将抽象的电场力做功的问题和生活场景进行类比，将抽象的物理问题具象化，将复杂的概念简单化。这促进了知识的迁移，增强了学生的理解和记忆，帮助了学生深入思考物理现象背后的原理。

3. 历史情境

引入科学历史背景，使学生在科学发展和科学认知历史中理解科学发展基本规律，进而理解批判性思维在科学发展历史中的重要意义。

示例：在学习量子力学的内容之前，教师可以用这样的历史事件作为历史情境：某一天，欧洲著名的科学家欢聚一堂。会上，英国著名物理学家*W*.汤姆森（即开尔文男爵）发表了祝词。他在回顾物理学所取得的伟大成就时说物理大厦已经落成，所剩的只是一些修饰工作。同时，他在展望20世纪物理学前景时，却若有所思地讲道："动力理论肯定了热和光是运动的两种方式，现在，它的美丽而晴朗的天空却被两朵乌云笼罩了。"

创设这样的历史情境，学生能够感受物理发展的曲折和不易，学习用批判性的眼光来看待所学习的科学知识和经典理论，认识到物理的世界是动态发展的，感悟到任何理论的发展、完善、进步都要经历艰难的过程，并且不断经受考验。通过了解科学史的发展过程，学生也逐步感悟到批判性思维、创新精神对于科学认识和科学发展的重要意义。

4. 实验情境

物理是一门实验学科，科学实验本身就是一种探索过程。物理规律教学通过适切的实验情境，引导学生进行操作或观察，引发深度思考，培养他们的观察力和分析能力。

示例：在《普通高中教科书　物理　必修　第三册》第九章第一节电荷的教学中，可创设“静电飞花”的实验情境：

师（实验操作）：利用毛皮摩擦塑料板使后者带负电，将一些彩色小纸屑放在金属盘上，将金属盘逐渐靠近带负电的塑料板，会看到彩色纸屑从金属盘上四散飞出（图 5－1）。

图 5－1　静电飞花实验

师：发生这个现象的原因是什么？

生：摩擦使塑料板带上了负电，小纸屑的飞出说明其受到了排斥力，这个排斥力有可能是纸屑和金属盘带有同种电荷，发生了排斥作用。

师：为什么金属盘没有接触带电体也能出现电荷呢？

生：……

利用这一实验，将摩擦起电、感应起电等内容融合在同一个实验情境中。通过细致的观察，学生调用已有的知识对现象进行分析，当遇到无法解释的问题时，便需要进行批判性的思考，审视自身知识体系，寻找体系中缺失的部分，通过进一步的学习，逐步完善自身的知识体系。

5. 综合情境

情境的创设有时也具有综合性，在同一学习单元中，也可将问题情境、经验情境、历史情境、实验情境等多种情境进行有机融合。

示例:在《普通高中教科书　物理　必修　第一册》第二章第四节自由落体运动的教学中,就可以进行多种情境的综合创设。

环节1:两个不同质量物体下落的讨论(实验情境)。

师:两个相同大小的铁球和木球,由于密度不同所以质量不同,让两个小球从同一高度开始下落,哪个小球先落地呢?

生:两个小球同时落地。(大多数同学对比萨斜塔实验都有一定的了解)

师:实验验证,两个小球几乎同时落地。

环节2:生活中实际落体运动的讨论(实验情境+经验情境)。

师:那为什么在生活中会看到铁球比羽毛下落得更快呢?

生:空气阻力的作用。

师(拿出两张相同的白纸):用这两张白纸证明一下。

生1操作:将一张白纸揉成一团,和另一张白纸同时释放,纸团先落地。

生1:相同质量的白纸,纸团先落地,纸片后落地,说明纸片受到了较大的空气阻力。

生2操作:将其中一张白纸撕下一小半揉成纸团,和另外一大半白纸同时释放,纸团先落地。

生2:质量小的纸团比质量大的纸片先落地,也说明纸片受到了空气阻力的影响。

师:的确,生活中的绝大多数落体运动都受到了空气阻力的影响,所以我们要研究物体下落的运动需要排除空气阻力的影响。其实,我们可以利用真空管来实现这个实验。

环节3:伽利略对于落体运动的逻辑推理(历史情境)。

师:但在伽利略的那个年代,并没有真空环境可供实验。伽利略采取了一个方法,就是基于亚里士多德的论断进行推理,从而得出相矛盾的结论,我们称之为归谬。那么伽利略是怎么做的呢?

生:……(学生不一定能完整地说出来)

师:假定一块大石头的下落速度为8,一块小石头的下落速度为4,当把两块石头捆在一起时,大石头会被小石头拖着而速度变慢,整个物体的下落速度应该小于8;但是把两块石头捆在一起后,整个物体比单个大石头要重,因此整个物体下落的速度应该比8还要大。这种相互矛盾的结论说明亚里士多德关于重的物体下落快的看法是错误的。

这样的教学环节将多种情境进行了有机融合,学生需要综合运用观察、分析、思考、推理、论证等方法,使思维不断进阶,从而全面地、理性地、深刻地进行实验论证和思维活动,更好地推动批判性思维的发展。

(二)发展批判性思维的物理规律探究活动

发展批判性思维的物理规律探究活动就是要引导学生围绕着一定的物理学习主题,通过收集信息、提出问题、适当质疑、理性思考、推理论证、实验验证、分析评估、讨论表达、反思修正等方式,逐步形成对于规律的认识。学生通过同化、顺应等过程,逐步完善自身的物理知识体系,建构科学完整的认知结构。浸润批判性思维的物理规律探究环节包括:

确定物理规律的探究主题。选择具有一定开放性的物理主题或问题,便于学生从多个角度分析物理规律。

广泛收集信息。鼓励学生自由地表达看法和意见,开放地对问题或主题提出思考和猜想,并将相关信息进行整合和归类,引导学生逐步形成对于物理规律的初步认识。

理性怀疑思考。基于已有知识对彼此提出的想法进行理性质疑和思考,批判性地对待各种看法,排除干扰因素。

分析评估论证。对所提出的各种看法进行分析和评估,或设计实验进行规律的验证,逐步加深对于物理规律的认识。

讨论解释表达。通过相互讨论或辩论,基于实验现象或实验事实对物理规律进行解释,并用规范的语言对物理规律进行表达和输出。

形成科学认识。通过一系列的规律探究过程，逐步形成符合科学实际的物理规律的知识认知。

积极反思修正。一方面反思自己的思考过程以及所获得的结论，深入分析是否需要调整和改进；另一方面保持开放心态，根据新的证据调整自己的认知结构，从而形成规范、科学、完整的物理规律知识体系。

值得一提的是，以上环节并不一定在每一条物理规律的探究过程中按序或完整实施，而要根据所学习的物理规律的知识特征和学生实际的学情确定必要的环节。

示例：在《普通高中教科书　物理　选择性必修　第三册》第四章第二节光电效应的规律教学中，可作如下探究（表5-2）：

表5-2　光电效应规律的探究

具体环节	教师活动	学生活动
确定探究主题	教师提问：为什么光照能使金属中的电子逸出	学生回答：光为电子的逸出提供了能量
讨论解释表达	教师追问：光的能量可能跟什么因素有关	学生回答：光的亮度
	教师展示强光手电筒并提问：如果用强光手电筒照射带负电的锌板可能会发生什么？为什么	学生回答：由于光更强，能量更大，单位时间内会有更多的光子从锌板中逸出，因此指针会闭合，甚至闭合后张开，逸出的电子动能也更大
分析评估验证		实验操作： (1) 直接照射：未看到静电计张角闭合； (2) 聚光照射（增大光的亮度）：未看到静电计张角闭合； (3) 延长照射时间：未看到静电计张角闭合
讨论解释表达		学生讨论后给出解释：紫外线和可见光频率不同，因此影响光电效应的因素是频率

续表

具体环节	教师活动	学生活动
分析评估验证	教师演示光电流实验并引导学生分析光电效应的四个规律： 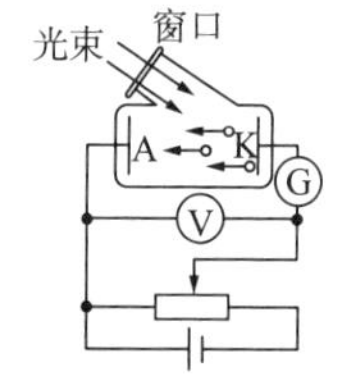 研究光电效应的电路图 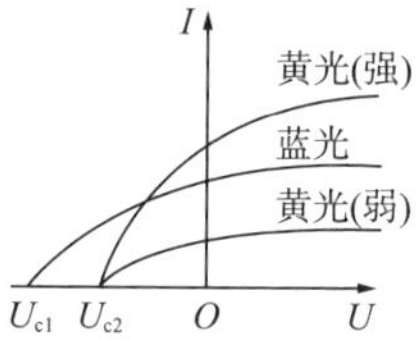　光电流与电压的关系图 (1) 截止频率； (2) 饱和电流； (3) 遏止电压； (4) 瞬时性	
积极反思修正	教师提问：通过前面的学习我们知道光是一种电磁波，该如何用光的电磁理论来解释光电效应	学生讨论并尝试解释：光的电磁理论能够解释饱和电流的存在，但不能对截止频率、遏止电压和瞬时性做出解释。因此，必须提出新的理论
形成科学认识	教师引导学生学习爱因斯坦的光子说以及光电效应方程	
讨论解释表达		学生进行讨论，尝试用爱因斯坦的光子说以及光电效应方程对光电效应的规律进行解释
积极反思修正	教师引导学生审视光的波动性和粒子性的矛盾，引导学生逐步认识到光的波粒二象性	

（三）充分讨论，引导学生多角度地认识和理解物理规律

引导学生认识和理解物理规律时，不仅要让学生接受和记忆这些规律，还要通过讨论、分析或判断等方式，指导学生深入理解它们的适用条件、限制、相互关系，并进行物理规律的回溯，批判性评估其适用条件与局限性，学会物理规律的准确应

用。引导学生批判性地理解物理规律，不能只依靠教师的讲解和说教，还可以通过讨论、审辨、实践活动等多种方式实现。

示例：电磁感应定律的理解。

师：通过前面的学习，我们对感应电流产生的原因已经有了一些了解。假设有如图 5-2 所示的一个装置，一个圆盘被放置在磁场中，圆盘的边缘及中心与电刷接触，并通过电刷与外部电路连接。请你判断，当圆盘旋转时，在连接的外部电路中会不会产生持续的电流？同意产生电流的请举手；(前面举手的同学手放下后)认为不产生电流的请举手。我们把大家按照同意与否分成两组，展开讨论，分别论述一下自己的理由。

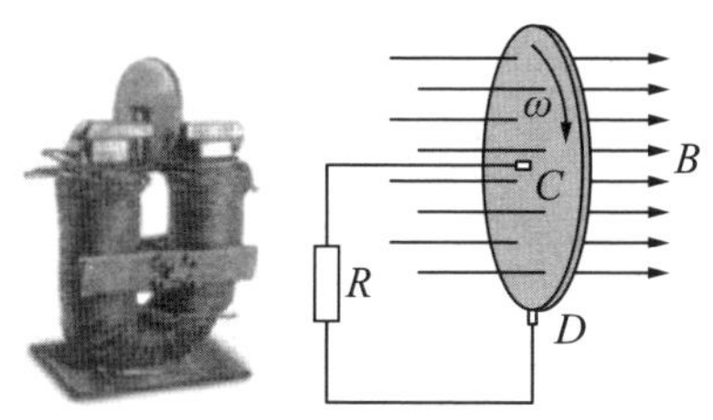

图 5-2　法拉第圆盘及原理

小组 1：我们认为圆盘可以看作很多辐射状的金属棒。圆盘在旋转时可以看作金属棒在旋转切割磁感线，因此能够产生感应电流。

小组 2：我们认为穿过圆盘平面的磁通量没有变化，因此不会产生感应电流。

师：两组同学各有各的观点和依据。那么到底哪一种观点是正确的呢？我们一起用事实来说话。

(进行实验演示)

师：通过实验，我们发现圆盘转动时的确可以产生感应电流。也就是说，第一种观点是正确的。但是我们知道，产生感应电流的条件是穿过闭合回路中的磁通量发生变化，而切割磁感线本质上只是磁通量变化的一种特例。那么，这里闭合回路的磁通量到底变了么？难道磁通量不变也能产生感应电流？请大家讨论一下并回答。

小组2(讨论后回答):从磁通量变化的角度也能够解释感应电流的产生。我们之前认为的“磁通量不变”是针对整个圆盘的磁通量而言的。从法拉第电磁感应定律来看,应当看产生感应电流的那一部分闭合回路,也就是 *CDRC* 这一回路。一开始 *CDRC* 和磁场平行,穿过该平面的磁通量为0;当圆盘旋转时,*CD* 转过一定角度,形成一小段和磁场垂直的平面,此时 *CDRC* 平面的磁通量不再是0。也就是说,穿过该闭合回路的磁通量发生了变化,所以会产生感应电流。

师:非常好,那么你们能分别根据各自的研究角度分析一下所产生感应电流的方向吗? 可以讨论一下。

小组1:可以利用右手定则,判断旋转切割时所产生的感应电动势的方向,进一步可判断感应电流方向为 $D\to R\to C$。

小组2:通过 *CDRC* 的磁通量在增加,可以利用楞次定律判断感应电流的方向为 $D\to R\to C$。

师:很好。我们还知道感应电流产生的方式分别是感生和动生,你们能继续探讨一下是哪种情况么?

生:是动生电动势。

……

法拉第圆盘实验是经典的电磁感应定律应用实例。通过法拉第圆盘实验,引导学生对其感应电流产生的原因进行讨论,激发学生运用批判性思维思考问题的意识,使学生从不同的角度全面思考,深入分析,进而排除干扰,正确理解法拉第圆盘的准确模型特征。在此过程中,学生不仅对电磁感应定律、感应电流产生的本质等物理规律有了更为深入的理解,还提升和发展了他们的批判性思维。

(四) 在物理规律应用过程中发展批判性思维

物理规律的应用就是引导学生基于经验事实构建物理模型,并通过分析综合、推理论证等方法深入理解物理概念和规律,并进行应用和深化。物理规律的应用场景可以是物理问题,还可以是更为丰富的生产、生活应用场景。物理规律的应用可以引发深度学习，强化实践能力，促进批判性思维的发展。

示例：利用 Tracker 软件进行平抛运动的研究(图 5－3)。

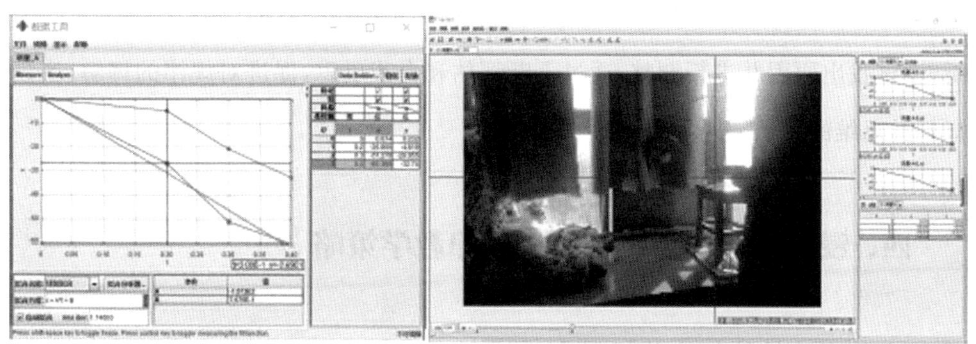

图 5－3　利用 Tracker 软件进行平抛运动的研究

实验过程：

(1) 寻找合适的物体，设置合适的场景进行平抛运动；

(2) 利用摄像设备进行拍摄；

(3) 将拍摄好的影片导入 Tracker 软件进行处理，分别绘制水平方向和竖直方向的 $v-t$ 图像；

(4) 实验预期结果：验证平抛运动在水平上为匀速直线运动，在竖直方向上为初速度为 0 的匀加速直线运动。

结论：物体在水平方向做匀速直线运动，在竖直方向做匀加速运动，合运动为曲线运动。

学生 1(实验反思)：我利用瓶盖进行实验。由于视频分辨率的问题，瓶盖比较模糊，质点选取不够清楚，导致速度和加速度图像在开始和最后有一些问题。x 轴和 y 轴的选取也可以改进。

学生 2(实验反思)：我用小球做实验，数值误差较大。分析可能有以下几点原因：拍摄角度没有正对小球；用手弹球时给了球一个略向上倾斜的速度；画面较模糊，定位坐标时产生干扰，取点较少，速度规律未完全显现；对软件的使用不够熟悉，可能导致数据处理不当。

学生在研究的过程中，还需要不断克服在实验过程中产生的困难，以便呈现出更好的实验效果。在整个过程中，学生要能够自发、投入且深度地进行学习和思维过程，始终保持批判性思维。所观察到的现象与预期不一致时，要积极主动进行分析，尝试找出原因并进行调整，通过不断评估和自我反思，促进对规律的理解，实现批判性思维的发展。

四、浸润批判性思维的物理规律教学策略

（一）真实情境与实验场景有机结合

真实情境和实验场景的有机结合可以提供丰富的学习体验，从而帮助学生提高他们的思维能力。在真实的情境中，学生主动寻找问题，分析问题背景，提出假设，分析验证，这不仅能促进学生的知识建构，提升学生的学习兴趣和动机，还能有效地培养他们的批判性思维能力。将真实场景与实验场景有机结合，将熟悉的日常生活场景作为引入新概念、新规律的起点，逐步发展学生模型建构的意识，这有助于激发学生的兴趣并建立知识与现实世界的联系。

示例：《普通高中教科书　物理　必修　第三册》第九章第四节静电的防止与利用教学。

本节课的实验通常会使用法拉第笼、起电机等装置，但这需要学生将真实场景转换成实验场景。而利用特斯拉线圈可以直接模拟自然界中真实存在的闪电，围绕特斯拉线圈设计出一系列实验（图 5－4），可以将自然界中各种真实的场景通过微缩的方式呈现在真实课堂中（图 5－5～图 5－8）。

利用特斯拉线圈将生活中闪电击中建筑物的场景搬入课堂，并围绕这一场景设置一系列问题，可以引导学生在解决实际问题的过程中逐渐进行知识和规律的建构，促进知识的深度理解，并认识物理规律的现实意义，进而培养批判性思维。

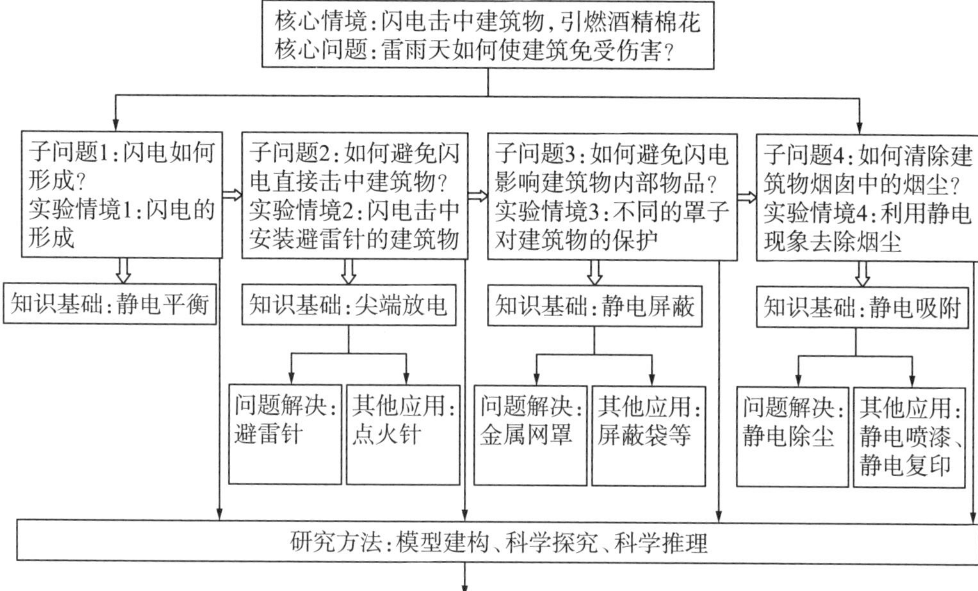

图 5-4　“静电的防止与利用”课程结构

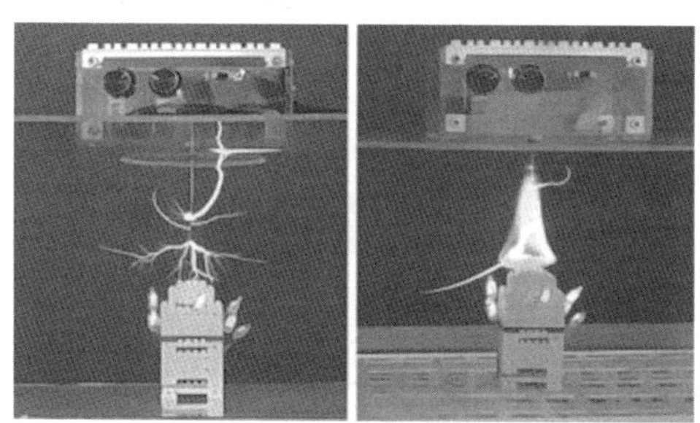

图 5-5　闪电击中建筑物及闪电引发的危害

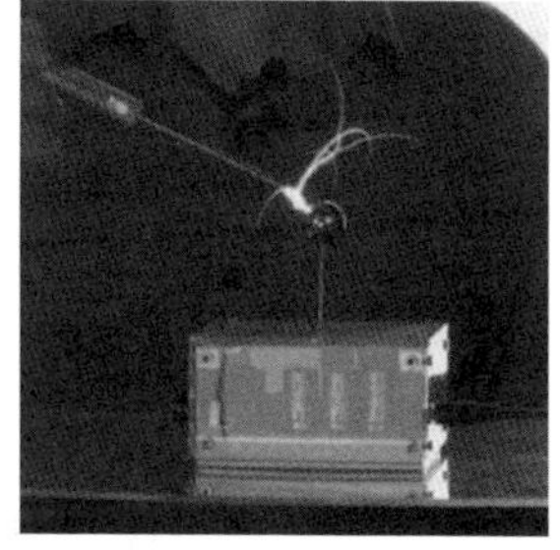

图 5-6　闪电的形成

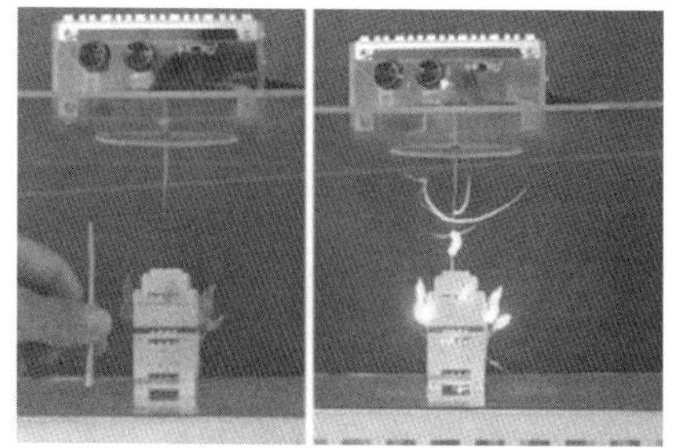

图 5-7　闪电击中避雷针

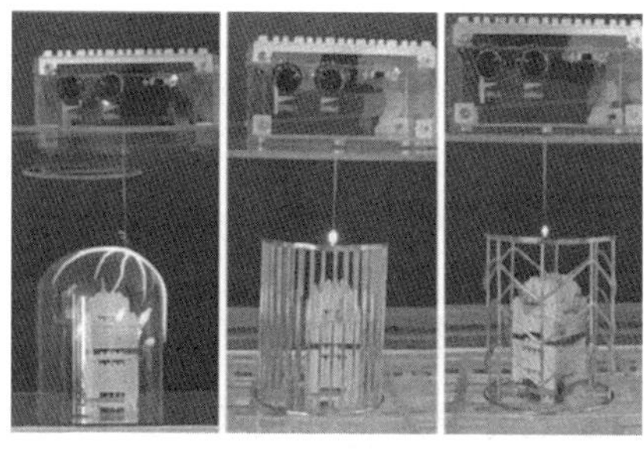

图 5-8　闪电点亮氖泡,进行静电屏蔽的演示

(二) 运用劣构问题激发全面思考

高中物理中的劣构问题通常指的是那些结构不完整、目标不明确或者具有多种解决方法的问题。这些问题能够促进学生全面思考，帮助学生深入理解物理规律。例如，教师可以创设缺少关键信息的物理问题，要求学生根据已有知识补充缺失部分并解决问题；也可以创设有多种解法的物理问题，引导学生多角度地解决问题，并进行分析对比，选择最合适的方法；也可以创设探讨某个物理原理在新技术中的应用可能性的问题，激发创新意识，培养应用能力；或者创设需要结合多个物理领域的知识来解决的复杂问题，引导学生全面、综合性地判断和分析问题，提升物理规律的实际应用能力。

示例：《普通高中教科书　物理　选择性必修　第三册》第四章第二节光电效应教学。

教学片段：光电效应现象的认识。

教师演示：如图 5－9 所示，用毛皮摩擦过的橡胶棒使得与静电计连接的锌板带负电，静电计因带负电而指针张开，用紫外线照射锌板，学生观察现象，看到指针张角闭合。

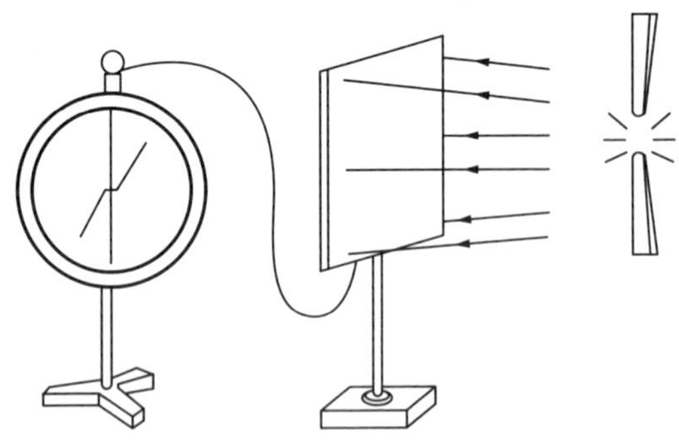

图 5－9　光电效应现象

师：发生这种现象的可能原因是什么？（开放性问题）

生 1：可能是紫外线的照射电离了周围空气，其中的正电荷中和了锌板上的电子。

生 2:紫外线的照射使锌板中的电子逸出。

师:引导学生对每种猜想进行评估、设计实验。

生 1:使与静电计连接的锌板带上正电,再用紫外线照射锌板。如果是紫外线电离了空气,那么由于空气中既有正电荷也有负电荷,其中的负电荷也会中和锌板中的正电荷,从而造成静电计指针闭合。

教师实验演示,张角未闭合。

师:这说明了什么?

生 1:前面观察到张角闭合的原因不是空气电离。

师:导致实验现象的原因是紫外线的照射使锌板中的电子逸出。

师:如果紫外线的照射能让锌板中的电子逸出,那么用紫外线照射不带电的锌板,会看到什么现象呢?

生:如果紫外线的照射能使锌板中的电子飞出,那么原来不带电的锌板会带上正电,因此会看到静电计指针因带正电而张开。

教师进行实验演示:紫外线直接照射不带电的锌板,未看到张角变化。

师:为什么没有看到我们推理出来的现象?大家讨论一下回答。

生:紫外线直接照射不带电的锌板,电子应该也能逸出,但逸出后锌板带上了正电,对电子有吸引力,之后的电子不易逸出,因此无法看到明显的现象。

在学生观察实验现象之后,提出开放性问题,不对学生进行过多限制,学生进行了高开放度的思考,提出了不同的见解。教师引导学生对物理规律进行推理论证、实验验证,推动学生理性地分析和思考,并逐步形成质疑意识。在不断自我反思和自我评估中,学生完成了物理规律的建构,也促进了批判性思维的发展。

(三)组织辩论交流提升表达能力

批判性思维能够发展交流表达能力,充分的交流表达也能反哺批判性思维的提升和发展。批判性思维能够帮助个体逻辑清晰地分析信息和论据,而有效的交流能力则使得个体能够将这些思考表达出来,与他人分享并影响他人的观点和决策。具体形式有演讲式、讨论式、问答式、辩论式等。在实际的组织过程中要引导学生:明确地进行规律的表达,用清晰简洁的语言来表达复杂的概念;关注规律表达时的逻辑结构和因果顺序;能够提供充分的证据和例证来支持自己的论点;敢于提问和质疑;善于倾听和理解。在物理规律教学的过程中要引导学生充分讨论,积极交流表达,如此才能有效激发学习兴趣,促进深入理解,提升沟通和协作能力,增强创新意识和发散性思维,进而发展批判性思维。

示例1:《普通高中教科书　物理　选择性必修　第一册》第四章第二节光的全反射教学。

讨论:光从水射向空气,可能会发生哪些现象?如果增大入射角会看到什么现象?如果入射角一直增大可能会发生什么?

生1:入射角会小于折射角。

生2:入射角增大折射角也会增大。

生3:入射角增大到某一程度,可能折射角会先到90°。

……

通过讨论问题,学生运用已有知识进行推理和论证,逐步完成关于全反射相关规律的知识建构,并在此过程中发展了交流表达与全面思考的能力,促进了批判性思维的发展。

示例2:辩论赛。

题目:核能是不是未来的理想能源?

正方:核能是高效、清洁的能源,能够产生大量的能量且不释放温室气体。

反方:核能存在安全隐患,如核事故和放射性废物处理问题,因此不应作为未来的主要能源。

辩论可以激发学生的学习兴趣,深化学生对物理概念及规律的理解。通过辩论,学生可以提高思辨能力,锻炼口头表达能力,发展相互协作能力和沟通技巧,培养质疑创新精神及批判性思维。

第三节　案例与评析

本节以“光的折射”相关章节教学为例，具体说明浸润批判性思维的物理规律教学的行动路径。

一、教学内容与思维发展关系分析

（一）《课程标准》内容分析

1.《课程标准》内容：通过实验，理解光的折射定律。会测量材料的折射率。

2. 教学目标：

（1）认识光的反射及折射现象，知道法线、入射角、反射角、折射角的含义。

（2）通过实验探究，理解折射率的概念和光的折射定律。

（3）会测量玻璃等材料的折射率，通过实验体会光线模型的构建过程。

（二）教材内容分析

教材中本节内容对光的反射知识做了简单的回顾，这部分内容学生在初中已有所学习。本节的重点是光的折射定律和折射率的测定，教学中要给予充分重视。教学中要求学生能在折射实验现象的基础上，经过分析和推理得出定性结论；再通过实验探究，分析实验数据，发现特点和规律，得出定量结论，从而培养学生科学思维和科学探究的能力。本节内容是之后全反射内容的基础。首先，教材以射水鱼为情境，引出光的折射的概念。接着，教材通过折射实验，观察入射角和折射角的大小和动态变化情况，引导学生对物理现象进行简单的推理、分析，构建物理模型；通过对数据的定量研究，得到折射定律，并介绍折射率这个反映介质光学性质的物理量。最后，教材通过一个测量玻璃折射率的实验和例题来落实折射率公式的应用，加深学生对折射率公式的理解。

（三）学生学情分析

1. 已具备的能力：折射现象在初中是作为实验现象提出来的，只是定性介绍折射角怎样随入射角变化，并没有给出折射定律。学生已具备一定的实验操作技能；对物理学的研究方法已有一定的了解；在自主学习、合作探究等方面有开展的基础。

2. 可能出现的思维障碍与困惑：

（1）探究折射定律的过程中，学生通过观察，一般仅能发现当入射角增大时，折射角会随之增大，但具体的定量关系很难看出，这就要求学生具备处理数据的能力。

（2）学生会发现折射角-入射角关系图像小角度时是过原点的直线，大角度时是曲线，说明入射角和折射角只有小角度成正比，大角度不成正比，因此，学生难以找到普适规律。

（3）采用插针法来测定玻璃砖的折射率，入射光、折射光、出射光的光路不直观，无法观察，难以确定光路。

3. 需要学习的方法：

（1）利用图像处理数据，使数据更直观，让学生知道图像法是处理数据直观而简洁的方法。

（2）探究的过程总是从简单到复杂，利用正弦函数探寻正比关系时体会猜想过程，明白物理规律总是在不断尝试、失败、再尝试的过程中得出，在猜想中体会创新思维的碰撞。

（3）学生对光路的具象化、抽象化处理，使其通过实验体会光线模型的建构过程，培养了科学推理能力。

（四）高中生认知发展特点和应对策略

高中生认知发展特点：科学研究表明，高中生的认知小部分处于形式运算阶段，大部分处于过渡阶段甚至是具体运算阶段。因此，大多数高中学生的思维习惯仍然是依赖直觉，缺乏科学的逻辑思考。

应对策略：

（1）在探究折射定律的过程中，利用比例推理的方法，设计问题链，引领学生思维从简单到复杂，找到存在正比关系的角度函数。从“会猜想”“会质疑”到“会对比”“会论证”，促进思维碰撞，使学生养成逐步分析问题的习惯，培养和提升学生思维水平和推理能力。

（2）利用演绎推理的方法，设计问题链，驱动学习活动，引导具身体验，引领学生对光路的具象化、抽象化处理，使学生通过实验体会光线模型的建构过程，培养学生的科学推理能力，激发学生学习物理的兴趣，培养学生的科学素养。

二、基于核心素养的教学目标的制订

（一）物理观念

1. 知道常见的光的折射现象，了解界面、法线、入射光线、折射光线、入射角和折射角等概念。

2. 理解折射定律和折射率及其物理意义，明确不同介质的折射率是不同的。

3. 知道光在不同介质中的传播速度不同，理解折射率 n 跟光在真空中的传播速度 c 和光在介质中的传播速度 v 的关系。

（二）科学思维

1. 会利用光路图形象地表示光的折射现象，领会几何规律在光学中的应用。

2. 会利用分析综合、推理论证等方法得到折射定律。

3. 基于事实证据和科学推理，对不同介质所对应的不同的正弦之比提出质疑和批判。

(三) 科学探究

1. 会利用激光光学演示仪显示光路，会在光具盘上直接读出入射角和折射角，发现折射角与入射角之间的定量关系，归纳总结出折射定律。

2. 能根据图像斜率不同，归纳出折射率的物理意义，提升处理数据的能力。

3. 理解插针法测玻璃折射率的原理，能与同学交流合作，完成实验操作。

(四) 科学态度与责任

1. 在实验和数据处理过程中，做到认真规范，养成实事求是的科学态度。

2. 能根据光的折射原理认识一些具体实例的科学本质。

3. 通过玻璃砖创新实验，感悟创新思维和质疑精神的重要性，培养批判性思维。

三、教学重点、难点与教学策略设计

(一) 基本设计理念

教材中的“测定玻璃砖的折射率”学生实验教学要求教师在完成折射定律、折射率教学内容后进行，共一个课时。这给教师的教学及设计带来巨大挑战。以核心素养为目标，通过任务分解、情境创设和问题设计，教师可以将“光的折射”的素养目标落实到具体的学习活动中。在本节内容的教学中，采用激光光学演示仪实验，让学生切身感受到光的折射。学生通过激光光学演示仪，读出入射角和折射角，利用计算机对入射角和折射角之间的数据进行分析，得出折射定律。这能充分培养学生的动手能力、数据分析能力，把科学探究真正落到实处。教师要创设情景，精心设计问题，引导学生积极思考、讨论，在自主解决问题的过程中构建新概念、新规律；利用演绎推理的方法，通过创设适切的情境，设置逻辑清晰、结构严密的问题链，积极引导学生具身体验，在问题的思考、理解和解决方案的设计修正中，使学生真正理解为什么采用插针法以及如何插针来测量玻璃砖的折射率。

（二）教学重点、难点

重点：理解折射定律、折射率的概念及其物理意义。

难点：理解折射率的概念、插针法的实验原理，寻找入射光、折射光、出射光的光路，会通过实验测定玻璃的折射率。

（三）主要教学方式及策略

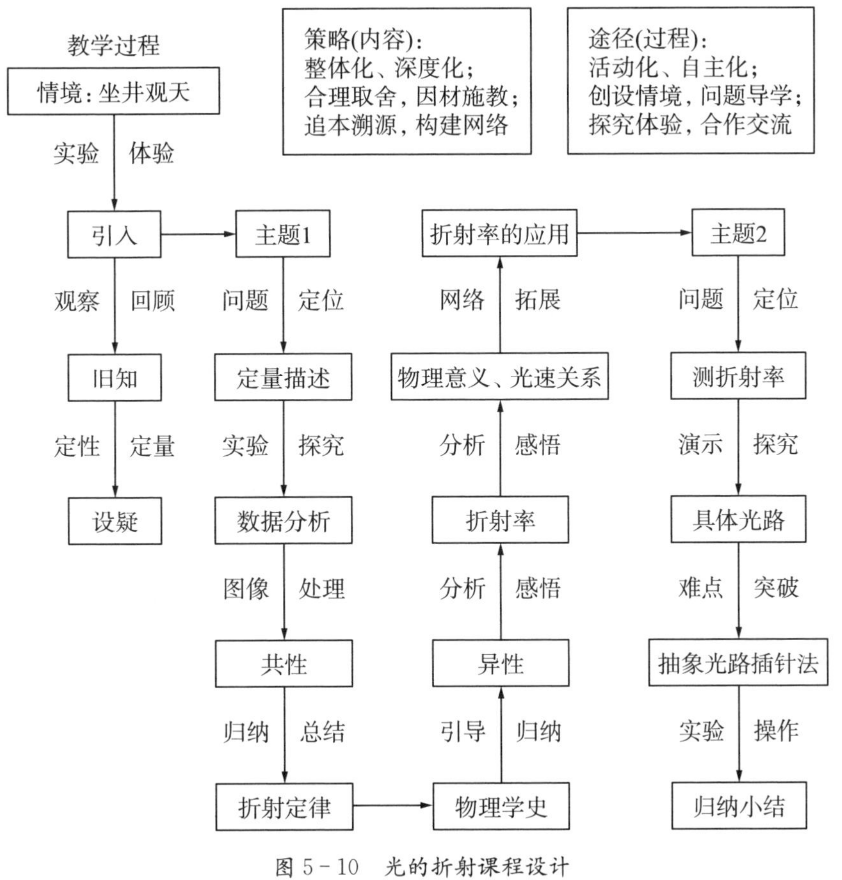

图 5-10　光的折射课程设计

方式：以科学推理和实验探究相结合的教学模式实施教学。

策略：实验演示、任务驱动、设置问题链、交流合作。

四、教学过程

(一) 体验与感知

情境 1(演示实验):模拟“坐井观天”,利用手机实时投屏展示青蛙在枯井和水井中看到的天空的景象,引导学生观察边界处星星的变化。

问题 1:有什么变化? 是什么现象造成的?

[教师活动]介绍实验装置,引导学生观察边界处星星的变化,提出问题。

[学生活动]仔细观察并回答,复习讨论回顾。

设计意图:学生在初中物理的学习中,对折射的概念已经有所了解,但对折射的本质还不清楚,再次引导学生思考产生折射现象的原因。

学生发展:通过学生的亲身体验与生活感知,建立新、旧知识的联系,让学生在批判性思考的过程中不断优化形成系统化的知识结构。

情境 2:演示激光在半圆形玻璃砖内部的折射情况;保持玻璃砖不动,转动激光光学演示仪,增大入射角。

问题 2:以上我们讨论的仅是折射角和入射角之间的定性关系,它们之间有什么定量关系呢?

[教师活动]引导学生复习回顾初中有关光的折射现象的规律。

[学生活动]边找界面、法线、入射光线、折射光线,边归纳总结初中折射规律。

设计意图:通过演示实验帮助学生回顾已学知识和熟悉器材,对后续实验进行操作引导。

情境 3(定量实验):探究光的折射遵从的规律,归纳出折射定律(一半同学的介质为半圆形水柱,一半同学的介质为半圆形玻璃砖,光源为激光,如图 5-11、图 5-12 所示)。

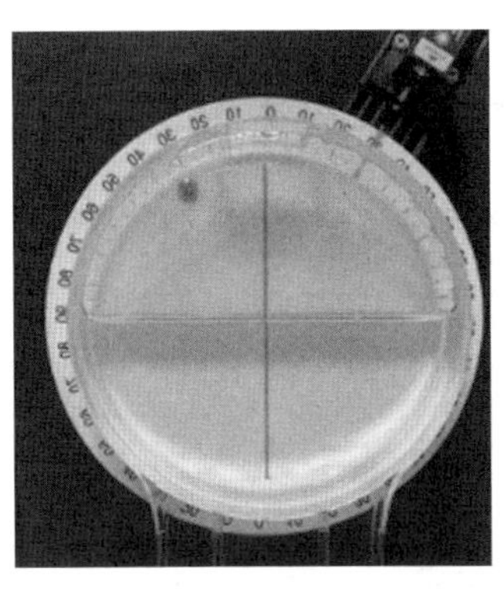

图 5－11　观察光在水中的折射

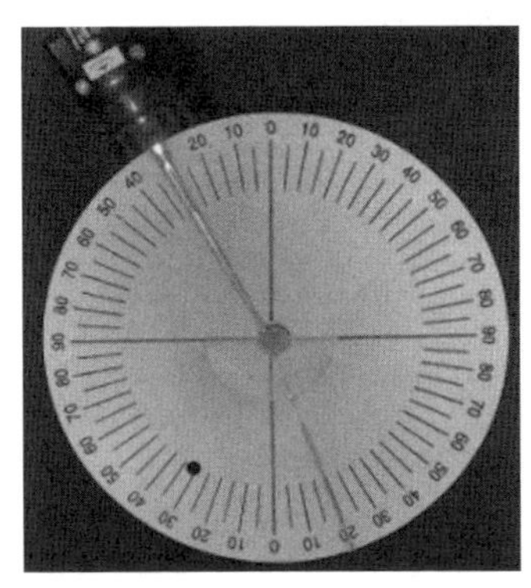

图 5－12　观察光在玻璃中的折射

问题 3:观察介质为玻璃的小组的测量数据,你觉得入射角与反射角之间有怎样的定量关系?

[教师活动]引导学生观察器材,强调探究的是光从空气射入介质的情况。

[学生活动]设计出实验方案以及记录实验数据的表格。

问题 4:如何直观简洁地分析实验数据呢?

[教师活动]引导学生利用图像分析数据。

[学生活动]寻找处理数据的方法。

问题 5:观察图像,你发现了什么?

[教师活动]引导学生分析图像特征,若图像不够简洁,则继续寻找方法。

[学生活动]领会折射定律的探究过程和探究方法。

设计意图:通过引导,不断启发,帮助学生找到定量研究的方法。利用探究过程培养学生科学思维和科学探究的能力。

学生发展:通过激光光学演示仪,切身感受光的折射。通过激光光学演示仪,读出入射角和折射角,利用计算机对入射角和折射角的数据进行分析,得出折射定律,充分培养动手能力、数据分析能力,把科学探究真正落到实处。通过体验,探究折射角与入射角的定量关系,思考如何整理、处理各类信息。在自主解决问题的过程中构建新概念、新规律,不断修正和深化自己的理解,从而培养出独立思考和批判性思维的能力。

情境4:观察玻璃砖的构造及激光通过玻璃的光路(图5-13、图5-14)。

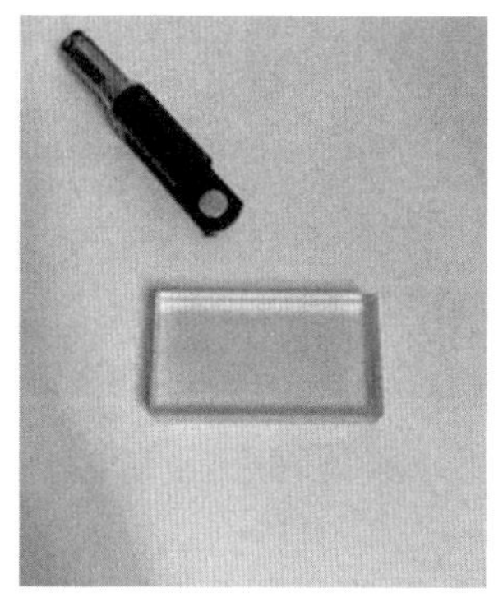
图5-13　激光光学演示仪与玻璃砖

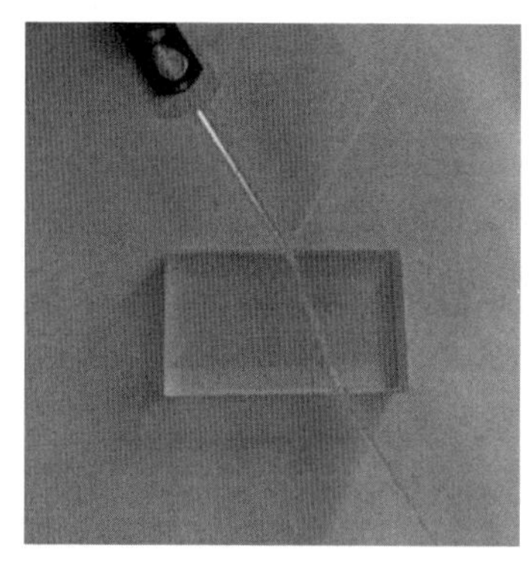
图5-14　激光演示玻璃砖中折射光路

问题6:如何通过图5-14所示的光路图测量折射率?如何操作?操作中会遇到哪些问题?

[教师活动]拍照上传投屏展示学生用激光呈现的光路图。

[学生活动]观察玻璃砖的构造,以及不同入射角的激光束照射玻璃砖光学面通过玻璃的光路,思考问题。

问题7:如果没有激光光源,我们又如何通过玻璃砖观察光线通过玻璃砖折射后射出的整个光路?

设计意图:由于插针法中光路不可见,学生对于玻璃砖内的光路没有清晰的概念,故让学生利用激光笔的光束具身体验光线通过玻璃砖折射后射出的整个光路。这样做不仅可以明显地呈现光路,而且能较为直观准确地辨别三种光线及找到入射点和出射点、入射角和折射角,为插针法做了较好的铺垫。

情境5:透过大玻璃砖观察红色吸管。自制教具:玻璃砖,长25 cm,宽8 cm,高10 cm(图5-15);不同颜色高20 cm的吸管四根,垂直插在鸡毛毽子的橡胶底座上(图5-16)。

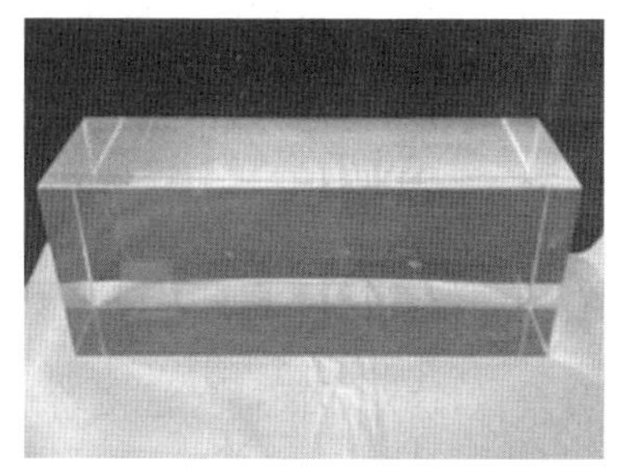

图 5-15 玻璃砖

图 5-16 鸡毛毽子的橡胶底座

问题 8:请分别位于玻璃砖前左、中、右方向的三位同学说出看到的现象。

问题 9:为什么不同位置看到的现象不一样?

[教师活动]为了让全班同学都能感受到明显现象,老师用手机代替眼睛,移动手机摄像头,从左到右投屏展示物体通过玻璃砖折射成像与物的空间位置关系现象(图 5-17、图 5-18、图 5-19)。

图 5-17 偏左侧观察

图 5-18 居中观察

图 5-19 偏右侧观察

[学生活动]跟随教师进行观察,重现前面三位同学所观察到的实验现象,并尝试完整复述所观察到的现象,分析所观察到的现象背后的物理原因,分析出如何基于所观察到的现象构建出光线模型。

设计意图:构建光线模型。学生从左、中、右不同位置透过玻璃砖观察物体,能明确看到露出玻璃砖部分是物,透过玻璃砖部分是像,这对后面插针法实验步骤中"大头针挡住物还是像?"这一问题的解答起到了铺垫作用。不同的现象意味着进入眼睛的光线不同,让学生体会了有很多条入射光线进入玻璃砖,通过不同的光路,最后从不同的位置射出。

学生发展:一是让学生意识到,即使不使用激光,其他的方法也可以提供穿过玻璃砖的光线,提升学生创造能力。二是让学生意识到来自物体的光线有多条,而实验仅需一条光路,进而可以思考如何确定一条光路。由此,学生的思维从直观的激光光路过渡转化到抽象的不确定的光路,完成了光线模型的构建。

(二) 质疑与假设

情境1:探究折射定律。根据图5-20,发现小角度时入射角和折射角角度关系图像是过原点的直线,大角度时是曲线,表示入射角和折射角只有小角度成正比,大角度不成正比。

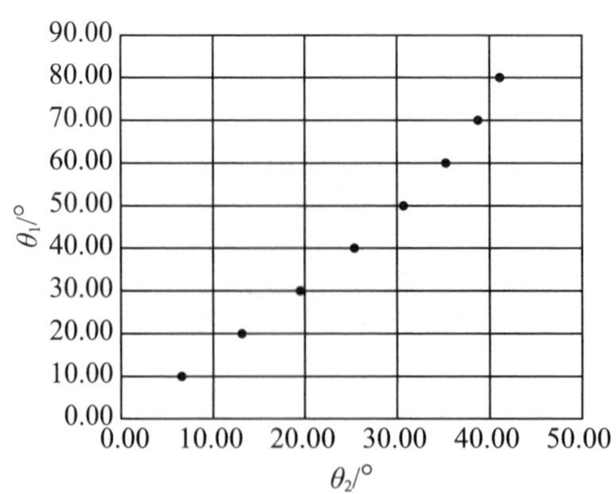

图5-20 玻璃砖中入射角 θ_1 和折射角 θ_2 角度的关系

问题 1:能不能通过其他特殊的函数关系让这个图像更加简洁呢？观察图 5－21 和图 5－22,你得到了什么规律？

[教师活动]启发学生寻找三角函数,引导学生用语言表述折射定律。

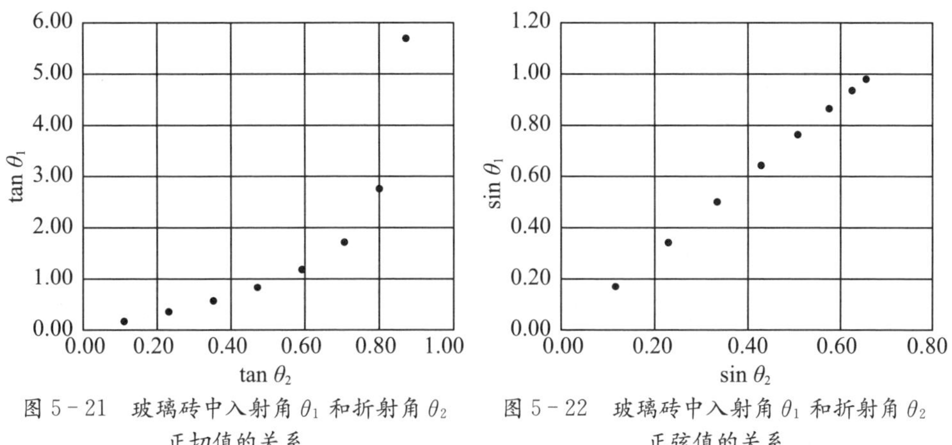

图 5－21　玻璃砖中入射角 θ_1 和折射角 θ_2 正切值的关系

图 5－22　玻璃砖中入射角 θ_1 和折射角 θ_2 正弦值的关系

[学生活动]找到使图像最简洁的函数。

情境 2:探究折射定律。

问题 2:介质为水的小组收集的数据(图 5－23),是否遵循与玻璃同样的规律？

问题 3:我们把两组数据正弦值的关系画在同一张图像(图 5－24)上,有何不同？为何不同？

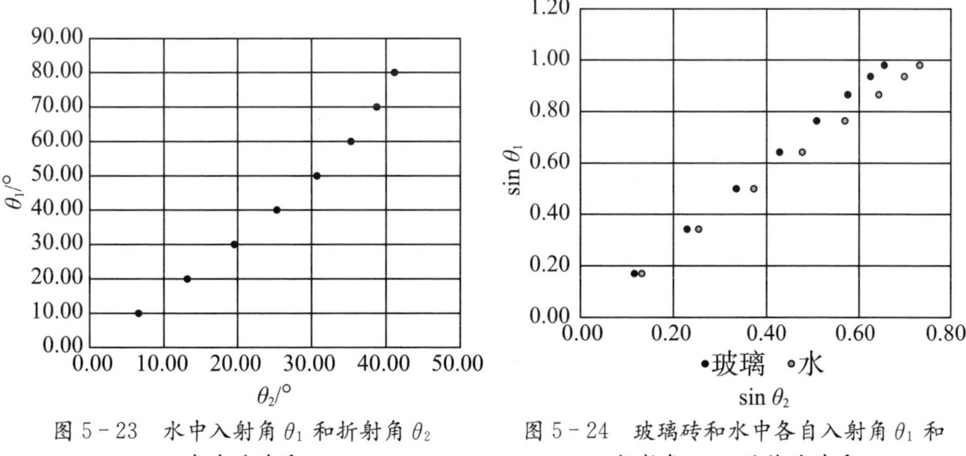

图 5－23　水中入射角 θ_1 和折射角 θ_2 角度的关系

图 5－24　玻璃砖和水中各自入射角 θ_1 和折射角 θ_2 正弦值的关系

[教师活动]给两组数据添加一下趋势线以及表达式,引导学生继续观察,归纳总结出折射率的概念及物理意义。

[学生活动]观察图 5-24,发现两种介质图像的斜率不同,提出质疑,分析讨论为何不同。

设计意图:学生很可能会将折射角和入射角的角度进行比值分析,此时应引导学生得出直观简洁分析数据的方法——图像法。利用电子表格软件做散点图,发现小角度时两者成正比,大角度时两者不成正比。引导学生利用正弦值之比,从而培养学生质疑和创新的意识,并提升其推理能力。

学生发展:全面分析实验数据,通过观察、类比,注重科学本质,发展批判性思维能力,激发质疑创新的精神,体会科学探究的艰辛。

(三) 推理与论证

情境 1:探究折射率。在入射角相同的情况下,将光从空气射入水和玻璃的折射情况画在同一图像(图 5-25)中,观察光路。

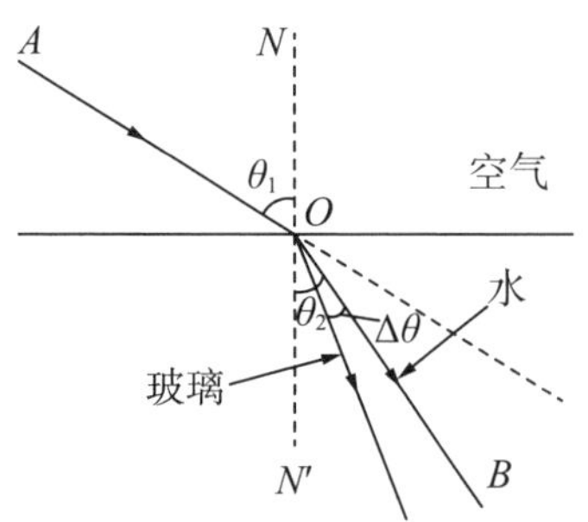

图 5-25 玻璃和水中的折射光路

问题 1:折射率大的光路表明了什么呢?

[教师活动]引导学生对玻璃砖和水中的折射光路做比较。

[学生活动]画图,分析折射率的物理意义。

情境 2:探究折射率。阅读教材中关于折射率的内容,关注折射率的物理意义、绝对折射率、折射率与光速之间的关系。

问题 2:阅读以上资料,判断:折射率和光速之间有什么关系呢?光在玻璃中的速度大,还是在水中的速度大呢?

[教师活动]介绍几种不同介质的折射率。

[学生活动]理解折射率是反映介质光学性质的物理量,理解折射率大小的含义。

设计意图:通过对比光在玻璃和水中的折射光路,引导学生体会并理解折射率大小的含义及其物理意义。通过阅读教材,引导学生理解光发生折射现象的本质原因。观察不同的介质的折射率,培养学生通过使用简单和直接的数据表达自己观点的能力。

学生发展:运用科学推理等思维方式,对实验现象进行分析,形成实证意识,培养推理能力,发展高阶思维。

(四) 分析与评估

情境 1:具象光路——可视化入射光线:邀请一位学生将第二根绿色吸管放置于红色吸管前方,并透过大玻璃砖从左至右观察,描述所见现象。摆放在桌面上玻璃砖同侧的两根不同颜色的吸管,他们的水平连线相对光学面成一定角度,在某一特定位置,透过玻璃砖观察到前面的绿色吸管遮住了后面的红色吸管(图 5-26)。

图 5-26　利用吸管实现入射光线的可视化

问题 1:在某一特定位置,透过玻璃砖观察到前面的吸管遮住了后面的吸管的现象说明了什么?

[教师活动]教师移动手机摄像头,从左至右通过投屏展示观察到的现象,确保

全体同学都有直观感受。

[学生活动]理解插针法的原理。

设计意图：激活学生思维，当仅能看见前面的物体时，说明另一物体的像被遮挡，由此可推断两物体的入射光线经过折射之后，进入眼睛的光线位于同一光路上。

情境 2：具象光路——可视化出射光线。

问题 2：是否可以通过放置第三根不同颜色吸管来找出进入眼睛的出射光线？

[教师活动]指导学生放置第三根黄色吸管。

[学生活动]思考吸管摆放位置。

设计意图：经过前面的物与像的体验与引导，以及确定一条入射光线的体验，学生应自然而然地想到，在玻璃砖的透光一侧放置第三根吸管，当它能遮挡前面两吸管的像时，表明三根吸管处于同一光路上（图 5 - 27）。

图 5 - 27　三根吸管模拟光路

情境 3：具象光路——可视化折射光线。

问题 3：如何找到折射光线？

[教师活动]引导学生思考，若移除玻璃砖，则界面消失，无法绘制法线、入射角和折射角。因此，必须在实验开始前先行记录两界面的位置。

[学生活动]继续探究折射光线的寻找方法，如：延长入射光线和出射光线，分别交于上界面和下界面找到入射点和出射点，连接入射点和出射点。

设计意图:参考入射光线的确定方法,仅依靠一根吸管无法确定出射光线的位置,因此需要摆放第四根吸管,并确保它能够同时遮挡住第三根吸管,以及第一根、第二根吸管的像(图5-28)。把抽象的光线具象化,基于光在均匀介质中沿直线传播及两点成一线的基本原理,通过精心设计的问题链,以实验现象为依据,运用演绎推理的方法,使学生通过具身体验光的传播路径的探究,形成对光线通过玻璃砖传播的深度理解和深刻印象,从而有效促进学生的概括、抽象及推理能力的提升。

图5-28　四根吸管模拟光路

学生发展:运用演绎推理的方法,通过创设适切的情境,设置逻辑清晰、结构严密的问题链,积极引导学生具身体验。在问题思考、理解和解决方案的设计修正中,使学习者真正理解使用插针法来测量玻璃砖折射率的原因。这不仅锻炼了学生的观察、分析、讨论、对比及归纳等能力,还提升了其科学推理的能力,激发了学生学习物理的兴趣,培养了学生的科学素养。

(五) 综合与创新

情境1:测量玻璃砖的折射率。介绍折射率是食品生产中常用的工艺控制指标,测定乳清的折射率可以了解牛乳是否掺水或变质,甚至可以用折射率来鉴定商家是否用水晶、玻璃仿制钻石。因此,学会测量折射率具有现实意义。

问题:如果利用插针法进行玻璃砖折射率的测定,存在的主要问题是什么?如何改进?如果没有量角器,仅借助直尺是否可以求出玻璃砖的折射率?

[教师活动]与学生讨论，共同设计实验步骤，落实插针法实验的规范和注意事项。

[学生活动]通过观察对比大头针和吸管的粗细，认识到大头针可以用来代替吸管，并且精确度更高。

设计意图：上述问题均为探究性的、具有挑战性的问题，能够激发学生的深度思维。这种一步一步逻辑分析的过程，也能提高学生推理分析的能力。

情境 2：作业布置。

(1) 解释枯井与水井中的青蛙所看到天空不同的原因，并绘制光路图。

设计意图：首尾呼应，从现象上升到具体的理论层面。

(2) 探讨如何减小插针法测玻璃砖折射率实验中的误差，并探寻其他方法进行实验或进行数据测量和处理。

设计意图：对插针法实验的进一步思考，旨在进一步规范操作、分析误差，是个开放性问题，鼓励学生课后充分研讨，培养学生的分析能力和创新能力。

(3) 上网搜索费马原理，从另一个角度理解光的折射定律，感受物理学的简约之美。

设计意图：为有能力和兴趣的同学提供的拓展学习，旨在感受物理学独特的美，包括公式的简洁、逻辑的自洽以及适用于万物的普遍性。

五、板书设计

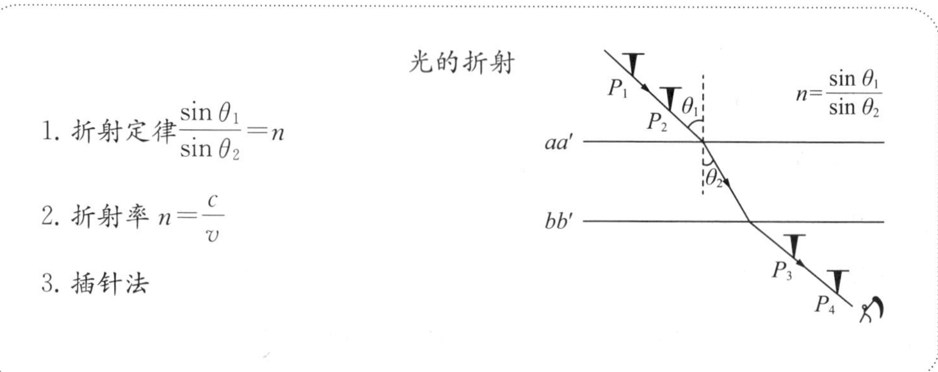

六、评析

(一) 对案例的反思

本节课是典型的实验与规律相结合的课程实例,新教材对于“测定玻璃砖的折射率”学生实验教学的安排,要求教师在完成折射定律、折射率教学内容后进行,共一个课时。这给教师的教学及设计提出了极高的要求,不仅实验要求高,课堂容量丰富,而且思维难度较大。为此,需要有效调动学生学习的积极性,明确研究目标,确保学生在任务驱动下进行有目的、有意义的探究活动。

本节课教学内容实现了整体与局部的统一,教学过程以活动为中心,教学主体是一个个学生,充分体现了新课程的理念。从定性分析到定理的形成、折射定律的得出(数据的处理否定之否定),从最初考虑使用激光测定的方法到最终确定插针法,学生通过理论与实验并行的科学探究,以一系列问题为线索,突破重难点,促进了科学思维的发展,在活动中培养了科学责任与态度,突出了学科核心素养。在物理课堂上,学生的思想经历了微妙的变化,有效践行了新课程实践育人的理念。学生在经历阅读、操作、体验、思考、感悟、交流和合作的过程中,关键能力和必备品格得到了显著提升。

新课程开发始于核心素养的研究与提炼,若我们对概念的理解模糊不清、理论基础薄弱,则改革将偏离方向,陷入误区。学科核心素养是学生核心素养的具体体现。多年以后,学生们或许只能记起玻璃砖和吸管,但他们带走的是前进的方向、思维的火花以及勇往直前的精神。学科核心素养是学科教育的灵魂,它将党的教育方针具体化、细化,落实立德树人的根本任务,旨在培养全面发展的人,适应终身发展和社会发展,提升 21 世纪国家人才的核心竞争力。

物理蕴含着深奥的道理,值得我们去探索。物理并非一门冰冷的学科,而是充满生命力的学问。它是自然法则的无声表达,是观察真实世界的独特视角。物理有其独特的美,美在公式的简洁,美在逻辑的自洽,美在用之万物皆准。一节课堂结束，应当给学生留下这样的印象：遗忘了知识与内容，留下了能力与品格；淡化了习题与分数，掌握了工具与本领；褪去了青春与记忆，再生了智慧与创新。

（二）物理规律教学中融入批判性思维的体现与教学建议

在本节课的教学实践中，学生需要通过对“坐井观天”这一生活场景的深入分析，整合已有知识，结合个人的体验和感知，建立新、旧知识之间的联系，逐步优化自身的知识结构；通过玻璃砖以及水的折射实验，结合数学知识的综合应用，完成从对折射规律的定性理解到定量理解的转变过程。通过实际参与的实践活动，学生不断优化实验设计与操作，持续进行自我质疑和自我修正，并通过推理，创造性地归纳出折射现象符合折射定律这一物理规律。在整个学习活动中，学生经历了创设物理规律情境，发现探究物理规律，认识理解物理规律，应用深化物理规律等环节，这些过程深刻体现了批判性思维中的系统性、逻辑性、准确性、反思性、开放性以及客观性等思维品质。

为了使物理规律教学更加充分地融入批判性思维，教师应该重视综合性情境的创设，促进学生全面多角度地思考问题，高效调用已有的知识体系；引导学生理性地、精确地进行规律的分析和推导，科学地认识和理解物理规律；要设计适切的应用场景，指导学生准确地运用物理规律。

第六章

浸润批判性思维的物理实验教学

本章导读：实验是物理学科的基础，在物理教学中占据核心地位。那么，如何在物理实验教学中发展学生的批判性思维呢？本章内容为解决这一问题提供了参考。本章首先阐述了批判性思维与物理实验教学的关系，并构建了浸润批判性思维的物理实验教学水平划分表；然后通过剖析物理实验教学中存在的问题，提出了在物理实验教学中基于批判性思维培养的问题链教学模式，并给出了具体的示例；最后通过“光电效应”的具体案例，展示了批判性思维在物理实验教学中的应用，并对案例进行评析，提供了切实可行的教学参考。

批判性思维是对思维展开的思维，我们进行批判性思维是为了考量我们自己（或者他人）的思维是否符合逻辑，是否符合好的标准。

——布鲁克·摩尔

第一节　批判性思维与物理实验教学的关系

一、物理实验与物理实验教学价值

（一）物理实验

陶洪（1996）在其《物理实验论》中指出，物理实验是物理研究者根据研究目的，使用科学仪器和设备，按预先设想的进程展开，以探究物理过程中的变化规律的科学活动。《中学物理实验教学与自制教具》中指出，物理实验是在受控的条件下，物理研究者使用相关的实验仪器、设备等，重现物理现象，进行有目的的观测研究的方法。高中物理实验是在物理教学中，教师或学生根据相关的物理实验目的，使用实验器材，在高中物理实验课堂中或课外，用来观察物理现象、探究某些物理规律或者验证已提出的规律，以达成高中物理教学目的的教学实践活动。实验不仅是物理学科发展的重要基石，也是物理教学中不可或缺的关键环节，为学生开展探究活动提供了重要平台，其中蕴含的设计原理与科学思维更是促进学生能力发展的宝贵资源。

密立根曾形象地指出，科学用两条腿走路，一条是理论，一条是实验，有时一条腿走在前面，有时另一条腿走在前面，但只有两条腿并用，才能进步。回顾物理学史，许多重大的物理发现都以实验为基础，实验亦成为检验物理理论正确与否的重要途径。在中学物理教学中，通常以实验为基础来开展物理概念与规律的教学，这样的教学不仅契合物理学本身的发展逻辑，也为学生创设了实践探究的环境，对于学生创新精神与实践能力的培养十分有益。同时，这也是物理实验的独特育人价值的体现。

(二) 物理实验教学价值

1. 培养实验技能

物理实验能够培养学生的实验技能。在实验过程中,学生需要掌握实验仪器的使用方法,学会观察、测量和记录实验数据,理解误差分析和实验结果的处理。这些技能不仅在物理学科中重要,也对其他学科的学习和未来的工作生活具有重要的应用价值。然而,教师往往偏重理论教学而忽视实验活动,导致学生动手实验机会较少,动手能力较弱。动手操作是实验最基本的特征,通过肢体动作,流畅、准确地完成实验所需的操作即实验操作技能。学生通过对基本操作的准确理解、协调训练,以达到自动化的程度,从而熟练掌握实验操作技能。实验操作技能需要借助实验仪器等外部工具,同样需要大脑在已有的知识整合后,对身体某些部位下达有序的操作指令,完成外显的操作动作。在实际操作过程中,每个活动的动作都必须实际执行,不能省略或简化。熟练的操作技能可以使动作更加连贯、迅速和协调。物理实验技能是顺利完成物理实验任务的一种活动方式,它涵盖了物理实验心智技能和物理实验操作技能两个方面。物理实验操作技能,又称物理实验动作技能,是技能的一种,需要练习和巩固,但它需要以知识和经验为基础,最终形成自动化、流畅的动作活动方式。初次接触物理实验操作技能时,人的注意力主要集中在完成外显的操作动作上,随着不断练习,熟练掌握多种操作动作后,注意力更多地转向内在心智技能的发展,这符合不同操作技能的形成过程。物理实验技能的形成是一个逐步提高的过程,从见识到学会、从掌握实验技能到掌握实验技巧,最终上升到设计实验的层次。

2. 塑造科学态度

物理实验要求学生具备严谨的科学态度。在实验过程中,学生需要保持客观、实事求是的态度,尊重实验数据,不篡改或伪造数据。同时,学生还需具备勇于探索、不惧失败的精神,通过不断尝试和改进,优化实验效果。这种科学态度的塑造对学生未来的学习和发展具有深远影响。物理学史中的著名实验对于促进学生主动发展具有很高的教育价值。例如,在自由落体实验教学中,要让学生了解伽利略对自由落体运动的研究不仅推翻了亚里士多德的错误观点,得出了自由落体运动的正确规律,而且为科学界探索出了一套科学研究方法:发现问题—观察—提出假设—数学及逻辑推论—实验验证—合理外推—得出结论。在电磁感应实验教学中,要让学生了解法拉第从小就刻苦学习,勤学好问,从立志研究“磁生电”开始,经过 10 年的不懈努力,最终发现了电磁感应现象及“磁生电”的条件。这些实验史实增强了学生的情感体验,实现了实验的教育价值。实验蕴含着美妙的物理思想和奇妙的研究方法,在实验教学过程中要引导学生体会、总结和提炼所做的实验中包含的物理思想和使用的研究方法,培养学生优秀的思维品质和正确的工作方法,引领学生享受物理的情与趣,欣赏物理的妙与美。

3. 促进问题解决

物理实验中蕴含着一系列待解决的物理问题,这些问题涉及实验方案的设计、实验仪器的选择、实验现象的观测、实验数据的分析等多个方面。每一个实验环节的推进都伴随着一个或几个实验问题的解决,实验进程实质上就是一系列物理问题的解决过程。物理实验问题的解决成了物理实验进展与突破的关键,现实中一些物理实验难以推进往往是因为遇到了关键问题的“瓶颈”。由此可见,从物理实验问题解决的角度研究物理实验,不仅符合物理实验研究的实际情况,还有助于物理实验的创新与发展。在高中物理学科核心素养与能力的培养中,问题解决能力的培养始终占据重要地位,由此衍生出许多关于问题解决能力培养的教育理念与教学模式。例如,乔纳森的将问题解决视作教育唯一的真正目标的问题解决理论,以及在多学科教学中广泛采用的 PBL(Project-Based Learning,项目式学习)教学模式等,都强调了问题解决对于学生科学素养培养的重要性。物理实验中丰富的物理问题为学生问题解决能力的培养提供了宝贵的素材,不仅有助于学生问题解决能力的提升,更对激发学生科学探究的积极性与自主性大有裨益。

依据乔纳森的问题解决理论审视物理实验问题的解决过程,有助于明确“物理实验问题解决”的深刻内涵与广泛外延。问题解决不仅贯穿于我们的学习中,更渗透到我们生活与工作等实践领域中,不论是学校的正规教育还是终身教育理念下的非正式学习,都强调问题解决的重要性。在乔纳森的问题解决理论中,问题解决甚至被视为教育唯一的真正目标。问题解决在教育领域的价值启示教育工作者们对此进行具体而深入的研究,以支持教育领域的持续创新与发展。

4. 激发创新意识

《课程标准》中多次强调创新物理实验教学方式,重视学生创新能力和创新精神的培养。批判性思维尤其强调独立思考和创新,因此,创新意识的激发与批判性思维的培养相辅相成。变革性技术产生的核心原因大都是原理层面的突破,而非技术层面的改良。这种变革依赖于对物理学基本原理的深入发掘和持续探索,来源于实践中的批判、批判中的创新以及创新中诞生的理论创新。在实验过程中,学生会遇到各种未知情况,需要发挥创造力解决问题。同时,学生还可以通过实验验证自己的想法和假设,进一步激发创新潜能。

5. 弘扬科学精神

物理实验能够弘扬科学精神。科学精神包括求真务实、开拓创新、怀疑批判、协作共赢等方面。在物理实验中,学生通过观察、分析和总结实验结果,逐渐认识到科学知识的确定性和普遍性,从而培养出求真务实的态度。同时,学生在实验过程中体验到科学研究的艰辛和乐趣,培养出开拓创新的精神。此外,物理实验要求学生具备怀疑批判的态度,不盲目接受现有的知识,勇于提出个人见解。物理学的发展史,是一代代物理学家孜孜不倦、追求真理的发展史,每个物理发现的背后,都有物理学家锲而不舍的故事。将物理学史融入实验教学中,在传授物理学知识的同时传承科学精神,关注科学精神对学生学习目标、生活目标及个人意志品质的影响。

6. 提升协作能力

在一个群体中，个人的行为或思想会受到他人及环境的影响，与独自一人时的表现有所不同。协作学习是一种有效的教学实践形式，既能帮助学生获取知识，又能促进协作技能的发展。良好的协作活动设计不仅能够帮助学生掌握知识，还能帮助他们掌握在未来生活中所需的社会互动技能。物理实验通常需要团队合作完成，学生在共同完成实验的过程中可以提高协作能力，培养协作共赢的精神。通过合理的分工、相互配合、有效的沟通等途径，学生可以学会在团队中发挥自己的作用，提升团队协作的效率和质量。这种协作能力的提升不仅有助于提高学生的学习效果，也有助于培养学生的组织协调能力和领导能力。在实验教学中，团队合作对于实现课堂教学目标至关重要。学习者通过合作探究问题或实验主题，促进其进行批判性和创造性的思考，从而提高大家解决复杂问题的能力。在合作中，学生有机会分享自己的知识和资料，这对于实现教学目标至关重要。学生围绕实验进行交流、探讨、辩论，团结协作，共同完成分配的任务，最终每个小组进行分享展示，以达到教学目的。在这个过程中，学生的协作能力和问题解决能力得到了显著提升。

二、批判性思维在高中物理实验教学各环节中的浸润

在当今时代背景下，培养具备批判性思维的创新型人才显得尤为重要。实验教学作为教育的重要组成部分，不仅是学生获取知识的有效途径，更是培养批判性思维能力的关键场所。批判性思维是一种理性、独立、反思性的思维方式，它能够帮助学生对所接受的信息进行深入分析、评价和判断，进而形成自己独特的见解。在实验教学中应用批判性思维，学生能够更加理性地分析实验目的、原理和方法，设计出更加科学合理的实验方案，并在操作过程中不断反思和改进，这无形中提升了学生的实验设计和操作能力。批判性思维使学生能够多角度、多层次地分析问题，找到问题的本质和关键点，提出有效的解决方案，提高学生的问题解决能力。

批判性思维鼓励学生敢于质疑、挑战权威，从而激发学生的创新精神和创造力，推动他们在实验中拓展内容，探索新的方法和思路，依据自己的兴趣和特长进行实验创新和探索。批判性思维旨在评估、分析和改进思考过程，从而得出更为客观、合理的结论。它强调独立思考，不盲目接受他人观点，而是通过对证据和论证的审视来形成自己的判断。在高中物理实验教学的各个环节中融入批判性思维，有助于提高学生的分析、判断和解决问题的能力。通过审视实验目的、分析假设合理性、评估实验方法、反思数据收集方法、探究误差来源、分析实验结果以及验证结论合理性等多个方面的措施，不断优化实验方案，提高实验的准确性和可靠性。

(一) 实验设计环节中浸润批判性思维

在物理实验教学中，实验设计是至关重要的环节。批判性思维在物理实验设计中发挥着重要作用，学生需要运用批判性思维对实验方案进行评估和改进，以确保实验的可行性和准确性。批判性思维有助于学生在实验设计过程中发现潜在问题，并提出切实可行的解决方案。例如，学生可以通过对实验原理的深入理解，提出改进实验方法或优化实验装置的建议，以提高实验的测量精度。

1. 质疑已有理论和实验方法

在准确理解实验原理的基础上，指导学生分析误差来源，对实验原理进行优化和完善，以消除系统误差，提高实验精度。例如，在教材关于牛顿第二定律的探究实验中，平衡小车的摩擦力之后，以小车为研究对象，以槽码的总重力替代牵引力，作为小车运动中的合外力，这种方法在实验原理上存在缺陷，势必会产生系统误差，会导致实验图像不是倾斜直线。而如果以小车与槽码组成的系统为研究对象，那么系统所受合外力 $F=mg$，系统总质量为$(M+m)$，得 $a=\frac{mg}{M+m}$。当探究 a 与合外力 F 的关系时，为了保证$(M+m)$恒定，可以在小车上放置几个小槽码，逐次将槽码挂至细线另一端，改变每次受到的外力；在探究 a 与总质量$(M+m)$的关系时，应保持细线另一端槽码重力不变，通过在小车上逐次添加小槽码来改变每次系统的总质量。如此操作，无论是 $a-F$ 图像，还是 $a-\frac{1}{M}$的图像，都将呈现为倾斜直线。

2. 评估实验设计的可行性

在物理实验设计中，批判性思维要求我们不仅要遵循既定的步骤进行实验，还需对实验目的、假设、方法、数据收集与处理、误差来源以及实验结果等多方面进行深入的审视与分析。批判性思维可以帮助我们识别实验设计中的不足，优化实验方案，从而获得更加准确可靠的结果。例如，实验目的是否明确？是否符合科学研究的目标？是否有助于解答具体的科学问题？通过审视实验目的，我们可以确保实验具有明确的方向和意义。假设是否有充分的理论依据？是否符合实验目的？是否具备可验证性？通过分析假设的合理性，我们可以避免基于错误或过于片面的假设进行实验。我们需要对实验方法进行评估，考虑其可行性、重复性以及是否能够有效验证假设；还需要选择合适的实验器材、控制实验条件等。同时，我们应当关注实验方法的局限性，以便在实验过程中进行适当的调整和改进。

3. 方案对比中优化实验方案

优化实验方案包括改进实验方法、提高数据收集效率、减小误差等方面。通过不断优化实验方案，可以提升实验的准确性和可靠性，促进科学研究的发展。学生还需要思考实验设计的创新性，如探索新的实验方法、改进实验装置等。在实验教学中，可以采用对比分析的方法，让学生对不同的实验方案、实验条件、实验数据进行比较和分析，从而更好地理解实验的本质和规律。通过对比分析，帮助学生发现实验中的问题和不足，并鼓励他们提出改进意见和新的实验设想。这样能够培养学生的批判性思维和创新能力，提高他们的科学素养。实验中培养学生批判性思维能力就要关注学生主动发展，通过物理实验资源的开放、物理实验教学观念和教学方式的开放，使实验教学理念更先进。改进学生的学习方式，形成师生、生生、学生与专家学习共同体，广泛开展各种形式的开放式实践教学活动，培养学生的实践能力和综合素质。实验内容应开放，鼓励并提供条件让学生进行课外实践活动。例如，除了完成正常教学任务外，组织学生进行多用电表和简易收音机组装活动；成立物理实验兴趣小组，开展课外实验活动；定期组织学生进行天文观测活动，将物理学的内容扩展到天文学领域。这些活动提高了学生对物理实验的兴趣。时间和空间也应开放，实验教学随时随地进行。新生入学之初，实验教学就应开始。在新生入学后，组织他们参观实验室，将实验仪器拍成照片、制成展板挂在走廊上，创造学习氛围，使学生能够随时进行学习。学习方式也应开放，实验教学可以采取教师指导实验、学生自主实验、小组合作实验、师生共同实验、高年级学生指导低年级学生实验等多种形式。

（二）数据处理与分析环节中浸润批判性思维

在物理实验中，数据分析是得出结论的关键步骤。批判性思维具有开放性、系统性、反思性和创造性等特点，能够帮助我们理性处理数据，进行数据分析。对数据收集方法进行反思可以确保数据的准确性、完整性和可靠性。这包括考虑数据收集工具的选择、数据采集的时机以及数据处理的方式等。例如，在探究自由落体运动的规律的过程中，通过对实验数据的分析和处理，学生可以发现物体下落的位移与时间的平方成正比，从而验证自由落体运动的规律。然而，如果数据本身存在问题，势必会影响规律的获得。在探究电磁感应定律实验中，需要对实验数据进行深入分析和处理，才能发现感应电流的产生与磁场、导体和相对运动状态等因素密切相关。

1. 审视数据数量与质量

批判性思维强调对信息的收集、分析和评估，以及对观点的反思和质疑。在物理实验过程中，学生会遇到各种问题。运用批判性思维有助于学生分析问题产生的原因，并提出有效的解决方案。例如，当实验结果与预期不符时，学生可以通过调动批判性思维，思考实验设计的合理性，如控制变量、减少误差等，同时对实验数据进行深入分析，思考实验结果与理论预测的差异，分析实验中可能存在的误差来源，如仪器误差、操作误差、环境误差等，并制订相应的措施来降低误差。学生可以通过对比不同测量方法的优缺点，选择更可靠的数据测量方法，提高数据质量。例如，在单摆摆长的测量中，选择用毫米刻度尺测量悬点到摆球上端的线长，用游标卡尺测量摆球直径，然后用线长加上小球半径的方法来计算摆长，这样要比直接用毫米刻度尺测量摆长精准得多。

2. 分析数据中的异常值

实验结果有时会出现数据与预期不符的异常现象，因此，在进行数据分析之前，需要对数据进行预处理，包括检查异常值、缺失值等，并进行必要的数据清洗和修正。对于异常值，我们需要保持批判性思维，进行深入探究和分析。要仔细分析其产生的原因，确定是由实验操作不当、设备故障、数据记录错误等原因造成的，还是真实地反映了物理现象，以避免误导实验结果。要尝试解释异常现象，将其与已知理论或实验条件进行关联。若无法合理解释，则可能需要重新设计实验或进行进一步研究。高中物理实验比较复杂，常常需要先测出两三个中间物理量，再根据物理公式间接计算出目标物理量。若实验过程中操作出错，则往往会影响实验结果。但有时机缘巧合下，错误的实验操作竟然不影响中间物理量的测量结果；更有甚者，某一中间物理量每次测量都是错误的，但是选取合适的数据处理方法，却恰好可以消除中间物理量测量错误带来的误差，笔者将这种情况统称为误差分析中的巧合。

用单摆测定重力加速度实验中，若将从悬点到小球底端的距离当作摆长，则每次测量的摆长都比真实值偏大了一个小球半径。如何处理数据才能得到当地准确的重力加速度？该实验处理数据的两种方法如下：

方法 1：利用单摆测定当地的重力加速度，其原理是根据 $T=2\pi\sqrt{\frac{L}{g}}$，推出 $g=\frac{4\pi^2 L}{T^2}$，如果每次测得从悬点到小球底端的距离当作摆长，摆长测量值偏大，代入

$g=\frac{4\pi^2L}{T^2}$，可知这种公式法求得的重力加速度 g 会偏大。

方法 2：根据 $T=2\pi\sqrt{\frac{L}{g}}$，变形后有 $L=\frac{g}{4\pi^2}T^2$。当摆长测量的皆为悬点到球心的距离时，$L-T^2$ 图像应该为图 6－1 中的实线 OM。上述案例中测得从悬点到小球底端的距离当作摆长时，每次摆长都比真实的摆长偏大一个小球半径，如果在图 6－1 中描点作图，那么纵坐标都要在原来点的位置基础上向上移一个小球半径，作出的图像应该是图 6－1 中虚线①，恰好平行于 OM，斜率恰好与直线 OM 的相同，对计算重力加速度没有影响。

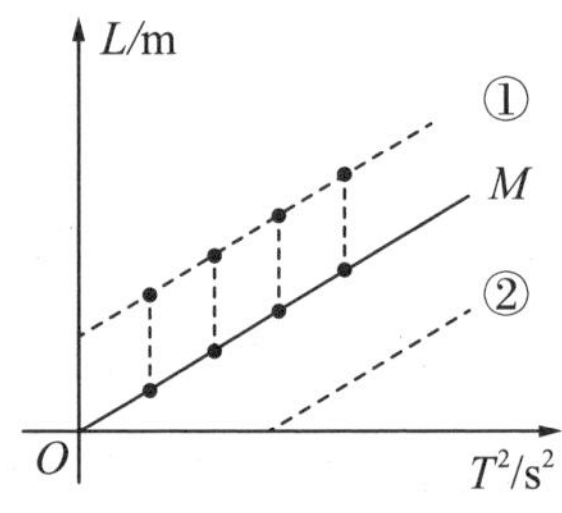

图 6－1　单摆的 $L-T^2$ 图像

这里巧就巧在每次都多测了相同的数值，导致图像向上平移，因此不影响目标物理量的测量。同理可得，如果每次摆长都只测量悬点到小球上端的线长，每次都少测量了一个小球半径，作出的图像应该是图 6－1 中的虚线②，同样恰好平行于 OM，用斜率求重力加速度同样没有影响。误差中的巧合看似偶然，实际上，偶然之中隐含着必然。

3. 运用统计方法减小误差

高中物理实验通常是通过多次重复实验，收集更多的数据点，以增加样本量，从而提高数据的稳定性和可靠性。但需要注意，在每次实验中保持相同的实验条件和环境，以确保数据的可比性。此外，还可以运用适当的统计方法对数据进行处理和分析，提取有用信息，揭示物理规律。例如，通过计算平均值、标准差等统计参数，来估计实验结果的中心趋势和离散程度，从而减小误差的影响；对实验误差进行定性和定量的分析，了解误差的来源和大小；利用区间估计的方法，给出实验结果的置信区间，以反映实验结果的不确定性；利用专业的统计软件或编程语言进行数据处理和分析，可以提高计算的准确性和效率。专业的统计软件通常提供了丰富的统计方法和图形化界面，便于用户进行复杂的数据分析和可视化。利用电子表格软件处理数据，而后进行图像拟合就是一个不错的方法。综合运用这些统计方法和技术，可以有效地减小物理实验中的误差，提高实验结果的准确性和可靠性。但需要注意的是，统计方法并不能完全消除误差，只能在一定程度上减小其影响。因此，在实验设计和数据分析过程中，还需要结合具体的实验条件和研究对象，采取其他措施来进一步减小误差。

如果每次中间物理量测量值与其真实值之间的差别都不一样，有时候差别大，有时候差别小，那么目标物理量的测量会出现误差巧合吗？笔者发现，在实验过程中，对某一中间物理量进行多次测量，即使每次数据都测错，改变数据处理方法，有时也可以恰好消除中间物理量测量错误带来的误差。例如，利用电流表和电压表测定一节干电池的电动势和内电阻时，如果选择图 6－2 所示电路，测出几组 U_1'，I_1'的值，用图像法处理数据，画出其 $U-I$ 图像，如图 6－3 中直线①所示。则直线①延长后与 U 轴的交点坐标就是电源电动势的测量值，直线①的斜率等于电源内阻的测量值。电流表测得 I_1'就是通过电源的真实电流，没有系统误差；但是由于电流表的分压作用，分得电压为 $I_1'R_A$，则电压表的测量值 U_1'每次都比电源真正的路端电压 U_1 略小，即 $U_1=U_1'+I_1'R_A$。

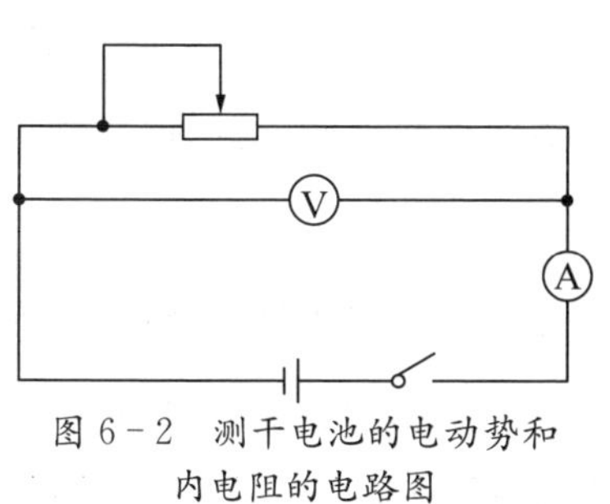

图 6－2　测干电池的电动势和内电阻的电路图

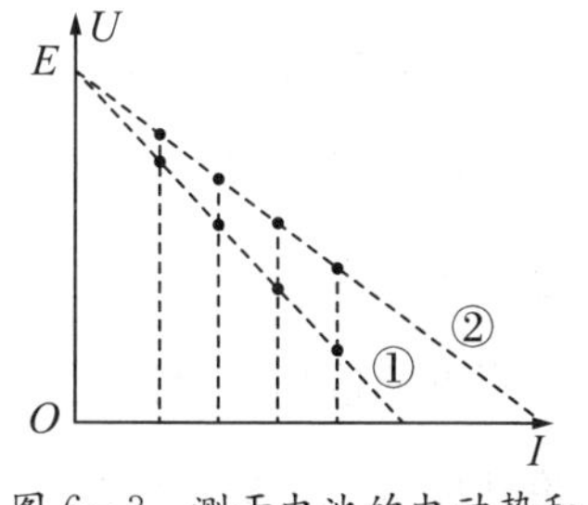

图 6－3　测干电池的电动势和内电阻的 $U-I$ 图像

该实验中，每次路端电压的测量都偏小，但每次路端电压测量值与真实值之间的差别不一致。对原来的 $U-I$ 图像进行修正，每一对坐标中电流值是准确的，路端电压数值需要适当调大 I'_1R_A，当电流值越大时，路端电压调整的量也越大，如果 I'_1 变小，$\Delta U=U-U'$ 也将变小，令 $I'_1=0$，则 $\Delta U=U-U'=0$，直线②与直线①在纵轴的交点恰巧重合。由此可见，用图 6-2 所示电路测得的电动势的值恰巧是准确的，但测得的内电阻却是偏大的。

错误的数据不一定就没有价值，“不识庐山真面目，只缘身在此山中”。不能由于操作失误就全盘否定数据，而应用批判的眼光看待数据，清洗数据，穿透错误假象，还原物理量的真实面目。帮助学生识别误差分析中的巧合，挖掘出现误差巧合的条件，拆穿误差巧合的迷思，还原“巧合不巧”的真相。

（三）实验结论与讨论环节中浸润批判性思维

实验结论与讨论环节是科学研究的重要组成部分，也是实验的最后一步，其中批判性思维的应用对于确保结论的准确性和可靠性至关重要。

1. 验证实验结论的合理性

高中物理教学中，任何一个物理问题的解决只是完成了学习任务的一部分，更重要的是在解决之后进行回顾与反思，进行质疑与批判，在论证反驳中不断修正，使问题解决变得更加全面而明智。论证是科学共同体围绕同一论题，收集证据并运用一定的论证方法解释、评价自己及他人的观点，促进思维的交锋，最终达成双方可接受结论的活动。P.牛顿、德赖弗等认为论证是科学的核心，如果学生要理解科学，发展科学思维的能力，那么论证的实践活动必须引入科学课堂。高中物理教学中的论证反驳，笔者认为就是从物理知识、物理规律出发，运用批判性思维对他人或自己的主张在论证过程、主张建立的理由、支持性条件等方面进行价值判断，提出不同意见的过程。论证反驳的目标是区分主张合理还是不合理，因而追求合理性是论证反驳的目标。许多人对反驳一词存有误解，总认为它带有贬义，认为反驳就是挑错，就是寻找论证中的漏洞。这种理解有失偏颇。实际上，论证上的反驳不完全代表对别人论证的反对与挑剔。论证反驳的任务是针对一个论证，接受我们能接受的部分，修正我们不能接受的部分，从而让该论证逐渐趋于完善。论证具有成长性，需要不断修正加以完善。多种主张相互辩驳，经历“论证—论证反驳—修正主张—重新论证”的过程，学习共同体在论证反驳中达成共识，共同完成从个人层面的论证上升到社会层面的论证的过程，完成知识的社会建构。对于论证，人们不仅仅是因为有理由而选择相信，更是因为有好理由而选择相信。因此，论证反驳就是在寻找最优论证。

根据实验数据和已有理论，验证实验结论的合理性，不应轻易接受或否定实验结果。在实验过程中，我们通常会根据理论依据提出假设。在结论与讨论环节，我们需要对假设的合理性进行批判性分析。首先，检查假设是否与实验目标一致，是否符合物理原理和已知事实。其次，分析假设在实验过程中是否得到验证或推翻，以及是否有新的证据支持或反驳假设。最后，还需检查结论是否与实验数据相符合，是否符合物理原理，能否解答实验目的中提出的问题。在实验教学中，引导学生对自己的实验过程和结果进行反思和总结，发现自己的不足之处并加以改进。同时，也应对学生的实验进行评估和反馈，指出存在的问题和不足之处，并提供改进意见和建议。通过反思与改进，教师可以帮助学生更好地掌握实验技能和方法，培养其科学素养。

2. 探讨实验结论的适用范围

任何实验结果都受到实验条件、方法、样本量等多种因素的影响，因此可能存在一定的局限性。我们需要明确指出实验中的限制条件，以及这些限制对实验结果的影响。我们还要关注实验结果是否具有普遍性和可推广性，以便得出更加准确的结论。分析实验结论的适用范围和条件，对实验的推广性和应用前景进行审慎评估，避免过度解读或滥用实验结果。同时，也要对假设的局限性进行讨论，提出未来可能的研究方向和改进措施。例如，在探究加速度与物体质量和合外力的关系实验中，通过对实验数据的分析和处理，学生可以发现物体的加速度与作用力成正比，其前提条件是物体的质量保持不变；物体的加速度与质量成反比，其前提条件是合外力保持不变，从而得出牛顿第二定律。同时，学生还需要对实验数据进行深入分析，探究牛顿第二定律的适用性——它只适用于宏观低速物体的运动。

3. 提出新的研究问题

将实验结果与理论进行关联，分析实验结果对理论的验证或挑战。通过实验结果与理论的对比，有时，我们可以发现理论的不足或新的启示，从而在实验结论的基础上，提出新的研究问题和假设，推动物理实验的进一步发展和创新。

例如，在光电效应的实验中，内容包括用红、黄、绿、蓝和紫光分别照射光电管，画出光电流随电压的变化曲线，研究遏止电压与入射光频率的关系，研究饱和电流与电压的关系。在做实验之前，让学生预测：根据经典电磁理论，预期的实验结果是什么？实验结果出来之后，再与学生讨论：结果是否与预期一致？运用波动理论能不能解释得到的结果？由此发现经典电磁理论也是有局限性的，那就需要理论的创新。但理论创新不是随随便便得出的，而是需要基于事实进行猜想。光电效应的实验结果揭示了两个事实：光的频率高于某个特定值时，才能发生光电效应；光的频率越高，遏止电压越大。这两个事实说明什么？说明了光的能量与频率有关。此时，学生会联想到普朗克的能量子假说，猜想光也是一个一个的能量子，由此引导学生认识光的量子性这一深邃的物理思想。通过讨论，学生认识到光不仅具有波动性，也具有粒子性，从而学会辩证地看待光。光的量子化就是在批判原有经典电磁理论的基础上建立起来的，是对原有理论的继承与超越。

三、构建基于批判性思维的实验教学评价体系

（一）批判性思维视角下实验教学评价关注点

评价体系是实验教学的重要组成部分，它能够引导学生的学习方向和行为习惯。为了培养学生的批判性思维，我们应该构建一个既注重结果又注重过程的评

价体系。在评价过程中，不仅要关注学生的实验结果、实验报告的质量、实验技能的掌握情况，更要关注他们在实验过程中的思考、分析和解决问题的能力。

1. 实验报告质量

批判性思维强调对信息的筛选、评估和整合，以及对观点的合理性和证据的充分性的审视。因此，在高中物理实验报告中，批判性思维的运用能够帮助学生更深入地分析问题、提出假设、设计实验以及评价结果。通过分析学生实验报告的完整性、准确性和深度，教师可以评估其在实验过程中的思考和理解能力。学生在实验过程中往往只是按照步骤进行操作，缺乏对实验原理和方法的深入思考。为了评估批判性思维在高中物理实验报告中的应用效果，我们需要制订一套科学合理的评估标准，其中应包括实验报告的清晰性、逻辑性、创新性以及结论的准确性和深度等方面。可以采用问卷调查、教师评价和学生自评等多种方法和工具。通过这些方法和工具，我们可以获取学生对于批判性思维应用的认知程度以及实验报告质量的反馈数据。通过对比实验报告在应用批判性思维前后的差异，我们可以明确批判性思维在实验报告质量提升中的作用。同时，还需要讨论影响批判性思维应用效果的因素以及可能存在的问题。

2. 实验技能掌握

为了评估批判性思维在高中物理实验技能教学中的效果，可以采用以下几种方法和工具：

观察法。教师可以通过观察学生在实验过程中的表现，评估他们是否具备批判性思维技能，能否独立思考、发现问题并提出解决方案。

作品分析法。教师可以对学生的实验报告或实验作品进行分析，评估他们能否对实验数据进行批判性分析，能否提出合理的假设和结论。

问卷调查法。教师可以通过问卷调查的方式，了解学生对于批判性思维在实验技能中应用的认识和感受，从而评估批判性思维的教学效果。

高中物理实验技能掌握情况的评估应综合考虑实验准备的充分性、仪器操作的熟练度、实验步骤的规范性、数据记录的准确性、实验分析能力、安全意识与措施、团队协作与沟通以及创新思维与拓展等方面。对这些方面的全面评估可以帮助学生更好地掌握物理实验技能，提高实验水平和综合素质。如表6-1，每个指标可以分为三个等级，即新手水平(1分)、娴熟水平(3分)、专家水平(5分)，通过对比实验前后学生的技能掌握情况，全面评估学生在实验设计、操作、数据分析和解释等方面的进步。

表6-1　基于批判性思维的物理实验技能评价

序号	评价维度	新手水平(1分)	娴熟水平(3分)	专家水平(5分)	得分
1	实验准备的充分性	能正确使用实验器材	能正确选择和使用实验器材	能根据实验要求调整实验器材并能创新改造实验器材	
2	仪器操作的熟练度	能较为顺利地完成仪器操作	能迅速准确地完成仪器操作，减少操作失误和误差	掌握一定的实验技巧，能对实验进行创新设计，最大化地减小误差	
3	实验步骤的规范性	能按照实验步骤进行操作	能注意实验过程中的细节问题，确保操作都符合规范	在确保操作都符合规范的基础上，能根据环境变化科学调整实验步骤	
4	数据记录的准确性	注意数据的单位、有效数字	注意数据的单位、有效数字。通过多次测量，提高实验精度。能对数据提出质疑	能通过推理与论证清洗数据，并选择更精确的实验测量仪器，提高实验的精度	
5	实验分析能力	能根据实验数据和结果进行分析和解释，得出正确结论	分析误差来源，对实验原理进行优化和完善，以消除系统误差，提高实验的精度。能够发现实验中存在的问题，提出改进意见	能创造性找到处理数据的最佳方法，能通过推理与论证、分析与评估、综合各方面数据，创造性解决问题	
6	安全意识与措施	了解实验室的安全管理制度和应急措施	掌握正确的实验操作方法和安全防护知识	能分析与评估实验的安全性，提出综合性的应对措施	

续表

序号	评价维度	新手水平(1分)	娴熟水平(3分)	专家水平(5分)	得分
7	团队协作与沟通	积极主动地参与讨论和交流	分享实验经验和心得，提高团队协作效率。及时对问题提出质疑	在团队中积极引领组员参与讨论，能经常给出创造性建议	
8	创新思维与拓展	具备一定的独立思考和解决问题的能力	能够在实验过程中发现问题、提出问题并寻求解决方案	具备拓展实验内容的能力，能够根据自己的兴趣进行实验创新和探索	

3. 问题解决能力

学生的问题解决能力是一个综合性的能力体系。现代社会中，问题解决能力已成为衡量一个人综合素质的重要指标。在解决问题的过程中，学生需要调动自己已有的知识和信息储备，将相关内容进行整合和梳理，迅速找到解决问题所需的关键信息，并将其与现有知识进行有机结合。逻辑思维与分析能力是学生解决问题的关键。学生需要运用科学的思维方法，对问题进行深入剖析和推理，找出问题的根源和关键点。创造力与想象力是学生解决问题的重要支撑。在解决问题的过程中，新颖、独特的解决方案来自开放、灵活的思维方式。制订切实可行的解决方案是促成学生问题解决能力形成的核心，随后，还需要对解决方案进行风险评估和效益预测，确保其可行性和有效性。反思与总结能力是学生问题解决能力的延伸和提升，通过反思和总结，学生可以不断提升自己的问题解决能力，形成一套适合自己的问题解决方法和策略。

(二) 基于批判性思维的物理实验能力水平划分

如表 6－2，在批判性思维视角下，从体验与感知、质疑与假设、推理与论证、分析与评估、综合与创造五个层级出发，学生物理实验能力可划分为三个水平。

表 6-2 基于批判性思维的物理实验能力水平划分

层次	体验与感知	质疑与假设	推理与论证	分析与评估	综合与创造
水平1	被动参与实验体验，了解物理实验基本原理，具有将物理实验与实际问题相联系的意识	模糊地提出与物理实验相关的问题，对有助于建立概念与规律的相关问题进行笼统猜测，制订初步的实验探究与论证计划	在他人帮助下，对实验数据进行分析，发现数据间的规律。基于对数据的分析，提出建立概念或规律的主张	对数据进行清洗，并进行误差分析，对推理论证过程进行分析评估，有反思改进推理论证过程的意识，能从实验数据分析出发模糊地建立物理概念或发现物理规律	能基本分清物理实验所属的知识范畴和类型。有用物理实验结论解决相似或熟悉情境的意愿
水平2	积极参与实验体验，凭借以往经验能捕捉到与物理实验有关的某个信息，尝试发掘实验相关要素，具有建立物理实验的初步印象	提出与物理实验有关且有探究价值的问题，能准确提出与实验相关的几个假设，能制订实验探究的计划与方案	对比数据间的差异，准确地发现其间蕴含的规律，提出合理的建立概念或规律的科学主张	有目的、有意识地进行推理论证过程反思，能发现一些问题并改正错误，能从实验数据分析出发较为准确地建立物理概念或较为准确地发现物理规律，并知道其简单的应用	能应用实验结论解决实际问题。能创新设计实验，对物理实验进行整合，找到实验设计之间的共性与差异，能寻找到减小误差的最佳方案
水平3	主动积极参与实验并自主创设实验开发体验过程，引发联想，将实验结果与已有物理概念、物理规律相联系，综合运用知识和经验解决实际问题	有意识地、从多个角度、迅速地发现和提出与物理实验有关且有价值的问题，逻辑连贯地提出与实验过程和实验步骤有关的多个假设，且假设科学有据，能制订详细的实验计划和周密的实验探究方案	多角度、多方法地进行科学对比，辩证综合地分析数据间的规律，将实验结果与理论进行关联，分析实验结果对理论的验证或挑战。提出合理的建立概念或规律的科学的、具有原创色彩的主张	审视与分析实验设计中的不足，优化实验方案。审慎地对推理论证的每个环节进行分析，在评估过程中给出最优方案，熟练地依据论证分析得出结论，尝试实际应用	能深度整合各种物理实验与物理思想方法，形成知识体系，明晰科学本质。灵活熟练地将实验结论应用于陌生情境，经由跨学科的知识综合，创造性地解决复杂问题，并通过新感知提出新的质疑与假说

水平 1:被动参与实验体验。在这个层次上,个体在进行物理实验的过程中,主要扮演的是参与者和接受者的角色。他们能够了解物理实验的基本原理和概念,并且有能力将实验室中的理论与生活中的实际问题相联系。尽管如此,这种联系往往是模糊的,他们或许只能提出与物理实验相关的问题,而不能精准地把握那些有助于建立和深化物理概念与规律的核心问题。在实验设计和论证阶段,他们能够在他人的指导下对实验数据进行分析,从中发现数据之间的规律和趋势。基于这些分析结果,他们能够提出建立新概念或修正现有规律的主张,但这种主张可能不够严谨和深入。

水平 2:积极参与实验体验。在这个层次,个体积极地投入物理实验中,凭借以往的知识和经验,他们能够敏锐地捕捉到与物理实验相关的信息,并主动发掘实验中的关键要素。这种对实验的初步印象使他们能够提出具有探究价值的问题,并且能够准确提出与实验内容紧密相关的假设。当制订实验探究计划时,他们不仅能考虑到多种情况,还能设计出详细的实验步骤和方案。在数据分析阶段,他们能够对比不同数据之间的差异,准确发现其中的规律,并基于这些发现提出建立新概念或发现新规律的科学主张。此外,他们还有目的、有意识地反思推理论证过程,能够发现问题并加以改正,确保论证过程的科学性和严谨性。在这一阶段,他们既能够建立准确的物理概念和发现规律,又能将这些概念和规律应用于实际问题的解决。同时,他们还具备创新设计的意识,能够整合不同的物理实验,寻找减小误差的最佳方案。

水平 3:自主创设实验并开发体验过程。达到第三层次时,个体在物理实验中的参与度达到了更高水平,他们不仅能够主动创设实验开发体验过程,还能够引发联想,将实验结果与已有的物理概念和规律相联系。当解决实际问题时,他们能够综合应用知识和经验,找出最适合的解决方案。在这个过程中,他们能够有意识地从多个角度发现和提出与物理实验相关且有价值的问题。他们能够逻辑连贯地提出与实际过程和实验步骤有关的多个假设,且假设科学有据。他们能够制订出详细的实验计划和周密的探究方案。在数据分析阶段，他们会多角度、多方法地进行科学对比，辩证综合地分析数据间的规律。此外，他们还能够将实验结果与理论进行关联，分析实验结果对理论的验证或挑战。基于这些分析结果，他们能够提出合理的建立概念或规律的科学的、具有原创色彩的主张。在推理论证过程中，他们能够审慎地对每个环节进行分析，提出最优方案。同时，他们还能够熟练地依据论证分析得出结论并尝试实际应用。在这一阶段，他们不仅能够深度整合各种物理实验与物理思想方法，形成完整的知识体系，还能够明晰科学的本质。此外，他们还能够灵活熟练地将实验结论应用于陌生情境，经由跨学科的知识综合来创造性地解决复杂问题。在这个过程中，他们会通过新的感知提出新的质疑与假说。

第二节　模式与策略

一、实验教学中存在的问题分析

（一）教师轻视情境创设，学生缺乏体验与感知

在深入推进课程改革的过程中，教学方式的变革是重中之重。分析近几个版本的课标可以发现，情境一词出现的频率显著增高。情境的创设能够将抽象的物理知识和理论具象化，使学生更加直观地理解和感知物理现象，增强学生的实践意识，让学生在实践中体验和感知物理知识的应用价值，培养他们的实践能力和动手能力。然而，在当前的实验教学中，普遍存在着不重视情境创设的问题。

缺乏情境创设使实验变得孤立和抽象，学生往往只是按照教材或教师的指导进行实验，而不清楚实验背后的物理原理以及它在现实生活中的应用。这种教学方式使学生难以建立理论与实际之间的联系，难以将所学的理论知识应用于实际

情境中。没有情境的引导，学生往往只是被动地接受实验操作步骤和结果，而缺乏主动探究和解决问题的机会，难以发展出独立解决问题的能力以及创新思维能力。当面对实际问题时，学生难以运用所学知识进行分析和解决。缺乏情境创设的实验教学还忽视了实验的情感和态度层面的培养，学生只是机械地完成实验任务，缺乏对科学的热爱和好奇心，无法有效培养学生的核心素养。

因此，在实验教学中，教师应该注重情境的创设，让学生明确实验的目的和意义，激发他们的学习兴趣和动力，培养他们的实际应用能力和创新思维。

（二）教师指导细致入微，学生设计实验缺失

在当前的实验教学中，为了在有限的时间内完成实验任务并达到预期的实验效果，教师往往会选择为学生提供详细的实验指导，以确保实验能够顺利进行，并减少不必要的错误和延误。有些教师对学生的能力不信任，担心他们在没有足够指导的情况下无法独立完成实验。然而这种教学模式的弊端非常突出。

首先，这种教学模式抑制了学生的探究欲望。在教师为学生提供了详尽的实验步骤和方法后，学生往往不再需要自己去探索实验的过程，不再需要思考为什么某一步操作是必要的，或者是否可以尝试其他方法来实现相同的目标。这种“一步到位”的指导方式剥夺了学生探究实验的机会，导致他们失去了对实验的好奇心和探索的欲望。其次，这种教学模式阻碍了创新思维的发展。当教师细致入微地指导实验时，学生往往只是被动地接受和模仿，而不是主动地思考和创新，他们不需要考虑实验中的变量和可能的影响因素，也不需要思考如何改进实验方法或设计新的实验方案来验证自己的观点。最后，这种教学模式降低了学生的自主性和责任感。在教师制订了详细的实验步骤和方法后，学生可能会认为实验的成功与否完全取决于教师的指导，而不是自己的努力和创造力，这导致学生在实验中的自主性和责任感降低，他们不再为自己的实验设计和结果负责，也不再有动力去改进和创新。

在实验教学中，教师角色应从指导者转变为引导者，鼓励学生积极参与实验的设计和实施过程，给予他们足够的自主权和探究空间。同时，学生的角色也应从“操作工”转变为“设计师”，在实验设计中提升探究能力、批判性思维和创新精神。

（三）教师追求过程完整，学生探究流于形式

受考试导向和时间压力的影响，在实验教学中，教师为了完成实验、确保进度，常将实验探究过程简化，使学生的探究流于形式，造成“形式化实验”和“过场式实验”。

造成这一现象的主要原因有：一是教学时间与内容的矛盾。中学物理的许多实验较为复杂，需要学生充分参与和探究，但在有限的教学时间内，为了确保教学内容的完整性和进度，教师可能倾向于更快地完成实验过程，从而牺牲了学生的深入探究环节。二是受传统教学理念的影响，一些教师在“一切目的为了高考”的思想指导下，认为实验教学的目的是会答题，只要经历了实验的全过程，熟悉了实验的步骤和细节，记住了实验的要点和注意事项即可，只要提升了实验成绩和应试能力，对实验过程中探究是否深入和创新能力是否得到培养毫不关心，更有甚者采用“虚拟实验替代实际操作”或“理论讲解替代实践操作”的教学模式，这种教学模式的弊端也显而易见，最直接的后果是导致学生探究能力受限。在这种教学模式下，由于教师仅追求完成实验过程，学生只匆匆地将实验走了个过场，缺乏深入的探究，学生的探究能力得不到有效的培养和提高。同时，如果实验过程流于形式，学生就无法真正理解和掌握实验的意义和价值；如果实验过程缺乏趣味性和挑战性，学生就可能会失去对物理学习的兴趣以及好奇心和求知欲，失去深入探索物理世界的动力。此外，这种教学模式还阻碍了批判性思维和创新能力的培养。批判性思维要求学生能够独立思考，质疑既有观点，并提出合理的见解；创新需要勇气、想象力和实践经验的结合。“过场式实验”往往缺乏深度和复杂性，不需要思考或质疑实验背后的原理或目的，在缺乏挑战性和创新性的实验环境中，学生可能不愿意或不敢尝试新的方法或提出独特的见解，从而限制了他们创新能力的发展。

因此，教师应转变思想观念，从知识导向转向素养导向，在实验教学中拒绝“过场式实验”，引导真探究、发现真问题、培养真能力。

（四）教师数据论证不足，学生误差视而不见

在中学物理实验教学中，由于学生提前知道了实验结论，导致实验教学中出现了一种较为普遍的现象：教师可能会因为学生预先知道实验结果而简化数据处理和解读的过程。这种做法忽略了数据本身的真实意义和价值，未能深入挖掘数据背后隐藏的科学规律和逻辑，使得实验教学失去了其应有的探究性和深度。教师的这种行为在无形中向学生传递了一个错误的信号：实验数据不是最重要的，只要按照步骤完成实验就可以。在这种做法的影响下，学生的思维和行动也容易变得机械和被动。由于提前知道了实验结论，学生往往只关注于完成实验步骤，而缺乏对实验过程中数据变化和误差处理的深入思考。实验数据是实验教学的重要组成部分，它反映了实验过程中的真实情况，是验证实验结论的重要依据。然而，学生由于对实验数据的重要性缺乏足够的认识，往往对误差视而不见，甚至可能故意忽略或篡改数据，只为求得与已知结论相符的结果。

这种教学方式带来了诸多弊端。首先，这种教学方式阻碍了学生批判性思维的发展。在实验中，数据的分析和解读是至关重要的一环，它要求学生对实验数据进行深入思考，发现其中的规律和异常，从而提出假设并进行验证。然而，在知道了实验结论并毫无质疑精神的前提下，学生往往只关注实验步骤的完成，而忽视了数据分析和误差处理的重要性。这种机械化的学习方式导致学生缺乏对数据的敏感性和批判性思维，无法真正理解和掌握实验的本质和精髓。其次，这种现象也限制了学生的科学探究能力。科学探究是一个充满未知和挑战的过程，它要求学生具备发现问题、提出问题、设计实验、收集和分析数据、得出结论等一系列能力。然而，提前知道实验结论使得这一过程变得简单化和机械化，学生失去了探究的兴趣和动力。他们不再关注实验过程中的数据变化和误差处理，也无法体验到科学探

究的乐趣和成就感。此外，由于教师未能充分论证数据的真实意义和价值，缺乏对学生数据分析的指导，学生无法意识到数据的重要性和意义所在，这种缺乏数据意识的教学方式，可能导致学生在未来的科学研究中出现数据造假等不端行为。

（五）教师方案缺乏拓展，学生创新意识不足

在实验教学中，实验方案的拓展不足与学生创新意识的缺乏已成为一种普遍现象，这主要表现为教学内容与方法的局限性，以及学生创新思维与实践能力的欠缺。许多实验教学仍然固守传统的教学模式，内容单一，缺乏多样性和深度。这导致实验课程大多局限于对基础知识的验证和技能训练上，缺乏与时俱进的更新和跨学科整合。教师往往过于注重实验操作的过程和结果，而忽视了实验背后所蕴含的科学原理和创新思维的培养。同时，学生的创新意识也普遍不足。在传统的实验教学模式下，学生往往被要求按照教材和教师的指导进行实验，缺乏独立思考和自主探索的空间。

造成这一问题的原因是多方面的。其中一个主要原因是受教材的束缚。教材中的内容往往被视为权威，教师和学生在实验过程中可能形成对既有知识的依赖和固化思维，这种思维方式限制了学生主动探索和创新的可能性。同时，在教材束缚下，学生可能习惯于接受既有知识和结论，缺乏批判性思维和独立思考的能力。这使得他们在面对新问题时难以发现创新性的解决方案。另一个主要原因是缺乏创新意识。部分教师可能受限于传统的教育观念和教学方法，缺乏拓展实验方案的意识和能力，也缺乏创新的勇气。在传统教学中，学生往往处于被动接受的地位，他们按照教师的指导和教材的要求进行实验，缺乏独立思考和自主探索的机会。这种学习方式限制了学生创新思维的发展。教育评价体系的导向也是形成这一现象的一大原因，当前的教育评价体系过于注重学生的学业成绩，而忽视了对学生创新能力和实践能力的评价。这种导向使得教师在设计实验方案时可能更加注重其操作性和结果的可评估性，而忽视了其拓展性和创新性。

实验方案缺乏拓展和创新会制约学生批判性思维和创新能力的培养。因此，我们应该注重实验方案的拓展和完善，给予学生更多独立思考和探索的机会，激发他们的创新潜能。同时，教师也应该鼓励学生勇于质疑和挑战既有知识和结论，培养他们的批判性思维，为培养创新型人才奠定基础。

二、浸润批判性思维的物理实验教学模式

（一）问题链教学模式

问题链教学是一种高效的教学方法，它通过将教学内容串联成一个连贯的问题链条，引导学生自主探究、深入思考并解决问题。这种教学方法能够有效培养学生的问题意识、探究能力和解决问题的能力，有助于提高学生的自主学习能力和批判性思维水平。问题链教学模式的特点如下：

首先，问题链教学强调学生在学习过程中的主动性和参与度。教师通过提出引人思考的问题，激发学生的好奇心和求知欲，引导他们积极思考、探索知识。在解决问题的过程中，学生不断积累学习经验，逐步形成自己的认知模式和解决问题的方法，从而提高学习的效果。

其次，问题链教学注重知识的衔接和整合。教师将教学内容串联成一个问题链条，让学生在解决当前问题的同时，自然地引出下一个问题，形成一个完整的学习链条。这样的教学方式有助于学生将零散的知识点联系起来，形成系统的知识结构，提高学习的深度和广度。

此外，问题链教学还着重培养学生的问题解决能力。在解决问题的过程中，学生需要不断思考、分析和归纳，这锻炼了他们的逻辑思维能力和创新能力。同时，通过解决实际问题，学生能够将所学知识灵活运用，增强了学习的实用性和可操作性。

问题链可以根据不同的标准进行分类。既可以根据问题链的构建方式进行分

类，也可以根据问题的性质和特点进行分类。本节提出的问题链教学模式主要围绕情景式问题链、思辨性问题链、递进式问题链、劣构性问题链及开放性问题链这五种类型的问题链进行探讨。

（二）不同类型的问题链对批判性思维的培养

1. 情景式问题链：促进体验与感知

体验和感知是人类学习和认知的基石，更是学习过程中不可或缺的组成环节。从情感层面上看，积极的体验和感知能够激发个体的兴趣和学习动机，促使他们更加愿意投入学习过程中，这种积极的学习态度有助于提高学习效果和学习成就。从认知层面来看，体验与感知让个体能够获取外界信息并加以理解和处理，构成了认知发展的基础，并为后续的学习和思维活动提供了必要的素材和基础。从深度理解层面看，体验与感知有助于深化对知识的理解，当个体亲身经历某种情境或参与某种活动时，他们积极地与知识互动，加工和理解知识，这种亲身体验能够帮助他们更好地理解和吸收内容。

情景式问题链能够促进学生的体验与感知，主要得益于以下因素：情感共鸣的激发、研究价值的体现以及沉浸式的参与。情感共鸣的激发：情景式问题链通过构建具体的情境或场景，将学习内容与真实生活场景相连接。这种情境的真实性能够引发学生的情感共鸣，使他们更加投入地学习，进而产生更深层次的体验和感知。研究价值的体现：情景式问题链让学生仿佛置身于特定的真实情境之中，使学生不仅能够深入理解知识，还能够感受到知识的实际运用和应用场景，从而增强了对知识的体验感知。沉浸式的参与：学生完全沉浸于情境之中，忘记自己是在学习的状态，这种沉浸式的学习体验有助于提高学生的专注度和参与度，促进他们对学习内容的体验和感知。

2. 思辨性问题链：促进质疑与假设

质疑与假设在认知过程中扮演着重要的角色。首先，质疑能够激发思维的深度。我们对现有知识和观念提出质疑，就会引发思考和探索的需求，这种质疑的过程不仅能够促使我们更加深入地理解问题的本质和复杂性，而且能够激励我们寻求新的解决方案和思考路径。其次，假设有助于拓展思维的广度。通过提出假设，我们可以尝试从不同的角度去思考问题，探索问题的多种可能性和解决方案，这种多角度的思考能够帮助我们更全面地理解问题，并且为问题的解决提供更多选择。质疑与假设同样是知识创新和发展的重要推动力。当对现有知识提出质疑，并基于假设进行探索和实验时，我们往往会产生新的发现和见解，从而推动知识的不断完善。正是通过不断质疑和假设，科学和技术才能够不断地发展和进步。

思辨性问题链的核心在于其思辨性，它兼具共鸣性、矛盾性、思维性、深刻性、批判性等特点。在实验教学中，通过实验操作，学生可以亲身感受到实验现象的变化，但这仅仅停留在感性认识的层面上。而思辨性问题链的引入，可以帮助学生从理性认识的角度去分析和解释实验现象，深入理解实验的本质和原理。同时，思辨性问题链也鼓励学生提出自己的质疑与假设。在实验过程中，学生可能会遇到各种预料之外的情况或结果，思辨性问题链可以引导他们进行深入的思考和探究，找出问题的根源或提出新的假设。这种过程不仅有助于学生对实验的理解和掌握，提升他们的质疑与假设的意识，更能培养他们思维的深度和广度。

3. 递进式问题链:促进推理与论证

推理是从已知的前提或事实出发，运用逻辑规则和思维方法，推导出新的结论或观点的过程。它是人类思维的基本形式之一，也是科学探索不可或缺的核心工具。论证作为一种逻辑过程，指的是通过一系列的前提或证据来支持或反驳某个观点或结论。在科学探究中，推理与论证的作用至关重要。科学家通常基于已知的事实和规律，通过逻辑演绎或归纳，形成假设和理论。推理为科学家提供了一种系统性的方法来构建和验证这些假设和理论。这一过程确保了科学知识的可靠性和准确性。如果假设得到验证，就可以进一步形成理论，所以推理与论证是是科学探究至关重要的环节，是推动科学发展的重要力量。

递进式问题链是一种精心设计的问题序列，具有层次性、逻辑性和系统性。在实验教学中通过层次分明的递进式问题链的引导，学生运用推理的方式，从实验基本现象和基础数据出发，逐步深入深层的规律。递进式问题链的每个问题都是逻辑上的延伸和深化。在通过推理得出实验结论后，递进式问题链促使学生进一步对数据进行论证，确保结论的科学性和严谨性。整个问题链是一个系统的整体，促使学生全程经历推理过程，全面掌握论证方法，全局理解实验的原理。

4. 劣构性问题链：促进分析与评估

分析与评估在科学探究中扮演着至关重要的角色，它确保了分析过程和结果的真实性与可靠性。这一环节要求探究者以批判性的眼光审视所采用的分析方法，确保其不仅适当而且精准。同时，评估还需要对研究结果的解释进行细致入微的审查，确保其逻辑合理、科学准确。在评估过程中，探究者还需对研究中可能出现的偏见、误差以及其他潜在问题进行深入剖析，并采取相应的措施进行纠正，以确保研究的科学性与严谨性。

劣构性问题链主要包含问题的构成部分存在未知或某种程度的不可知、存在多种解决方法以及缺乏通用规则等特点。在实验教学中，由于实验过程存在众多未被充分关注的影响因素，这些因素影响着实验的结果，劣构性问题可以引导探究者对实验过程进行多层次、多维度的分析与评估。劣构性问题链的答案不唯一，且缺乏通用规则作为参考，这使得学生在分析与评估过程中，需要根据具体情况进行具体分析，而不能简单地套用已有的知识和经验。这极大地提升了学生分析与评估的广度和深度。

5. 开放性问题链：促进综合与创造

综合与创造是相辅相成的两个过程。创造，是指打破常规，产生新的、独特的想法或事物，它体现了人类无限的想象力和创新精神。而综合，则是对不同元素、观点或信息进行整合，形成新的、富有价值的整体。这两个过程要求我们具备全面的视野和深入的分析能力，能够洞察事物之间的联系和规律。在实践中，创造为综合提供了无限的可能性，而综合则为创造提供了必要的框架和基础。

开放性问题链以其答案多样、包容度高、激发创新思维的特点，在实验教学中对于提升学生的创新与应用能力具有显著作用。开放性问题往往没有预设的固定答案，这为学生提供了一个广阔的思考空间。学生需要从不同角度、运用多样化的方法来探索答案，这一过程本身就是对创新思维的锻炼。创新是综合创造的前提和基础，只有打破常规，提出新的想法和解决方案，才能推动创造的实现。开放性问题链的高包容度为学生营造了一个宽松的创造环境，让学生愿意创新、敢于创新、乐于创新，并最终实现对知识的综合与创造。

三、浸润批判性思维的物理实验教学策略与示例

（一）指向实验问题生成的情景式问题链设计

在实验教学中，利用情景式问题链可以有效提升学生的问题意识，激发他们的思考和提问能力。在实施实验教学的过程中，我们需遵循以下原则和方法：

明确实验教学的目标和内容，根据教学目标，确定需要涵盖的核心内容和知识点。

情景的选择应与学生日常生活紧密相关，以引发学生的兴趣和共鸣。所选情景应有助于将复杂的科学原理或概念具体化、生动化。

问题链的设计呈层层递进的关系，从简单到复杂，引导学生逐步深入思考和探究。每个问题都应该是基于前一个问题的延伸或深化，逐步构建起完整的问题链。

在问题链中嵌入能够引导学生发现新问题的元素，鼓励他们从实验中主动寻找和提出问题。这可以通过设置开放性问题或挑战性问题来实现。

将实验操作和观察环节融入问题链中，让学生在亲身实践中发现问题、提出问

题。可以通过实验演示、分组实验、探究实验等方式来实现这一目标。

以“电磁感应现象及应用”一课为例：

问题1：展示自制的电磁感应琴（图6－4），拨动“琴弦”，音箱中传来音乐。电磁感应琴回路中没有电源，为什么输入音箱中后能发出声音呢？

问题2：“凭空发电”——当导线直接连接灯泡，挥动线圈时，灯泡竟然亮了（图6－5）。导线直接连接灯泡的回路中没有电源，灯泡是怎么亮起来的呢？

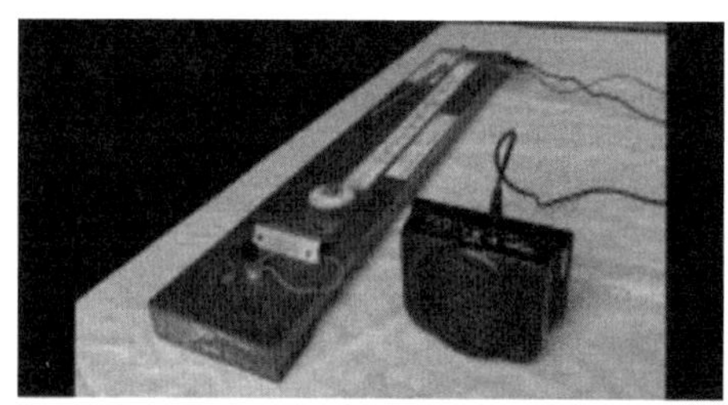

图6－4 电磁感应琴

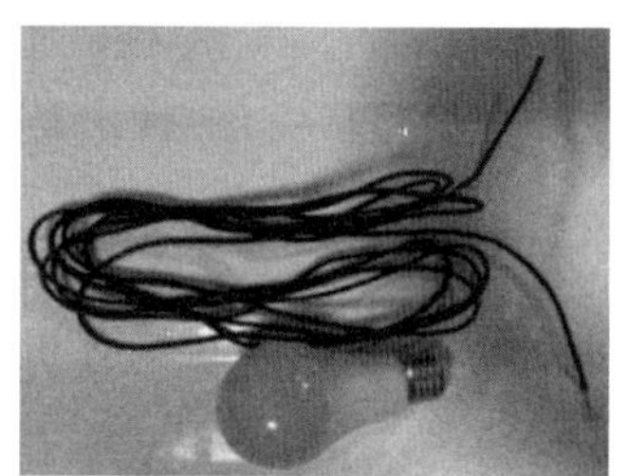

图6－5 “凭空发电”装置

问题3：音箱发出声音、灯泡发光，这些都说明了回路中产生了什么？

问题4：在初中，我们学习过哪些可以产生感应电流方法？除了这些方法，还有哪些方法可以产生感应电流呢？

改装简单的装置，制成可以弹奏的乐器，这可以激发学生的学习兴趣与动机，唤醒他们的前知。同时，这也可以让学生体会物理与生活和艺术的密切联系，通过创意实验激发学生探究欲望。情景式问题链的设计可以启发学生思考现象产生的原因及其支配的规律。

（二）指向实验方案设计的思辨性问题链设计

思辨性问题链是一种促进深度思考和分析问题的方法，它能够鼓励学生从多个角度审视问题，深入挖掘问题的本质和内在逻辑。在实验教学中，利用思辨性问题链引导学生进行实验方案的设计，能够很好地培养学生的思辨能力和创新思维。以下是设计思辨性问题链的六个关键方面：

针对目的和假设的问题，如：这个实验旨在解决什么问题或验证什么假设？

针对实验原理的问题，如：为了验证猜想，应该如何设计实验？

针对方法和器材的问题，如：我们将采用哪种实验方法？需要准备哪些实验器材或工具来支持实验的进行？

针对实验步骤的问题，如：为了清晰地观察变量之间的关系，我们需要执行哪些具体的实验步骤？

针对结果预测的问题，如：基于当前的实验变量和条件，预期得到什么样的实验结果？

针对风险控制的问题，如：在实验过程中，可能出现哪些风险或意外？如何提前预防并制订相应的应对措施？

以“电磁感应现象及应用”一课为例：

问题1：回顾之前的实验情景，产生感应电流的原因可能是什么？说出你的猜测并说明你如此猜测的依据。

问题2：仅仅有磁场和回路就可以发电吗？如何用实验验证自己的猜想？尝试进行各种可能产生电流的操作，寻找其中的共性。

问题3：产生磁场的方式有哪些？为了完成你的探究任务，你需要选择哪些实验器材？采取哪种研究方法？注意：磁体和电流都能产生磁场，为了寻找共性，两种器材可能都需要用到。同时，采用控制变量法来确保实验结果的准确性。

问题4：请根据你的实验设计，按照合理性和便捷性的原则，列出需要执行的具体实验步骤。

问题5：你预期的实验结果是什么？出现什么现象，能证明你的猜想是正确的？如果实验结果与你的猜想不符，你应该如何调整实验方案？

问题6：在实验过程中，哪些环节可能会出现风险或意外情况，如电源电流的控制不当、电表量程选择有误造成仪器受损等？你该如何提前预防这些风险，并制订相应的应对措施？

思辨性问题链在实验设计中起到了至关重要的引导和支撑作用。通过系统地回答每个问题，学生不仅可以更加科学和系统地设计实验，提高实验的成功率和价值，而且能培养自身的质疑精神和思辨能力。

（三）指向实验数据处理的递进式问题链设计

递进式问题链遵循严格的逻辑顺序，每个问题都应当是基于前一个问题的深化和拓展，层层递进，形成一条清晰的逻辑链条。问题链中的问题构成一个完整的系统，内容上也相互联系，形成一定的知识网络，有助于学生构建全面的知识结构。在实验教学中，利用递进式问题链引导学生分析数据，能够显著地提升学生的推理与论证能力。我们可以针对以下几个环节，设计递进式问题链。

数据来源：在实验过程中，你收集了哪些数据？这些数据是如何产生的？

数据清洗：在收集的数据中，是否存在异常值、缺失值或重复值？如何妥善处理这些问题？

数据处理：为了验证你的猜想或探寻潜在的规律，应该通过什么方式来处理数据？

数据解释：你的数据分析结果意味着什么？这些信息如何与你的实验目的和猜想相关联？

误差分析：在实验过程中，哪些环节或步骤可能引入误差？这些误差对结果产生的影响可忽略吗？如果不可忽略，你有什么改进措施吗？

反思改进：在整个数据处理和分析过程中，你遇到了哪些困难？如何克服这些困难？如果重新进行实验，你会如何改进数据处理和分析方法？

以“电磁感应现象及应用”一课为例：

问题1：为了产生感应电流，你执行了哪些类型的操作？记录了哪些实验现象与数据？

问题2：这些操作中，是否出现了异常现象？或者是否存在本质相同、可以合并的数据？

问题3：为了寻找产生感应电流的条件，你打算采用何种方法对所记录的现象与数据进行对比分析？

问题4：你的数据分析结果与你的预期是否符合？若只有B（磁场强度）改变或只有S（回路面积）改变，在闭合回路中能产生感应电流吗？若B与S都改变，能产生感应电流吗？如何通过实验验证？若B与S都改变但磁通量不变，能产生感应电流吗？如何通过实验验证？

问题5：请回顾整个实验的过程，分析哪些环节可能会导致误差，并判断这些误差是否可以忽略，为什么可以忽略，如果不可忽略，又如何改进。

问题6：你选择的数据分析的方式是否科学便捷？需要改进吗？

通过以上递进式问题链的设计，我们能够逐步引导学生深入地理解实验数据处理的重要性和方法，提高他们的数据处理和分析能力，帮助学生有效地验证自己的猜想，并在此过程中显著提升学生的推理与论证能力。

（四）指向实验分析评估的劣构性问题链设计

劣构性问题通常出现在真实世界的复杂情境中，以其不确定性、多解性及缺乏固定原型等特点，为学生营造了一个富有挑战性和深度的学习环境。解决劣构性问题要有独立思考和创造性解决问题的能力。在实验教学中融入劣构性问题链，能够引导学生对实验进行反思、分析和评估。在问题链设计的过程中，可参考以下几个方面：

针对实验设计：你对实验的目的和假设有清晰的理解吗？你认为实验设计中可能存在哪些潜在的限制或偏见？

针对实验操作：在实验过程中，你遇到了哪些与预期不符的情况？你是如何应对这些挑战的？实验中是否有任何意外的发现或观察？实验操作中的哪些因素可能对结果产生影响？

针对数据处理:如何评价收集的数据的准确性和可靠性?在数据处理的过程中,是否发现任何异常或不一致的数据?你是如何处理这些异常数据的?是否有其他可行的数据收集或处理方法?

针对实验结果:实验结果是否支持你的假设?如果不支持,你认为可能的原因是什么?实验结果中是否有任何出乎意料的发现?分析结果是否稳定且可重复?实验的可靠性如何?有哪些因素可能影响实验结果的可靠性?

针对实验意义:这个实验对认识所学领域有何贡献?实验结果是否可以推广到更广泛的情况或应用中?实验中可能存在哪些局限性或不足?在这次实验中,你学到了什么?在未来的实验中,你有哪些可以改进的地方?

以"电磁感应现象及应用"一课为例:

问题 1:你认为在探究感应电流产生条件的设计中,可能存在哪些潜在的限制或偏见?

问题 2:在实验操作的过程中,有没有意外的发现或产生新的问题?

问题 3:根据你的几组实验得出的结论是否严谨科学?如果想提高结论的可靠性,还需要做什么?

问题 4:根据你的探究过程,请推测当年法拉第探究电磁感应现象时,最大的阻碍是什么。

(五) 指向实验创新应用的开放性问题链设计

创新是一种独特的思维和行为方式,它要求人们打破传统的思维模式,挑战既定的规则和框架,勇于尝试新颖的方法和策略。这种创新精神和实践往往需要在一个相对自由的环境中才能得以充分发挥。开放性问题因其综合性、跨学科性、创新性和多元探究性,为教学提供了一个更加开放、自由的学习环境。在实验教学中,构建开放性问题链,可以有效激发学生的创新能力和综合应用能力。可以从以下几方面设计问题链:

实验原理创新:在实验中,是否对传统实验原理进行了创新或拓展?这种创新是否提供了对物理现象更深入或更准确的理解?

实验器材创新:你是否对实验器材进行了改进,以更好地满足实验需求?这些改进是否提高了实验的精度或效率?

实验方法创新:在实验过程中,你是否采用了新的或优化的实验方法?未来在哪些方面还可以进一步优化实验流程或方法?

实验结果应用:实验结果在哪些领域或问题中可能有实际应用价值?这些应用可能带来哪些科技或社会进步?

以“电磁感应现象及应用”一课为例:

问题1:你还能从原理层面提出哪些创新的探究方案来探究电磁感应现象?

问题2:你还能想到有哪些器材可以用来完成感应电流产生条件的探究?如果可以选择器材,你会如何挑选?如果需要在家里就地取材,你还有哪些创造性的解决办法?

问题3:如果想更高效地完成实验,你有哪些好的方法或建议?如果追求实验结果的精度和准确度,你又会如何对实验方法进行优化?

问题4:除了你了解的法拉第电磁感应的应用领域外,你还能提出哪些新的应用设想?

第三节　案例与评析

本节以“光电效应”相关章节教学为例,具体说明浸润批判性思维的物理实验教学的行动路径。

一、教学内容与思维发展关系分析

(一)《课程标准》内容分析

《课程标准》对该部分内容的要求明确指出,通过实验,了解光电效应现象;知道爱因斯坦光电效应方程及其意义;能根据实验结论说明光的波粒二象性。可见,实验是学习光电效应不可或缺的环节。

(二)教材内容分析

本节内容出自《普通高中教科书 物理 选择性必修 第三册》第四章第二节,本节内容由光电效应的实验规律、光电效应经典解释中的疑难、爱因斯坦的光电效应理论、康普顿效应和光子的动量、光的波粒二象性五部分组成,内容丰富且难度较大。作为本章的核心部分,本节旨在帮助学生对光的本质构建一个较为全面的认识框架。鉴于本节课内容较多,建议将本节内容分两个课时完成。第一个课时聚焦于爱因斯坦的光电效应方程的建立,第二个课时应深入探讨爱因斯坦理论解释光电效应规律、图像应用、康普顿效应和光子的动量以及光的波粒二象性。

光电效应和康普顿效应是认识光的粒子性的重要依据,爱因斯坦在普朗克能量子假说的基础上,用量子思想对光电效应的解释是科学转折的重大信号。从此以后,更多的科学家开始关注普朗克提出的量子观点,并开创了新的局面。

(三)学生学情分析

在学习本节内容之前,学生习惯于从宏观世界的视角出发,认为能量是连续的,这种观念导致他们在理解微观世界的量子化现象的过程中遇到障碍。因为学生抽象思维能力尚在发展中,所以应增加具象化的材料,增加感性经验帮助学生进行思考。在条件允许的情况下,应鼓励学生亲身体验,如自制赫兹电火花实验装置,拍摄电火花视频,拍摄光电管构造的视频,自制光电效应分组实验仪器,自制锌板实验装置,自制声音复刻实验装置,等等。

（四）思维发展分析

抽象思维与具象思维。抽象思维在高中物理学习中占据重要地位。它要求学生对物理概念、规律和公式具有深入的理解并能灵活应用，同时需具备一定的逻辑推理和演绎推理能力。而具象思维则是一种通过具体形象和感性经验进行思考的思维方式。逻辑推理是思维的重要方面，它是指根据已知信息，通过推理得出结论的思维方式。经过高一一年的物理学习，学生已经初步具备了一定逻辑推理能力，能够把抽象思维与具象思维结合，能对问题进行比较全面且深入的探讨。良好的逻辑推理能力可以帮助我们更准确地分析问题，然而，要进一步提升这种有机结合的能力，使抽象思维与具象思维更加紧密地融合，仍需不断努力。

学习与反思能力。通过学习新知识并反思自身的错误和不足，学生可以不断提升自我。然而，目前这种思维方式在学生中尚显欠缺，他们往往难以从正、反两个方面审视问题，有时候会轻易下结论。提高学习与反思能力有助于学生更全面地理解问题，避免片面性。

创造力与想象力。创造力与想象力是思维的双翼，它们可以使学生的思维更加活跃、开阔。创造力与想象力的欠缺会导致学生解决问题时过于依赖思维定势。因此，培养学生的创造力与想象力势在必行。

二、批判性思维与教学目标的制订

（一）物理观念

通过演示实验的直观显示，观察光电效应现象，从光电效应发生过程深入了解其原理，并了解量子概念的提出背景，进一步深化物质观念；了解光电效应过程中能量流动与转化的过程，体会能量观；认识光具有粒子性，进一步完善物质和能量观念。

(二) 科学思维

基于实验观察，运用归纳推理的方法提炼光电效应的实验规律；深入理解遏制电压、截止频率、逸出功、瞬时性等概念的含义，并能分析这些概念与光的电磁理论的矛盾；同时，能从光电效应实验事实和普朗克的能量子假说出发进行类比推理，推出光子说，类比理解光的量子性；能用光子说解释光电效应的规律；能根据光子说进行演绎推理，推导出爱因斯坦光电效应方程；能基于光电效应这一确凿证据论证光具有粒子性，进一步阐释光的波粒二象性。

(三) 科学探究

经历科学探究的全过程，深刻认识光电效应现象，明确发生光电效应的条件。尝试设计并实施实验，探究光电效应中电子发射情况与光照强度、光的颜色(即频率)等物理量之间的关系，探究出光电效应规律，感受以实验为基础的科学研究方法。学会运用科学探究的方法研究物理问题，验证物理规律。

(四) 科学态度与责任

通过实验直观了解光电效应现象，掌握爱因斯坦光电效应方程及其意义；通过物理学史的深入学习，了解光电效应实验背景和现象，分析经典理论解释光电效应的困难，体会爱因斯坦的光子说和光电效应方程建立的历史过程，体会科学家的探索精神与创新精神，不断完善科学态度和责任感；理解波粒二象性的目的、思想，体会其哲学意义。

三、教学重点、难点与教学策略设计

(一) 基本设计理念

将离身学习变为具身体验学习。在学科实践中，以具身体验的方式引导学生主动建构规律，经历猜想、观察、分析、抽象、概括等思维历程，逐步揭示物理量之间从定性到定量的关系，从而建立起物理规律。因此，本节课以大量的实验为载体，让学生在实践中动手操作，让眼、耳、手、脑等各个感官协同运作，实现离身学习到具身体验学习的转变。

设计学习路径，引导进阶学习。进阶学习是指学生在一个时间跨度内，学习和探究某一主题时，依次进阶、逐级深化的学习方式。基于进阶学习的理念，本节课精心设计了学习路径，确保教学活动循序渐进，逐层深入。从赫兹实验中的电火花实验到锌板演示实验中逸出电子，是从表象到本质的研究进阶；从研究光电子到研究光电流，则是从微观进阶到宏观；在探索光电效应规律的过程中，先让学生做尝试性实验，从定性角度寻找影响光电效应的因素，再利用自制教具，通过分组实验定量探究光电流与电压的关系，这是从定性进阶到定量；在分组实验中，先寻找两个特殊值（饱和电流与遏止电压），再利用传感器画光电流随电压变化的图像，实现从特殊到一般的进阶；同时，引领学生进阶设计实验电路，从最基础的电路出发，通过不断添加器材（电源、滑动变阻器、单刀双掷开关），使得设计方案在对比中不断优化，确保器材的功能与实验原理紧密契合。

（二）教学重点、难点

实验探究光电效应规律、理解爱因斯坦的光电效应理论。

（三）主要教学方式及策略

以光电效应“发现—发展—验证—应用”的历史脉络为线索，通过一系列的实验贯通本节课的教学内容。整体教学流程按照“实验发现—尝试性探究—定量探究—理论解释—实验验证—应用实验”的顺序铺开，逻辑线索清晰，问题背景清晰，完整地展现了科学探索的历程。

课程伊始，从赫兹最早发现光电效应的电火花实验切入，随后引入赫兹的学生霍尔瓦克斯的设想，通过演示经过改良的锌板实验帮助学生认识到光电效应的实质（光照后，从金属中会逸出电子），从而引出光电效应概念。在赫兹的学生勒纳德研制出光电管的基础上，引导学生进行尝试性实验，探索光电效应与照射光的强度、光的频率和金属种类之间的关联。同时，指出光电流除受上述因素影响外，还可通过调节光电管两端的电压来改变。随后，指导学生设计、优化电路，分组探究得到光电效应规律。分组实验中，学生通过体验探究过程，初步验证猜想，对光电效应规律及其影响因素有了更深入的理解，同时，提升了合作探究能力。

接着，教师通过自制光电效应演示器，为学生呈现光电流随电压变化的完整图像，进一步加深学生对光电效应的理解。通过对比演示实验与分组实验的结果对照，增强了实验的可信度。当经典的电磁理论无法解释这些实验现象时，自然引出了理论创新的需求。此时，介绍爱因斯坦提出的光子说以及光电效应方程，该方程能够完美地解释光电效应的规律。引入物理学史教学：爱因斯坦的光电效应理论在提出之初遭遇了诸多质疑，但实践是检验真理的唯一标准，只有实验才能判断爱因斯坦理论的正确与否。密立根十年磨一剑，通过油滴实验，最终验证了爱因斯坦的光电效应理论的正确性。课程结尾部分，通过演示“声音复刻”实验，向学生展示光电效应在生产、生活中的具体应用。这样，光电效应这部分知识的创生，从发现到应用形成了一个完美的闭环。

四、教学过程

主要教学流程如图 6 - 6 所示。

体验与感知
复原：赫兹电火花实验
演示：锌板创新实验
质疑与假设
演示：学生尝试性实验
推理与论证
设计分组实验方案
分析与评估
分组：光电流实验
科学探究
实验规律
经典电磁理论
反思评价
相矛盾
反思评价
光子说
频率高的光才能打出光电子。频率高的光打出的电子最大初动能大
推理与论证
反思评价
理论创新
密立根实验论证
爱因斯坦光电效应方程
完善
物理观念
综合与创造
强激光照射
研究历程
知识网络
声音复刻
理论创新
科学态度与责任

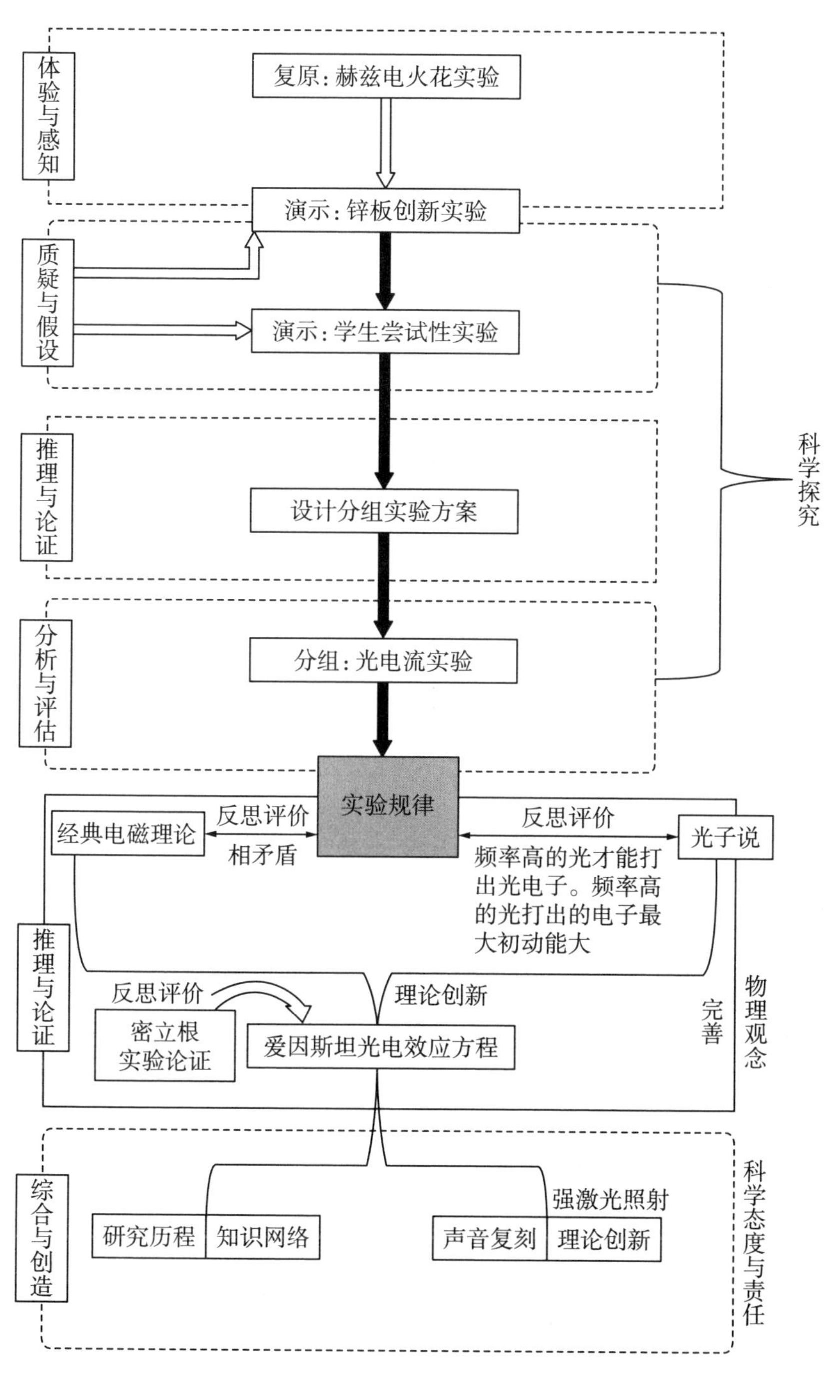

图 6－6　教学流程

(一) 体验与感知

情境 1:在某国,有人利用 1 000 面镜子反射太阳光来烤鸡,大约 12 min 就能烤熟一只鸡。若遇到阴天,光线不强,烤制时间就会略长一些。

问题串 1:① 根据经典电磁理论进行分析,烤鸡吸收的光的能量能够积累吗? ② 光的强度越大,光的能量就越大吗?

[教师活动]通过学案展示相关情境,引导学生课前自己复习旧知识并提出问题。

[学生活动]预习学案,完成问答。

情境 2:复原赫兹用实验验证电磁波存在的实验,介绍赫兹的实验原理(图 6-7)。

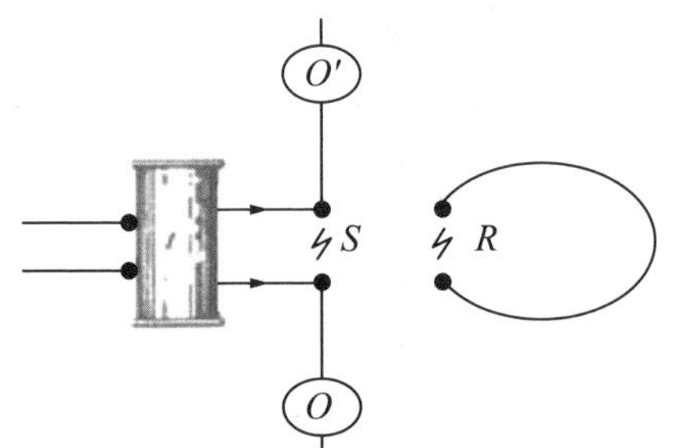

图 6-7　赫兹验证电磁波存在的实验原理图

问题串 2:① 紫外线照射接收端间隙时,为什么电火花会更明显? ② 此处有什么奥妙? ③ 紫外线照射金属时,会不会产生特别的现象?

[教师活动](复原实验)展示赫兹电火花实验装置图,并播放教师复原赫兹实验拍摄的电火花视频。

[学生活动]观看电火花视频,直观感受到紫外线照射接收端间隙时,两金属针之间的电火花更明显。

情境 3(锌板实验):如图 6-8 所示,实验中,我们用丝绸摩擦过的玻璃棒让验电器带正电,观察验电器张角变化;随后用强光手电筒照射验电器金属球,再次观察张角变化;接着移动锌板,使之靠近验电器的金属球,改用紫外灯照射锌板,观察到张角变小。

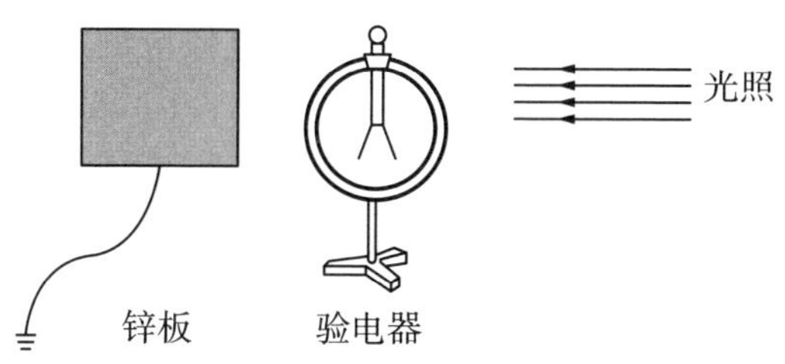

图 6-8　锌板实验改进装置

问题串 3:① 用丝绸摩擦过的玻璃棒让验电器带何种电荷? ② 验电器张角变小的原因是什么? ③ 将验电器中的正电荷中和的负电荷是从哪里来的呢? ④ 在什么条件下电子才能从锌板中逸出?

[教师活动]介绍实验装置,详细讲述实验操作过程,引导学生观察并表述实验现象,通过推理分析,对实验现象进行归因。

[学生活动]观察并表述实验现象,提出质疑。概括总结出光电效应与光电子的基本概念。

设计意图:本环节旨在高度复原物理学史上著名的赫兹实验,重演发现光电效应的历史过程。同时,创造性地改进了教材上原有的锌板实验,自制实验教具进行演示,使实验现象更直观且易于理解,从而帮助学生更好地理解"光照金属能促进光电子逸出"的原理。

学生发展:经历概括和抽象的过程,学会寻找事物的本质特征,形成相应的科学概念。

(二) 质疑与假设

情境 1:在锌板实验中,将白光照射与紫外线照射现象进行对比。

问题串 1:① 为什么紫外线照射金属时,光电子能逸出? ② 既然紫外线照射金属时光电子能够逸出,白光也有能量,为何白光照射金属锌,却没有光电子逸出呢?

[教师活动]引导学生质疑,激起探索欲望。

[学生活动]思考问题,提出质疑。

情境 2:介绍赫兹的学生勒纳德为了研究光电效应的规律,研制了光电管,并展示光电管的构造图(图 6-9)。

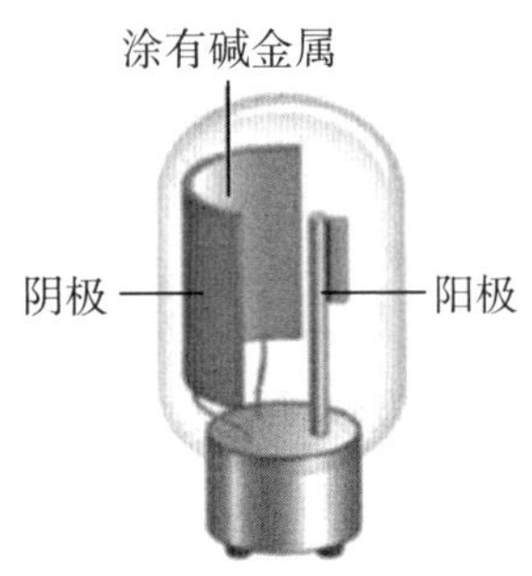

图 6-9　光电管构造

问题串 2:① 光电子逸出后,在空气中会不会受到干扰? ② 从技术层面来看,我们应该如何解决这个难题?

[教师活动]介绍光电管的构造与工作原理。

情境 3:展示光电管,让其接受教室光源的照射。

问题串 3:① 在教室光源照射下,有无光电子逸出? ② 如果有光电子逸出,我们如何得知? ③ 如何使光电流变大? ④ 假如你是科学家,你还想进行哪些尝试? ⑤ 改变光的频率,结果有什么不同? ⑥ 改变金属种类,结果有什么不同?

[教师活动]提供改变光强、照射光的频率和金属种类的各种实验器材,引导学生进行试探性尝试,并引导他们总结光电效应规律。

[学生活动]一名学生上台进行试探性尝试实验(电路如图 6-10 所示),探索影响光电子发射的因素。学生一边做实验,一边自己介绍操作流程。其他同学观

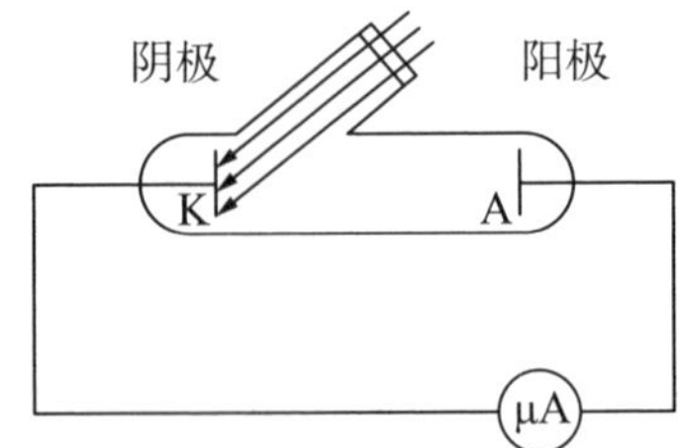

图 6-10　试探性尝试实验的电路

察实验现象，总结光电效应发生条件，归纳总结光电效应的截止频率和瞬时性。

设计意图：拍摄光电管视频，并利用多媒体放大技术，360°全方位观察光电管的构造，为接下来的实验做好铺垫，促进学生对光电效应的深度理解。在教师引导下，学生自主设计实验方案，进行试探性尝试实验，并对实验结果进行分析综合。通过小组讨论、解释、交流，形成对影响光电效应因素的初步认知。

学生发展：通过试探性尝试实验，培养科学思维和问题解决能力。实验探究之后适时对实验结果进行分析，提高解释和交流的能力。

（三）推理与论证

情境：探究电压对光电流的影响。

问题串：① 电子逸出后飞向四面八方，若光照情况保持不变，我们该如何让更多的电子到达阳极？② 在电路中，A 与 K 应分别连接电源的哪一极？③ 若想让电压可调，应加入什么元件？④ 若想让光电管得到从零开始连续增大的电压，滑动变阻器应采用何种接法？⑤ 若让光电子逸出后立即减速，应如何实现？应加入哪种电学元件？

[教师活动]提出问题，引导思考。

[学生活动]思考并回答。

设计意图：采用小组合作探究与个性化探究结合的方式开展实验。带领学生进阶设计并完善实验电路（图 6－11）。通过不断添加器材（电源、滑动变阻器、单刀双掷开关），在对比中不断优化实验设计方案。

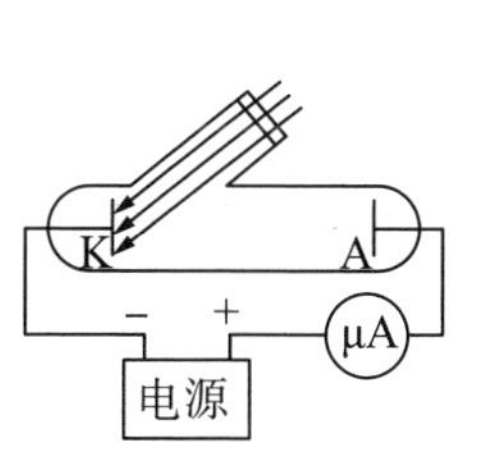

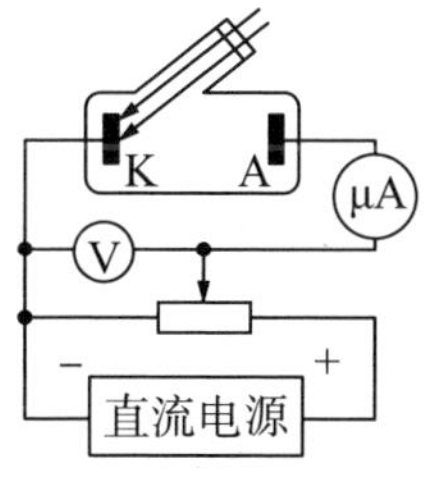

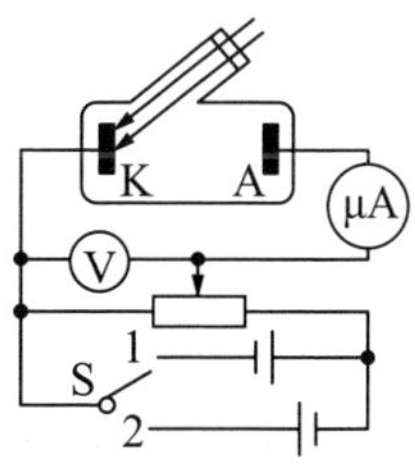

图 6－11　进阶设计的实验电路方案

学生发展:通过分组实验,学生可以更深入地理解实验原理和实验方法,提高实验技能和数据处理能力。

(四) 分析与评估

情境 1:在强蓝光照射下,保持光强不变,控制电压从某一负值开始先变到零,再增加到正的最大电压,观察光电流如何变化,并判断电流是否趋于一个最大值。$I_{max}=$________μA。

弱蓝光照射时,控制电压从负值变到零,再增加到正的最大电压,观察光电流如何变化。$I_{max}=$________μA。

分析 1:① 是否存在饱和电流? ② 当照射光频率一定时,入射光越强,饱和电流是否越大?

[教师活动]组织分组实验,给出小组实验任务清单,并指导学生分组实验。

[学生活动]参与实验,对实验数据进行分析评估,小组讨论交流,达成小组共识,准备交流汇报。

情境 2:在弱蓝光照射下,加反向电压,使光电流恰好减小到 0 时的反向临界电压 $U_c=$________V,这个电压叫作遏止电压。在上面步骤的基础上,保持反向临界电压不变,左右移动光源改变光强,光电流是否依然为零?

分析 2:① 是否存在遏止电压? ② 遏止电压与光照强度是否有关?

[教师活动]提出问题,引导实验探究,引导分析、概括与总结。

[学生活动]参与实验,根据实验数据,交流分析,评估实验结论。

情境 3:在紫光照射下,使光电流恰好减小到 0 时的遏止电压 $U_c=$________V,紫光与蓝光的 U_c 相比哪个大?

分析 3:① 遏止电压与光的强度是否有关? ② 光的频率越大,遏止电压是否越大?

[教师活动]引导学生总结共性,形成共识。

[学生活动]参与实验,记录数据,小组交流,阐述现象。

情境 4：质量为 m 的电子(重力不计)以初速 v_0 水平射入电场，恰不能到达极板。

分析 4：① 遏止电压与光电子逸出时的最大初动能是否有关？② 若有关，又是怎么样的关系？

[教师活动]提出问题，并引导学生从动能定理角度入手推理。

[学生活动]运用动能定理推导两者关系，并通过同学间的自评与互评相结合进行交流评估，形成结论如下：存在饱和电流，当频率一定时，入射光越强，饱和电流就越大。存在遏止电压，遏止电压与光照强度无关；光的频率越高，遏止电压越大，光电子逸出时的最大初动能就越大。

设计意图：利用活动单有效引导探究过程。通过设计和实施实验，让学生参与实验操作、数据收集和分析的过程，让学生经历自主探究的过程。

学生发展：组间交流评议，归纳实验结论。师生共评，激发学习动力。组间数据共享，增强合作意识。

(五) 推理与论证

情境 1(演示实验)：利用传感器进行对比实验，绘制在不同光照强度下光电流随电压变化的图像。同一坐标系中同时画出强蓝光与弱蓝光照射时的电流与电压的关系图像。同一坐标系中同时画出强紫光与弱紫光照射时的电流与电压的关系图像。

论据 1：强蓝光与弱蓝光照射时，两者的图像在横轴(电压轴)的负半轴上有同一个交点。

论据 2：强紫光与弱紫光照射时，两者的图像在横轴的负半轴上也有同一个交点，但交点的电压绝对值更大(相较于蓝光)。

论据 3：当电压较大时，图像逐渐趋于水平。

[教师活动]利用自制实验装置进行演示实验，详细讲解实验操作流程，并引导学生观察图像。再通过观察图像特征，引导学生进行合理外推：当电压持续增大时，电流增长趋势将逐渐放缓直至保持不变。

[学生活动]观察光电流与电压完整的变化关系曲线，并与分组实验结果对比，发现相同规律。动手记录图像，加深对光电效应规律的理解。

推理：电压较大时，图像接近水平。通过合理外推可知存在饱和电流。图像与横轴的交点相同，表明有相同的遏止电压。

设计意图：利用传感器画图像进行实验探究，以提高实验的精准度。通过学生分组实验和教师演示实验进行比照，强化实验信度，提升课堂实验教学效果。

学生发展：强化学生对实验图像的理解与记忆。

情境2：阅读教材第73页中关于经典理论对光电效应解释的困难的内容。

推理：① 光的电磁理论能推出哪些结论？② 光电效应实验规律与这些结论有哪些矛盾？

[教师活动]布置阅读任务，并提出引发思考的问题，引导学生进行对比分析。

[学生活动]阅读并体会光的电磁理论解释光电效应规律时的困难。

设计意图：通过对比，揭示光的电磁理论的局限性，为理论创新奠定基础。

学生发展：培养质疑原有理论的能力，体会理论创新的喜悦。

情境3：光电效应实验事实。

论据1：只有频率高的光才能打出光电子。

论据2：频率越高的光打出的电子最大初动能就越大。

论据3：普朗克的能量子假说。

论据4：金属存在逸出功 W_0。

论据5：密立根油滴实验对普朗克常数的测定。

[教师活动]引领思考：什么样的光照射金属才能打出电子？频率越高的光打出的电子的最大初动能有何特点？

[学生活动]基于光电效应的实验事实，进行严密推理，类比普朗克的能量子假说提出光量子假说。光的能量与频率有关→类比(能量子)推理→光子说→光子的能量 $E=h\nu$→光电效应方程 $h\nu=E_k+W_0$ 或 $E_k=h\nu-W_0$。

（六）综合与创新

情境 1:光电效应理论产生与发展的过程。

总结科学研究要经历的过程:赫兹——实验发现;霍尔瓦克斯——实验探究;勒纳德——实验探究;爱因斯坦——理论解释;密立根——实验验证。

综合 1:① 除了知识层面,你还有哪些收获? ② 光电效应经历了什么样的研究历程?

[教师活动]从物理学史角度出发,引导学生回顾光电效应理论产生与发展的完整历程。

[学生活动]反思与总结自己的收获,在领略科学探索魅力的同时,增强科学态度与责任。

情境 2:知识网络。

综合 2:光电效应发生的过程中,能量如何转化与流动? 信号如何转换?

[教师活动]从能量流动、信号转化以及对应关系等多个角度引导学生总结。

情境 3(创新应用):基于信号转换与能量流动,探索关于光电效应的创新应用。

创造 1:手机里播放的音乐如何通过光电管使得另一个回路(图 6－12 中光电管接功放小喇叭)中的小喇叭发出同样的音乐(声音复刻)? 其信号转换流程如下:手机中播放音乐的信号→手电筒的光信号→光电管中的电信号→小喇叭中的声信号。

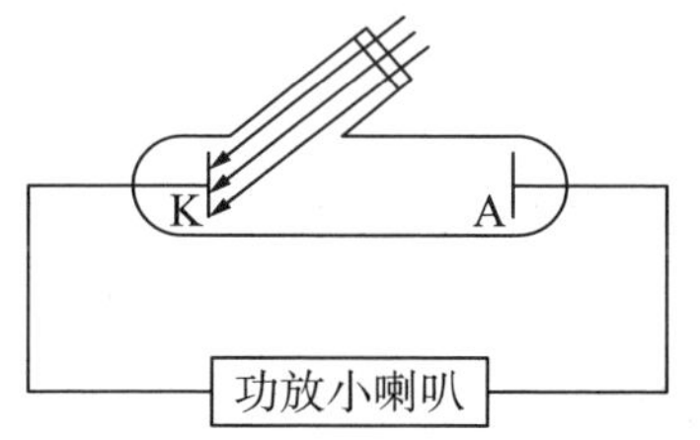

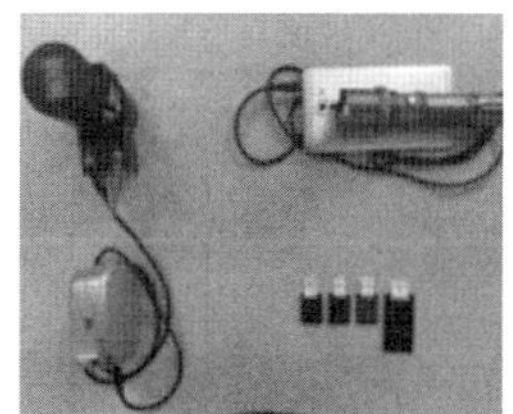

图 6－12　声音复刻实验电路与装置

[教师活动]自制教具,演示实验。引导学生分析信号转换的过程。布置课后

作业,设计关于光电效应的创新应用。

[学生活动]分析两个电路信号转换的过程,深入理解光电管的功能——光信号转换成电信号。在课后动手设计制作光电效应的创新应用,形成物化成果。

情境 4:强激光照射金属。

创造 2:发现多光子吸收现象,说明爱因斯坦光电效应方程也有局限。如何修正?

[教师活动]展示最新研究成果。

[学生活动]体会科学的不断进步、不断发展。

设计意图:

(1) 以物理学史上的几个著名实验为线索贯穿整节课。逻辑线索连贯,帮助学生明晰问题背景,形成完整的物理知识结构。

(2) 通过应用实验的举例,为学生提供产生创意的广阔思路。

(3) 通过链接生活,让学生更好地理解光电效应的实际意义。

学生发展:物理实验与思政同向同行育人,促进学生科学态度与责任意识的全面发展。同时,展示上届学生利用光电效应知识制作出的物化成果装置,介绍光电管对信号转化的特点。展示榜样力量,增强学生创新设计信心。

五、板书设计

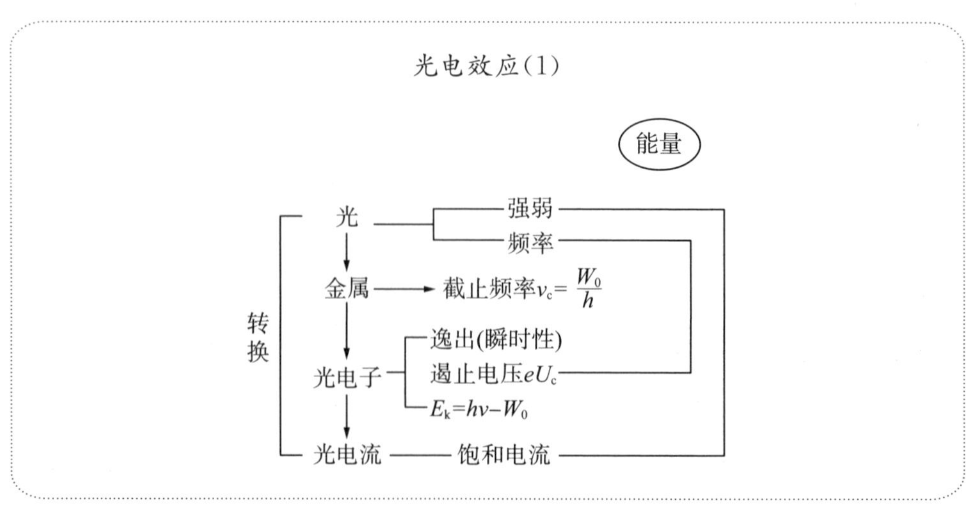

六、评析

（一）对案例的反思

光电子的发射会受到哪些因素的影响，如果直接让学生猜想，可能会增加思维含量，但逻辑推理不能完全替代实践体验。为了让学生更有理有据地提出自己的想法，应给予学生充足的材料，并增加一些感悟与体验的活动。在实践中，学生可以一边思考一边做实践性尝试。本节课选择使用最传统的滑动变阻器结合数字式电表，让学生亲自探寻饱和电流和遏止电压。这种简单且常用的器材，能让学生经历滑动过程中捕捉特殊值的过程，体验更加深刻。相较于传感器瞬间画出图像的方式，这种低成本实验更符合中学教师的现实选择。虽然传感器对数据的处理更迅捷，但绝不能以“削减”学生的实践体验为代价。

（二）物理实验教学中融入批判性思维的教学建议

在物理实验教学中，教师可以通过引入矛盾或悖论来激发学生的思维火花。例如，提出一些看似矛盾但实际上合理的物理问题，引导学生从不同角度进行分析和思考，激发实验探索的欲望。对于实验设计，鼓励学生提出质疑，挑战现有的知识和观点以及已有的实验方案。学生可以从实验目的、原理、器材选用等方面对实验设计进行深入思考，并提出改进意见。通过不断质疑与改进，学生能够逐步培养起独立思考和解决问题的能力。

数据的收集与分析是实验教学中不可或缺的一环。教师应引导学生重视实验数据的真实性和准确性，遵循科学的研究方法；同时，引导学生运用统计学知识对数据进行分析，找出其中的规律，为实验结果提供有力支持。在实验结果解释阶段，教师要引导学生运用批判性思维对实验结果进行客观分析，将实验结果与假设进行对比，检验假设的合理性。若实验结果与假设不符，学生应勇于面对，重新审视实验设计、数据收集等环节，寻找原因。

在整个实验过程中,教师要鼓励学生积极参与小组讨论,听取不同意见,对不同观点进行辨析。通过团队协作和观点交流,学生可以拓展思路,完善自己的见解。反思是批判性思维的重要体现,在实验结束后,师生都要对实验过程和结果进行反思,总结得失。通过反思,学生可以发现自己在实验中的不足,为今后的学习总结经验教训。

此外,在物理实验教学中,还应学会批判性地继承前人的研究成果,这包括了解前人实验的背景、原理、方法以及结论,并对其进行分析和评价。对前人的成果要保持尊重,但也要敢于提出质疑,思考是否存在改进的空间。通过批判性继承前人成果,我们可以更好地理解实验的本质,提升自己在科学研究中的能力。

批判性思维更注重培养学生的科学探究态度,包括好奇心、求实精神、创新意识等。教师可以通过提出富有启发性的问题,激发学生的好奇心和求知欲。这些问题可以涉及物理现象的解释、原理的应用等方面,引导学生主动思考和探索。同时,教师还可以鼓励学生自主提出问题,培养学生的批判性思维能力。当学生在思考或讨论中遇到困难或偏离方向时,教师应及时给予指导和点拨,帮助他们找到正确的思考路径。同时,教师还应关注学生的学习进展和表现,给予积极的评价和鼓励,激发他们的学习动力和自信心。

课后,教师可以布置一些具有挑战性和开放性的问题或实验任务,鼓励学生自主设计实验方案、收集和分析数据、得出结论等。通过完成这些开放性作业,学生可以培养自己的独立思考能力和创新精神,同时也能加深对物理知识的理解和掌握。

第七章

浸润批判性思维的物理问题解决教学

本章导读：如何将批判性思维有效融入中学物理问题解决教学？有哪些具体的方法策略和实践范式？这是一线教师极易忽视的现实问题。通过本章的阅读，你将深入了解到中学物理问题解决教学的功能与价值定位，以及它与批判性思维培养之间的紧密联系。同时，我们还将分析问题解决教学的现状及存在的问题，探讨浸润批判性思维的物理问题解决教学的课堂结构及其建构原则，并介绍以批判性思维形成为核心的问题解决教学模型。以“生活中的圆周运动”为例，本章将划分浸润批判性思维的问题解决教学水平层级，并从模型建构和问题结构两个不同角度，谈浸润批判性思维的问题解决教学策略等。

创新有两点：一是不要囿于前人的成见，二是不要怕犯错误。这两点都需要胆量。

——杨振宁

第一节 批判性思维与物理问题解决教学的关系

问题解决能力是21世纪必备的能力，是21世纪教育的一个重要目标。《国家中长期教育改革和发展规划纲要(2010—2020年)》(中国法制出版社，2010)明确提出要通过开展探究性学习，培养学生发现问题、提出问题、分析问题、解决问题的能力。联合国教科文组织提出“学会做事”，要求教会学生将所学知识和方法用于实践，培养真正的问题解决能力。2016年中国学生发展核心素养总体框架基本内涵公布，其中实践创新素养的基本要点之一就是问题解决能力。21世纪学生发展能力报告通过综合梳理六大权威21世纪学生能力教育框架，提炼了13项学生应该具备的能力和素养，问题解决能力就是其中一项重要能力。

问题解决能力是高考考查的关键能力之一，是课堂教学的重要目标。2019年《中国高考评价体系》(教育部考试中心，2019)明确指出教育要发展学生的学科素养和关键能力，其中包括学生面对实际问题时，能合理运用科学的思维方法，有效整合学科相关知识，有效地认识问题、分析问题和解决问题。《课程标准》提出通过多样化的教学方式，利用现代信息技术，引导学生理解物理学的本质，整体认识自然界，形成科学思维的习惯，增强科学探究能力和解决实际问题的能力。

本书所涉及的问题解决能力是指学生在面对问题时准确把握问题中的相关信息、明确问题、利用物理知识和方法解释或解决与物理相关的生活生产实践问题的能力。如何培养这一能力？将批判性思维融入物理问题解决教学，也许能为我们提供一条有效的路径。

一、问题解决教学的研究进展

“问题解决教学”最早应用在数学教学中，在二十世纪八十年代，美国数学教师学会提出“数学课程应当围绕问题解决来组织”。此后，数学以外的其他学科也陆陆续续开始对问题解决这一教学模式开始了研究，开始将它应用到课堂教学之中。在“问题解决教学”这一概念提出后，教育界和心理学界对问题以及问题解决的研究越发地深入。根据结构性的不同，乔纳森将问题分为了两类，即良构问题和非良构问题。对于良构问题，布兰斯福德和斯坦提出了简称为 IDEAL 的问题解决模型，他们认为问题解决可分为以下五步：(1) 识别(Identifying)问题；(2) 定义(Defining)问题；(3) 探索(Exploring)策略；(4) 实施(Acting)策略；(5) 回顾评价(Looking back and Evaluation)。在解决非良构问题方面的研究中，沃尔斯和辛诺特算是众多研究者中较为有代表性的。辛诺特将非良构问题的解决过程划分为三个阶段，第一阶段表征问题，第二阶段解决问题，第三阶段基于前两个阶段进行监控和评估。沃尔斯认为，非良构问题的解决过程包含表征问题空间和陈述问题解决方案，以及评估解决方案。他认为非良构问题能否顺利解决在很大程度上取决于表征问题空间这一过程是否处理得当。

除了在理论方面，国际上对问题解决教学的应用也非常广泛。例如，在美国较为主流的高中物理教材《物理：原理与问题》巧妙地通过一些生活实例，提出问题，引导学生带着问题阅读教材，进而解决问题，并且通过创设合理的问题情境激发学生的学习兴趣与积极性。更重要的是，在该教材中有专门的一个名为“问题解决策略”的板块引导学生有步骤、有策略地分析问题，从而自主地解决问题。

对于问题解决教学的研究我国学者也做了大量的工作，如构建了有特色的问题解决教学模式，提出了问题解决教学的具体实施策略，对如何训练学生提出问题，如何实施问题解决教学与评价，提供了新颖的案例。

越来越多的一线中学教师积极地把问题解决教学模式应用到教学实践中去，并做出了一些有意义的探索。研究角度和教学策略也越来越紧密地结合教育理论的最新发展，呈现了较多有特色的研究。但是将批判性思维融入物理问题解决教学的研究几乎没有，具有指导性、可行性、系统性的研究相当缺乏。

二、物理问题解决教学的功能和价值定位

（一）物理问题

关于“问题”的解读有很多种，《辞海》中的解释有4种：① 要求回答或解释的题目；② 须要解决的矛盾或要弄清楚的疑难；③ 事故；④ 关键。《剑桥国际英语词典》对问题的解释有两种：① 个体面临不易达到的目标或困难课题时的情境；② 需要注意或处理的人或物。

在教育学和心理学领域，大家主要认同纽威尔和西蒙对问题的解释：问题是这样一种情境，当个体想要做某件事情时，不能立刻在头脑中构想出做这件事情所应采取的行动和方法，这就构成了问题。也就是说，问题是个体利用现有手段（包括知识、技能、方法和策略等）无法直接达到所求目标时所处的刺激情境。

为了更好地对“问题”这一术语进行解释，纽威尔和西蒙提出了“问题空间”的概念，他们认为问题有初始状态和目标状态，初始状态与目标状态之间的区域叫作问题空间或通道。初始状态指个体头脑中与该问题有关的已有经验和问题的已知条件，目标状态指期待获得的结果，通道是由初始状态转化成目标状态的过程。

我国心理学家陈琦认为，问题包括四种成分：① 目标。在某种情境下，个体想做的事情。② 个体已有的知识经验。个体头脑中所具备的与解决问题有关的知识经验和技能。③ 障碍：要达到目标所要解决的因素。④ 方法：可用于解决问题的程序、步骤、策略等。

本书中的“问题”主要指学生在学习物理过程中遇到的具有一定难度、需要运用一些方法、经过反复思考才能解决的物理问题，包括课堂练习、课后作业等。

在教学过程中，根据结构上的不同，可以将“问题”分为良构和非良构两类。

良构问题是指那些具有明确目标、确定要素和具体解决方案的问题。这类问题的核心特征有以下三点：一是目标明确，问题的最终目标清晰可定义；二是要素确定，当前的状态可以被准确描述；三是解决方案具体，从现状到目标的路径是明确的，且可以通过既定方法实现。

非良构问题(也称为劣构问题)是指那些初始状态、目标状态或解决方案中至少有一项不清晰或不明确的问题。这类问题通常没有唯一正确的答案,而是存在多种可能的解决方案。非良构问题有以下三个特点:一是问题描述的不明确性,非良构问题的描述可能含糊不清,给定的信息也不够完整;二是解决策略的选择性,解决非良构问题需要选择适当的策略和方法,因为可能存在多种有效的解决途径;三是解决方案的多样性,由于问题的复杂性和不确定性,解决非良构问题的方案往往具有多样性。

除了良构与非良构外,以问题解决过程的特征,也可将问题分为排列问题、转换问题和归纳推导问题三类。

排列问题是指所给出的事物对象(又称为元素)之间有明显的前后关系,要求根据已知条件对各元素进行排列或者确定其中某些元素的相应位置,然后将这些元素按照一定的相互联系,以一定的逻辑关系去排列组合,以达到最终目的。

转换问题是指通过一系列操作从问题的初始状态到问题的目标状态,其中有些中间状态可以达到目标状态,有些则不行,同时当初始状态发生改变时,问题的难度也随之变化。转换问题提示人们在解决问题的时候达到目标状态可能不是一条直线,而是迂回曲折的,是按照一定的规则,逐层搜索达到目标状态。采用这种规则,只要问题的答案存在,就一定能够搜索到,而且也可能会发现最短的路径。

归纳推导问题也就是需要问题解决者自主发现隐藏在问题中的条件,确定元素之间关系的问题解决模式。该类问题的重点在于发现所给材料的内在关系,并根据这种内在关系,发现问题解决的方法,需要解决者具备深度理解、类比推理和分析综合能力。

根据认知要求及思维层级的不同,还可把物理问题分成以下几个类型:

1. 基础识记类

这类问题知识点单一,物理过程简单,直接应用物理公式或组合物理量即可解答。解答这种结构的问题,学生的思维呈直线型,可顺利得出结论。这类问题主要用于基本概念和规律的记忆练习,是学习过程中不可缺少的初步练习。

2. 理解应用类

物理过程虽然不单一，但各过程间直线发展，无互相干扰；各物理量间的关系较复杂或隐含于过程间的衔接点上。解答这种类型的问题，学生的思维需要呈平面的多向型，必须抓住各物理量间的联系才能得出结论。

3. 综合应用类

物理过程复杂，且过程间相互交叉干扰，造成各物理量间的关系错综复杂。解答这种结构的问题需要学生的思维呈立体交叉型，纵横联系，抓住物理过程相互交叉中共同制约的物理量的变化规律，才能得出结论。

理解应用类和综合应用类问题，一般用于对物理概念的巩固、深化。这两类问题在教学中应是大量使用的，特别是在复习阶段。它们有利于学生思维的发展、能力的提高，使学生在解题的过程中获得成功体验，增强学习的兴趣和信心。

4. 真实情境类

这一类问题主要指生活、生产实践类问题，一般涉及当前热点、日常生活、文艺体育、环境保护、工业生产、工程技术和科技发展前沿等方面，具有鲜明的时代气息。此类题主要考查学生获取知识的能力以及分析和解决问题的能力。这类题目一般由题干和问题两部分组成。题干给出新信息，创设新情境；问题主要围绕题干给出的新情境从不同的角度、不同的层次进行设问。虽然信息题所涉及的知识内容可能新颖且深奥，但由于是现场学习，难度一般不会太大。这类问题的显著特点是立意新、思维起点高，但知识落点低。

真实情境类问题通过为学生创设情境并将学生带入情境，在探究的乐趣中激发学习动机，使学生主动地投入教学活动，轻松愉悦地接受知识。真实情境类问题既可以培养学生的物理模型建构能力，也可以有效地形成外部刺激，激发学生的学习兴趣和探究欲望，从而形成浓厚的学习氛围，取得良好的学习效果。

近几年高考呈现出“无情境不命题，无情境不成题”这一显著特点，因此这类问题的解决显得尤为重要。

5. 探索创新类

与综合运用类问题相比，这类问题的物理过程和物理量关系更为复杂，且新、旧知识的时间跨度加大。解答这种结构的问题需要学生的思维呈发散型，通过探索、创新，总结新规律，获得新发现。这类问题主要用于复习阶段，帮助学生将所学过的知识活化、系统化，对培养学生活用知识的能力及创新性思维能力具有较高价值。

这类问题也包括开放性问题。开放性问题是指具有条件开放性、解题策略开放性、结论开放性以及评价开放性特征的物理问题。相对于中学阶段传统物理问题而言，开放性问题在命题的立意、情境的取材、设问的方式、答题的思路、试题的评判等诸多方面都具有开放性。这类问题在条件、结论、方法、途径、过程等方面常常没有必然的限制，更能真实地反映答题者整合知识与解决问题的创新能力，以及情感、态度与价值观。

（二）物理问题解决教学

问题解决教学是指在教学过程中，教师通过有目的地设置一系列不同类型的、能够引起学生思考和探究欲望的问题或任务，引导学生去主动探索、深入思考、探究问题的答案，从而使学生能够加深对问题的理解，牢固掌握和灵活运用所学知识，帮助学生实现从能力到人格的整体发展，成为有效的问题解决者的一种教学模式。教师基于教学计划与教学内容，针对学生存在的问题（如忽视物理概念与规律的适用范围、仅凭借主观猜想而忽视实验事实、盲目机械地解题等）精心设计物理问题，并指导学生以书面解答、讨论解答等多种方式完成这些问题，使学生深入理解并巩固所学知识，提高问题解决的能力。

从教学任务的整体安排和功能角度，概念教学和规律教学旨在传授新知识，实验教学则侧重于通过探究或验证培养学生实验探究能力，而问题解决教学的重心则落在物理知识的巩固和应用上，以培养学生的理解能力、分析推理能力、模型建构能力和综合创新能力。本书的问题解决教学包括复习教学（阶段复习、章末复习、一轮复习等)、讲评教学(测试讲评、练习讲评、课后作业讲评)以及专题教学(微专题、专题训练等)。

复习教学主要用于带领学生对已学过的知识进行巩固;讲评教学则是通过对学生完成的各类试卷、资料上的错误问题进行讲解和纠正,实现对学生学习效果的量化评价;专题教学主要是针对核心知识或重点题型进行系统化的复习巩固和归纳整理,对重点题型进行方法指导及提炼升华,侧重于各种技能方法的具体应用,帮助学生形成技巧,发展智力,使学生对原有知识概念的理解上升到一个全新的层次,并培养他们独立思考和解决新问题的能力。问题解决教学不仅侧重对知识能力的培养,还有以素养和价值为导向的特点,对促进学生应用知识、提高逻辑推理等能力有着积极的作用,因此问题解决教学与其他课型有着本质区别。

高中物理问题解决教学应当具有以下几个特点:

知识为基。知识具有可传承和发扬的价值。对知识的学习能够促进学生意识品质的养成,富含教育意义。物理知识是我们认知这个世界客观规律的重要的工具,物理问题是学生应用物理知识进行实践的一大途径。问题解决教学具有将知识基础化、综合化、前沿化的特点,从学生实际出发,以基础知识与基本原理为知识结构的重心,还原知识本身的价值。

能力为重。能力是完成一项目标或任务所展现出的素质,可以促使活动的顺利展开,直接决定活动的效率。它既是人的外在表现,又是个性化的内在心理特征。

素养导向。素养在中文中通常指经过长期实践积累的、后天习得的道德素质和内在修养,在英文中更多的指技能、能力,具有情境性、综合性、习得性和推测性等特征。素养源于知识与能力,同时又是对知识与能力的升华,凸显了获得知识和应用能力的价值。问题解决教学中的问题更具有结构性、整体性、情境性,能检测学生知识水平能力和态度等综合表现,从而具有素养导向的特点。

价值引领。问题是教材中基本的内容,是夯实基本知识、基本技能的素材,背后隐藏着知识链和知识源。问题将生活实践与知识体系紧密结合,将抽象的概念知识还原为生活情境。问题解决教学通过引导学生解释物理现象、分析物理情境、解答物理问题，使他们感知学科价值意义。同时，通过素材的阅读和加工、问题任务的分析与解答等活动，学生能够获得对学科核心价值的感知，完成从“做题”到“做人做事”的过渡，彰显立德树人的价值引领特点。

（三）物理问题解决教学的价值定位

物理问题解决教学是中学物理教学整体的组成部分。它同概念教学、规律教学和实验教学一起构成了中学物理教学的四大支柱。它们之间相互渗透、相互依存，共同肩负着提高中学生关键能力的重要使命。

问题解决教学作为一种独特的教学形式和教学环节，早已在教学过程中得到了肯定。历史上，许多著名的物理学家都非常重视问题解决教学。我国老一辈物理学家王福山先生曾回忆他在 20 世纪 20 年代就读于德国哥廷根大学，师从物理学家玻恩时的问题解决教学经历。他提到，玻恩在每周 1 小时的原子物理习题课上，会引导学生共同解决一个问题，鼓励同学自己提出解决方法，学生在课堂上你一句我一句地出点子，玻恩对正确之处予以肯定并写在黑板上，不正确之处，他循循善诱，每课总是前进一步……这种形式的问题解决教学，实际上是在教学生如何做研究工作，因此给学生以极大的启发。正是因为问题解决教学能起到巩固、深化、活用基本概念和基本规律的作用，尤其能培养学生应用理论知识解决实际问题的能力，所以问题解决教学一直得到古今中外教师和学生的重视。

高中物理问题解决教学主要承载着以下四大功能：

深化知识与活化应用功能。通过问题解决，学生能够进一步深化对基本知识、概念、规律的理解，活化知识结构，加强对基本技能、思想方法的应用能力。

反馈学习与补偿强化功能。在问题解决过程中，学生的学习状态、知识掌握情况、解决问题能力等信息都能清晰展现出来，从而便于教师及时调整教学内容、教学策略和教学进度，以适应学生的实际学习情况。同时，如果学生在问题解决中遇到能够理解知识但无法灵活运用的情况，教师就可以通过解答后的扩展问题举一反三，起到知识补偿和强化训练的作用，帮助学生实现从知识内化到能力提升的过渡。

巩固引导与复习提高功能。 问题解决过程具有温故而知新的作用，它侧重于促进学生能力的发展。通过问题解决教学，学生可以巩固基础知识，达到熟能生巧的效果。以问题为载体，学生能够将解题技巧转化为解决问题的能力，即向巧则生智迈进。最终，学生将知识和能力转化为素养，达到智则发展的境界。

习惯养成与思维训练功能。 在问题解决教学中，通过穿插“审、练、思、辩”等练习活动，教师可以引导学生养成规范书写、勤于练习、善于思考、合作交流、自我反思等良好习惯。同时，问题解决教学也是对学生进行思维综合指导训练的重要平台，在传授知识和培养技能的同时，使学生的关键品格和必备素养得以提升。

三、物理问题解决教学与批判性思维能力的形成

培养创新思维，培育具有创新精神和创新能力的人才，始终是学科教学的终极目标之一。然而，要明确的是，批判性思维是创新思维发生与发展的充分及必要前提，缺乏大胆质疑和理性批判，创新思维就如同无源之水、无本之木。

批判性思维是一种理性评判的思维过程，它既是一种理性的思考方式，也是一种重要的思维技能，带有鲜明的个性特质。质疑和评判是其典型特征。批判性思维能力通常涵盖求真质疑、分析推理、科学论证和反思评判等多方面的能力，其行为特征表现为大胆质疑和谨慎断言。

显然，只有打破以知识灌输为主的教学定式，将学习过程重构为研究过程，才能有效地改变学生的思维方式，让学生学会像科学研究者那样，在质疑、猜想、论证、评判和完善的探索中去发现和创造，从而实现从批判性思维到创新思维的质变。

问题解决教学是高中物理教学的重要组成部分，是一种至关重要的教学形态。在问题解决的过程中，蕴含着诸多批判性思维的元素，对于培养学生批判性思维能力、提升学生的科学素养有着重要意义。

（一）物理问题解决教学与求真质疑能力的培养

求真质疑能力是批判性思维的起点。质疑不是简单地提出问题，而是侧重于

有根据的怀疑，是将一切置于理性的天平上进行考量，而非盲目接受。质疑是原有经验和知识与现实情况相遇或发生冲突时，所引发的思维活动。质疑能力就是对所看到的现象或已有结论的真实性、准确性提出疑问，并对做什么和信什么做出合理决策的能力。它体现为人对现存事物敢于和善于提出疑问，并能对传统理念进行辩争。敢于提问、善于提问是其重要标志，因此，求真质疑能力是批判性思维的起点。

与质疑能力紧密相关的思维品质是思维的批判性，即在思维中严格估计思维材料并检查思维流程，善于独立思考，不受外界暗示干扰，不断分析解决问题所依据的条件，反复审视已拟定的假设、计划和方案；善于客观地从正、反两方面考虑依据；善于明辨是非曲直，不人云亦云，不盲从附和。

质疑能力人人具备，但强弱不同，并非人人都能提出有价值的问题从而引发创新。只有具备较强的质疑能力的人才能提出新思想、新观点、新思路，才能更好地进行富有创见性的学习。求真质疑能力的培养还需要学生具备一定的知识储备和思维能力。在物理问题解决教学中，教师可以通过设计具有挑战性的问题，引导学生主动思考，也可以通过启发式教学，鼓励学生提出问题，并对问题进行深入思考。后者需要教师营造一个开放、包容的课堂氛围，让学生敢于质疑，勇于表达自己的观点。

例如，在高一物理“机械能守恒定律”一章的教学中，出现了这样一个问题，实际上由于违背了自洽性原则，这是一个错题。原题如下：

一辆汽车由静止开始沿平直公路行驶，汽车所受牵引力 F 随时间 t 变化关系图线如图 7－1 所示。若汽车的质量为 1.2×10^3 kg，阻力恒定，汽车的最大功率恒定，则以下说法正确的是 (　　)

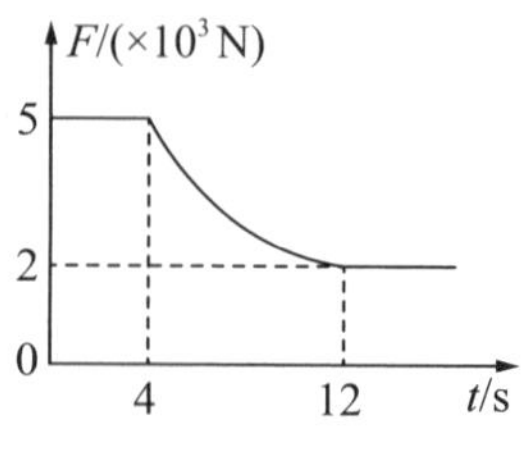

图 7－1

A. 汽车的最大功率为 5×10^4 W

B. 汽车匀加速运动阶段的加速度为 2.5 m/s^2

C. 汽车先做匀加速运动，再做匀速直线运动

D. 汽车从静止开始运动 12 s 内的位移是 62.5 m

原题答案是 ABD，关于 D 答案的教学过程如下：

生 1 展示 D 答案的解题过程：

0～4 s 内的加速度 $a=\dfrac{F-F_f}{m}=\dfrac{5\times10^3-2\times10^3}{1.2\times10^3}$ $m/s^2=2.5$ m/s^2，0～4 s 内的位移 $x_1=\dfrac{1}{2}at_1^2=20$ m，4 s 末的速度 $v_1=at_1=2.5\ m/s^2\times4\ s=10\ m/s$，汽车的最大功率 $P_{max}=Fv_1=5\times10^3\times10\ W=50\ kW$，12 s 末的速度 $v_2=\dfrac{P_{max}}{F_f}=\dfrac{50\ kW}{2\times10^3\ N}=25\ m/s$，4～12 s 内由动能定理得 $P_{max}t_2-F_fx_2=\dfrac{1}{2}mv_2^2-\dfrac{1}{2}mv_1^2$，得 $x_2=42.5$ m，故 $x=x_1+x_2=62.5$ m。

虽然生 1 的解法能解决问题，但多名学生感觉运算量太大，希望找到更简便的解法。于是，教师要求学生互相探讨，经过思考，有学生举手回答。

生 2：可以全过程利用动能定理求解，得 $x=62.5$ m。

师：八仙过海，各显神通，或许解答过程中你会有这样或那样的疑惑，那么下面请大家畅所欲言。

生 3：我解这题时，发现第二个过程的位移应大于 42.5 m。

师：请具体说说你的想法和做法。

生 3：可以画出整个过程的 $v-t$ 图像，发现在 4～12 s 内，假设是匀加速运动，则位移 $x=\dfrac{v_1+v_2}{2}t_2=\dfrac{10+25}{2}\times8$ m$=140$ m，不知道问题出在哪里。

一石激起千层浪，问题引起了同学们的热烈讨论。有的学生表示赞同，有的学生满脸疑惑，他们又讨论开来。

师：一般来讲，这种恒定功率运动问题容易造成数据的不自洽。网上有关于这

类问题的讨论，大家可以搜索相关问题及讨论。这道题也教会我们：解题后反思答案的合理性很重要。同时，我们不要迷信权威，而要敢于利用所学的知识进行合理质疑。

以上教学过程中，学生思维活跃，敢于质疑。笔者认为，要提高问题解决教学的效率，教师必须引导学生质疑，让学生真正成为课堂的主人。教师可以引导学生质疑问题解法的优劣，反思解题过程，寻找优解或错解的原因。让学生以研究者的身份出现在课堂，自行提出问题，并通过合作解决问题。这样的教学方式虽然可能无法在短时间内解决大量物理问题，但能激活学生的思维，使学生彻底摆脱“题海”战术的束缚，让思维飞得更高更远。

（二）物理问题解决教学与分析推理能力的培养

分析推理能力是批判性思维的基础。皮亚杰在认知发展理论中提出，推理是认知发展进行到形式操作阶段之后儿童具有的推理类型。莱德曼认为，推理包括归纳推理和演绎推理。归纳推理主要是概念的建立过程，通过相同事物的相同特征，总结了类似事物的概念。演绎推理是在观察和建模的基础上进行的。廖伯琴等(2019)提出，分析推理是科学思维的重要体现，在逻辑上可以分为归纳推理、演绎推理以及类比推理。

《课程标准》中对分析推理的要求如下：能从定性和定量两个方面对相关问题进行科学推理、找出规律、形成结构。分析推理体现在个体对多变量系统进行推断时表现出的思维能力。因此，分析推理能力展示了一个人在解决问题的过程中所需要的内在思维能力和技能，涵盖了守恒推理、比例推理、控制变量推理、概率推理、相关推理以及假设演绎推理六个维度。

守恒推理是个体总结得出事物本质不变，以及事物间关系不变的两个结论。在物理问题中，这通常体现为对守恒定律和守恒关系的考察及应用，要求学生在问题解答环节围绕不变量拓展解题思路。比例推理主要是根据物理量之间比例情况进行问题求解，要求学生能根据题干信息，利用函数、公式推导出物理量间比例关系，借助已有比例关系进行推理。控制变量推理重点围绕单变量问题，这一推理思想下，物理学科问题主要考查控制变量法的运用，通过多个变量一致进行求解。概率推理涉及特定过程或特定结果的概率运算。物理学科中涉及概率推理的问题，多为概率计算题。相关推理则指变量间变化关联。物理学科中，相关推理类问题主要考查物理量之间关系情况，解题思路即探索物理量间的相关性。假设演绎推理则遵循猜想、假设、验证假设的步骤，主要考查学生对物理原理的理解和应用，针对问题的结果进行假设或证明。

综上分析，分析推理能力是指能够运用逻辑思维，对问题进行分析、推理和论证的能力。这种能力的培养需要学生具备一定的逻辑思维能力和知识运用能力，是培养批判性思维能力的重要组成部分。在物理问题解决教学中，教师可以通过设计富有启发性的问题，引导学生运用所学知识进行分析推理。同时应注重问题设计的合理性和层次性，引导学生逐步深入问题，培养他们的分析推理能力。

例如，在高一物理“传送带中的动力学问题”专题教学中，可以选择以下生活情境创设问题，通过一题多问来培养学生的分析推理能力。原题及拓展思考问题如下：

如图 7－2 所示，传送带的 AB 段是水平的，长为 5 m，传送带的运行速率为 2 m/s。从 A 处把物体 C 轻轻放到传送带上，被运送到 B 处。已知物体与传送带之间的动摩擦因数为 0.1，g 取 10 m/s^2。试分析物体 C 的受力情况及运动情况，并求物体 C 从 A 传送到 B 的时间。

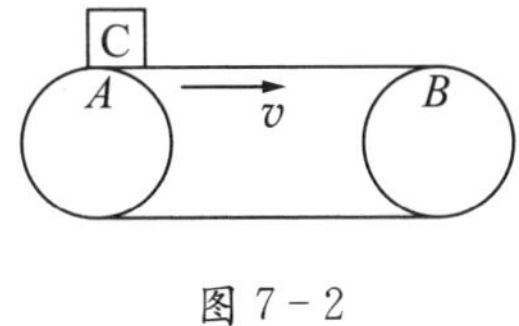

图 7－2

思考 1：若传送带的运行速率改为 $v_0=8$ m/s，分析物体 C 从 A 传送到 B 的运动情况。

思考 2：原题中，若要使物体 C 用最短的时间从 A 处传送到 B 处，则传送带的运行速率至少应达到多少？

思考3：若物体C的质量$m=1$ kg，将物体C轻轻放到传送带上的同时，用水平恒力$F=2$ N向右拉它，传送带的运行速率为3 m/s，求物体C从A处传送到B处的时间。

思考4：物体C相对于传送带运动时，会在传送带上留下痕迹，则原题中，传送带上留下的痕迹有多长？

本道习题以传送带为素材，创设了生活实践问题情境，重点考查了学生对牛顿运动定律、匀变速直线运动规律等知识点的理解和应用。从学生思维角度设计系列问题，由浅入深，层层深入，从无外力到有外力F再到求解滑痕，符合学生的认知特点，引导学生从变化中探寻不变的本质，在不变的本质中探索变化的规律。这一过程本身蕴含着分析推理。学生在解决问题的过程中，分析推理能力得到锻炼，如从题目中抽取关键信息升华为正确的物理模型，建立清晰的物理过程，选择正确的物理概念和规律解决问题，等等。这一过程不仅能够有效地发展和提升分析推理能力，也对批判性思维的培育有着十分重要的价值。

（三）物理问题解决教学与科学论证能力的培养

科学论证能力是批判性思维的核心组成部分。科学论证是一种以事实资料为基础，通过证据或理论依据支撑个人主张、反驳他人观点，并借助逻辑推理形成最终结论的科学实践活动。实施科学论证教学，能够深化学生对科学本质的认知，发展学生的科学推理能力以及培育基于证据意识的科学思维方法等。鉴于论证的形式、证据产生的途径以及参与者主体等不同，科学论证展现出不同的类型。

根据论证的形式，可将论证分为修辞论证和对话论证两类形式。修辞论证通常是单向的，这种论证强调提出主张时必须提供相应的理论依据，从而说服别人接受这一科学理论过程和结论；而对话论证指的是不同观点之间的辩驳过程，论证结果会随具体情境而有所调整，这种论证形式强调社会维度的建构，因而也被称作社会论证。

根据证据产生的途径，论证又可细分为逻辑论证、实践论证以及实验论证。逻辑论证涵盖概念、判断与推理三个环节。它首先基于对事物和现象本质特征的深入理解形成概念，然后对事物之间关系做出判断。实践论证是社会科学研究中普遍运用的方法。社会科学的概念以及理论体系，都是通过考察社会现象，探析社会发展脉络，总结归纳形成社会发展规律，又进行社会实践检验修正规律形成的。实验论证是现代数理科学得以产生和发展的基本思维和路径，它通过在实验室人为设置特殊条件对自然过程进行干预，观察现象并收集数据，从而发现自然界发生变化的规律。

指向批判性思维的论证式教学，是证据、推理和主张的有机融合，它使学生经历提出主张、寻找证据、评估证据以及为主张进行辩护和反驳等全过程，并在这一过程中自主建构知识、发展批判性思维能力。科学论证能力的培养需要学生具备分析推理、方案设计、实践操作等能力，这些能力是批判性思维能力的核心。在物理问题解决教学中，教师应注重论证方案设计的合理性和可操作性，引导学生进行论证设计和论证实施，以培养他们的科学论证能力。

（四）物理问题解决教学与反思评判能力的培养

反思评判能力是批判性思维的重要组成部分。关于反思的概念界定，不同学者因其研究角度不同而有所差异。从哲学的视角看，反思被视作心灵的自我活动及内省方法；从伦理学的角度看，反思则被视作一种从善的行为，强调反思自身、认识必然与实现自由。从教学的角度出发，反思通常被视作一种有效的学习方式，持此观点的学者有涂荣豹、熊川武等。他们一致认为反思是一种指向自身的探索活动，是指学生在学习中，反省探究、评估答案的合理性、重构自己的理解、激活自己的智慧的学习过程。

反思评判能力，可定义为从目标和效果的角度出发，感知、评价与分析过程行为和成果，并通过反思进行调控的一种元认知能力，是批判性思维能力的核心。反思评判涉及个体对自我认知活动开展积极的监控与调节，鼓励学习者计划、反思和评估自己的思考技能和策略的质量，是将基于课堂的评估活动转变为学习者学习经验的关键步骤。

在物理问题解决教学中，反思评判能力可从两个角度理解。建构主义视角下，它指学习者以原来个人对问题的理解为基础,通过对相关信息的认识、再现和加工,将其内化为新知并储存到自己的大脑中,从而积累出新的个体经验的能力;认识论视角下,则指在原有的知识方法的基础上,通过分析、梳理、重新整合,产生新的知识和方法的能力。因此,反思评判能力是批判性思维的关键。

在物理问题解决教学中,反思评判能力是指学生能够对自己的思考过程和结果进行反思和评判。因此,在物理问题解决教学中,教师可以引导学生对问题解决过程中问题情境的审读、物理过程的分析、物理模型的搭建、实验设计的方案、数学工具的使用以及推理论证的结论等,从科学性和合理性等多方面进行多元审视、判断和评估,引导学生积极参与评价,以培养他们的反思评判能力,提高批判性思维的品质和能力。

例如,在高一物理"圆周运动"一章的教学中有这样一个问题,原题如下:

如图 7-3 所示,小物块从半球形碗边的 a 点下滑到 b 点,碗内壁粗糙。物块下滑过程中速率不变,下列说法中正确的是 ( )

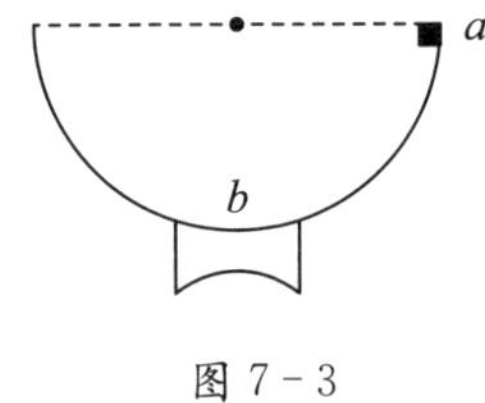

图 7-3

A. 物块下滑过程中,所受的合力为零

B. 物块下滑过程中,所受的合力越来越大

C. 物块下滑过程中,加速度的大小不变,方向时刻在变

D. 物块下滑过程中,摩擦力大小不变

在教学中,教师将某位学生关于D选项的判断思路展示如下:在圆周上取一点 P,P 点与圆心的连线与竖直方向的夹角为 θ,根据 $F_N - mg\cos\theta = m\dfrac{v^2}{R}$,得 F_N 增大,再根据 $F_f = \mu F_N$ 得摩擦力变大。

教师追问:你们同意这位同学的观点吗?有无其他的思路呢?

若学生面对此问题不知所措，教师可以继续提示：题中的“速率不变”的含义是什么？大家相互讨论交流。

通过讨论，有同学提出了其他解决方法，展示如下：因为是匀速圆周运动，故合力指向圆心，沿切线方向受力应平衡，故可得 $F_f = mg\sin\theta$，θ 在变小，故此题的摩擦力应变小。

教师继续追问：为什么会得出两种相反的结论呢？难道是题目错了吗？

此时，教师可以引导学生重新审题，出现两种矛盾结果的原因是题目中并没有给出动摩擦因数是定值这一条件，指出第一种思路的错误。

因此，在日常教学中，教师应多展示学生的思维过程，有意识地暴露学生的疑惑点，为学生留足探究空间，组织学生进行争辩、交流、反思，这样往往会拨云见日，演绎出精彩课堂。

问题本身蕴含着比较丰富的、可用于培养学生批判性思维的课程资源。一线教师应积极探寻问题的命题意图，熟练掌握多种解题模式，深层挖掘问题解决教学的价值和功能，增强自我研究意识和研究能力，不断提升问题解决教学品质，为学生批判性思维和创新思维能力的培养提供有力支持。

第二节　模式与策略

问题解决教学是物理教学中非常重要的环节，是从理论走向实践的重要手段。通过文献调研，笔者发现关于在问题解决教学中培养批判性思维的研究成果较为稀缺，且已有研究大多缺乏系统的理论指导，多依赖于主观判断和核心素养要素的结合，以案例式的教学策略进行教学实践，均存在一定的局限性。通过深入剖析批判性思维理论和问题解决教学的内涵，笔者发现两者之间的诸多契合点和高度的共通性。因此，在批判性思维理论的引领下，开展问题解决教学实践，以提升问题解决教学质量，促进学生的物理学科核心素养的全面发展，是一个颇具研究价值的方向。

一、对物理问题解决教学的反思

概念课、规律课、实验课和问题解决课是物理教学四种传统的基本课型，在高中阶段，问题解决教学所占课时最多，是学生物理学习不可或缺的一部分。然而，尽管概念课、规律课和实验课的教学方式在多年的课改中得到了很大的改进，但问题解决课的教学现状仍不容乐观，“满堂灌”和“一言堂”等现象仍然普遍存在。

物理问题解决课是学生在教师引导下，对情境中的问题进行解决并讲评的一种教学形式。其目的在于有效培养学生运用所学知识、方法解决实际问题的能力，并通过问题解决帮助学生正确理解、内化和巩固所学的知识与方法，以发展物理学科核心素养。然而，反思当前高中物理问题解决教学的过程，发现存在就题论题和就点论题等现象，许多教师只是将问题解决教学作为一种形式和任务去完成，视作新课教学的附庸，而非真正发挥问题解决教学在培养综合性思维和批判性思维等方面的育人价值。典型情况如下：

就题论题，导致问题解决教学碎片化。物理问题在促进知识的理解和巩固中发挥着重要作用。然而，在平时教学中，教师布置给学生进行练习的课堂问题或课后作业通常没有经过系统的梳理和筛选，不同问题之间缺乏关联性和进阶性。此外，教师在问题讲评过程中也常陷入就题论题的误区，将学生做错的题目按照题号从前到后的顺序，逐个讲解，而缺乏对不同题目的错因、解法和本质的有效归类，学生也陷入“听老师一讲就会，自己一做就错”的困境，导致问题解决教学结构松散、碎片化。

就量论题，导致问题解决教学泛化。在当前高考和升学压力下，尤其在部分省份的高考物理时间缩短至 75 分钟的情况下，为了让学生能够在有限时间内完成规定数量的题目，教学中往往一味地追求问题的解题速度和数量。每天给学生布置大量题目，其中必然有些题目的质量不高。教师评判问题作答情况时，只关注完成结果，而忽视学生在解决问题过程中的思考深度和对问题本质的理解情况。这迫使学生去记忆解题的小技巧和大量二级结论，加剧了学业负担。

就经验论题，导致问题解决教学浅化。很多一线教师的教育理论基础相对薄弱，教学主要依赖于经验总结。问题的布置和讲评也是依据教师个人经验，缺乏对学生学情的深入研究。例如，很多教师为了方便省事，而对学业水平层次明显不同的班级采取“一刀切”的方式布置作业。这使得作业中的问题对一些学生来说缺乏挑战性，无法促进学习从浅层走向深入。此外，在讲评的过程中，教师过多依赖已有的教学经验直接讲评，缺少师生、生生间的多维对话互动机会。

就点论题，导致问题解决教学窄化。在所谓的精准复习理念指导下，问题解决教学中常出现一个知识点或考点对应一个例题，外加若干变式训练的情况。这确实能有效指导学生巩固知识点，对症下药；但长此以往，会导致学生离开前面的知识点或考点提示后，就不知从何角度思考问题，造成情境迁移能力不足和综合分析能力降低。面对复杂情境中的综合问题，学生往往无从下手。

二、批判性思维与问题解决教学融合的可行性

将问题解决教学与批判性思维相融合，不仅是切实可行的，而且是符合新课程理念以及物理学科核心素养发展要求的，能够显著提升问题解决教学的效果。

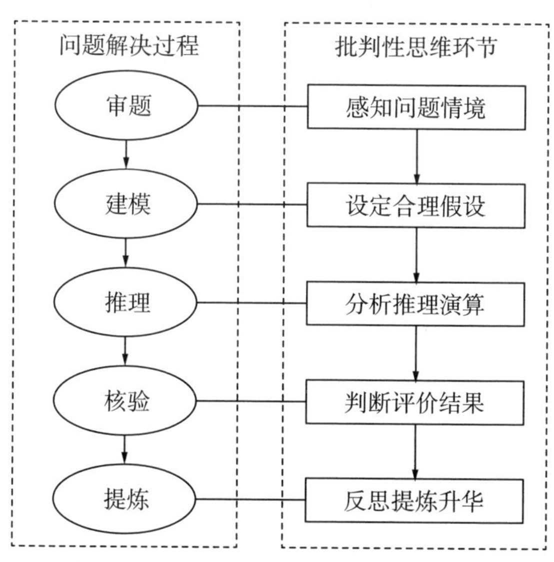

图 7-4　批判性思维环节与问题解决过程

从结构层面剖析，批判性思维通常包含感知、假设、推理、判断与质疑五个环节。而问题的解决过程同样可以细分为审题、建模、推理、核验和提炼五个部分。批判性思维的五个环节与问题解决的五个过程可以一一对应(图 7-4)。这种对应并非牵强附会，而是基于认知心理学视角下的有机结合。

从目的层面分析，批判性思维理论强调的是在人类现有的认知规则体系下，通过问题解决过程中所引发的认知冲突，不断进行自我反思，及时调整思路和看待问题的角度，优化思维结构，以持续追求真理并逼近真理；问题解决教学目的则是提升学生的分析判断能力、逻辑推理能力、反思质疑能力等，不断锤炼问题解决能力。因此，两者在目的上是高度契合的。

从内涵层面解读，批判性思维通过多种方式和方法凸显其核心要素，从而达到对学生能力和素养的提升。而问题解决教学也是让学生感悟问题解决的全部过程，实现从机械模仿到熟练掌握，再到创新应用的质变，潜移默化地培养学生的科学思维和问题解决能力。因此，两者在内涵上有诸多相通之处。基于此，在批判性思维视域下开展物理问题解决教学是合理且可行的，是问题解决教学方法的一种新尝试，也是顺应时代发展要求的必然趋势。

浸润批判性思维理论的问题解决教学具备以下优点：首先，问题解决教学是巩固物理概念和规律的重要环节，能够为学生夯实基础和提升能力提供有效途径。而批判性思维理论中强调分析、论证、逻辑推演等核心要素，这些核心要素的呈现正是学生的物理学习实现从理论到实践的绝佳路径。其次，问题解决教学在培养学生问题解决能力方面发挥重要作用，能够明显提升学生的思维能力和思维品质。批判性思维强调反思、质疑，强调辩证地看待问题。以批判性思维理论为指导，可以不断优化思维结构，使问题解决教学更具理论性、科学性、针对性和有效性。最后，问题解决教学是培养学生个性化的思维品格的重要方法之一。问题解决的过程可以有效拓宽学生物理知识的深度和广度，锻炼学生遇到困难时不轻言放弃的精神，培养学生想方设法地解决问题的毅力。以批判性思维理论为指导的问题解决教学，能够让学生及时做出自我调整和心理暗示，促使学生养成阳光健康、积极向上的人生态度。

三、浸润批判性思维的物理问题解决教学模式

在一线教学中，许多学生反映虽然能够掌握物理概念和规律，但面对问题时却常常一头雾水，不知道如何应用所学物理规律解决问题，甚至连题意都难以理解。不同理论指导下，问题解决教学的方式方法及其侧重点各有不同，部分教师注重解题过程的分析与推理，部分教师专注于解题思路的归纳总结，还有的教师执着于物理模型的建构，等等。而批判性思维中的核心要素反思与质疑同物理学科核心素养中的诸多理念不谋而合。因此，研究批判性思维视域下的问题解决教学策略与实践，不仅能够丰富问题解决教学的方式方法，而且可以在问题解决教学中培养学生的批判性思维能力，发展学生的核心素养。

（一）浸润批判性思维的问题解决教学的课堂结构

课堂结构由组成课堂的基本要素构成。由于课堂教学的侧重点不同，关于课堂结构基本要素的探讨经历了漫长的研究过程，产生了多种观点和学说，主要有鲍良克(1984)的“三要素说”，张楚廷(2000)的“四要素说”，田慧生(1993)的“五要素说”，李如密等(2003)的“六要素说”，巴特勒(1990)的“七要素说”，等等。课堂是由构成课堂结构的基本要素以及各基本要素在时间和空间、思维和情感上相互联系、交互作用而形成的有机整体。结构分析方法已成为我们认识事物的一个基本且十分重要的普遍方法。结构分析的基本方法之一是要素分析法。

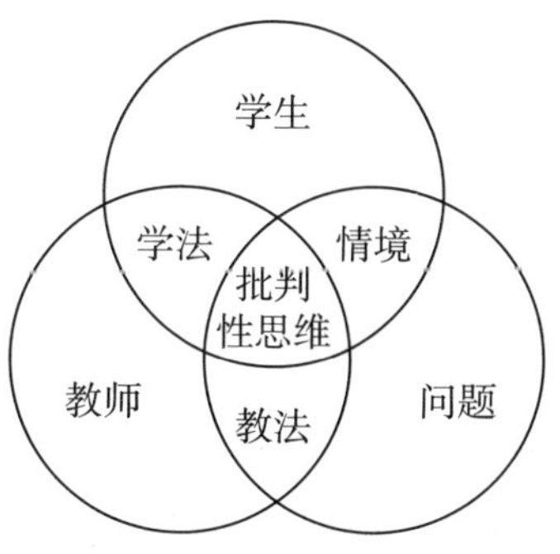

图 7－5　浸润批判性思维的问题解决教学课堂结构

笔者认为，如图 7－5 所示，浸润批判性思维的问题解决教学课堂应由学生、教师、问题三个显性要素，以及情境、学法、教法三个隐形的要素组成。这六个要素彼此关联，相互依托，在批判性思维理论的引领下有机融合。

教师根据不同目的、不同阶段、不同类型的问题以及学生的认知现状确立不同的教法。物理问题为批判性思维学习活动的开展创设问题情境。学生与教师间通过学法密切关联。在学生、教师和问题这三个显性要素中，缺少任意一个，问题解决教学课堂的结构都将是不完整的。情境、学法和教法这三个隐形要素是显性要素间发生交互作用的媒介，在批判性思维理论的引领下，确保问题解决教学活动顺利开展。

如图 7－6 所示，浸润批判性思维的问题解决教学，以批判性思维为指引，遵循主体优先、实践体悟的基本原则。它以批判的视角定位教学目标，以批判的方式规划教学内容，以批判的路径设计学习过程，以批判的观点确立师生关系。其本质是要将问题解决的逻辑过程转变为学生思维的发展过程，实现问题解决和思维发展的交互和统一。

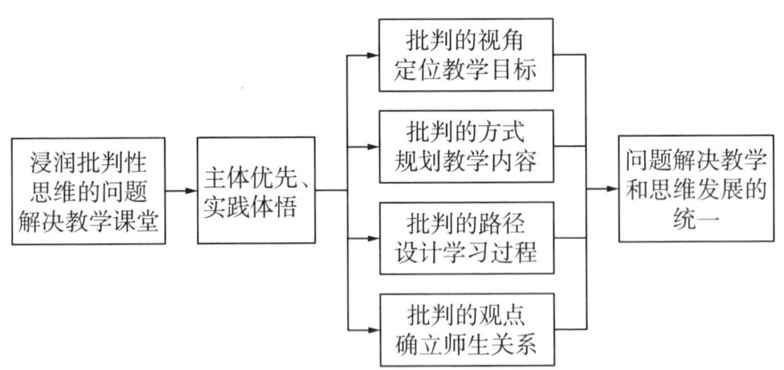

图 7－6　浸润批判性思维的问题解决教学课堂

（二）浸润批判性思维的问题解决教学课堂的建构原则

批判性思维是对现象、观点、论断、规律等的真实性、精确性、性质和价值等进行理性评判的思维过程。它既是一种理性的思考方式，也是一种思维技能，质疑和评判是其典型特征。因此，在浸润批判性思维的问题解决教学中，应借助问题所提供的真实情境，培养学生勇于质疑的意识以及分析推理、科学论证、判断评价的能力，为创造性思维的产生奠定坚实基础。建构浸润批判性思维的问题解决教学课堂时，应遵循以下原则：

1. 主体性原则

在问题解决教学活动中，教师的教和学生的学相互作用、相互影响、相互制约。学生的学离不开教师的教，教师的教的目的是学生有效的学。问题解决教学活动的质量和效果，是教师的教和学生的学相互作用、相互影响的结果。在传统问题解决教学中，物理教学存在两种极端：一种是以教师为中心，教师主导课堂，学生被动接受；另一种是形式上的以学生为中心，实则是形式化、程序化的虚假参与。这两者都违背了课堂教学中师生关系的统一性。

在浸润批判性思维的课堂中，教师和学生都是能动的角色和要素，他们互为主体，互相依存，共同配合。首先，教师与学生的人格地位是平等的，学生间的人格地位也是平等的，教师充分尊重学生的人格，鼓励学生在与教师和同学的平等交流中展示自己的能力，为每位学生提供平等参与问题解决的机会，并关注学生在心理特征、认知能力和社会化程度等方面的个体差异。同时，教师通过建立民主、和谐的师生关系和生生关系，通过与学生的积极合作和共同参与，促进学生富有个性而全面的发展。

2. 情境性原则

知识依存于特定的自然背景和社会背景，依存于个体的生活实践和经验情境。脱离了特定的情境，物理知识就会僵化，失去生命力，变成冰冷的信息符号。在学习物理概念之前，学生基于生活和已有的知识，形成了大量的经验情境，这些情境是构建物理概念的基础。在探究科学规律的过程中，学生从情境中发现和提炼问题，以此做出假设，进行实验，获取数据，形成结论。因此，批判性思维的形成和发展需要以问题情境为载体。物理问题提供了各种真实的问题情境，涉及日常生活、工农业生产、体育运动以及与航空航天等科学技术或科技前沿密切结合的新情境等。问题解决能力的高低往往取决于将情境与知识相联系的水平。

在传统问题解决教学中，教师所选择的问题往往十分理想化，与日常生活、工农业生产及科技前沿等距离过远，割裂了物理概念、物理规律与真实情境的联系，导致问题解决的学习处于机械的模仿阶段，使得学生停留于浅层的理解，缺乏意义的关联。在浸润批判性思维的课堂中，教师所选择的问题应提供真实可信的问题情境，教师要充分利用问题所创设的情境，将新知识与学生的知识经验联系起来，引导学生在具体情境中自主建构、获取知识、发现规律、寻求意义，从而使知识的学习成为真正从学生内心生长出来的过程，而不是外界强加的过程。

3. 实践性原则

问题解决过程是将课堂中学到的物理观念和科学思维应用于解决实际问题，是加深理解的重要环节，是学习知识的目的，也是检测知识掌握的主要标志。问题解决过程，本质上是知识的迁移与应用过程，它反映了间接经验向直接经验的转化，是将所学知识转化为综合实践能力的过程。在课堂中，迁移与应用不只是对学习结果的检验，更是一种重要的学习方式。迁移是经验的扩展与提升，应用是内化知识外显化的过程。

在浸润批判性思维的问题解决教学课堂中，物理源于生活、用于生活，教师通过创设待解决的真实的问题情境，引导学生应用物理知识解决生产、生活中的实际问题，增强学生的问题解决和实践创新的能力。同时，学生在教学活动中模拟社会实践过程，将日常学习所形成的实践经验相互交流，形成相互促进、相互合作的态度，将积极探索、不断创新的精神以及培养起的行为规范和价值观以不同形式迁移到社会实践中。这不仅有利于深化物理观念和科学思维，也有利于学生增强实践意识，培养科学态度和人文精神。

4. 发展性原则

发展性原则指的是素养发展性原则。物理学科核心素养中的物理观念主要表现为对物理学科核心概念和规律的理解；科学思维主要表现为认识和解释客观世界的思维方式与思维方法；科学探究主要表现为研究客观世界进行问题解决的探究能力和探究方法;科学态度与责任主要表现为对科学本质的认识和对科学研究的态度。

物理学作为一门学科,它不仅是一种知识体系,也是人类精神文明的硕果。在物理学的建立和发展过程中,人们积累了丰富的科学研究方法和思维方式,树立了求真、求善、求美的科学态度和人文精神。因此,在浸润批判性思维的课堂中,知识积累学习不再是学习的唯一目的,它作为学习的一种载体,帮助学生发掘知识学习过程中所蕴含的物理观念、思维方法、探究能力、态度与精神,这也是问题解决教学课堂追求的主要发展目标。同时,由它们所构成的核心素养将会伴随学生学习的全过程。因此,浸润批判性思维的问题解决教学应由技巧积累型课堂向素养发展型课堂转型或转变。

(三) 浸润批判性思维的问题解决教学模型

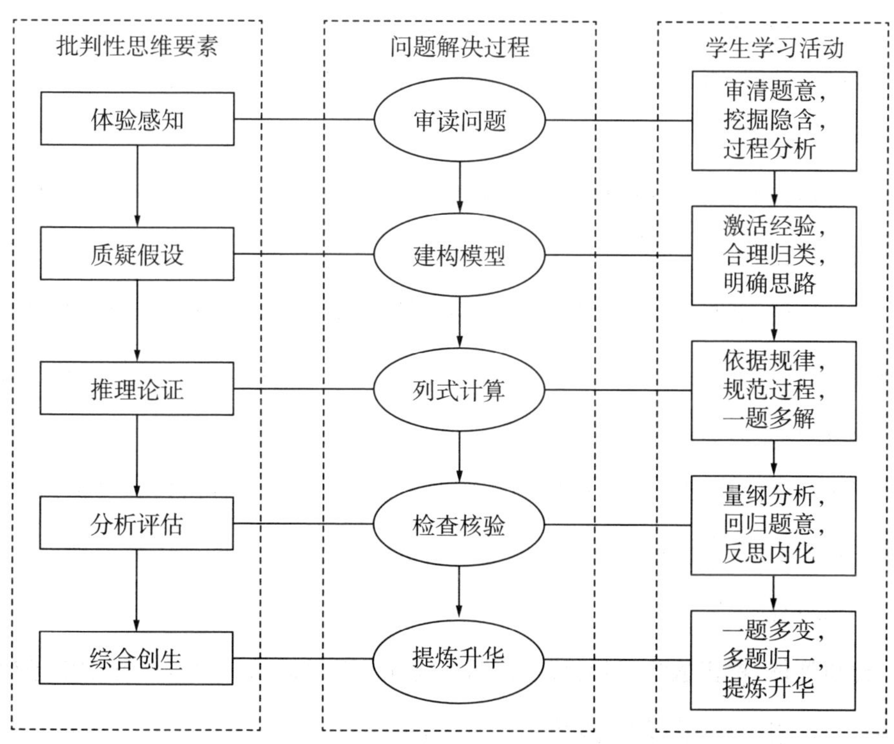

图 7-7 浸润批判性思维的问题解决教学模式

高中物理问题解决教学的一般过程包括审读问题、建构模型、列式计算、检查核验和提炼升华等环节。批判性思维的质疑、推理、论证、评价、求真性、系统性和反省性等特质,能显著优化问题解决教学过程,解决高中物理问题解决教学存在的主要问题。构建浸润批判性思维的问题解决教学模式如图 7 - 7 所示。需要注意的是,每个环节并非严格“点对点”的线性过程。

体验感知,审读问题:审题是解答问题的首要环节,是非常关键的一步。许多学生之所以出错,很大程度上源于审题不当。审题时,首先应通读题目,把握大意和具体情境,识别关键词和“题眼”。然后,对题目中的研究对象进行分析,并具体剖析特殊状态或位置,特殊状态包括起始状态、临界状态和稳定状态等。再以这些特殊状态为节点,串联起物体的整个运动过程。若涉及多个过程,则需分别分析每个阶段的运动性质。

质疑假设,建构模型:在实际问题中,物体的受力情况及运动情况往往存在多种可能性。此时,需要依据题干中的关键词句,提取问题情境中的关键信息,并对其进行还原、归类、抽象和概括,在质疑的基础上进行合理的假设,构建相应的物理模型。随后,利用所学知识与方法对物理模型进行深入分析、推理和辨析,形成初步的解决思路。

推理论证,列式计算:物理问题的解决过程中,依据所学规律或原理,做出规范表述并列出具体的表达式至关重要,具有承上启下的作用,这既是前面推理分析成果的体现,也是后面正确运算的依据。同时,在考试的评分标准中,也常依据关键的式子和计算结果打分。列式时,首先要明确研究对象和具体阶段或过程;其次要对多种可能的解法进行论证;最后要通过判断权衡选用正确的定律或定理规范,简洁地列出方程。

分析评估,检查核验:问题解答完毕后,教师需要“由扶到放”,引导学生进行质疑与反思。对结果用物理符号表示的试题,可先引导学生依据量纲分析对计算结果进行初步核验;再引导学生回归题意,对审题、分析、建模和列式计算的过程进行复盘审视;最后鼓励学生分析不同的解题方法,探讨其区别及优劣,并明确判断的依据。长期坚持这样的引导,将潜移默化地提升学生的质疑反思能力。

综合创生,提炼升华:优质的问题通常具有良好的开放性、扩展性和迁移性等特征,这为变式拓展提供了基础。通过变换情境、问题、条件和模型等方式,在“变”的过程中,引导学生对问题进行比较,不断触及知识的本质,活化学生的思维,促进学生的思维进阶。这个过程同样能很好地培养学生的分析、论证和综合等批判性思维技能与求真、开放和理性等批判性思维倾向。

(四)浸润批判性思维的物理问题解决教学水平层级划分

浸润批判性思维的物理问题解决教学水平可细分为三大层级,具体标准及案例如表7-1、表7-2。

表7-1 浸润批判性思维的物理问题解决教学水平划分表

水平层级	体验与感知	质疑与假设	推理与论证	分析与评估	综合与创造
水平1	被动参与情境体验,能了解题目的大意和描述的具体情境,能在情境中剥离出研究对象,并厘清已知量和未知量	具有利用物理模型解决问题的意识,能在审题的基础上进行模糊的猜测,并假设出可能的物理模型	能在老师的指导下建立已知量与未知量之间的函数关系,制订初步的推理和论证思路,能列出对应的基本表达式,并进行推理和论证的运算	在教师的点拨下,能对运算结果或论证结论进行浅层次的核验。能掌握初步的核验办法和思路	初步整合所学物理知识与思想方法,形成物理分析解题策略,能解决相似情境或熟悉情境中的问题

续表

水平层级	体验与感知	质疑与假设	推理与论证	分析与评估	综合与创造
水平2	积极参与情境体验，能在教师的提示和点拨下找到关键词句以及“题眼”，并尝试对研究对象进行受力和运动分析	依据关键词句，与已有的知识、生活体验和经验进行初步对照，自主提出较为清晰的猜测，辨认出物理模型信息，建构合理的物理模型	有规范答题的意识，能根据提取的关键信息，自主制订初步的探究和论证计划。能根据不同的状态或过程，列出一一对应的规范的表达式，并顺利得出运算结果或论证结论	有反思的意识，能通过量纲分析法、反向推理法、实践检验法等对结果或结论进行检查核验，判断和评估结果和结论的合理性	熟练地整合与凝练所学物理知识与思想方法，形成物理分析解题策略，并迁移应用到陌生情境中解决实际问题
水平3	主动参与情境体验，能对研究对象进行正确的受力分析，能从起始状态、临界状态和稳定状态等出发，串联起物体的整个运动过程，并特别关注状态变化的连接点，即节点的运动特征	透过现象看本质，能迅速对信息进行还原、归类、抽象和概括，进行合理假设，构建合理的物理模型，并利用所学知识与方法对物理模型进行分析、推理和辨析，形成一种或多种解决思路	有良好的规范答题习惯，明确研究对象和具体阶段或过程，对多种可能的解法进行论证，并通过判断权衡选用正确的定律或定理，规范、简洁地列出方程，并得出正确结果或结论	有良好的反思和评估习惯，能回归题意，对审题、分析、建模和列式计算的过程进行复盘审视，能分析出不同解法的优缺点，能把解题过程的思维活动转化成为一种有目的、可控的组织活动	能深度整合新、旧物理知识与思想方法，形成知识体系，明晰科学本质。灵活熟练地将技能应用于陌生情境，创造性地解决复杂问题，并通过新感知提出新的质疑与假说

表7-2 浸润批判性思维与物理问题解决教学水平划分案例

（专题——生活中的圆周运动）

水平层级	体验与感知	质疑与假设	推理与论证	分析与评估	综合与创造
水平1	能从物理学视角审视生活中的圆周运动，能从生活情境中剥离出研究对象，明确已知量和未知量	知道问题解决的关键是能建构物理模型，能在审题的基础上进行模糊的猜测，并假设出可能的圆周运动模型	能依据猜想和假设，在教师的指导下，列出与圆周运动模型对应的表达式，并进行推理和论证的运算	在教师的点拨下，掌握初步的验证思路，并能依据已有经验，对运算结果或论证结论进行浅层次的核验	进一步熟悉圆周运动的相关知识，了解不同情境下解决圆周运动问题的一般思路和方法
水平2	积极观察生活中的圆周运动，能在教师的提示和点拨下找到关键词句以及隐含条件，并尝试对做圆周运动的物体进行受力和运动分析	在对研究对象进行受力分析和运动分析的基础上，能与已有的知识、生活体验和经验进行初步对照，自主建构出对应的圆周运动模型	在已经确立圆周运动模型的基础上，列出与圆周运动模型一一对应的向心力公式或功能关系表达式，并通过演算或推理，得出结果或结论	能掌握量纲分析法、反向推理法等一般的验证方法，对演算结果或结论进行快速的检查核验，并判断和评估演算结果和论证结论是否合理	掌握圆周运动与牛顿第二定律综合问题的一般思路，能形成处理较为复杂的圆周运动的解题策略，并迁移应用到陌生情境中解决新的问题
水平3	主动、有意识地观察生活中各种不同的圆周运动，能对物体进行正确的受力和运动分析，并通过受力和运动分析，发现做圆周运动物体的运动特征，并探究出向心力来源	能迅速对信息进行还原、归类、抽象和概括，在进行分析和甄别的基础上，构建出合理的圆周运动模型，并形成正确的解决思路，确立问题解决的一种或多种途径	能对多种可能的问题解决办法或途径进行快速的分析、思考和判断，权衡选用正确的向心力公式、机械能守恒定律或动能定理等，规范、简洁地列出相应方程，并得出正确结果或结论	对问题解决的全过程进行复盘审视，分析不同解法的优缺点，总结出处理匀速圆周运动和非匀速圆周运动的常规解法和最佳策略	能从动力学的角度观察和分析问题，灵活处理曲线运动与牛顿第二定律综合的实际问题，能创造性地解决涉及圆周运动的临界与极值问题、动量与能量问题等

四、浸润批判性思维的问题解决教学的实施策略

(一) 基于模型建构谈浸润批判性思维的问题解决教学策略

问题解决教学是物理教学的重要组成部分,是提升学生解决问题能力的重要途径和手段。模型建构是问题解决教学的重要组成部分。然而,在实际教学中我们发现,物理模型建构的教学常常被异化为物理模型套用的教学。这样的教学法仅仅培养了学生机械模仿的能力,与批判性思维和创新思维培养的要求大相径庭。

1. 在对模型建构的合理性分析中培养学科素养

案例 1:如图 7-8 所示,一同学表演荡秋千。已知秋千的两根绳长均为 10 m,该同学和秋千踏板的总质量约为 50 kg。绳的质量忽略不计。当该同学荡到秋千支架的正下方时,速度大小为 8 m/s,此时每根绳子平均承受的拉力约为(重力加速度 g 取 10 m/s^2) (　　)

图 7-8

A. 200 N　　B. 400 N　　C. 600 N　　D. 800 N

直觉:把人和踏板看作质点,重心集中于绳的末端,等效为单摆模型。在最低点由 $2F_T-mg=m\dfrac{v^2}{l}$,得 $F_T=410$ N,故选 B。

质疑:设该同学身高 $h=1.6$ m,体重 $m_1=45$ kg,踏板质量 $m_2=5$ kg,在绳长 $l=10$ m 的情况下,"直觉"中物理模型的构建合理吗?

论证:人的重心近似在人的中点,人重心在最低点时 $2F_{T1}+F_N-m_1g=m_1\dfrac{v^2}{l-\left(\dfrac{h}{2}\right)}$。以踏板为研究对象,踏板在最低点时 $2F_{T2}-F_N-m_2g=m_2\dfrac{v^2}{l}$,得 $F_T=F_{T1}+F_{T2}\approx423$ N,答案仍为 B。

评估:再次审视题干,发现题干中 10 m 的绳长与人身高相比,在数值上大得比较多;从"拉力约为"这四个字中发现本题是一道估算题;题干所给出的质量是人和踏板的总质量。综合以上信息可知,最初"直觉"中所构建的物理模型是合理的,即

可以将人和踏板的整体看作质点，其运动可看作单摆运动模型。

虽然在复杂的思考流程后回到了原点，但在单摆模型建构合理与否的研究学习中，学生经历了从直觉到质疑、从论证到评估的科学研究过程，从“会套用物理模型”到“会合理地选择物理模型”，实现了从知识到素养的质变。

2. 在对相似模型的差异性辨析中培养关键能力

案例2：相同的小物块从固定在水平地面上的斜面或曲面的顶点同一高度静止滑下。已知斜面或曲面的底边长度相同，小物块跟它们间的动摩擦因数都相同，乙中两个斜面的连接处平滑，如图7-9所示。在甲、乙、丙中，小物块从顶端A下滑到底端B的过程中克服摩擦力所做的功分别为W_1、W_2和W_3，则　　（　　）

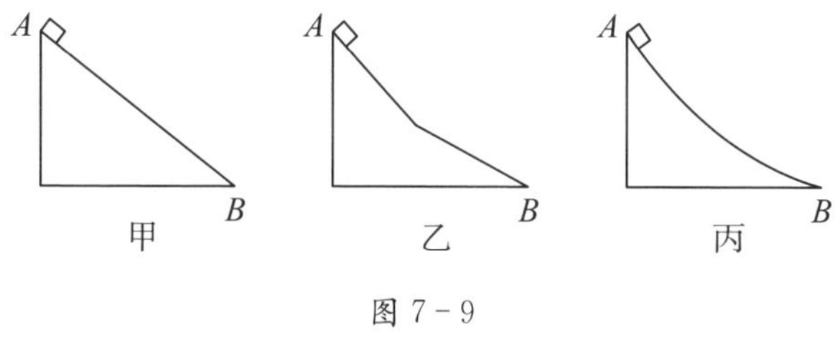

图7-9

A. $W_1=W_2=W_3$　　B. $W_1<W_2<W_3$

C. $W_1=W_2<W_3$　　D. $W_1=W_2>W_3$

推理：设高为h，底边的长为d，动摩擦因数为μ，甲中斜面长为L、倾角为θ，乙中两斜面长分别为L_1和L_2，倾角分别为θ_1和θ_2，则$W_1=\mu mg\cos\theta\cdot L=\mu mgd$，$W_2=\mu mg(L_1\cos\theta_1+L_2\cos\theta_2)=\mu mgd$，故$W_1=W_2$。

直觉：利用微元法，将丙的曲面分为无穷多小段，每一小段均为直的斜面，同理可得，丙中的W_3也等于μmgd。因此$W_1=W_2=W_3$，答案为A。

质疑：利用微元法，将丙的曲面分为无穷多小段，每一小段均为直的斜面，从而求出克服摩擦力的总功，这种模型的构建合理吗?

评判：小物块在曲面上运动，需要提供向心力，在相同位置处，曲面给小物块的弹力$F_N>mg\cos\theta$，即$F_f=\mu F_N>\mu mg\cos\theta$。物块在曲面上运动受到的摩擦力应该大于同位置处物块在斜面上受到的摩擦力，因而 $W_3 > \mu mgd$，即 $W_1 = W_2 < W_3$，答案应为 C。

在高中物理问题解决教学中，为提高学生答题的效率，教师往往教给学生大量二级结论。然而，任何物理学思维方法都不可能放之四海而皆准，任一与二级结论相对应的物理模型都不能轻易地推而广之或同理可得。包括物理规律在内的所有“结论”，都需引导学生在质疑、论证、评判和反思中，明晰其使用条件或适应范围，提升学生思维的准确性和缜密性。

3. 在对理想、非理想模型的准确判断中培养创新思维

案例 3：2022 年北京冬奥会跳台滑雪空中技巧比赛场地边，有一根系有飘带的风力指示杆，教练员根据飘带的形态提示运动员现场风力的情况。若飘带可视为粗细一致的匀质长绳，所处范围内风速水平向右、大小恒定且不随高度改变。当飘带稳定时，飘带实际形态最接近　　（　　）

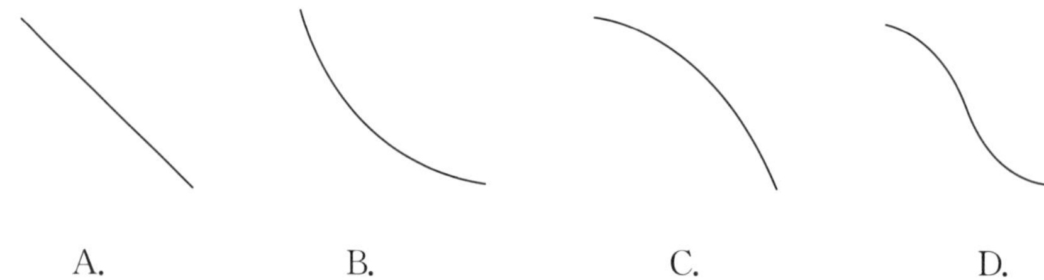

A.　　B.　　C.　　D.

直觉：看到这道题后，脑中闪现出飘带在风中飘舞的画面，从生活经验出发，第一直觉是应该排除选项 A，正确答案应该在 B、C、D 中选出。

质疑：(1) 题干中的“飘带”是不是高中物理常见的不计粗细和质量的理想绳子？由于将飘带视为粗细一致的匀质长绳，要考虑其粗细及质量，显然它并非理想绳模型，而是一个新颖的、非理想化的物理模型。(2) 那能否将这条匀质长绳看作另一种理想模型——质点？由于需要判断长绳在风中的形状，显然也不能看作质点。

论证：由于匀质长绳既不是理想绳模型，又无法被看作质点，因此可考虑采用“隔离法”，由飘带的下端向上选取任意长为 Δx 的一段作为研究对象。假设飘带

总长为 L，质量为 m，由于风速水平向右、大小恒定且不随高度改变，可认为单位长度飘带受到的风力 F_0 相同，故长为 Δx 的这段飘带所受重力和风力大小分别为 $G=\Delta mg=\frac{\Delta x}{L}\cdot mg$，$F=\Delta x\cdot F_0$，该部分飘带稳定时受力平衡，受力分析如图 7-10 所示。

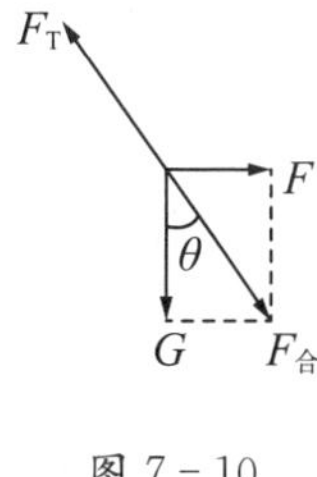

图 7-10

设飘带与竖直方向的夹角为 θ，则满足 $\tan\theta=\frac{F}{G}=\frac{\Delta x\cdot F_0}{\frac{\Delta x}{L}\cdot mg}=\frac{F_0 L}{mg}$，据此可知，飘带与竖直方向的夹角与所选取的飘带长度无关，飘带为一条倾斜的直线。故选 A。

评估：本题以冬奥会跳台滑雪空中技巧比赛场地边风力指示杆上系着的飘带为问题背景，情境新颖，与体育运动相结合，令人耳目一新。但由于飘带在风力作用下的运动情况较为复杂，故将飘带视为粗细一致的匀质长绳。即便如此，由于本题的飘带既不能被看作常见的轻绳模型，也不能被看作质点模型，所以需要利用隔离法，合理选择研究对象以解决问题。本题能够综合考查学生的高阶思维能力。

高中物理模型教学往往容易陷入浅层化和表面化的困境，要么局限于就事论事、就题论题；要么忽视或未能充分挖掘和利用问题潜在的育人功能，无法凸显其批判性价值。此外，在新高考背景下，高中物理命题呈现出从理想化模型向非理想模型、从常规模型向非常规模型转化的趋势。这类试题与生产、生活实际联系紧密，能有效地考查学生的分析综合能力和推理论证能力，对学生的批判性思维和创新思维能力也有很好的检测和评价作用，应当引起一线教师的充分重视。

(二) 基于问题结构谈浸润批判性思维的问题解决教学策略

问题的核心要素包括初始状态、目标状态及算子。初始状态是指问题解决所需的基础信息;目标状态是指问题所要得到的结论;算子是指问题解决中用到的方法。其中,若初始状态和目标状态均明确给出,且有确定的运算规则,这类问题被称为结构良好问题,即良构问题;反之,若初始状态、目标状态中有一项或两项未明确给出,造成解决途径及标准不唯一,这类问题便被视作结构不良问题,即劣构问题。在平常的教学中,良构问题和劣构问题均有所存在,且以良构问题居多。如:"氢原子在基态时轨道半径 $r_1=0.53\times10^{-10}$ m,能量 $E_1=-13.6$ eV。求氢原子处于基态时:(1) 电子的动能;(2) 原子的电势能;(3) 用波长是多少的光照射可使其电离?"本问题的已知信息、所求结果和解决路径都很明确,是良构问题。又如:"小王同学从地上拿起一个鸡蛋,并把它缓缓举过头顶,在此过程中,小王同学对鸡蛋做的功约为多少?"这类问题的目标状态和路径是明确的,但缺乏已知信息,需要学生基于生活经验进行估算,属于劣构问题。

良构问题和劣构问题的结构不同。因此,两者解决的路径、发挥的功能和教学的方式方法也不同。下面分别探讨两种不同问题的教学策略。

1. 良构问题的教学策略

良构问题的教学策略主要包括:精选问题,内化知识;基于证据,强化论证;一题多解,活化思维;一题多变,深化理解。

(1) 精选问题,内化知识

良构问题在平时教学中占比较大。在教学中,为了减轻学生负担,教师需在众多的问题中精选典型的问题供学生练习,即选择那些能巩固学生所学知识与方法,提升学生综合分析能力,培养学生质疑反思能力的题目,促进学生对核心知识与方法的内化。例如,学习"受力分析"时,精选如下问题:

如图 7-11 所示,固定的四分之一粗糙圆弧轨道 AB 的圆心在竖直墙上的 O

点，A 点与 O 点在同一高度，轻弹簧一端固定在 O 点，另一端连接质量为 m 的小物块，物块静止在轨道上，弹簧与竖直方向的夹角 $\theta=30^{\circ}$，重力加速度为 g，则（　　）

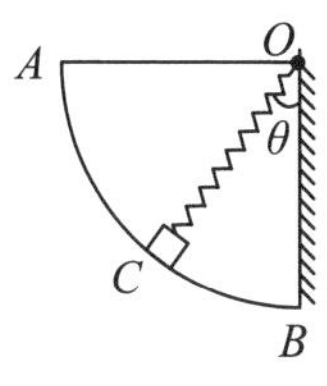

图 7-11

A. 轨道对物块一定有支持力　　B. 弹簧一定处于伸长状态

C. 弹簧一定处于压缩状态　　D. 轨道对物块的摩擦力大小等于 mg

本题涉及弹簧弹力、重力、静摩擦力以及共点力的平衡等知识。另外，弹簧可能处于压缩状态，也可能处于伸长状态，具有一定的开放性。

(2) 基于证据，强化论证

在问题评析过程中，教师要充分增强课堂上的多维对话，鼓励学生积极表达。这既有助于收集学生思维发展情况的证据，又能让学生学会批判性倾听和相互评价，并通过论证不断优化问题解决的方法。例如：

如图 7-12 所示，物块 a 放在侧面是直角三角形的斜面体 b 上面，b 放在弹簧上面并紧挨着竖直墙壁，初始时 a、b 静止，现用力 F 沿斜面向上推 a，但 a、b 仍未动，则施力 F 后，下列说法中正确的是（　　）

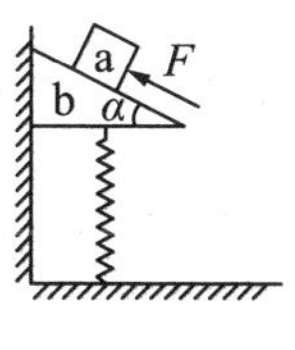

图 7-12

A. a、b 之间的摩擦力一定变大　　B. b 与墙之间可能没有摩擦力

C. b 与墙面间的弹力可能不变　　D. b 与墙面间的弹力变大

在这个问题解决过程中，需要特别注意引导学生自主梳理和优化思维。无论学生答案是否正确，都要鼓励学生表达自己选择的依据与分析题目的角度。下面是一段课堂实录：

师：没有施加力 F 时，弹簧弹力等于多少？为什么？

生 1：弹簧处于压缩状态，弹簧弹力大小应该等于 a、b 的重力之和。

师：为什么？你是如何分析的？

生 1：采用整体法。

师：非常好，此时墙壁与 b 之间有摩擦力吗？

生 2：没有。

师：为什么？

生 2：因为墙壁与 b 之间没有弹力，如果有弹力，水平方向没有力与之平衡。

师：很棒，当施加力 F 后，a、b 仍未动说明什么？

生 2：说明弹簧形变量不变，弹簧弹力大小仍然等于于 a、b 的重力之和。

师：很好，还说明什么？

生 3：说明此时 a、b 整体受力平衡。

师：下面请对 a、b 整体再次受力分析，判断墙壁对 b 的弹力和摩擦力。

(3) 一题多解，活化思维

许多物理问题都不止有一种固定的解法。在教学中，教师需要充分收集学生的不同解决方法，进行比较和论证，充分提升学生思维的灵活性。例如：

如图 7－13 所示，物体从 O 点由静止出发开始做匀加速直线运动，途经 A、B、C 三点，其中 $AB=2$ m，$BC=3$ m。若物体通过 AB 和 BC 这两段位移的时间之比为 3∶2，求 O、A 之间的距离。

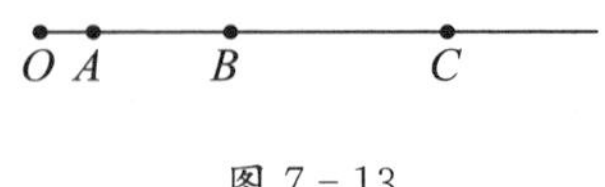

图 7－13

解法1：大部分学生采用常规方法解决本题。设 OA 段长度为 x，所用时间为 t，然后分别选用 OA、OB、OC 三个过程，列出三个位移与时间的方程，联立求解。但这种解法方程多，计算量也大。教师要在课堂上引导学生打开思路，从多个不同角度思考。

解法2：设物体在 A 位置的速度为 v_0，做匀加速直线运动的加速度为 a，选用 AB、AC 两个过程，分别列出位移与时间关系方程，联立求出 $\frac{v_0^2}{2a}$ 的值即可。

解法3：利用 AB、BC 过程的平均速度等于各自过程中间时刻的瞬时速度，先求出物体做匀加速直线运动的加速度 a，然后求出物体在 A 位置的速度 v_0，就可以求出 OA 的长度。

解法4：采用图像法，设 OA 段长度为 x，所用时间为 t，AB、AC 段所用时间分别为 $3t_0$，$2t_0$，用所设未知量分别表示出 v_A，v_B，v_C，选用 AB、AC 两个过程，用平均速度表示出位移，求得 $t_0=t$。在图像中，两个三角形相似，则面积（位移）之比等于相似比的平方，即可直接求出 x。

(4) 一题多变，深化理解

对于优质的问题，教师需要以其为“母题”，采用变情境、变问题、变条件等方式，让学生实现思维进阶，升华对问题本质的理解。例如：

传送带被广泛地应用于智能物流，用于对快递进行分拣。图7－14为一水平传送带装置示意图，绷紧的传送带 AB 始终保持 $v_0=2$ m/s 的恒定速率运行，一质量 $m=4$ kg 的快递无初速地放在 A 处。设快递与传送带间的动摩擦因数 $\mu=0.1$，AB 间的距离 $L=3.0$ m，重力加速度 g 取 10 m/s^2。求快递在传送带上运动的时间；求快递在传送带上留下的痕迹长度。

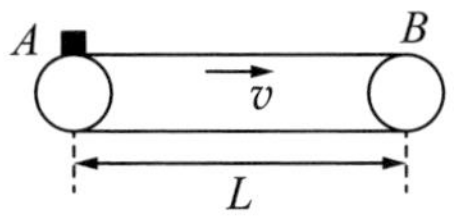

图7－14

对于这个问题，可以通过以下 4 个变式，帮助学生深度理解传送带中运动与相互作用关系的问题。

变式 1：若传送带的速度 $v_0=2.2$ m/s，其他条件不变，求快递在传送带上运动的时间。

变式 2：若传送带的速度分别为 $v_0=4$ m/s 和 $v_0=6$ m/s，其他条件不变，分别求快递在传送带上运动的时间。你能从中得到哪些启示？

变式 3：若快递从 A 处以 $v=1$ m/s 的速度滑上传送带，现用最短的时间把快递从 A 处传送到 B 处，传送带的运行速度至少为多少？

变式 4：若快递从 B 处以 $v_0=1$ m/s 的速度滑上传送带，求：快递离开传送带时的速度大小；整个过程中快递在传送带上留下的痕迹长度。

2. 劣构问题的教学策略

劣构问题的教学策略主要包括：呈现真实情境，激发兴趣；关联已有知识，构建模型；合理分析推理，论证辨析；促进迁移应用，反思评估。

(1) 呈现真实情境，激发兴趣

劣构问题来源于生产、生活实际，创设待解决的真实问题情境，能很好地拉近学生与问题之间的距离，激发学生学习兴趣。教师可以根据生活实际、体育比赛和工业生产创设多种真实情境。例如：

排球运动是一项重要的比赛项目，“女排精神”更是激励了一代又一代华夏儿女。某排球运动员发球时在最高点将球水平击出，请你通过定量分析说明，发球速度在什么范围内，才能保证发球时排球既不触网又不越界？

这个问题的目标状态是清晰的，但未说明初始条件和算子，需要学生设定初值，构建模型并进行合理分析。

(2) 关联已有知识，构建模型

由于劣构问题存在一些不明确的量，因此需要将情境与已学知识紧密关联，构

建相应的物理模型进行深入分析。在此过程中，学生能够有效地培养起质疑、假设、推理和论证等批判性思维能力。

针对上述提到的排球问题，我们首先根据情境中所描述的在“最高点将球水平击出”来进行分析。击出后，由于空气阻力相对较小，可以忽略不计，因此排球主要受到重力作用，基于此，我们可以将排球的运动近似看作平抛运动。这样一来，原本复杂的曲线运动——排球的运动轨迹，就可以分解为水平方向上的匀速直线运动和竖直方向上的自由落体运动。这两个方向的运动互不影响，具有独立性，但又是同一个平抛运动的组成部分，因此具有等时性。

(3) 合理分析推理，论证辨析

在构建模型后，需要结合问题的表述，设定相应的物理量。教师要引导学生进行合理性、可靠性的分析推理，在此过程中，鼓励学生多展示交流自己的推理过程，并进行相互评价，对不同的方法进行论证辨析。

假如排球在右边边线中点正上方高 H 处被水平击出，设排球边线的长度为 l、宽度为 d，球网高度为 h（$H>h$），如图 7 - 15 所示，那么发球速度在什么范围内，才能保证发球时排球既不触网又不越界？

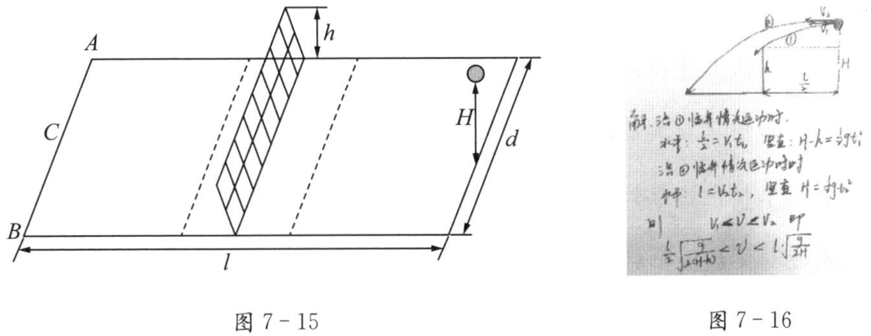

图 7 - 15　　　　图 7 - 16

其中一个同学的解题过程如题 7 - 16 所示，这位同学能很好地将图 7 - 15 中的三维问题转化为二维问题，找到两种临界情况，利用平抛知识求解。大多数同学也是这样处理的。

但有同学对这种分析提出质疑。这部分同学认为，在不越界的临界情况下，初速度不应该是水平向左，即落点不应为图 7 - 15 中 AB 的中点 C，而应该是 A 点或者 B 点。对于这两种解法，教师可以组织全班同学分组讨论，通过合作交流，分析论证哪一个更合理。

经过论证辨析后，学生一致认为第二种思路（落点是 A 点或者 B 点）更加科学。接下来，引导学生根据图 7 - 15 中的已知量进行求解。

(4) 促进迁移应用，反思评估

在成功解决劣构问题后，接下来应鼓励学生进一步解决真实情境中的问题，促进学生对所学知识与方法的迁移应用和反思评估。这是实现学生深度学习和提升学生科学素养的有效路径。

基于对排球问题的分析，我们可以进一步播放一段班级同学体育课上练习投篮的视频，并引导学生探讨分析如何才能将篮球投得更准、更远。

首先，引导学生将投篮过程中篮球的运动轨迹与排球水平击出的轨迹进行对比；其次，类比排球运动的分析方法对篮球的运动过程进行受力分析和模型建构；再次，反思平抛运动特点并概括出斜抛运动的规律和分析方法；最后，应用斜抛运动处理方法解决上述投篮问题。

教材中也蕴含着大量的劣构问题，需要充分开发利用。例如下面这道题目：

根据用木槌把糯米饭打成糍粑的场景，有人编了一道练习题：已知木槌质量为 18 kg，木槌刚接触糍粑时的速度是 22 m/s，打击糍粑 0.1 s 后木槌静止，求木槌打击糍粑时平均作用力的大小。

让学生解答此题，并引导学生发现，以上数据所描述的是一个不符合实际的情景，并讨论不符合实际之处。对此问题的分析、推理和论证过程，能很好地培养质疑假设、模型建构、推理论证、反思评估等批判性思维能力。

五、浸润批判性思维的问题解决教学案例

浸润批判性思维的问题解决教学案例如表 7 - 3 所示。

表 7 - 3　浸润批判性思维的问题解决教学案例

（专题复习：从原型到模型——圆周运动　向心力）

<table>
<tr><th colspan="2">教学环节</th><th>情境</th><th>问题</th><th>教师活动</th><th>学生活动</th><th>设计意图</th><th>学生发展</th></tr>
<tr><td colspan="2">问题说明</td><td>游乐场中各种与圆周运动相关的游乐活动</td><td>这些活动的运动轨迹有何共同特点</td><td>教师利用幻灯片展示照片、播放视频，引发学生思考，并引入新课</td><td>学生观看，思考并归纳轨迹的共同点</td><td>激发学生的好奇心，同时引入新课</td><td>培养学生的观察能力与归纳能力</td></tr>
<tr><td rowspan="2">环节1
单个力＋匀速圆周</td><td>体验与感知</td><td rowspan="2">“神奇的魔盘”视频</td><td>随着圆盘转速越来越大，你发现了什么现象</td><td>播放视频，提出问题</td><td>学生：有人被甩了出去</td><td>加强物理与生活实际的联系</td><td>学会从熟悉的场景中发现问题</td></tr>
<tr><td>质疑与假设</td><td>猜测影响胜负的因素有哪些</td><td>播放一小段后，让学生猜测影响胜负的因素，然后继续播放完，让学生继续观察，验证自己的猜测</td><td>学生 1：人的体重、动摩擦因数等。
学生 2：还跟距离圆心的远近有关</td><td>制造矛盾，激发深层思考</td><td>让学生产生破解矛盾的内驱力</td></tr>
</table>

续表

教学环节		情境	问题	教师活动	学生活动	设计意图	学生发展
	推理与论证		是否能够被甩出去的决定因素到底是什么？如何推理与论证	引导学生通过推理与论证验证猜测	学生讨论，架构模型，人相当于图中的物块A、B、C。 对物块，即将滑动时：$\mu mg = m\omega^2 r$，得 $\omega = \sqrt{\frac{\mu g}{r}}$。 由上可知，能否先被甩出去与人的质量无关，而取决于动摩擦因数 μ 和离圆心的距离 r	由原型到模型，教会学生建构物理模型	从生活原型出发，忽略次要因素，学会建构物理模型
	分析与评估		在问题的解决过程中，你有哪些收获	引导学生分析与评估	学生1：猜测是否正确，需要科学验证。 学生2：学会了建构物理模型的方法，得到正确结论	引导学生养成反思与总结的习惯	从反思与评估中思维得到了成长
	综合与创造		若魔盘外侧有竖直的侧壁，在满足什么条件的情况下，就能够整体贴在侧壁上，而不会掉下去	从新的生活情境出发，引出新的情境问题	如图所示。 假设人的质量为 m，与侧壁间动摩擦因数为 μ，筒半径为 R，人刚好整体贴在侧壁上不掉下来，则 $F_N = m\omega^2 R$，$\mu F_N = mg$，得 $\omega = \sqrt{\frac{g}{\mu R}}$，故满足的条件是 $\omega \geq \sqrt{\frac{g}{\mu R}}$	让学生在相似的新情境问题中思维得到迁移	提升学生思维的发散性，提高学生思维迁移能力

续表

教学环节		情境	问题	教师活动	学生活动	设计意图	学生发展
环节2 多个力＋匀速圆周	体验与感知	“空中飞椅”视频	随着飞椅转速越来越大，你发现了什么现象	播放视频，提出问题	学生：转得越快，飞得越高	加强物理与生活实际的联系	学会从熟悉的场景中发现问题
	质疑与假设		猜测：飞椅飞得高低跟哪些因素有关	提法问题，诱发思考	学生1：转速越大，飞椅越高。 学生2：人的体重越轻，飞椅越高	鼓励学生依据前概念大胆猜测	引起兴趣，诱发思考
	推理与论证		你能建构合理模型进行推理和论证吗	引导学生建构模型，并进行推理论证	学生讨论，架构如图所示的模型。 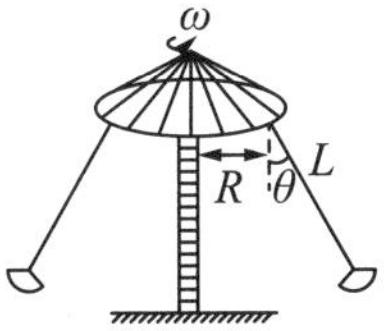 设圆盘半径为 R，绳长为 L，人与飞椅组成整体质量为 m，绳与竖直方向的夹角为 θ。稳定后飞椅在空中做匀速圆周运动，有 $mg\tan\theta=m\omega^2(R+L\sin\theta)$，得 $\omega=\sqrt{\dfrac{g\tan\theta}{R+l\sin\theta}}=\sqrt{\dfrac{\dfrac{g}{\cos\theta}}{\dfrac{R}{\sin\theta}+L}}$。 结论：$\omega$ 越大，θ 越大，与人的质量无关	由原型到模型，教会学生建构物理模型	从生活原型出发，忽略次要因素，学会建构物理模型

续表

教学环节		情境	问题	教师活动	学生活动	设计意图	学生发展
	分析与评估		该题的问题情境稍微复杂，从复杂问题的解决中，你有哪些收获	带领学生分析与评估复杂情境问题的处理方法	学生1：处理实际问题时，首先要建构物理模型。 学生2：只要是匀速圆周运动，物体所受合外力就是向心力，即$F_{合}=F_{向}=ma_{向}$。 学生3：遇到复杂情境时，应落实三个“找”：找圆心、找半径、找向心力来源	由浅入深，情境逐渐复杂，培养学生解决复杂情境问题的能力	归纳总结方法和技巧，能力得到了提升
	综合与创造		空中飞椅问题实质上是圆锥摆问题，你能推导出圆锥摆周期的一般公式，并据此解决具体问题吗	进一步提炼模型，带领学生学会解决一般的圆锥摆问题	如图所示，已知悬点O到球水平圆运动轨迹圆心之间的高度为h，重力加速度为g，不计空气阻力及一切摩擦，求圆锥摆的周期。 O θ h 学生自主推理：$mg\tan\theta=m\left(\frac{2\pi}{T}\right)^2\cdot L\sin\theta$，得$T=2\pi\sqrt{\frac{L\cos\theta}{g}}=2\pi\sqrt{\frac{h}{g}}$。 结论：在已知当地重力加速度的前提下，圆锥摆的周期仅与h有关	从特殊到一般，得出圆锥摆一般性的周期公式，利于快速解决同类问题	提炼了方法，凝练了思维。关键能力得到有效提升

续表

教学环节		情境	问题	教师活动	学生活动	设计意图	学生发展
环节3 多个力+非匀速圆周	体验与感知	“疯狂的过山车”视频	坐过山车很刺激，看完视频，你有什么疑问吗	播放视频，提出问题	学生：这么刺激的项目，它的安全性如何保证	加强物理与生活实际的联系	学会代入问题情境，感受和体悟
	质疑与假设		质疑：在最高点，整个车都倒转过来，车中人却没有掉下来，这是什么原因	提出问题，诱发思考	学生猜测1：有安全带等保护措施。 学生猜测2：在最高点，人的速度必须满足一定的条件	鼓励学生大胆质疑，提出问题	学会从情境中提出问题的能力
	推理与论证		你能建构合理模型进行推理和论证猜测吗	引导学生建构模型，并进行推理论证	建构模型，如图所示。 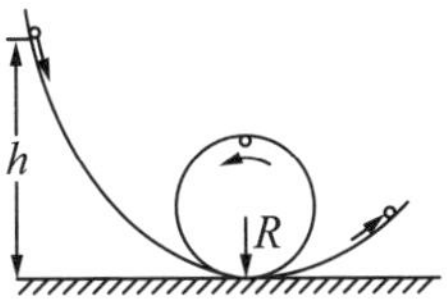 假设轨道均光滑、竖直圆轨道的半径为 R，则小球至少从左侧轨道多高处静止释放，可以安全经过竖直圆轨道的最高点？ 刚好能经过最高点，有 $mg=m\frac{v^2}{R}$，静止释放到圆轨道最高点，有 $mgh=\frac{1}{2}mv^2+mg\cdot 2R$，得 $h=\frac{5}{2}R$	由原型到模型，教会学生建构物理模型	从生活原型出发，忽略次要因素，学会建构物理模型

续表

教学环节	情境	问题	教师活动	学生活动	设计意图	学生发展
分析与评估		物体在竖直轨道上的圆周运动跟此前“魔盘”和“空中飞椅”模型有哪些不同	引领学生进行物理模型类比	学生1:物体在竖直光滑圆轨道的运动不是匀速圆周运动。 学生2:物体在竖直光滑圆轨道上运动时,一般需要用到机械能守恒定律或动能定理。 学生3:只有在最高点和最低点处,合外力才等于向心力	让学生学会处理物体在竖直圆轨道内运动的问题	反思提炼,提高解决实际问题的能力
综合与创造		在已经建构的物理模型中,为使小球不脱离轨道,h 的取值范围应为多大	将模型引向更深入的层级,提出深度问题	临界状态1:物体刚好能经过最高点,有 $h_1=\frac{5}{2}R$,故 $h\geqslant\frac{5}{2}R$。 临界状态2:物体刚好能到达竖直圆轨道的最右侧与圆心等高处,有 $mgh_2=mgR$,得 $h_2=R$,故 $h\leqslant R$。 结论:需满足的条件是 $h\leqslant R$ 或 $h\geqslant\frac{5}{2}R$	充分利用建构的模型,培养学生解决深层问题的能力	培养学生推理分析和综合论证能力,提升高阶思维能力

第三节　案例与评析

本节以“牛顿运动定律的应用”相关章节教学为例,具体说明浸润批判性思维的物理问题解决教学的行动路径。

一、教学内容与思维发展关系分析

（一）《课程标准》内容分析

通过对生活中的两类实例进行分析，学生应学会运用牛顿运动定律解释生产、生活中的有关现象，并解决实际问题。在解决问题过程中，学生将进一步学习如何结合物体的运动情况进行受力分析，并掌握应用牛顿运动定律解决动力学问题的基本思路和方法。

（二）教材内容分析

本节内容来自《普通高中教科书　物理　必修　第一册》第四章第五小节，主要探讨牛顿运动定律在解决实际问题中的应用。这一节综合了前面所学的基础知识和本章所学的基本规律，起到了承上启下的作用。

教材中，牛顿运动定律的应用被分为两类：一是从受力确定运动情况，即在已知受力的情况下，判断出物体的运动状态或求解物体的速度和位移。处理这类问题的基本思路如下：先分析物体的受力情况，得到合力，再根据牛顿第二定律求出加速度，最后运用相应的运动学公式求出需要的物理量。第二类是从运动情况确定受力，即在已知运动情况的条件下，求解物体的受力情况。这类问题的处理思路如下：先分析清楚物体的运动学情况，根据运动学公式求出加速度，然后在分析物体受力情况的基础上，根据牛顿第二定律列方程求力。

通过两种类型的例题分析，引导学生综合应用牛顿第二定律及匀变速直线运动的相关规律分析问题，培养学生运用所学知识分析和解决实际问题的能力，提高综合应用能力。进行受力分析时，教师要特别注意引导学生按照一定的顺序，合理、准确地画出受力分析图，让学生深刻体会加速度在联系运动和力的关系方面的桥梁和纽带作用。

（三）学生学情分析

此前，学生对运动学规律、常见的力以及牛顿运动定律都有了一定程度的学习和了解，对三个牛顿运动定律也有了不同程度的理解和认识，在此基础上，将运动和力通过加速度紧密结合在一起，从物理知识结构和学科思维逻辑的角度而言，具有一定的完整性和统一性，学生可以从运动和力的角度来分析和处理实际问题。

动力学问题是力学典型问题，也是力学中非常重要的部分。它要求学生在对物体进行正确的受力分析和运动分析的基础上，熟练运用运动学公式和牛顿运动定律来解决实际问题。对高一的学生来说，这部分内容难度较大，思维要求较高，需要学生具有一定的分析推理和科学论证能力。

通过本节的学习，学生应能从更高的角度把握、选择和使用运动学公式，并在解决问题的过程中体悟牛顿第二定律的内涵及注意事项。课堂的教学过程应由浅入深，教学设计要符合学生认知基础，设置合理的思维台阶与生活情境，让学生在体验中感悟、在质疑中探索、在论证中反思，以实现在实践中对物理公式和物理规律批判性的再认识。

(四) 思维发展分析

通过高中一段时间的学习，学生已具备了一定的观察和思考能力，能够运用所学的知识解决简单的动力学问题。本节课通过两类典型问题的解决，帮助学生形成基本的解决问题思路，更深刻地认识运动和力的关系，形成运动和相互作用观念，并培养科学、严谨、有序的思维习惯。批判性思维能力的特征是“大胆质疑”和“谨慎断言”，质疑是前提，推理论证及反思评估是核心。本节课通过对具体情境的事件质疑、搜寻证据、分析论证等，培养和提升学生的思维水平和能力。

二、批判性思维与教学目标的制订

(一) 物理观念

1. 能运用动力学知识来分析和处理实际问题。

2. 能从提供的视频和图片中，提出质疑、寻找证据，并建立熟悉的物理模型。

3. 掌握利用动力学观点处理实际问题的一般方法，形成相互作用和运动观念，提升受力分析、运动分析、综合分析的能力。

4. 能运用相互作用观和物质运动观来理解和解释客观世界。

（二）科学思维

1. 能从提供的问题情境中有效提取有用信息，提高观察和思考能力。

2. 能从现象中提炼出本质，培养学生物理模型建构的意识和能力。

3. 结合实例或问题情境，能总结归纳出应用牛顿运动定律解决实际问题的一般方法，提升推理论证能力。

4. 能对推理出的结果进行判断和评估，培养批判性思维能力。

（三）科学探究

1. 本节课以交通事故为问题情境，学生可以在观看视频的过程中代入角色，并进行质疑和思考。

2. 学会从交通事故视频中寻找有用证据，培养观察能力，培养思维的缜密性。

3. 通过情境化的问题分析设计探究方案，质疑和评估探究方案的合理性，培养学生的探究能力。

（四）科学态度与责任

1. 初步感受牛顿运动定律对社会发展的影响，激发求知欲，培养科学严谨的求实态度。

2. 培养合作交流的意愿，提升团队合作精神，敢于提出不同的见解。

3. 学会运用动力学知识解决实际案例，提升学习成就感，培养社会责任感，树立正确的唯物主义观。

三、教学重点、难点与教学策略设计

(一) 基本设计理念

学科知识与科学知识不同。作为人类认知的结晶的学科知识,其存在的目的远不止于解释符号与概念间的关联,或追求其本身的逻辑完美以及系统完善。它必须要回归人的主观世界,方能彰显其存在的意义和价值。

知识本身,即便再为完备,也不具有独立存在的意义。知识的存在和完备,必须是为建构人丰富的精神文化世界、为人类更好地存在于这个世界服务的。因此,学科知识具有推动人的思想、精神和能力发展的力量,对人的情感、态度、价值观乃至整个精神世界都具有深刻的启迪作用。学科知识不是“仓库”里立等可取的物品,而是在实践和活动中,通过个体的感受和体验逐步内化,呈现螺旋式上升的精神和文化力量。

本节课通过精心策划,设置了“为交通事故破案”的问题情境,从而将生活中的教学资源与学科知识有机融合。本节课通过系列问题引导学生分析、论证、逻辑推演等,让学生感受到学习知识的乐趣和重要价值的同时,提升了解决实际问题的能力,进而促进学科素养和思维能力的提升。

(二) 教学重点、难点

重点:从生活原型到物理模型建构的抽象思维过程,掌握运用牛顿第二定律解决实际问题的基本思路和方法。

难点:将实际问题情境抽象化为物理模型,并形成运用动力学观点解决实际问题的一般思路。

(三) 主要教学方式及策略

方式:启发式、讨论式、探究式。

策略:结合视频和图片展示,学生为主体,教师点拨引导。

四、教学过程

（一）体验与感知

情境：播放两车相撞的交通事故的报道视频。

问题：设被撞车辆为甲车，另一辆车为乙车。如果你是负责定责该事故的交警，你认为是谁的责任？

[教师活动]引导学生观察现象并思考，引入新课。

[学生活动]观察、思考现象，并产生判断：事故的原因是乙没有及时刹车。

设计意图：激发学生兴趣，引起学生的注意力和好奇心，同时引入新课。

学生发展：培养通过观察现象分析问题、解决问题的能力。

（二）质疑与假设

情境：动画模拟两车相撞过程。

问题：假设汽车制动过程是一个匀减速过程，能否用我们所学过的知识来判断，乙车为何没能及时刹住车？

[教师活动]启发学生大胆猜想，引导学生对猜想进行理论探究。

[学生活动]猜想可能刹车时初速度太大。通过测量撞车后的位移、撞车后瞬间的速度以及汽车制动过程中的加速度进行取证。

设计意图：通过鼓励学生大胆分析，培养学生缜密地分析问题的习惯，引导学生透过现象分析本质。

学生发展：应用已有知识分析问题，提升知识迁移能力。

（三）推理与论证

情境：播放事故时车内的一段监控录像。

问题1：如果你是交警，你将如何取证？

[教师活动]引导学生对提供的视频仔细观察，启发学生得出三个证据。

[学生活动]通过讨论分析得出以下证据。证据 1:乙车撞车过程中,车内挂件相对车静止时向前偏转角度为 64°。证据 2:撞车后瞬间,乙车速度盘显示 36 km/h。证据 3:交警通过测量发现,撞车过程中,乙车的位移为 15 m。

设计意图:引导学生进行理性思考,学会利用所学的知识解决实际问题。

学生发展:锻炼学生信息处理能力,培养学生的科学思维,培养学科核心素养。

问题 2:提炼证据中的有效信息,还原成我们熟悉的物理模型并用图像表示。通过模型,你能求得什么物理量?

[教师活动]用幻灯片展示学生所画模型。

[学生活动]分别建立图 7 - 17 中的模型 1 和模型 2。

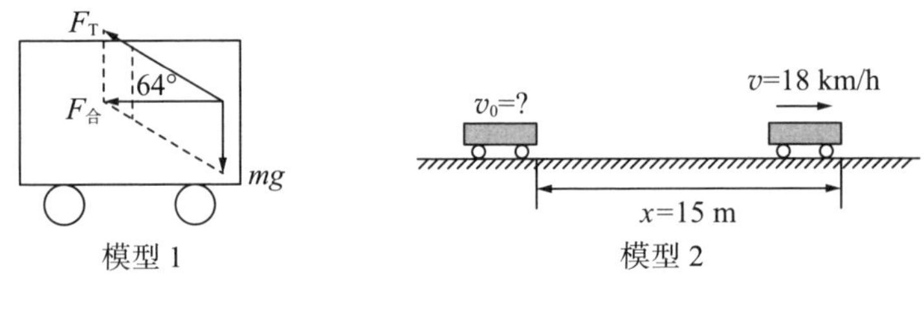

图 7 - 17

设计意图:通过交流讨论,在教师引导下,能够提炼相关信息及正确构建物理模型。

学生发展:提高推理和归纳以及构建模型的科学思维能力。

问题 3:基于抽象出的模型,如何判断乙车是否超速?

[教师活动]用幻灯片展示学生解题过程,并引导学生互评,突出学生书写习惯的养成。

[学生活动]由模型 1 可得 $mg\tan 64^\circ = ma$,解得 $a \approx 20\ \mathrm{m/s^2}$(重力加速度 g 取 $9.8\ \mathrm{m/s^2}$);由模型 2 可得 $v_0^2 - v^2 = 2ax$,解得 $v_0 = 90\ \mathrm{km/h}$,与该段路段的限速标志比较,判断乙车是否超速。

设计意图:促进学生主动参与,引导学生进行推理性思考。

学生发展:有效激发深度思考力。

（四）分析与评估

情境：展示完整的解题过程。

问题：此类题目的特征是什么？解决此类题目的思路是什么？

[教师活动]引导学生进行反思和总结。

[学生活动]归纳得出此类问题属于已知受力求运动类型的问题，解决的思路有以下几个步骤：第一，确定研究对象；第二，隔离研究对象，进行受力分析，并画出受力图；第三，分析研究对象的运动情况，画出运动简图：标出物体的速度方向（由此可得滑动摩擦力的方向）以及加速度的方向（即合外力的方向）；第四，运用牛顿第二定律列方程，运用运动学公式列式；第五，解方程并分析讨论结果是否正确合理。

设计意图：引导学生梳理应用牛顿运动定律解决已知受力求运动问题的思路，理解加速度是联系力和运动的桥梁。

学生发展：掌握正确的解题思路和方法，在思维的回流中促进成长。

（五）综合与创新

情境：乙车司机声称是刹车失灵。播放视频，观察到乙车冲上避险车道。

问题：如何判断乙车是否刹车失灵？

[教师活动]提供三个证据。证据1：在坡底，乙车速度盘显示58 km/h。证据2：避险车道倾角$\theta=30^{\circ}$，乙车在该过程的痕迹$x=12.8$ m。证据3：据司机描述，该过程已用力踩刹车（已知汽车正常刹车平均阻力约为10 000 N，刹车失灵时平均阻力约为3 000 N，汽车质量约为2 000 kg）。

[学生活动]学生建立如图7－18所示的模型，并求解出正确结果。由$v_0^2=2ax$，得$a=10\ \mathrm{m/s^2}$，再由$mg\sin 30^{\circ}+F_{\mathrm{f}}=ma$，得$F_{\mathrm{f}}=10^4$ N。

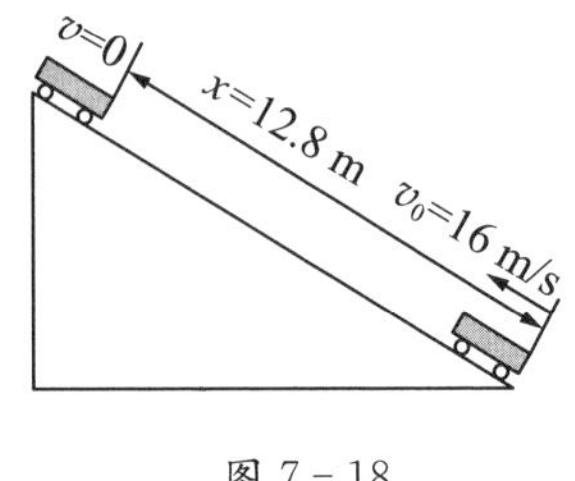

图 7 - 18

设计意图:再一次学会提炼相关信息,强化应用知识解决实际问题的能力。

学生发展:掌握应用牛顿运动定律解决已知运动求受力的问题的思路。

五、板书设计

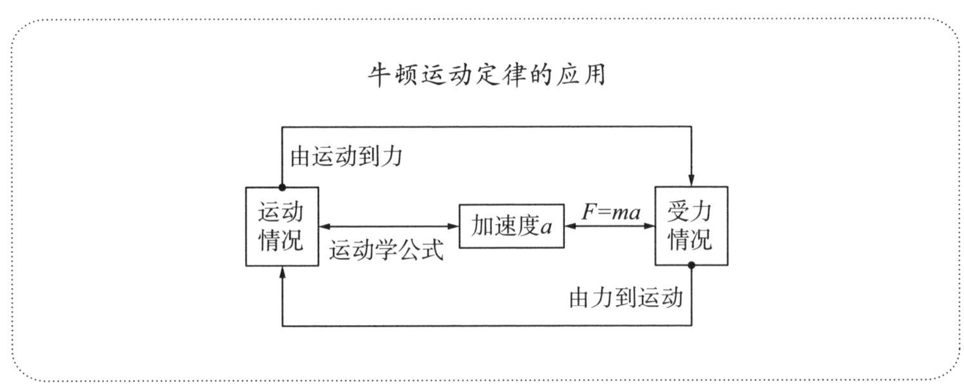

六、评析

(一) 对案例的反思

问题解决教学是物理教学中的重要部分,也是提升学生解决问题能力的重要方式和手段。问题解决教学的核心是利用所学知识解决实际问题。然而,传统的问题解决教学往往只注重知识的传授和解题技巧的训练,却忽视了科学思维的渗透,导致学生难以形成独立思考和解决问题的能力,更无从谈起批判性思维、逻辑思维能力和推理判断能力的培养。这种教学法只能培养学生机械模仿的能力,与批判性思维和创新思维培养的要求大相径庭。

根据情境学习理论，学习的本质是个体参与真实的情境与实践，与他人及环境相互作用的过程，这指出了学习是学习者参与真实情境的过程。因此，只有将知识融于真实的情境中，开展以问题解决为目的的学习过程，才能依据主体思维，通过挑战性、深刻性的问题体验过程与方法，在质疑评价中推动认识的深入和发展。

本节课作为新授课中的问题解决教学课，在教学设计中关注生活中的物理学问题——“为交通事故破案”，通过图片和视频展示真实的情境，涉及序列化任务的设计和有层次、有深度、有广度的问题链，激活学生已有知识经验，引导学生提出可能的、合理的猜想，并引导学生在同学和教师的帮助下，寻找证据以支持猜想或思路、得出结论，形成正确的解决问题的思路。整节课中，学生扮演了发现者的角色，经历取证、交流、论证的过程，既激发了学习兴趣，体验到了学习的成就感，又促进了思维进阶，有效提升了批判性思维能力和水平。

（二）物理问题解决教学中融入批判性思维的体现与教学建议

在物理问题解决教学中融入批判性思维，是培养学生独立思考、解决问题和创新能力的重要途径，但这一环节往往被一线教师忽视。受应试教育及知识中心教育观念的影响，教师多采用单向灌输的教学方式，导致学生被动接受和重复训练，缺少思维建构过程，缺少归纳整合，学生的学习状态表现趋于浅层。面对新情境下的富有挑战的深度思维问题，大多数学生无从下手，生搬硬套。如何改变这种状态，突显学习的深刻性和发展性？我们提出以下教学建议：

借力问题情境，唤起学生解答渴望。新情境问题是新高考命题的重要方向和趋势之一。在问题的选择和编制中，应确保问题情境满足以下特征：真实性，要与生产、生活实际相联系；开放性，半开放性或开放性的问题能够调动学生的思维的积极性。教学中注重对新情境的审读和分析可以提高问题解决教学的有效性，激发学生探寻真相的热情。

鼓励质疑假设，激活学生已有经验。实践证明，宽松的教学环境能提升学生的思维活跃度与创新能力。在问题解决教学中，教师应营造宽松的氛围，发挥引导者的作用，启发并鼓励学生对问题进行大胆质疑和假设，在激活已有经验的基础上，建构合理的物理模型，敢于发表见解，以培养批判性思维。

引导推理论证，培养分析综合能力。课堂应该让学生成为问题解决的主角，帮助学生从接受者转变为思考者。这是因为学生才是真正的思维主体、实践主体和发现主体。在问题解决的过程中，教师应引导学生多角度、多层次分析问题，在得出问题答案或结论后，要教会学生对答案或结论进行分析和评估，引导学生独立思考和判断，提升学生的批判性思维能力。

开展合作交流，营造氛围开阔思维。随着以“新高考、新课标、新教材”为导向的教育改革的展开，合作学习模式在高中物理教学中得到了广泛的应用。为达到良好的问题解决教学效果，当学生对物理问题有争议时，教师要在课堂上给予学生充分讨论和交流的时间与空间，营造开放和包容的问题解决教学课堂环境，有效实现学生间思维的碰撞，增强思想开放性，促进批判性思维的发展。

重视提炼升华，提升学生思维品质。在问题解决教学中，切忌就题论题。教师应引导学生反思解题过程，总结经验教训，提高批判性思维品质。可以设置如下问题引导学生回顾解题过程，进行总结提炼，如:“为什么没有想到这种方法?”“你当时解决问题的障碍在什么地方?”“为什么这一步出错了?”“在解决问题的过程中值得吸取的经验教训有哪些?”“解决这一类问题的方法是怎样的?”“它还可以进行怎样的拓展?”……让学生在思维的回溯中提升批判性思维能力。

第八章

浸润批判性思维的物理大单元教学

本章导读：批判性思维与大单元教学有什么关系？有哪些具体的模式与策略？如何设计融入批判性思维的中学物理大单元教学？通过本章的阅读，你将了解到：浸润批判性思维的物理大单元教学与学科核心素养的关系；通过大单元教学发展学生高阶思维的困境及对应的模式与策略、三类主题（包括学科内容主题、学科方法主题、综合问题解决任务主题）大单元教学设计及案例分析；“匀变速直线运动的位移与时间关系”教学设计及案例反思。

批判而不愤世嫉俗，好奇而不受蒙蔽，开放而不被操纵。

——佚名

第一节　批判性思维与大单元教学的关系

一、大单元教学的内涵与特征

关于大单元教学的研究最早可追溯至对阶段性学习的探索。就研究的内容结构而言，它经历了从单元教学到大单元教学的转变。最早研究单元教学的学者是19世纪德国哲学家、心理学家、科学教育学奠基人赫尔巴特，他从心理学出发，根据儿童学习活动的思维方式，强调教育的系统化。他认为，学习应该是一个统一且动态的发展过程，其中经验和兴趣是学习与认识过程的核心。据此，他提出了教学形式阶段理论，将学习过程划分为“明理、联想、系统、方法”四个阶段，并首次引入了“单元”这一教育概念。美国当代心理教育家莫里逊进一步指出，为了获得真实的知识，必须从全局出发而非分散地去学习。因此，他建议在一周或者数周内，让学生通过一门课程的学习学会一门学科，并且使他们能够熟练地运用。莫里逊还将单元教学划分为两种类型，一种是强调知识的“教材单元”，另一种则是强调经验的“经验单元”。

在我国大单元教学的教学论研究方面，钟启泉教授和崔允漷教授是代表人物，两位学者均强调核心素养的培养不是一蹴而就的，而是需要以单元为单位，设计大任务、大情境、大问题，提倡真实性学习和真实性评价。钟启泉(2020)认为，单元设计是基于核心素养的课程发展的重要环节。崔允漷(2019)认为，这里所说的单元是一种学习单位，一个单元就是一个学习事件，一个完整的学习故事，因此，一个单元就是一个微课程。这是大单元教学区别于传统单元教学的关键特征。大单元教学不同于传统的单元教学，大单元应定于一种学习单位、一个学习事件、一个完整的学习故事，一个大单元就是一个微课程。

大单元教学主要致力于解决科学目标引领、学习内容整合、学习方式变革以及育人方式转变等问题，旨在实现立德树人的育人目标，推动核心素养真正落地；同时，确保学习内容的整体性和逻辑性，促进学生思维的发展，彰显学生的主体地位，使深度学习成为现实，关注学生的思维能力培养、学习领导力提升以及生命的全面成长，真正从学科教学走向学科育人。通过大单元教学的定义，我们可以归纳出大单元教学应有如下特征：基于学科逻辑，对知识、观念、思维进行重构；基于价值观念，具有情境、主旨和灵魂；基于课程标准，发展核心素养，体现“教—学—评”一体化。

二、学科大概念与大单元教学设计的关系

大概念（big ideas）也被译为大观念、核心观念、核心概念等，依据其适用范围的不同，可分为学科大概念和跨学科大概念。所谓学科大概念，是指能反映学科的本质，居于学科的中心地位，具有广泛适用性和强大解释力的原理、思想和方法，其主要特征有：一、能够体现学科的主要观点和思维方式，构成学科结构的骨架和主干部分；二、能够统摄或包含大量的学科知识，具有普遍性和广泛的解释力；三、能够提供理解知识、研究和解决问题的思想方法或关键工具，具有持久的可迁移应用价值，可应用于新情境。

大概念是大单元设计的“框架”，赋予大单元教学以“灵魂”。大单元设计应注重单元之间的整体结构和知识脉络，强调学科教学的一致性和连续性。两者之间密不可分，相辅相成。大概念是大单元设计的内在要求，它既是知识统领者，又是知识意义的建构者；而大单元是大概念得以有效实现其价值意义的重要载体。

首先，大单元教学设计需要围绕大概念。解决“以课时为单位的教学导致的知识碎片化”问题，赋予了大单元教学深远的价值意义。然而，我们必须客观地认识到，无论以何种理念或目标为取向进行单元教学设计，在重组与整合知识后，常规学科教学仍需要尊重当前及未来一段时间内学校教学以“课”为时间单位进行组织

的现实，最终需要将重组的内容按照课时进行安排，即转化为课时设计。因此，解决知识碎片化问题的关键并非设计教学所需要的时长，而是要揭示教学内容之间的内在联系，这就要求教师能够洞察具体知识背后的大概念，进而围绕大概念组织教学。

其次，大概念使大单元教学目标成为现实。大单元教学旨在解决的另一个问题是以课时为单位的教学难以给予学生足够的思考与交流空间。大单元教学设计通常需要对知识进行整合，并为学生提供更多自主探究的空间。这要求教师站在一定高度，从宏观视角出发进行教学设计。因此，大单元教学目标的规划需着眼于学生的深度学习与长远发展，兼顾认识、思维、品质、价值观等方面，并根据大单元教学目标细化具体课时的目标进阶，从而赋予大单元教学更深层次的内涵。

三、批判性思维与大单元教学对发展学生核心素养具有一致性

批判性思维是为决定信什么或做什么而进行的合理的、反省性的思维。批判性思维具有两个显著特征：一是批判性思维并非对所有命题都持否定态度，而是运用分析性、建设性的方式对问题和挑战提出新见解、做出独立判断；二是批判性思维要求人们理性思考、摆脱盲从，善于对普遍被认可的结论提出新的疑问。《课程标准》中明确提出“重视以学科大概念为核心，使课程内容结构化，以主题为引领，使课程内容情境化，促进学科核心素养的落实”“具有批判性思维的意识，能基于证据大胆质疑，从不同角度思考问题”“能对已有结论提出有依据的质疑，采用不同方式分析解决物理问题”等要求（中华人民共和国教育部，2020b）。可见，《课程标准》对大概念教学与批判性思维均提出了明确要求。无论是普通高中课程标准还是义务教育课程标准，都强调课程的综合性与系统性，注重培养学生科学思维能力与科学探究能力，要求学生形成正确的科学态度与责任感，这为在学科大单元教学中浸润批判性思维提供了学科逻辑上的依据。科学教育不应该传授给孩子支离破碎、脱离生活的抽象理论和事实，而是应当慎重选择一些重要的科学观念，用恰当、生

动的方法，帮助孩子们建立一个完整的对世界的理解。只有将批判性思维训练和学科教学相结合，批判性思维的培养才能更加具体化和现实化。

第二节　模式与策略

一、进展与困境：研究现状

在高中物理教育的不断演进中，提升学生的批判性思维能力已成为教师肩负的重要使命。为实现这一目标，使学生在物理学科的学习过程中不断提升自身的批判性思维能力，并展现出个人的成长魅力，教师需积极调整教学方式，推动物理教学由传统的碎片化模式向更加系统化的模式转变。在这一教学改革的背景下，大单元教学模式以其独特的优势脱颖而出。在高中物理大单元教学的实施过程中，物理教师应特别关注教学中的体验性、参与性以及生成性环节。通过强化这些关键环节，教师可以更加深入地关注学生在物理学习过程中的实际体验，进而有效提升学生的核心素养，为他们的全面发展奠定坚实基础。

（一）批判性思维与高阶思维

批判性思维作为一种基于逻辑推理的理性反思性思维，是人们在思维活动中展现出的特定倾向和技能。批判性思维的本质在于反思。通过反思，人们学会质疑并提出恰当的问题。在形成结论的过程中，批判性思维强调依据客观事实和确凿证据进行合理论证与判断。这种思维方式并非简单地批评或怀疑一切，而是倡导大胆质疑、谨慎求证的理性态度。人们应当避免立即接受或反对现有观点，而是采取延迟判断的态度与策略，即在进行深入分析之前，应充分提出问题，搜集相关证据，并经过严谨的检验论证，最后谨慎判断。这种思维方式不仅要求人们具备质疑精神，还要求人们具备实际的探索能力。因此，批判性思维作为一种高阶思维能力，涵盖分析、比较、推理、判断、评价、综合和反思等理性思维方法。它能够帮助人们更有效地分析问题和解决问题，提升思维品质，促进个人和社会的发展。

浸润批判性思维的物理教学模式的重要性在于培养学生深入思考和解决物理问题的实际能力，促进科学思维和实践能力的全面发展。首先，浸润批判性思维的物理教学模式通过引入具有挑战性和启发性的问题，激发学生的好奇心和求知欲，引导他们主动提出假设、设计实验、收集数据和解释结果。其次，浸润批判性思维的物理教学模式强调跨学科整合和实践链接，将物理知识与实际问题相结合，培养学生的跨学科思维和实践能力。通过解决真实世界中的现实问题，学生能够将所学的物理知识应用到实际情境中，增强对物理学科的探索兴趣和深度理解。最后，浸润批判性思维的物理教学模式还注重综合性项目评估，要求学生完成复杂的任务，展示他们的综合应用能力和创新思维。因此，浸润批判性思维的物理教学模式的重要性在于通过问题探究、项目整合将物理知识深度串联，助力学生从多角度展开积极思考和实践，使他们成为具有创新精神和解决实际问题能力的优秀物理学习者。

（二）通过大单元教学发展学生高阶思维

随着教育的发展，我们已经从知识核心时代逐步迈向核心素养时代，物理教学自然也应随之转型，不能再单纯以知识传授为主线。然而，长久以来，教师的教学活动往往以学科知识为线索，以“双基”（基础知识和基本技能）培育为主要目标，按照 45 min 一课时为单位来进行教学设计。这样的教学设计模式极易弱化学科知识之间的内在联系，使学生的学习过程变成碎片化知识的堆积，不利于学生物理观念的形成和科学思维的培养，也阻碍了科学探究活动的开展和科学态度的落实。研究发现，采用大单元形式进行教学设计，是有效解决上述问题的一条途径。大单元教学是指教师在深刻理解学科核心素养与学科核心内容间关系的基础上，依据课程标准，从更高的视角、更广阔的视野出发，打破教材原有的编排顺序，对课程资源进行有效整合与重构，以形成符合学生核心素养发展的新教学设计范式。

随着教育的持续发展，大单元教学已经成为一种备受瞩目的教学模式。它强调知识的整体性、连贯性和系统性，有助于培养学生的高阶思维能力。那么，如何进一步通过大单元教学有效发展学生的高阶思维呢?

首先，我们需要明确高阶思维的概念。高阶思维是指超越简单记忆和理解的思维活动，涵盖分析、评价、创造等复杂认知过程。大单元学习基于建构主义学习理论，鼓励学生积极参与建构知识的过程。通过将大单元视为一个整体，学生能够在探索和实践中建立知识网络，从而深化对物理学科的综合理解。在大单元教学中，教师应该注重引导学生深入思考、勇于探究，鼓励他们提出独到见解和观点，以此培养他们的批判性思维和创造性思维。

其次，大单元教学模式借鉴了概念地图和知识网络的理念，强调知识之间的关联性和融合性。学生可以通过将大单元分解为多个子主题，并探索不同子主题之间的内在联系，形成更为全面的知识结构。大单元教学需要注重知识的整合和拓展。通过整合多个相关知识点，教师可以帮助学生构建更加完整和系统的知识体系。同时，教师还可以引导学生探索与单元主题相关的拓展内容，拓宽他们的知识视野，激发他们的学习兴趣和探究热情。

再次，大单元教学还需要注重学生的合作学习和交流。通过小组讨论、合作研究等形式，学生可以相互学习、相互启发，共同解决问题。这种合作学习的方式不仅可以培养学生的团队协作能力和沟通能力，还可以促进他们的高阶思维发展。

最后，教师需要提供有效的反馈和指导。在大单元教学过程中，教师应该密切关注学生的学习进展和思维变化，及时给予肯定和鼓励。同时，教师还需要针对学生的不足之处和困惑之处提供有针对性的指导和建议，帮助他们不断完善自己的思维方式和能力。同时，大单元教学模式还倡导跨学科整合，将物理知识与其他学科相结合，培养学生运用跨学科知识分析和解决问题的意识。这种跨学科的教学模式有助于学生理解物理知识在现实生活中的应用和意义。

综上所述，通过大单元教学发展学生的高阶思维是一项复杂而重要的任务。

教师需要注重引导、整合、合作和反馈等方面的工作，为学生的高阶思维发展提供有力的支持和保障。

（三）实践探索的困境

师生互动不充分。部分高中物理教师受高考导向的影响，为提升学生物理考试成绩，往往倾向于全面把控课堂教学时间，习惯于系统性地灌输知识。在这种教学模式下，学生常处于被动听讲的状态，缺乏积极探索知识的主动性，难以主动向教师表达自己的见解，导致批判性思维难以得到有效锻炼，学生对知识点的深入理解不足，对应用技能的掌握也较为浅显。尽管有些教师会在课堂上尝试与学生互动，但互动形式多局限于教师提问、学生回答的方式，且互动目的多为检查学生对单元知识的掌握情况，而未能深入考查学生是否具备用批判性思维来理解相关知识的能力，也未充分检验学生对大单元知识点的综合运用情况。这种互动方式难以有效发现和解决学生存在的问题，进而影响了物理教学的整体质量。

教学设计存在不足。学生是批判性思维的主体，同时也是大单元教学的核心对象。然而，部分教师为提升物理教学效率，在教学设计环节往往倾向于沿用传统的教学方式，并依赖于既有教学经验来传授知识要点。这种做法在一定程度上忽视了对学生批判性思维能力的培养，未能从学生的角度出发，通过辩论比赛或设疑实践等方式，引导学生以辩证的视角分享对知识的见解。更为遗憾的是，部分教师甚至在有限的课堂时间内要求学生进行大量的习题训练，而未能设计与批判性思维培养密切相关的探索活动。这种教学方式导致学生疲于应对知识的简单巩固，进而影响了批判性思维培养的质量以及大单元教学的整体效果。

教学评价有待改进。在当前阶段，一些教师进行教学评价时，过于偏重评估学生对大单元物理知识的全面掌握程度及考试成绩是否达到课程标准的要求。然而，在评价过程中，教师未能深入剖析学生在不同发展阶段所展现的批判性思维能力，未能有效指出学生在批判性思维方面存在的问题，同时也缺乏对批判性思维发展速度较快的学生的鼓励和肯定。这种教学评价倾向导致学生受到教师评价导向的影响，往往将学习重心局限于知识的机械记忆和物理考试的应试技巧上，而忽视了对自身批判性思维能力的培养与提升。这种状况无疑降低了教学效果，不利于学生的全面发展。因此，我们呼吁广大教师进行教学评价时，应更加注重对学生批判性思维能力的全面考察与培养，以促进学生综合素质的全面提升。

二、浸润批判性思维的大单元教学模式与策略

(一) 明确单元教学重点，精准识别并诊断学生迷思概念

在高中物理教学过程中，明确单元教学重点至关重要，这尤其需借助教师的批判性思维能力进行精准把握。以高中物理中的“相互作用”单元为例，该单元涵盖了重力、弹力、摩擦力、力的合成与分解、共点力的平衡、牛顿第三定律等重要内容。教师需要致力于识别并诊断学生在这些核心概念上可能存在的迷思概念，并结合批判性思维，深入探索大单元教学策略。

首先，教师应深刻领会大单元的核心概念，剖析这些概念的本质属性、内在关联以及在实际情境中的应用价值，以确保教学内容的科学性和系统性。

其次，教学内容的设计应紧密结合具体实例，以帮助学生构建对概念的深刻认知。以“摩擦力”相关知识点为例，教师可以通过引导学生观察物体在不同表面上的滑动现象，开展实验探究或案例分析，让学生亲身体验摩擦力的存在与作用，并在学生探究过程中提出问题：摩擦力的方向究竟是与物体运动方向有关，还是与相对运动方向有关呢？这种实践性教学方式有助于学生在操作中深化对摩擦力概念的理解，提升对力学知识的应用能力。

再次，精准识别并诊断学生的迷思概念是明确单元教学重点的关键环节。教师可以通过课堂问答、小组讨论等方式，发现学生理解特定概念时可能存在的误区或困惑。例如，在“力的合成与分解”部分，学生可能容易混淆“合力”与“分力”的概念，导致受力分析时出现偏差。针对这些问题，教师应及时进行有针对性的引导，

帮助学生澄清迷思，建立正确的概念体系。

最后，教师在教学过程中应始终保持批判性思维的态度，密切关注学生的学习进展和学习反馈，以便及时调整教学策略。通过不断反思和总结教学经验，教师可以进一步优化教学过程，提升教学质量和效果。

综上所述，浸润批判性思维的高中物理大单元教学策略要求教师深入剖析学科核心概念，设计贴近实际的教学内容，精准识别并诊断学生的迷思概念，并借助批判性思维不断优化教学过程，从而促进学生对物理知识的深刻理解和应用能力的提升。

（二）强化知识体系的构建，重视科学探究能力的培养

在高中物理大单元“相互作用”的教学中，强化知识体系的构建与重视科学探究能力的培养具有举足轻重的地位。借助批判性思维，我们可以精心策划教学策略，激励学生主动参与、深入探究，从而深化学生对物理概念的理解。

首先，教师设计教学策略时，应着重展现知识体系的构建过程。教师不仅要关注学生对知识点的记忆，更要引导他们进行深度思考，主动提出问题，并通过实际观察和实验来搜集数据。以“弹力”教学为例，教师可以安排学生观察弹簧系统的振动行为，测量不同物体对弹簧的伸缩程度的影响，从而亲身体验并发现弹簧受力的规律，形成对弹力概念的深刻认识。这种实践性的学习方式有助于学生在动手操作中建构知识，深化学生对物理概念的理解，同时培养他们的独立思考能力和科学实验能力。

其次，教师可以通过设计一系列实验任务，让学生在实际操作、数据记录、分析和讨论中逐步建立与物理概念相关的科学模型。例如，在探究物体在共点力平衡状态下的情况的过程中，学生可以深入理解共点力平衡的原理及其影响因素。在此过程中，教师应鼓励学生提出问题、思考解决方案，并通过实验和观察来验证自己的假设。这样的科学探究过程不仅能提升学生的学科知识水平，还能培养他们运用知识解决实际问题的能力。

最后，教师应运用批判性思维关注学生的科学探究过程，包括他们的参与程度、思考深度以及实验表现等方面。通过收集学生的问题并分析他们的解决方案，教师可以更全面地了解学生的学习状态，并据此调整教学策略，为学生提供更加有效的支持和引导。这样的教学过程不仅有助于学生记忆物理概念，更能促进他们对概念的深入理解和运用。

综上所述，在高中物理大单元教学中，浸润批判性思维的教学模式应着重强调知识体系的构建过程，并注重科学探究能力的培养。教师应激励学生积极参与实践活动，提出问题并思考解决方案，以激发他们的学习兴趣，促进他们对物理概念的深入理解，并提升他们的科学思维和问题解决能力。

（三）采用差异化教学模式培养批判性思维

差异化教学模式作为教育体系中的一项重要策略，旨在结合学生的兴趣导向和天赋差异，组织具有针对性的教学活动，以培养多元化的人才。通过实施这一教学模式，教师能够有计划、有步骤地引导学生自主学习，进而促进其特殊才能的快速发展。实践表明，即便是同一年龄段的学生，在学习能力上也存在着显著差异。因此，在教学容量和进度的安排上，必须紧密结合学生的实际情况，实行差异化处理。

在批判性思维的培养视角下，教师组织高中物理大单元教学时，应灵活运用差异化教学模式。对学习能力较强的学生，可适当增加教学容量，加快教学进度，以满足他们对于知识深度和广度的更高需求；而对于学习能力相对较弱的学生，则需合理控制教学容量，适当放慢教学进度，确保他们能够跟上教学节奏，扎实掌握基础知识。

为了提高教学效率和质量，教师实施大单元教学时，可通过提问的方式引导学生深入思考。以“运动的描述”单元为例，该单元包含四个课时，涉及的知识点数量和难度适中。对于学习能力较强的学生，教师可在四节课内完成相关知识的传授，并在课前围绕相关知识点设计并提出开放性问题，引导学生展开讨论，培养其批判性思维。而对于学习能力较弱的学生，教师则需根据实际情况，用五到七节课的时间进行教学，并注重通过具体例题进行引导，逐步加深他们的理解，确保他们能够全面掌握大单元的相关知识点。

在整个教学过程中，教师应始终关注学生的个体差异，因材施教，确保每位学生都能在差异化教学模式下获得有效的发展和提升。同时，教师还应注重培养学生的批判性思维，引导他们在探究问题的过程中不断发现新知、解决问题，从而实现知识的内化与能力的提升。

（四）优化教学设计 提升批判性思维培养质量

鉴于学生在学习过程中常有许多疑问，教师构建适宜的情境以激发学生的提问意愿显得尤为重要。在教学设计中，教师应预留充裕的空间，确保学生有充分的提问机会和时间，从而促进思维的深度碰撞。为此，教师需要以单元为整体，进行系统化的教学设计。从单元教学设计的视角审视课堂教学设计，要求我们从整体视角审视局部，有效整合单元知识，降低学习难度，为学生预留足够的提问空间和时间，从而有效提升学生的批判性思维水平。

因此，在批判性思维的培养导向下，教师开展高中物理大单元教学时，应积极优化教学设计，明确单元和课时数量，依据学生的物理学习需求，对单元内容进行整体规划。针对大单元内的各个课时，教师应适时补充小专题教学，并根据学生的能力差异调整小专题的难度，确保整个教学设计过程能够紧密围绕大单元的核心概念，精心规划整个单元的教学目标、教学重难点及学习活动。此举旨在有效解决以课时为单位导致的知识碎片化问题，使单元内容结构化，为培养学生的批判性思维奠定坚实基础。

通过上述措施，教师能够在教学设计中充分融入对学生的批判性思维培养的考量，优化教学流程和内容，为学生批判性思维水平的提升提供有力支持。

（五）运用 SOLO 分类评价法培养批判性思维

鉴于传统教育的局限性，陶行知先生提出了“三力论”，强调教师应致力于培育具备生活力、自制力和创造力的学生。在此背景下，传统的教学评价方式已难以适应现代教育的育人需求。因此，教师应积极采用 SOLO 分类评价法，以有效培养学生的批判性思维。

在实施过程中，教师应根据学生在大单元学习中的表现，从质疑精神、探索态度以及学习方法等多个维度，全面评估学生的批判性思维能力。教师应明确指出学生在批判性思维方面的优势与短板，并提供针对性的培养策略，确保学生在后续学习中能够有效提升批判性思维水平。

以基于理论的问题解决教学评价为例，教师可以根据 SOLO 思维层次，将评价过程细化为前结构、单一结构、多点结构、关联结构、拓展结构等多个层次。在前结构阶段，教师可通过学生自评的方式，引导学生分析自身对大单元中基本公式、理论知识内涵及应用技能的掌握情况，并据此进行补充评价，帮助学生发现不足，进行有针对性的改进。在后续的结构层次中，教师应逐步引导学生深化对知识的理解和应用，构建系统化的知识体系，并培养批判性思维能力。在单一结构阶段，教师应关注学生是否系统化地梳理了大单元题目，并归纳了相关物理情境条件。在多点结构阶段，教师应引导学生分析自身在做题过程中是否能够从力学方向和运动学等角度进行分析，并针对学生的不足提供具体的解题技巧和指导；在关联结构和拓展结构阶段，教师应要求学生评价自身是否能够根据题目条件和意图建立图像模型，找出临界条件，以及选择合适的解题方法进行求解。通过这一系列的评价和指导措施，教师能够帮助学生不断提升解题能力和批判性思维水平。

三、浸润批判性思维的大单元教学类型分类及案例分析

依据杜威提出的反省思维理论，批判性思维过程主要包含两个核心要素：困惑与探究，即质疑与求证。批判性思维的核心在于：在前概念的基础上勇于质疑并提

出问题，随后通过搜集证据进行分析、比较、推理或论证，以确定论点的正确性，并界定其内涵与外延。同时，反省思维理论强调在实际问题中能够综合运用批判性思维。为此，在热学概念大单元教学中，我们构建了旨在促进批判性思维培养的“质疑—求证—判断—评价”学习模型，具体如图 8－1 所示。

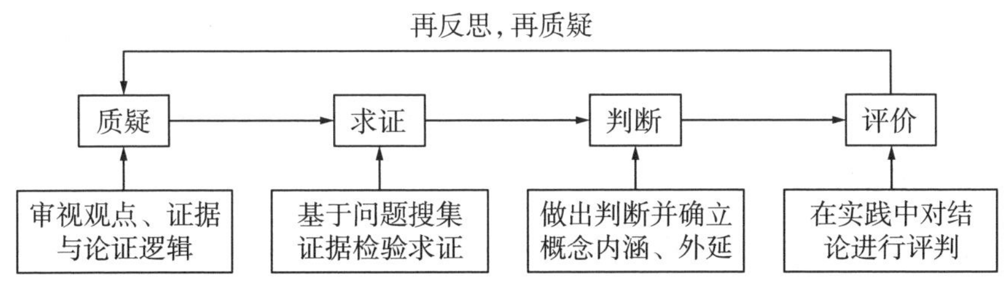

图 8－1　“质疑—求证—判断—评价”学习模型图

通过运用该模型，我们能够引领学生在反思中积极质疑，在论证环节中严谨求证，并据此做出理性的判断。此外，我们鼓励学生在实践中不断反思，以此有效地提升他们的批判性思维水平，并逐渐培养他们的科学思维特质。

(一) 学科内容主题大单元教学设计与案例分析

学科教材严格按照课程标准中的内容主题进行设定，紧密结合学生的经验基础、认知水平以及学科逻辑，精心构建章节框架。这些章节作为自然单元，在学科教育中占据重要地位。在实施基于学科大概念的单元教学背景下，常见的单元构造方式是对自然单元进行重新划分与组合，以形成全新的学科内容主题单元。这一过程主要通过选择具有统摄性的学科大概念作为支撑点，以整合主题单元知识内容。以批判性思维为内涵，我们引领构建该单元的知识脉络，并依据学科知识的逻辑性和进阶性，对教材知识内容进行单元重构。从单元内容的构建逻辑来看，此类教学单元更加贴合学生的学习需求，也更符合学生的认知发展规律。它代表了一种基于学习进阶的高维度教学设计，对于培育学生学科核心素养具有显著价值。

现以“分子热运动”一课的教学为例，详细阐述基于“质疑—求证—判断—评价”学习模型的大单元教学策略。

1. 审视观点、证据与论证逻辑

批判性思维并不意味着单纯的“批判”或“否定”,更不是对一切的“盲目怀疑”。它倡导的是一种理性的质疑态度,即面对既有的观点时,不盲目接受,也不草率做判断。因此,教师应积极引导学生提出“是这样吗?”的疑问,并以此作为反思的出发点,进而深入探讨证据的真实性以及论证过程的严密性和逻辑性。这样的教学方法有助于培养学生的独立思考能力和批判性思维,使他们能够更加审慎地看待问题,做出更加明智的决策。

教材中指出:“从许多实验和生活现象中我们都会发现,不同种物质能够彼此进入对方……扩散现象并不是外界作用(例如对流、重力作用等)引起的,也不是化学反应的结果,而是由物质分子的无规则运动产生的。”(人民教育出版社等,2020c)教师引导学生根据批判性思维进行质疑:“事实真的是这样吗?”教材的核心在于通过深入剖析扩散现象与布朗运动这两个特殊的宏观热现象,从而得出分子进行无规则热运动的科学结论。在教学过程中,教师应积极引导学生提出质疑,以促进对知识的深入理解和探索。诸如“人类在认识世界的历史进程中,也是这样确立分子热运动概念的吗?”此类的问题,可以培养学生形成不迷信权威、不盲目接受的质疑精神。若学生能够主动提出这些问题,则表明他们已初步具备了科学家的思维习惯和思维素养。

2. 基于问题搜集证据检验求证

批判性思维不仅要求个体能够提出有针对性的问题,还要求个体具备构建合理论证的能力。因此,以问题为导向的检验求证环节在批判性思维中占据重要地位。在教育过程中,教师应积极引导学生围绕具体问题搜集并整合相关证据,力求还原科学探究的真实场景。教师应培养学生独立思考与合作研讨的能力,让他们能够基于充分的证据展开深入的分析与求证,进而形成基于事实依据的明确说明与有力论证,为科学决策提供坚实的支撑。

针对学生围绕扩散问题提出的疑问，教师可以精心设计以下四个问题，以引导学生深入思考：一是请学生尝试寻找生活中能够体现扩散现象的实例；二是结合这些实例，探讨扩散现象能否在固体、液体和气体中发生；三是思考有哪些有效措施可以加速物体间的扩散过程；四是通过分析扩散现象，揭示其背后所蕴含的科学原理。对于学生提出的具体疑问，教师可将其转化为一个研究性学习的小专题，鼓励学生利用网络资源或图书馆文献资料，深入探究物理学史中关于分子热运动的认识历程，整理归纳历史上重要的科学家对此领域的突出贡献。同时，探讨在人们对分子热运动的认识过程中，扩散现象和布朗运动所起到的关键作用。这种方式不仅能够拉近物理知识与日常生活的距离，还能通过物理学史的学习拓宽学生的视野，激发其学习兴趣，进而促进科学精神的深度培养。

3. 做出判断并确立概念内涵、外延

进行判断并非难事，真正的挑战在于如何确保判断的合理性，并深入探究以深刻理解相关概念的内涵与外延。为此，教师应当积极引导学生从多个不同角度审视问题，培养他们分析、表达自己观点的能力，并鼓励他们提出建设性意见。同时，在小组合作学习的过程中，学生应接受来自同伴的审视与反馈，以不断完善自身的判断。最终，在自主研判、合作交流、合理论证的基础上，学生应能做出合理、准确且深刻的判断。因此，即便是在进行判断的过程中，学生仍需保持谨慎、求实的态度。

在“布朗运动”的教学中，教师可以设计一系列问题来引导学生深入思考。首先，鉴于悬浮在液体中的固体小颗粒同样由分子构成，教师可以提出一个值得探讨的问题：布朗运动是否源于这些颗粒内部分子的热运动？其次，为了避免学生对布朗运动产生误解，我们需要讨论如何排除悬浮在液体中的颗粒运动是其自发生命现象的可能性。在学生对“分子热运动”这一概念有了基本理解后，教师可以进一步设问：布朗运动是否等同于分子热运动？这两者之间又存在怎样的区别与联系？此外，我们还应探讨宏观运动与微观运动之间的界限究竟在哪里。再者，考虑到温

度对分子热运动和布朗运动的影响——温度越高，两者都越剧烈，我们还需要深入探讨其背后的本质是否相同。这些问题不仅可以帮助学生深化对宏观现象与微观运动之间区别及联系的理解，还能有效培养学生的批判性思维，提升他们思考的准确性和深刻性。

4. 在实践中对结论进行评判

经过深入论证所得出的判断或结论，其正确性并非绝对，仍需经过实践的检验方可确认。实践是验证真理的标准。在实践过程中，我们不仅可以进一步完善既有判断，使结论更为精确，而且可以通过特例的发现，揭示新问题，进而得出新的结论。众多科学发现正是通过这样的途径实现的。

当学习"分子热运动"这一概念时，我们时常会遇到以下两种实际情形：其一，清晨时分，阳光透过窗户洒入房间，我们所观察到的光柱中灰尘颗粒的运动是否应归类为布朗运动？其二，雾霾天气里，细颗粒物的运动是否同样属于布朗运动？在这两个问题中，所涉及的固体小颗粒均是在"空气"这一介质中运动的。然而，若依照布朗运动的原始定义，即悬浮在"液体"中的固体小颗粒的运动，则似乎会得出这两个说法均不成立的结论。实际上，光柱中灰尘小颗粒的运动是由空气的流动所引发的，在空气静止的情况下，这些灰尘颗粒因受到重力的作用而落至地面。而雾霾的形成正是空气流动性不佳所导致的。在雾霾中，悬浮的细颗粒物的运动是由空气分子的频繁撞击及撞击力不均衡所引起的，其无规则的运动特征正符合布朗运动的定义。

通过对这些实际问题的深入剖析，我们不仅能够加深对布朗运动本质的理解，还能够拓展对布朗运动的认识范畴。换言之，即便是悬浮在空气中的固体小颗粒，同样可以展现出布朗运动的特性。

《课程标准》明确指出，应将批判性思维纳入课程目标之中，强调学生应树立批判性思维的意识，并能够基于实证进行大胆的质疑，从多元化的视角审视问题，积极追求科技创新。上述大单元教学设计的深入实施，不仅有助于学生树立正确的物质观、运动观、能量观等物理观念,同时也有利于提升学生的宏观至微观再至宏观的推理论证能力,以及模型建构等科学思维技能。更为重要的是,这样的教学设计能够有效培养学生的批判性思维能力,为其全面发展奠定坚实基础。

(二)学科方法主题大单元教学设计及案例分析

《课程标准》的核心任务是促进每个学生得到最大限度的发展,其根本途径在于通过转变教师的教学模式和教育理念,进而转变学生的学习方式,为学生搭建一个自主、合作、探究、交往的学习平台。因此,物理教师也要更新教育理念,改革教学模式,转变传统角色,这样才能适应新课程改革。具体措施如下:基于物理学科核心素养确定教学的目标和内容;在教学设计和教学实施过程中重视情境的创设;重视科学探究能力的培养和信息技术的应用;通过问题解决促进物理学科核心素养的达成。

大单元学习活动是以实现学生核心素养发展为目标的实践活动。因此,基于"大情境"主线开展大单元学习活动,使各个活动形成内在逻辑自洽的统一整体,这有利于促进学生物理认知结构系统化,并培养他们的综合分析能力和问题解决能力。"大情境"指的是在简化与凝练生产、生活实践和学习探索实际的基础上,创设出适合学生学习、具有较大综合性的问题情境。为了发展学生的物理学科核心素养,我们需要把《课程标准》及教材所呈现的理论知识与真实的问题情境相关联,以问题或者任务为中心构成场域。通过"大情境"与单元学习活动的有机融合,并以分解的"子情境"为载体,助力学生形成物理建模等科学思维,培养他们解决实际问题的能力。

以"磁场"单元教学为例,本单元以电磁小车为情境,设置以下几节大单元学习内容:① 探索电磁小车周围的磁场;② 定性描述电磁小车周围的磁场;③ 定量描述电磁小车周围的磁场;④ 亲历"法拉第研究电磁感应"之路;⑤改进电磁小车,实现自动控制功能(电磁驱动、电磁阻尼)。

批判性思维的基本含义是运用恰当的评价标准,进行有意识的思考,并最终做出有充分根据的判断。浸润批判性思维的物理大单元教学能够发展学生的物理观念、科学思维、科学探究、科学态度与责任。表 8-1 展示了“磁场—磁感线”知识簇所承载的学科核心素养。

表 8-1 “磁场—磁感线”知识簇所承载的学科核心素养表

知识簇	知识元	所承载的学科核心素养类	所承载的学科核心素养亚类	结合知识元落实的学科核心素养样态
磁场—磁感线	电与磁的联系	物理观念	运动与相互作用观念	电流的磁效应观念
		科学态度与责任	科学态度	电磁知识作用于生产生活
	磁场	物理观念	物质观念	磁场观念
	磁感线	科学思维	模型建构	磁感线模型建构
	安培定则	科学探究	问题—证据—解释—交流	安培定则
		科学态度与责任	科学本质、科学责任	磁与现代科技的应用

下面以“磁场—磁感线”单元教学为例，讨论学科方法主题大单元教学设计及案例分析。

1. 创设挑战情境，诱发认知冲突，促进体验与感知

体验 1：引入自制电磁小车向左运动、不运动、向右运动三个情景。

体验 2：演示通电导线在磁体中运动。

体验 3：验证通电螺线管驱动磁体小车。

体验 4：实验验证通电导线之间有相互作用力。

感知 1：实验→观察→分析→推理，促进学生科学探究与科学思维能力的发展。

感知 2：通过实验事实，总结共性，培养学生相互作用的物理观念。

感知 3：通过类比电场推理磁场，培养学生比较推理能力和归纳能力。

感知 4：引导学生积极思考，让学生对磁场的基本特性有更具象的认识。

设计意图：引起兴趣的同时激发认知冲突，这是批判性思维展开的起点。

2. 把握问题本质，建立物理模型，促进质疑与假设

情景1：电池的正极靠近管口，从通电螺线管一侧进入时，小车前进；但负极靠近管口时从同一侧进入，小车不前进。

情景2：介绍历史上研究电与磁的故事。

情景3：利用手机“指南针”软件重现奥斯特实验，展示电流反向时磁场方向不同，以及小磁针放在电流周围不同位置时磁场方向不同。

质疑1：小车的运动方向与电池的放置有关吗？

质疑2：电流产生的磁场分布如何？

质疑3：磁场方向与电流方向有什么关系？

提出假设：体会奥斯特发现电流磁效应的艰辛和意义，分析实验现象，推理得出电流周围的磁场方向与电流方向有关。

设计意图：本环节经历“质疑→假设→验证”的螺旋进阶过程，排除次要因素，保留主要因素，帮助学生厘清问题，建立模型。

3. 基于已有认知，进行自主建构，促进推理与论证

推理1：磁场和电场一样看不见、摸不着，我们可以用什么形象描绘磁场？

推理2：类比电场，我们常用什么工具来模拟磁感线？

推理3：磁场的大小和方向如何通过磁感线表示呢？

论证1：电流产生的磁场在所选平面的分布情况。

论证2：直线电流的磁场空间分布特征。

作用1：充分利用电场的知识与方法，对磁场进行推理与论证，培养学生的类比能力，强化“场”研究方法，培养学生设计实验的能力；为后续利用磁感线研究电流产生的磁场做铺垫。

作用2：利用自制装置，转变视角再次研究，为突破空间做铺垫。

作用3：通过模拟磁感线的实验，对学生进行化抽象为形象的方法论教育。

作用4：让学生体会磁感线图像的对称美。

设计意图:本环节是批判性思维的核心环节——求真。

4. 寻找有效证据,实现深度理解,促进分析与评估

分析:如何用一个统一、简单的定则判断直线电流周围的磁场方向。

评估1:如何判断环形电流周围的磁场方向?

评估2:如何判断通电螺线管周围的磁场方向?

批判性思维是基于事实的分析与反思,可以促进学生对知识背后蕴含的逻辑美、对称美进行深度理解。

设计意图:运用实验去验证理论推理,当最终发现实验现象与理论推理基本一致时,让学生体验学习的成就感,培养学生严谨的科学态度。

5. 解决实际问题,培养责任意识,促进创造与综合

综合:揭秘自制电磁小车原理。

创造1:你认为充磁器的结构是什么?

创造2:了解磁悬浮列车的结构,解析基本工作原理,尝试解析它是如何实现自动控制功能的。

设计意图:解决实际问题是批判性思维的重要维度。在解决实际问题的过程中,学生需要对收集到的信息进行筛选,需要经历构建物理模型、分析评估、综合创造等过程。

(三) 综合问题解决任务主题大单元教学设计及案例分析

在教学活动中,综合问题解决任务旨在实现知识体系的系统化。通过对教材内容的全面把控,我们将具有内在联系的知识点巧妙地组织成一个网络化的知识框架,从而实现各个相关知识部分乃至整个学科的融会贯通。这一举措能够帮助学生更全面地认识问题,并培养他们以更为综合和辩证的视角进行思考的能力。

综合问题解决任务如今已成为教师在教学活动复习环节主要使用的教学方法,对于塑造学生综合性学习思维具有重大意义。通过知识整合,我们能够有效消除学生面对相似知识点时可能产生的困惑与混淆，清晰地揭示各知识点间的内在联系，进而提升学生对已学知识及新学知识的理解水平。此外，综合问题解决任务不仅适用于单一学科的教学，而且能与跨学科教学相结合，实现不同学科间的有效衔接与互动，从而加深学生对不同学科中相似内容的理解。

在综合问题解决任务过程中，我们更加注重引导学生进行主动性思考，鼓励他们在教材内容的基础上进行知识的延伸与拓展；围绕核心知识点进行网络化的知识发散，精心梳理学科内容的脉络，使学生能够由点到面地深入知识体系。知识整合的过程也是知识深化的过程，它有助于学生对知识进行更深层次的理解，并使他们能够灵活高效地运用知识解决各类学习问题。同时，学生在进行综合问题解决任务的过程中，可以将所学知识和学习方法迁移至其他相似的情境中，进而提升学习效率。

1. 创设挑战情境，诱发认知冲突，促进体验与感知

发现问题：

情景：美国发射的火星气候探测器与地面失去联系，请你根据以下提示，展开想象，猜测失误的原因。

提示：比较姚明(2.26 m)和张飞的身高。

学生进行体验与感知，猜测火星气候探测器坠落可能是由于单位问题。

设计意图：以问题形式激发学生思考单位所存在的意义，激发学生学习的热情。

2. 把握问题本质，建立物理模型，促进质疑与假设

教师提问：

(1) 单位的使用有着怎样的规则呢？

(2) 不同物理量的单位之间有联系吗？

(3) 如何比较大小呢？

学生猜想：

(1) 不同单位之间可以相互转化。

(2) 不同单位之间没有联系。

设计意图:让学生带着问题进入本堂课的学习,这是激发学生批判性思维的前提。

3. 基于已有认知,进行自主建构,促进推理与论证

教师活动:利用已提供的器材,设计不同方案探究重力加速度 g 的大小。引导学生进行实验,规范实验操作。

(1) 设计不同方案探究重力加速度 g 的大小。

(2) 分别用不同单位制的单位表示重力加速度 g 的大小。

方案 1:打点计时器测重力加速度,单位有 $\mathrm{m/s^2}$ 或者 $\mathrm{cm/s^2}$ 等。

方案 2:光电门测重力加速度,单位有 $\mathrm{mm/ms^2}$ 等。

方案 3:弹簧测力计和天平测重力加速度,单位有 N/kg 等。

以上述活动使学生知识系统化,加深学生学习印象;同时也帮助学生进一步意识到,单位是人为设定的,是可以随着时代改变的,从而意识到当下人类有人为共同设定单位的需要。

设计意图:充分调动学生关于物理量及其单位应用的回忆。明确测量结果由具体数值和单位共同构成。通过单位换算体会不同单位制沟通起来的麻烦,初步体会单位统一的必要性。

4. 寻找有效证据,实现深度理解,促进分析与评估

基本单位:

提问 1:在以上内容的展示中,我们发现他们的数值和单位不太一样,都能科学表示重力加速度 g 吗?

提问 2:单位的统一得先确定物理量的单位,那么如何来确定物理量的单位呢?

提问 3:这些单位之间有着怎样的联系?

组织学生带着问题进行教材阅读,明确基本单位、导出单位、单位制概念的含义,完成教学重难点之一。

国际单位制:

(1) 什么是国际单位制?

(2) 指导学生进行教材阅读,明确国际单位制中包含的七个基本单位有哪些。

详细介绍国际单位制的发展历程,重点突出力学三个基本单位是如何演变的。随后,引导学生独立完成国际单位制中相关导出单位的推导。分组讨论后,学生分享他们的设计方案和测量结果,并运用物理公式进行换算,这一过程清晰地展示了物理学关系式在确定物理量之间的关系的同时,也确定了物理量的单位之间的关系。

设计意图:此环节旨在培养学生分析问题和逻辑推理的能力,让学生在解决问题中归纳问题并得出结论,感受思考的乐趣;同时,帮助学生建立基本量、导出量、基本单位、导出单位以及单位制的概念。通过对国际单位制历程的了解,学生能够感受科学家严谨的科学态度,并体会到国际单位制的科学性和完善性。

5. 解决实际问题,培养责任意识,促进创造与综合

实例演示:

(1) 在统一国际单位制的前提下,请各位同学比较各组的重力加速度 g 的数值是否一致。(在介绍并统一了已知量的单位后,计算过程中可省略各量后面的单位,只需在数字计算式的结果后标注正确的单位即可)

(2) 解惑:回顾提示(张飞和姚明谁更高?)。

(3) 结合幻灯片图片展示,介绍中国首款完全按照国际先进适航标准研制的单通道大型干线飞机C919相关内容。请一位同学上台,在黑板上处理实验数据,随后与教师统一物理量之后的演算过程进行对比。这一过程旨在让学生深刻体会到,在经济合作全球化的时代,单位定义必须要有统一的标准。

设计意图:

(1) 通过创设具体情境,培养学生运用单位制进行计算的习惯,以此突破教学难点。同时,提升学生计算、判断、推导物理量单位及其正确性的能力。

(2) 此环节与问题引入环节相呼应,完成问题引入环节所设下的问题。

(3) 通过趣味性的对比游戏和C919主制作商和合作商的详细介绍,引导学生深刻认识到建立具有完善单位定义的统一单位制的必要性,同时培养学生的爱国主义情怀。

物理作为一门相对复杂且抽象的学科,对于培养学生的逻辑能力、辩证精神以及科学态度有着重要作用及深远影响。在核心素养的视野下,教师应该积极汲取浸润批判性思维的教育教学理念,不断创新教学方式,优化教学策略,才能助力学生全面发展。

第三节 案例与评析

《课程标准》明确指出,重视以学科大概念为核心,使课程内容结构化,以主题为引领,使课程内容情境化,促进学科核心素养的落实。长期以来,中学课堂常常被批评为“只见树木,不见森林”,其原因在于教师没有准确理解课程的整体结构,忽视了大概念、大单元,导致教学仅停留在对零散事实和孤立知识点记忆的层面,不利于学生构建学科知识体系。浸润批判性思维的物理大单元教学,以课程整体结构为躯干,以任务驱动、情境设置为枝干,以学生思维生长为枝叶,帮助学生构建系统的学科知识体系,推动核心素养的全面发展。下面以“匀变速直线运动位移与时间关系”教学为例进行说明。

一、教学内容与思维发展关系分析

(一)《课程标准》内容分析

通过实验探究,学生应掌握匀变速直线运动的特点,能够运用公式、图像等方法描述该运动,理解其规律,并能运用这些规律解决实际问题,体会科学思维中的抽象方法和物理问题研究中的极限方法。同时,学生应能用位移、速度、加速度等物理量描述物体的直线运动,并能利用匀变速直线运动的规律解释或解决生活中的具体问题。教师应根据所学物理模型的特点,联系生产、生活实际,从多角度创设情境,提出与物理学有关的问题,引导学生讨论,让学生体会建构物理模型的必要性及掌握相关方法。

(二) 教材内容分析

教材从匀速直线运动的 $v-t$ 图像出发,提出 $v-t$ 图像与时间轴所围成的面积等于时间 t 内的位移 x 的结论,通过类比,得出做匀变速直线运动的物体其位移也等于 $v-t$ 图像与时间轴所围成的梯形面积,进而推导出位移与时间关系式 $x=v_0t+\frac{1}{2}at^2$。接着,通过讲解典型例题,分析解决匀变速直线运动问题的方法,特别是加速、减速等不同实际情况中各矢量正、负号的正确使用。最后,结合速度、位移与时间的关系式,推导出速度与位移的关系式 $v^2-v_0^2=2ax$,并结合例题使学生体会如何根据实际情况选择适当的公式来分析解决匀变速直线运动的问题。在教学过程中,要让学生获得丰富的感性认识,通过抽象、推理、归纳等思维活动,引导学生从感性认识上升到理性认识,培养学生的科学思维能力。

(三) 学生学情分析

学生已经具备时间、位移、速度和加速度的概念;了解了匀变速直线运动的速度与时间的关系,能够运用 $v-t$ 图像描述物体的运动;初步具备了极限思想,并能够运用这一思想分析与解决问题。

(四) 思维发展分析

1. 模型建构:构建匀变速直线运动的速度与时间关系图像。

2. 科学推理:当物体做匀速直线运动时,$v-t$ 图像与时间轴所包围的面积表示位移。那么,当物体做匀变速直线运动时,这一面积是否仍然表示位移?

3. 科学论证:通过渗透“微元求和”的思想,即“一个变化过程在极短区间内可以认为是不变的”,将一个个小区间不变的量求和,就可以解决整个过程变化的问题。从而论证当物体做匀变速直线运动时,$v-t$ 图像与时间轴所包围的面积确实是位移。

4. 质疑创新:当物体做变速直线运动时,其 $v-t$ 图像与时间轴所包围的面积是不是位移? 当物体做减速直线运动时,$v-t$ 图像与时间轴上方所包围的面积和与下方所包围的面积的物理意义相同吗? 在时间 t 内位移又是多少?

二、批判性思维与教学目标的制订

(一) 物理观念

1. 利用 $v-t$ 图像推导并得出匀变速直线运动的位移与时间的关系式:$x=v_0t+\frac{1}{2}at^2$;进一步体会物理图像在分析物体运动规律中的重要作用。

2. 深入理解 $v-t$ 图像与时间轴所围成的面积即相应的时间内的位移,提升应用数学研究物理问题的能力,并体会“变”与“不变”之间的辩证关系。

3. 能在实际问题情境中灵活运用匀变速直线运动的位移公式解决问题,感受物理知识的实际应用价值。

(二) 科学思维

在推导匀变速直线运动位移与时间定量关系的过程中,教材通过将全过程分割为每小段匀速运动再求和的手段,概括出微元求和法。这一思想在物理学中具有重要意义,是解决复杂物理问题的一种有效方法。

(三) 科学探究

利用学生分组实验“探究小车速度随时间变化的规律”所得的实验数据,以一系列问题串的形式逐步引导学生思考,逐步推导出匀变速直线运动位移与时间的关系。

（四）科学态度与责任

培养学生运用所学知识解决生产、生活中真实问题的能力，增强他们的科学素养和社会责任感。

三、教学重点、难点与教学策略设计

（一）基本设计理念

通过类比匀速直线运动 $v-t$ 图像求位移的方法，引出匀变速直线运动通过 $v-t$ 图像求位移的方法。虽然这是通过匀速直线运动这一特殊例子类比得出的，但微元法具有一般性，是物理学中常用的方法。例如，解决变力做功的问题时也运用了同样的方法。教学基本流程如图 8-2 所示。

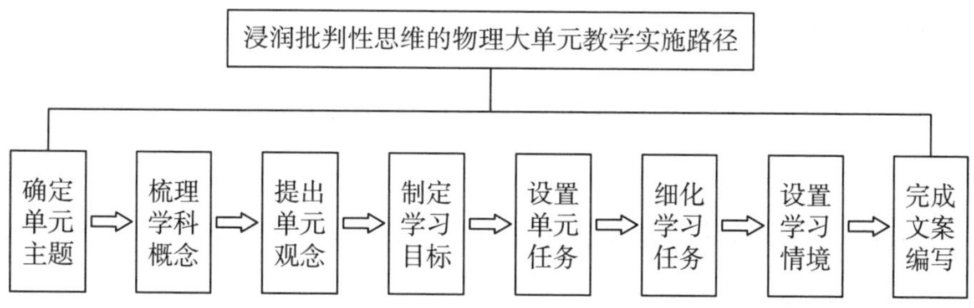

图 8-2　浸润批判性思维的物理大单元教学实施路径

（二）教学重点、难点

重点：推导并掌握匀变速直线运动位移公式。

难点：运用匀变速直线运动位移公式解决生产、生活中的实际问题。

（三）主要教学方式及策略

匀变速直线运动的位移与时间的关系式是本节教学的难点，因为两者之间的关系不像匀速直线运动中那样是简单的线性关系，学生根据已有的认知结构不易直接推导出正确的结论。教材在正文部分没有详细推导位移关系，但渗透了用 $v-t$ 图像与时间轴所围面积求位移的积分思想。教材在“拓展学习”中，通过 $v-t$ 图像，运用这种把变速运动的全过程分割成各小段匀速运动的方法来处理变速运动求位移的问题。教学中，应采取以下策略：一是让学生经历匀变速直线运动的位移与时间关系建立过程；二是渗透微元思想；三是运用公式解决实际问题。

方式：运用类比法引入问题，通过问题驱动，渗透微元思想，帮助学生建立起匀变速直线运动位移与时间关系。

策略：采用先行组织者策略、任务驱动策略、小组合作学习策略等。

四、教学过程

（一）体验与感知

情境 1：以速度 v 做匀速直线运动的物体在时间 t 内的位移 x。

问题 1：匀速直线运动的位移和 $v-t$ 图像与时间轴所围成的矩形面积是什么关系？

［教师活动］请同学们在坐标纸中作出 $v-t$ 图像，并思考位移与 $v-t$ 图像跟时间轴所围成的矩形面积有何关系。

［学生活动］作出 $v-t$ 图像（图 8-3）后发现对于匀速直线运动，物体的位移对应着 $v-t$ 图像中着色部分矩形的面积。

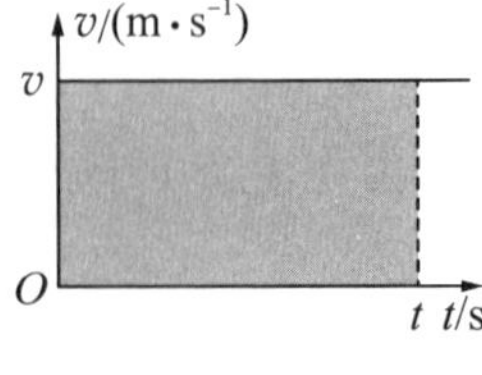

图 8-3 $v-t$ 图像

情境 2：做匀变速直线运动的物体在时间 t 内的位移 x。

问题2：当小车做匀变速直线运动时，请用最简便的方法估算小车在0.5 s内的位移。

[教师活动]在课堂上，老师展示一位往届同学所做的“探究小车的运动规律”的测量记录(表8－2)，表中“速度”一行是该同学利用某种方法得到的物体在0、1、2、3、4、5几个瞬间的瞬时速度。

表8－2　小车在几个瞬间的瞬时速度

位置编号	0	1	2	3	4	5
时间 t/s	0	0.1	0.2	0.3	0.4	0.5
速度 $v/(\mathrm{m\cdot s^{-1}})$	0.38	0.63	0.88	1.11	1.38	1.62

请同学们用最简便的方法估算出小车在0.5 s内的位移。并请同学们评价估算的结果是偏大还是偏小，能否用 $v-t$ 图像直观地表现出来。

[学生活动]

生1：将每小段($\Delta t=0.1$ s)当作匀速运动，且以每小段的初速度为匀速运动的速度来估算。$x=(0.38\times0.1+0.63\times0.1+0.88\times0.1+1.11\times0.1+1.38\times0.1)\mathrm{m}=0.438\ \mathrm{m}$。

生2：将每小段($\Delta t=0.1$ s)当作匀速运动，且以每小段的末速度为匀速运动的速度来估算。$x=(0.63\times0.1+0.88\times0.1+1.11\times0.1+1.38\times0.1+1.62\times0.1)\mathrm{m}=0.562\ \mathrm{m}$。

问题3：评估估算结果。

[学生活动]作出小车运动的 $v-t$ 图像(图8－4、图8－5)，每个0.1 s内的位移用小矩形的面积来表示，小车在0.5 s内的总位移可以用它们的面积之和来表示。从图中可以看出，生1的估算结果偏小，生2的估算结果偏大。

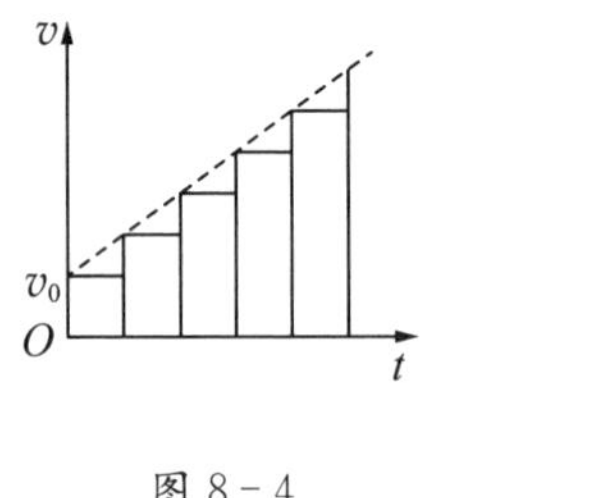

图 8－4

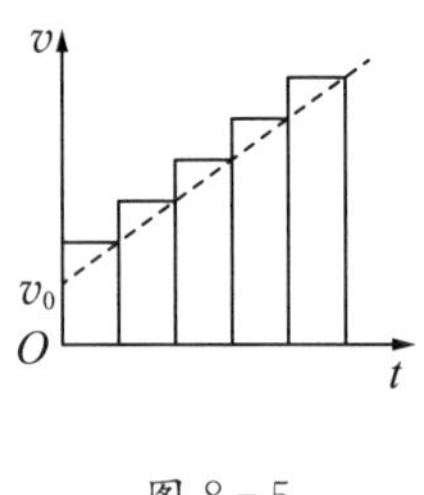

图 8－5

设计意图：以匀速直线运动 $v-t$ 图像与时间轴所围成的面积表示位移入手，引入课题。

学生发展：以学生现有的认知结构为基准，在学生的“最近发展区”设置问题，引发学生思考。

（二）质疑与假设

情境：生 1、生 2 提供的方法估算的小车的位移与小车真实的位移都有偏差，这种估算的方法粗略计算时是可行的，但精确计算时却不可行。那么，怎样才能提高位移估算的精确度？

问题：一物体做匀加速直线运动，初速度 $v_0=1\ \mathrm{m/s}$，加速度的大小 $a=2\ \mathrm{m/s^2}$，求物体在 0～4 s 内的位移。

[教师活动]请同学们将时间细分，并在表 8－3 的基础上将时间尽可能多地等分（说明：在每小段时间内，物体可以看作匀速运动，并以初速度或末速度乘以相应的时间段来估算）。通过上述表格分析，我们发现了什么？

[学生活动]展示结果，得出结论：随着时间 t 等分得越多，区间的范围就越来越小，其区间范围就越接近于位移的真实值。

表 8-3　匀加速运动物体 4 s 内最小、最大位移估算表

时间等分	项目		
	最小值	最大值	区间
0	$x_{min}=1\times4$ m$=4$ m	$x_{max}=9\times4$ m$=36$ m	4 m$<x<$36 m
2	$x_{min}=(1\times2+5\times2)$ m$=12$ m	$x_{max}=(5\times2+9\times2)$ m$=28$ m	12 m$<x<$28 m
4	$x_{min}=(1\times1+3\times1+5\times1+7\times1)$ m$=16$ m	$x_{max}=(3\times1+5\times1+7\times1+9\times1)$ m$=24$ m	16 m$<x<$24 m
8	$x_{min}=(1\times0.5+2\times0.5+3\times0.5+4\times0.5+5\times0.5+6\times0.5+7\times0.5+8\times0.5)$ m$=18$ m	$x_{max}=(2\times0.5+3\times0.5+4\times0.5+5\times0.5+6\times0.5+7\times0.5+8\times0.5+9\times0.5)$ m$=22$ m	18 m$<x<$22 m
16	$x_{min}=(1\times0.25+1.5\times0.25+2\times0.25+\cdots+8.5\times0.25)$ m$=19$ m	$x_{max}=(1.5\times0.25+2\times0.25+2.5\times0.25+\cdots+9\times0.25)$ m$=21$ m	19 m$<x<$21 m

设计意图：指导学生先分析估算结果，进而引导学生将时间细分，然后根据相关事实或结论，让学生提出并准确表述可探究的物理问题，做出有依据的假设。

学生发展：培养发现问题、提出问题与解决问题的能力。

（三）推理与论证

情境：精确求出匀加速直线运动的物体在时间 t 内的位移。

问题：在匀加速直线运动 $v-t$ 图像（图 8-6）中，如何通过作图的方式精确呈现物体在时间 t 内的位移？

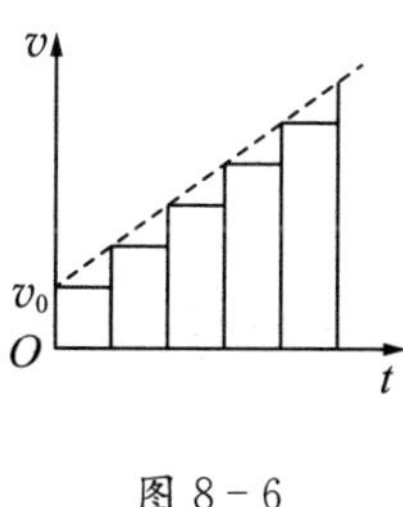

图 8-6

［教师活动］引导学生进行小组合作学习，然后各学习小组选取一名同学汇报。

[学生活动]各学习小组同学在小组长的带领下，充分发挥组员的聪明才智，集思广益，群策群力，最后各学习小组选取一名同学汇报。

小组活动成果展示 1：我们为了提高精确度，小组将时间间隔取得更小些(0.1 s 等分成两等份)，并作出的 $v-t$ 图像(图 8－7)。并且，在 0.1 s 内等分的份数越多，精确度就越高。

小组活动成果展示 2：受生 1、生 2 两位同学的启发，我们小组在估算小车在 0.1 s 内的位移时，并未简单采用 0.1 s 的初始时刻或末时刻的速度作为匀速运动的估算依据，而是选择了 0.1 s 的中间时刻的速度。这样做的好处在于，每个 0.1 s 内小车运动 $v-t$ 图像与时间轴所包围的梯形面积，与以该 0.1 s 内中间时刻的速度为一边的矩形的面积相等(图 8－8)。因此，我们可以得出结论，小车在时间 t 内的位移与 $v-t$ 图像和时间轴所包围的梯形的面积相等。

小组活动成果展示 3：当物体做匀速直线运动时，$v-t$ 图像与时间轴所围成的矩形面积恰好等于位移。经过深入讨论后，我们小组认为，当物体做匀变速直线运动时，可以通过图形变换的方式构造出一个大矩形，使上、下两个梯形的面积相等(图 8－9)，此时，小车在时间 t 内的位移是大矩形面积的一半。

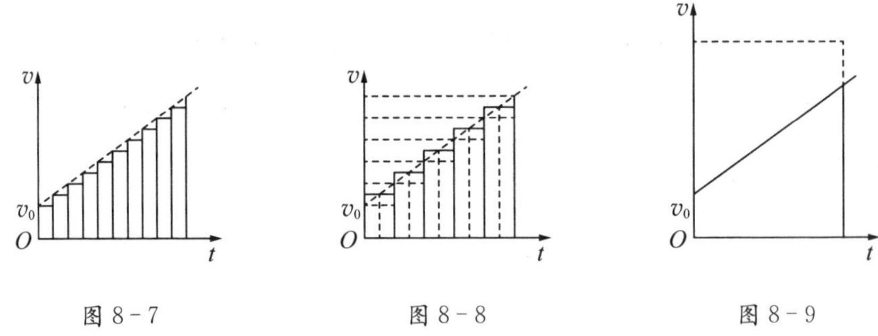

图 8－7　　图 8－8　　图 8－9

设计意图：本环节旨在让学生亲身体验，并依据计算结果，探寻其中的规律，形成合理的结论。

学生发展：发展批判性思维能力和科学论证的意识。

(四) 分析与评估

情境:探讨物体做匀变速直线运动的位移与时间的关系。

问题:如何利用微元法推导匀变速直线运动的位移和时间的关系?

[教师活动]请同学们换一个角度来思考问题,图 8-7 是通过将时间细分来提高其精确度的,评估将时间无限细分的可行性。

[学生活动]学生成果展示如图 8-10 所示(再现时间过程)。

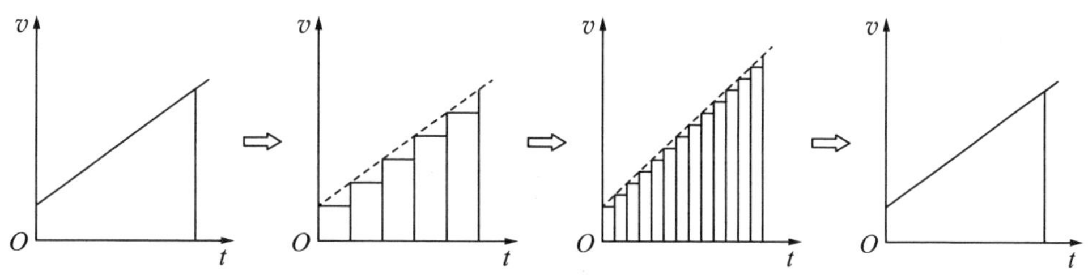

图 8-10　位移等于 $v-t$ 图像下面的面积

设计意图:本环节旨在渗透“稳定与变化”的思想,即一个变化过程在极短时间可以被认为是不变的。可以想象,如果把整个过程划分得非常非常细,众多小矩形的面积之和就能非常准确地代表物体的位移。这时,众多小矩形顶端的“锯齿形”就无限趋近于平滑,这些小矩形合在一起就形成了一个梯形。

学生发展:培养综合思维能力。

(五) 综合与创造

情境 1:当物体做变速直线运动时,其 $v-t$ 图像(图 8-11)与时间轴所围成的面积是否仍表示位移?

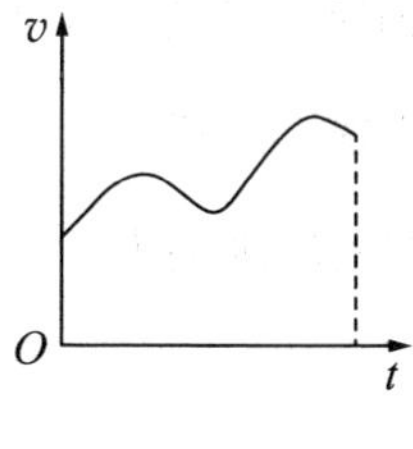

图 8-11

[教师活动]引导学生小组讨论,分组交流展示。

[学生活动]由无限分割思想可知,无论物体速度变化多复杂,在极短的时间内,其大小是不变的。因此,$v-t$ 图像与时间轴所围成的面积就是位移的大小。

情境 2:一物体做匀减速直线运动,初速度 $v_0=4$ m/s,加速度的大小 $a=2$ m/s^2。

[教师活动]

(1) 引导学生作出物体在 0～4 s 内的速度与时间关系图像。

(2) 让学生求物体在 0～4 s 内的位移。

(3) 询问学生对于结果有何感想。

[学生活动]

(1) 作出物体在 0～4 s 内的速度与时间关系图像(图 8 - 12)。

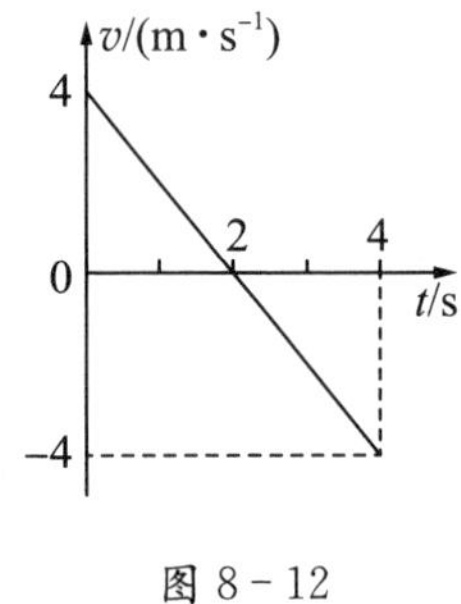

图 8 - 12

(2) 求出 0～4 s 内物体的位移 $x_4=0$。

(3) 发表感想,如:$v-t$ 图像中,图像与时间轴所围成的面积在时间轴上方表示位移为正,在时间轴下方表示位移为负,在 t 时间内的位移是上、下两部分面积的代数和。

设计意图:$v-t$ 图像与时间轴所包围的面积表示位移由匀速直线运动、匀变速直线运动推广到变速直线运动,体现了由特殊到一般的思想。

学生发展:培养创新思维与发展思维能力。

五、板书设计

匀变速直线运动的位移与时间关系

1. 匀速直线运动的位移与 $v-t$ 图像下围成的矩形面积的对应关系

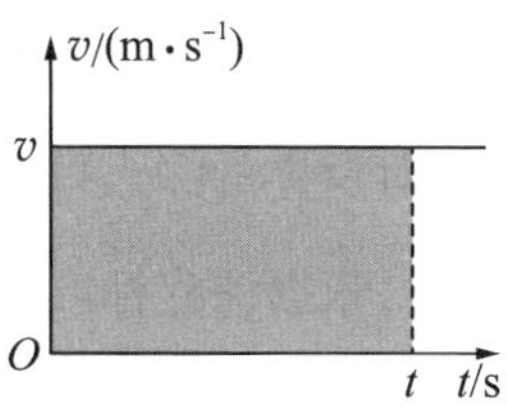

2. 匀变速直线运动位移公式的推导

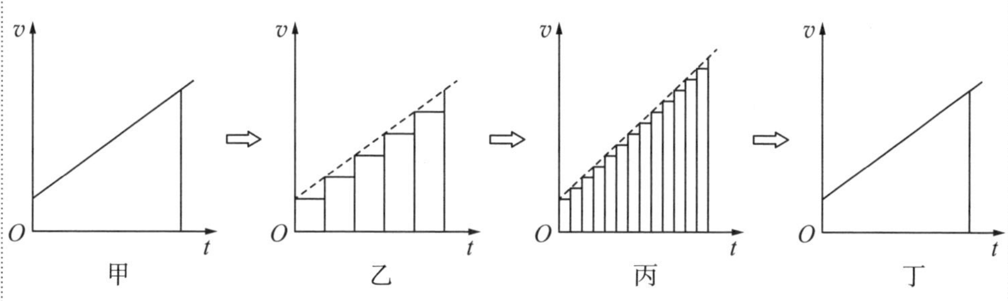

3. 匀变速直线运动位移与时间关系式

位移与时间关系式：$x=v_0t+\frac{1}{2}at^2$

六、反思

科学思维和基本方法的掌握绝非灌输所能达成的，而是需要持续且适时地渗透。“一个变化过程在极短区间内可以认为是恒定不变的”，这是物理学中处理变化问题的常用策略。通过将一个个小区间不变的量进行求和，便可解决整个变化过程的问题，这正是微元求和思想的精髓所在，也是学生未来进入大学继续深造所必须具备的数学基础。我们认为，匀变速直线运动位移与时间关系的推导，既是对微元思想的进一步深化，也为学生日后的学习奠定坚实的基础，对其能力的发展具有不可替代的作用。

核心素养培育是当今教育领域的热点话题。尽管各学科课程标准对核心素养在学科中的体现进行了较为详细的描述，但一线教师还是经常感到难以准确把握。批判性思维，作为为决定信什么或做什么而进行合理的、反省性思考的思维能力，其训练应与学科教学紧密结合。通过选取重要的科学观念，运用恰当、生动的方法，批判性思维能够有效助力学生对世界的深入理解。

浸润批判性思维的大单元教学，依据课程标准和教材，精选有利于培养学科核心素养的教学内容和情境素材，实现从关注单一的知识点、课时到关注大单元设计的转变。教学重点指向核心素养的培养，提取学科核心概念，围绕真实问题，设计任务情境，实现知识的迁移应用，并进行学习评价与反馈，以促进知识的深化、能力的进阶，最终内化为学生的学科核心素养。批判性思维与物理大单元教学的有效融合是落实核心素养培育的有效路径之一，需要我们不断探索与实践。路虽远，行则将至；事虽难，做则竟成。

第九章

浸润批判性思维的“物理+”跨学科主题教学

本章导读：“物理＋”跨学科主题教学是当前物理教育领域的一大热点，它将物理学与其他学科紧密结合，开创了教学的新篇章。批判性思维在这一教学模式中扮演着怎样的角色？它如何与“物理＋”跨学科教学相互交织、共同发展？通过本章的阅读，你将了解到：批判性思维与“物理＋”跨学科主题教学的关系；“物理＋”跨学科实践教学的概念、分类与整合；跨学科主题教学的研究现状与实施困境；跨学科实践如何成为培育批判性思维的重要途径；浸润批判性思维的“物理＋”跨学科主题设计原则与流程以及教学模式与评价改革。

不畏浮云遮望眼，自缘身在最高层。

——王安石

第一节　批判性思维与“物理+”跨学科主题教学的关系

一、批判性思维为学科发展与跨学科活动提供方法论

（一）批判性思维为学科发展提供推理与逻辑支持

对于科学研究而言，批判性思维帮助科学家质疑现有的理论，挑战传统观念，设计实验验证新假设，并最终引领物理学的革新。它协助研究人员识别并规避偏见，从多角度审视数据，并对研究结果进行反思和准确的解释。例如，爱因斯坦批判性地审视了当时被广泛接受的牛顿物理观，特别是其中关于绝对时间和绝对空间的观念。牛顿物理观将时间视为均匀流动的、与观测者无关的量，将空间视为一个固定不变、独立存在的框架。尽管这一观念在实践中非常成功，但它并不能全面解释所有的物理现象，尤其是与光速相关的现象。迈克尔逊-莫雷实验旨在检测地球在以太中的运动，但其“失败”的结果却提供了一个重要线索：在不同的惯性参考系中测量的光速似乎是恒定的。这一结果与牛顿理论对观测者的运动状态会影响测量结果的预测相悖。爱因斯坦采纳了光速在所有惯性参考系中恒定的实验结果，并将其上升为他理论的核心假设之一。他认识到，如果接受光速恒定，就必须重新审视传统时空观，因为传统的时空观无法解释这一现象。他将光速不变性与相对性原理（所有惯性参考系中的物理定律都是相同的）相结合，建立了狭义相对论，彻底革新了人类对时间和空间的理解。在他的理论中，时空不再是固定的背景，而是由物质和能量的分布所塑造的动态实体。在量子力学的发展中，普朗克、海森堡和薛定谔的工作主要是在非相对论的框架下进行的，狄拉克通过对早期量子力学的深刻批判，提出了将量子力学与相对论结合的必要性，发展了相对论性量

子力学。相对论性量子力学的形成,不仅深化了我们对微观世界的理解,也为现代物理学的进步奠定了重要基础。

在数学学科中,数学的发展与批判性思维的关系紧密而深远。公理和公设为数学提供了坚实的基础,而逻辑推理则是连接这些基础与新发现的桥梁。批判性思维在此框架中发挥着核心作用,推动了数学的进步和创新。数学的发展与批判性思维之间的关系,在非欧几何的发展历程中得到深刻的体现。非欧几何是 19 世纪发展起来的一种新的几何体系,它挑战了长期以来被视为不可置疑的欧几里得几何公设。这一历史转折点不仅彰显了批判性思维在数学进步中的重要性,也反映了数学是如何在质疑和重新评估其最基本的假设中不断发展的。欧几里得几何基于一组公理和公设,其中最著名的是"通过两点可以画一条,且仅可以画一条直线",以及"给定任意直线和一个位于该直线外的点,可以画一条,且仅可以画一条直线与给定直线平行"。长期以来,这些公设被广泛接受,并用于构建几何学的整个体系。然而,数学家们开始对欧几里得几何的普遍适用性提出质疑,尤其是针对第五公设,也就是著名的平行公设。数学家发现,如果修改或去除这一公设,就可以创造出截然不同的几何系统。这种批判性思维的应用催生了非欧几何的诞生。非欧几何主要有两种:一种是假设通过一点可以画出无数条与给定直线平行的直线的双曲几何,另一种是假设没有与给定直线平行的直线的椭圆几何(或称黎曼几何)。这两种几何体系的发展彻底打破了传统几何学的框架,揭示了数学真理的相对性,展示了不同假设下可以构建出完全不同但同样自洽的逻辑体系这一事实。非欧几何的发展是批判性思维在数学领域应用的一个典型例证。它表明对既有知识的质疑和批判不仅是可能的,而且是必要的,是推动科学进步的催化剂。这种思想的转变不仅促进了数学理论的发展,还对物理学等其他领域产生了深远的影响。例如,爱因斯坦的广义相对论就是基于非欧几何的概念构建的,这一理论对现代物理学的影响深远且显著。

在工程和技术领域,批判性思维同样是不可或缺的。它使工程师和技术专家能够评估设计的可行性、风险和潜在问题，从而帮助专业人员优化解决方案，提高创新过程的效率和可靠性。19 世纪末期，直流输电和交流输电之间著名的“电流战争”直接展示了两种技术路径的竞争。爱迪生倾向于直流输电，而特斯拉和威斯汀豪斯则支持交流输电。通过分析两种系统，特斯拉和威斯汀豪斯凭借批判性思维识别了交流输电在远距离传输上的优势：交流电能够通过变压器进行升压和降压，从而减少线路损耗。这种批判性的分析最终促进了交流输电技术的普及。尽管在早期的“电流战争”中交流输电占据了主导地位，但随着技术的进步，直流输电的某些固有优势开始被重新认识和评价。批判性思维在这一过程中又发挥了重要作用。在长距离输电和海底电缆输电中，直流输电由于具有较低的电能损耗和更稳定的电力传输特性，因此被重新采用。此外，直流输电对于连接异步网络（如不同国家或地区的电网）也非常有用。随着可再生能源技术的发展，尤其是风能和太阳能的崛起，直流输电技术再次获得了关注。这些能源往往在离用电地区较远的地方获取和利用最为高效，而直流输电可以较少损耗地将电力从生产地远距离传输到消费区。

综上所述，批判性思维鼓励学习者主动询问问题、寻找证据、分析论点的合理性、识别逻辑谬误，并持续不断地重新评估自己的认知和理解。这种思维方式不仅推动了科学、数学、工程和技术等领域的发展，也是培养创新精神和提升综合素质的关键所在。

（二）跨学科实践活动以批判性思维为桥梁

学科化与逻辑化在推动知识深化和精细化等方面发挥了重要作用，它们为我们提供了理解复杂现象的有力工具和精准语言。然而，随着社会的发展和问题的日益复杂化，单一学科的视角已愈发难以全面地解释和处理现实世界中的问题。面对这样的挑战，跨学科探究应运而生，成为连接不同知识领域、促进知识创新的重要方式。在此背景下，综合人类探索世界和实践逻辑的跨学科研究显得尤为重要。我们需要打破学科界限，通过跨学科活动推动与构建知识发展网络，以适应现代社会日益复杂的问题解决需求。

当面对一个科学问题时，学生需要遵循以下步骤：

观察并收集数据：在跨学科实践中，学生的首要任务是从多渠道、多来源收集数据，这要求他们能够熟练运用不同学科的方法和工具。

辩论与评估：收集数据之后，学生需要讨论数据的意义，评估数据的质量和相关性，并从中识别模式或趋势，这一过程离不开质疑和反思的精神。

构建假说：学生需要基于数据提出假设，并通过辩证思维来检验这些假设的有效性。

实验与分析：设计实验以验证假说，这既需要严格的科学方法，又需要批判性地评估实验设计的合理性和实验数据的解释。

形成科学解释：最终，学生需要将实验结果与现有理论相结合，形成科学解释。这一步骤是跨学科整合的核心，要求学生能够综合运用不同学科的知识和思考方式，进行深入的批判性分析。

由此可见，在跨学科实践过程中，批判性思维是连接观察与理论的桥梁。跨学科整合实践框架与批判性思维的结合，为学生提供了一种系统性的思考框架。学生不仅能够将不同学科的知识和技能应用于实际问题的解决中，还能够批判性地评估和整合这些信息，形成个人的观点和解决方案，从而激发主动学习，培养问题解决能力、创新能力和终身学习能力。

二、 跨学科实践是批判性思维发展的途径与评价标准

(一) 跨学科学习促进批判性思维的迁移与应用

在跨学科环境中，学生必须学会将不同学科的理论、方法和观点互相融合，这一过程本身就是一个不断质疑、评价、分析和综合的过程。这种学习方式促使学生对所学内容进行深度思考，并在此基础上寻求创新的解决方案。这要求学生既具

备卓越的分析能力，又能够评估并选择信息，形成基于证据的结论或解决方案。跨学科活动通过提供真实或接近真实的情境，激励学生深入思考和解决问题，将不同学科的理论与实践相结合，以应对综合性问题，从而在实际操作中培养和应用批判性思维。

在跨学科活动中，学生面对实际问题，在解决问题的过程中应用跨学科的知识。这种情境促使学生深入理解问题，从多角度分析问题，并利用不同学科的知识探索解决方案。同时，学生需从多渠道收集信息，并对这些信息进行批判性的评估，包括信息的准确性、可靠性和相关性。通过这一过程，学生将学会如何基于证据做出判断，这是批判性思维的关键要素。当遇到多种不同的观点和解决方案时，学生能够分析这些不同的观点并从中综合出最合适的解决方案，从而在学习过程中发展出跨学科的思维能力。

跨学科知识中的共通概念，比如系统思维、变化、可持续性等，因其普适性和多领域适用性，能够有效地促进批判性思维的应用。这些概念通常不局限于某一特定的学科，而是在多个学科的研究和实践中均有应用，因此能够成为连接不同学科的纽带。学生学习这些共通概念时，会培养出多种促进批判性思维的关键技能。例如，系统思维是理解复杂系统运行机制的关键，它鼓励学生考虑整体和部分之间的相互作用，从而促进理解问题的多个维度和层次，并评估干预措施的潜在影响。

（二）跨学科实践的成果反映批判性思维者的水平和效果

跨学科实践的成果能清晰反映出参与者如何将不同领域的知识和技能融合应用于解决问题的能力。例如，中国著名科学家屠呦呦通过创新性地结合医学、化学和传统中医药知识，成功开发了青蒿素，取得了疟疾治疗的重大突破。屠呦呦获得成功的主要因素有：

多学科融合与技术创新。屠呦呦的成功在很大程度上得益于她在中医学、药理学和现代化学等多个学科之间的无缝融合。她通过对传统中医药文献的深入研究，结合现代科学方法，发现了青蒿中的有效成分。这一跨学科的探索不仅体现在药物的提取和分析上，还包括对其作用机制的科学理解，使得青蒿素成为治疗疟疾的重要药物。

创新思维与问题解决。屠呦呦在抗疟疾药物研发领域的创新思维体现在她对问题的重新定义和解决方案的独特提出上。当面对疟疾这一全球性公共卫生挑战时，她不仅思考如何可以找到针对疟疾的药物，更进一步探索如何能够更有效地利用传统中药的优势来解决这一问题。这种问题的重新设定推动了她找到青蒿素这一革命性药物，这一成果颠覆了传统抗疟疾药物的开发思路。

批判性思维在决策中的应用。屠呦呦在研发过程中所展现的批判性思维，体现在她勇于挑战传统医学观念，以及在科研决策中运用科学方法的能力。她不断进行实验和验证，针对药物的疗效进行严谨的临床试验。通过对实验结果的深入分析和对失败的反思，屠呦呦能够迅速调整研究方向和策略，这一过程充分体现了批判性思维在实际科研操作中的重要性。

跨学科团队协作。屠呦呦的研究工作还体现了跨学科团队的协作方式。她与不同领域的科学家、医生和药剂师共同合作，团队成员各自发挥专业特长，从不同角度出发共同攻克难题。这种合作方式展示了批判性思维者如何在多学科环境中协同作战，以推动医学和药物研发的创新。

屠呦呦在青蒿素研发项目中的成就，有力证明了组织和个人可以通过批判性思维来推动技术发展和创新。她不仅在医学领域取得了显著成就，更在解决复杂科学问题的过程中树立了通过多学科整合、创新问题解决和团队协作取得成功的典范。

三、“物理+”跨学科实践教学的概念、分类与整合

（一）“物理+”跨学科实践概念

物理学科本身便蕴含着跨学科的特性，这主要是因为物理学研究的是自然界的基本原理和普遍规律，这些规律不仅支配着纯粹的物理现象，还广泛渗透于其他

科学、工程领域，乃至艺术和社会科学之中。物理学为化学、生物学、地球科学等其他自然科学奠定了坚实基础。例如，化学反应的速率和方向可以通过物理学中的热力学原理来解释；生物物理学则专注于探索生命过程中的物理现象，诸如细胞内分子的运动。物理学的原理同样在工程和技术创新中得到了直接且广泛的应用，从基本的机械原理到复杂的电子系统，从传统能源到可再生能源技术，物理学的应用无处不在。物理学不仅帮助我们理解工程系统的工作原理，还启发了新技术的发展。

同时，物理教师普遍具有跨学科素养。这种素养不仅体现在他们对物理学科本身的深入了解上，还体现在他们能够将物理学知识灵活应用于其他学科和现实生活问题中。物理教师拥有扎实的物理学科知识，这是他们跨学科素养的基础所在。物理教师在教学和研究过程中经常需要解决复杂的问题，这要求他们具备探索未知、创新思维的能力。他们通过设计实验、分析数据和建立模型来探讨物理现象，这种经历促使他们在教学中自然而然地运用跨学科思维，将物理学知识与其他领域相结合。在教学过程中，物理教师经常运用跨学科的方法，将物理学原理和概念与学生的日常生活及其他学科知识紧密相连。物理教师要熟练掌握各种科学技术和方法，如数据分析、计算机模拟和实验设计。这些技能不仅在物理学领域内至关重要，也同样能够被迁移应用于数学、计算机科学和工程学等其他学科的研究和教学中。

（二）“物理+”跨学科实践教学的分类

罗宾·弗格蒂将跨学科整合类型划分为并列型（学科分开教学，缺乏明显的联系）、共享型（学科间存在基本联系，例如共同的主题或概念等）、蜘蛛网型（特定技能或概念被用作多学科之间的共通元素）、连接型（有意识地安排学科学习顺序，使一个学科的学习能直接支持另一个学科）与统合型（最为全面，彻底打破了传统学科之间的界限）。面对这些不同类型的跨学科整合，教师可以根据学生的需求和学习目标，选择最为适合的整合策略。

母小勇（2022）认为中学物理课程可以通过探究型跨学科实践、应用型跨学科实践和升华型跨学科实践来促进学生核心素养发展。探究型跨学科实践旨在探究物理学,通过“还原”人类物理探究中原本包含的跨学科环节,展现物理概念、建构物理模型与概括物理规律的跨学科背景与推理过程,从而发展学生的科学思维与科学探究能力。应用型跨学科实践以应用物理学为目标,在学生探究某一物理原理之后,设计应用该原理的跨学科项目,让学生通过学科活动,提升其跨学科应用知识的能力、分析和解决问题的综合能力以及动手操作的实践能力。升华型跨学科实践以培养学生科学本质观、科学价值观与社会责任感为目的,通过考察调研、实证分析、观点交锋和宣讲报告等方式,促使学生更新理念、升华思想,并自觉以科学态度与社会责任来规范个人行为,增强建设科技强国的责任感和使命感。

游佳雪等(2023)基于对美国顶级期刊中跨学科活动案例的比较研究,将跨学科活动的模式总结为活动型教学模式、环节固定型教学模式和先知识后应用型教学模式。这些模式具有以物理学科为中心、多学科围绕、共通概念贯穿、实践为载体四个方面的特点。刘佳丽等(2024)通过文献计量法和内容分析法分析发现,我国早期理科课程的跨学科教育主要源自 STEM(科学、技术、工程、数学四门学科英文首字母的缩写)理念,跨学科教学模式以问题式学习与项目式学习为主。

我们看到,关于跨学科存在两种主要观点:一种是坚持学科立场观点,在学科发展中跨出本学科视野,通过相关的联系进行学科外跨,从而促进学科发展;另一种是实践观点,强调主题学习,以某个任务为主题,整合不同学科,开展跨学科实践活动。因此,我们提出了“物理+”跨学科实践教学的概念,并分为如图 9-1 所示的两种模式。

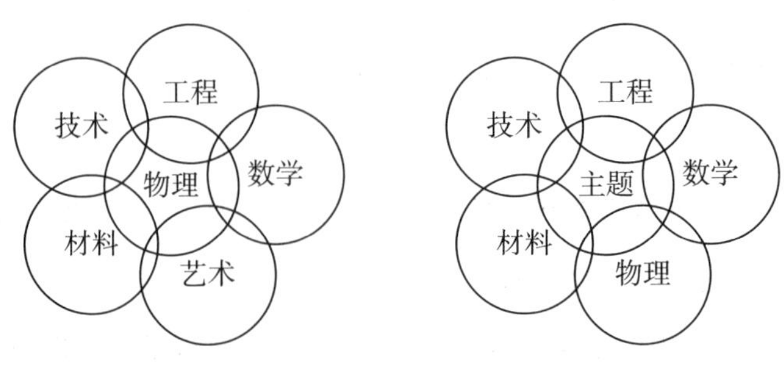

图 9-1 “物理+”跨学科实践教学的两种模式

(三)“物理+”跨学科实践教学的整合模式与特征

在跨学科研究中，人们常用多学科、交叉学科、跨学科和超学科来区分不同研究范式或衡量学科的跨学科性，这些名词反映出知识整合的不同程度。跨学科性不仅包含多种类型，更重要的是，这些类型分布在知识整合的连续统上，依据学科间整合程度的差异，从低到高构成了一个跨学科性的层级模型(图 9－2)。跨学科在强调学科立场的同时，又超越了学科边界，创造性地综合各学科知识来协同解决真实问题、淡化学科隔阂，为学生知识的建构提供了肥沃的土壤。

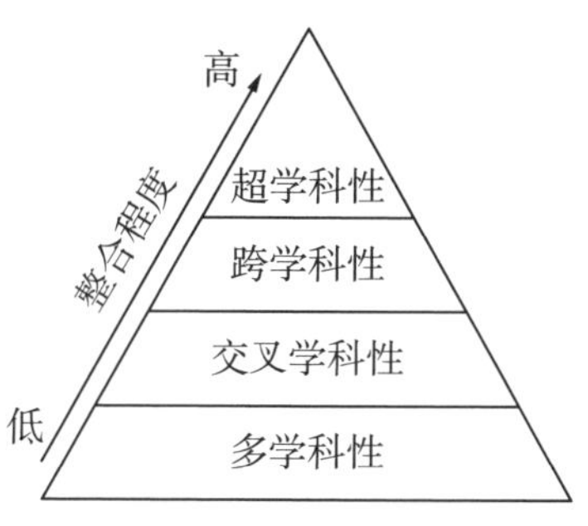

图 9－2　跨学科性的层级模型

高中“物理＋”实践教学多聚焦于物理知识与其他学科知识的简单叠加或相互借鉴，如物理与数学的结合、物理与技术的应用等。受限于高中的知识体系，“物理＋”跨学科实践教学整合模式大多停留在多学科或交叉学科的层面。这种模式虽尚未能深入跨学科的层次，但已经促进了学科间的初步融合。在教育的发展过程中，跨学科实践的重要性日益凸显，它不再是简单的知识迁移或应用，而是向着深度融合和创新思维的方向进化。对于高中教育而言，这意味着必须超越传统的学科界限，培养学生面对不可预测的未来问题的能力。

当前，高中物理构建的跨学科实践教学主要可以分为两类：

一类是以问题驱动为主，通过串联跨学科实践活动的各个环节，对教学提供结构化的引导和驱动。例如，李春密等基于制作测量工具，设计了驱动问题和子问题，以推动学生进行跨学科学习，这些问题涉及基于浮力现象测量物体质量的原理、搭建实物模型、标记刻度和定义及提高精度等。魏鑫等以“人造草坪 vs 天然草坪”为例，设计了一系列学习任务，要求学生运用能量和物质的跨学科概念内容来解决实际问题，从而有效提升学生的批判性思维和解决问题的能力。

另一类是通过主题式学习，围绕某一主题，形成与工程、技术实践适度整合的跨学科主题学习教学设计，促进科学探究，并融合科学、人文和艺术对跨学科实践教学进行探索。例如，邢红军等(2022)围绕“磁场对通电导线的作用力”，通过设计流程图展示了如何将磁电式电流表和电流天平的操作实践、机械构造、科学原理有机地融入“5E(Engage，引入；Explore，探究；Explain，解释；Elaborate，拓展；Evaluate，评价)”环节之中。李军等(2024)则围绕桥梁主题，在分析桥梁设计中的物理知识，制作桥梁模型，探究承重能力的同时，从多个角度探究桥梁的人文美和艺术美。

问题驱动的教学模式以问题为中心，激发学生的好奇心和探索欲，促使他们运用跨学科的知识和方法来解决问题。这种模式要求教师设计出能够触及多个学科核心概念的真实世界问题，挑战学生从不同学科角度思考和应用所学知识。问题驱动的跨学科整合有助于形成一个全面的知识体系，使得学习过程更为深刻且具有应用价值。

主题式学习则通过围绕一个核心主题组织学习内容，将不同学科的知识整合在一起，使学生能够在探索特定主题的同时，接触和理解来自不同学科的观点和方法。通过这样的主题式整合，学生可以看到不同学科之间的联系，促进知识间的桥梁建立，提高他们的综合思维能力。

跨学科整合的关键在于如何设计和实施教学活动，以确保不同学科的知识不是孤立存在的，而是相互关联并服务于共同的目标。问题驱动和主题式学习都需要教师具备跨学科知识的整合能力，以及创造性地设计教学方案的能力。问题驱动和主题式学习在教学实践中相互补充，共同提高了跨学科整合的效果。我们将在下一节详细阐释教学策略。

第二节　模式与策略

一、跨学科主题教学的研究现状与实施困境

（一）何为跨学科主题教学？

新时代背景下，知识经济体系日新月异，对“应培养什么样的人”提出了全新的要求。2014 年，教育部印发的《教育部关于全面深化课程改革落实立德树人根本任务的意见》明确回答了这一问题，提出在充分发挥各学科独特育人功能的基础上，要进一步强化学科间综合育人功能，积极开展跨学科主题教育教学活动。

那么，究竟何为跨学科主题教学？

在《说文解字》中，“跨”被解释为“渡”，即跨越之意，指的是超越不同的领域或范围。而学科则是学术的分类，是知识的系统化组织和呈现方式。主题是研究的中心议题或核心内容，是讨论和研究的焦点。教学是教师传授知识、培养学生能力的行为过程。

因此，跨学科主题教学是指教师围绕某一中心议题或核心内容，有意识地跨越不同学科领域，整合两个或更多不同学科的观点、理论和概念，进行建设性的教学活动，与学生一同研究问题或钻研主题。这种教学方式旨在打破学科壁垒，帮助学生突破思维阻碍，使思想和方法在不同领域间自由流动，从而帮助学生在脑海中构建完整的知识体系，促进学生全面、深入地理解知识，培养学生的综合能力和创新思维。

（二）学科如何分类？

在跨学科主题教学中，学科指的是不同的知识领域或学术分类。那么，这些学

科到底该如何定义与分类呢?

一方面,我们可以参考国务院学位委员会和教育部颁布的《学位授予和人才培养学科目录设置与管理办法》。其中学科目录分为学科门类、一级学科(本科教育中称为“专业类”)和二级学科(本科专业目录中为“专业”)三级。在进行跨学科主题教学研究与实践中,具体使用学科门类的分类还是细化至一级学科乃至二级学科,可根据实际情况自行定夺。这是考虑到高中教育既是义务教育的延续与深化,又为高等教育提供准备,起着承上启下的关键作用。教师通过丰富的跨学科主题教学活动,可以为学生提供更加丰富的学科选择和学习机会,学生不仅能发掘自己的兴趣与潜能,掌握更深入、专业、综合的学科知识,还能学会如何进行有效的学习和研究,从而更有针对性地培养相关素质与能力,为顺利进入高等教育阶段做好充分准备,这同时也符合社会对多元化人才的需求。

从跨学科主题教学课题设计以及实际开展实施角度来看,学科分类大体也可以按照现行高中课程划分,主要关注点放在语文、数学、英语、物理、化学、生物、政治、历史、地理、音乐、美术、体育以及通用技术等学科。

(三) 国内外研究现状

跨学科主题教学的历史可追溯到 20 世纪初。1920 年,“Interdisciplinary(跨学科的)”一词被首次收录进美国社会科学研究理事会的相关会议纪要中,该理事会的宗旨是促进孤立学科相互整合。1926 年,著名心理学家伍德沃斯首次公开使用该词,指的是超越一个已知学科的边界,涉及两个或两个以上学科的实践活动。同时,第一次世界大战末到 20 世纪 30 年代,社会科学领域发生了首次学科互涉运动,在这个时期,社会科学研究借鉴了大量自然科学领域的方法与思想,不同学科之间的交流和合作开始建立。1937 年,《新韦氏大辞典》和《牛津英语词典补本》首次收入“Interdisciplinary”一词。20 世纪中叶,该表述开始在教育界及社会科学领域普及并风靡。

在最初的学科互涉运动中,各学科具有较强的自觉意识和独立性。然而,到了

20世纪60至70年代，学科互涉开始由学科独立走向学科重建，进而走向学科综合。1972年，经济合作与发展组织(OECD)教育研究与创新中心围绕跨学科组织了一场专题研讨会，并发表题为《跨学科：大学教学与研究问题》的论文集，其中明确提出了跨学科的定义，并强调了两门或以上不同学科之间的相互联系。

此后，“跨学科”研究发展迅猛，美国发布了《K－12科学教育框架：实践、跨领域概念和核心概念》，强调以实践为途径建构并深化对核心概念、跨领域概念的理解；同时，美国也提出科学、技术、工程、艺术和数学(STEAM)多领域融合的综合型教育模式，即“STEAM教育”，旨在通过学科的交叉与融合提升学生综合能力，实现跨学科教学。日本公布了《学习指导纲要》，要求学生参加综合学习课程，课程内容广泛，涵盖了综合性的跨学科课题。21世纪初，法国也推出了综合学习课程，明确要求课程需要结合两门以上的学科进行开展，并且在学习理论知识的同时还需培养不同的学科技能。

近年来，我国在跨学科主题教学的研究与实践也取得了显著进展。《义务教育物理课程标准(2022年版)》(中华人民共和国教育部，2022c)明确提出“准确把握跨学科实践教学定位”的要求，并指出需要处理好立足本学科与跨学科的关系、知识建构与知识应用的关系、教师指导与学生自主的关系等关系。目前，我国学者在跨学科主题教学的理念、目标和价值等方面均进行了丰富的理论研究，一些高校和中小学也已经开始尝试开展跨学科教学活动，如设置跨学科活动课程、开展跨学科主题项目等，引导学生进行跨学科学习。但相关研究实验主要集中在义务教育阶段，高中各学科涉及较少，我们将尝试弥补这一空白。同时，具体实践面临着选题复杂、案例单一、难以推广、无效反馈等现实问题。

(四) 实施困境

1. 教育主体

学生物理学科基础薄弱是开展“物理＋”跨学科主题教学面临的一大挑战。学生只有具备扎实的基础知识，才能够在不同学科间融会贯通。然而，现实中许多学生在各个单一学科的学习过程中就举步维艰，对概念、原理、方法等不明就里，认知结构混乱。面对跨学科问题，他们只会感到更加畏惧，教学效果甚至适得其反。

思维层面上，跨学科主题教学的有效开展要求学生具备较高的思维能力和问题解决能力。但学生往往存在发散思维不活跃，收敛思维不注重的现象。他们习惯于按照固定的、套路化的解题步骤去做题，考虑问题的时候浮于表面，无法看透本质、举一反三。平时也缺乏主动性去有意识地锻炼联想能力和归纳总结能力，不注重多题归一的训练。因此，当面对跨学科主题时，他们很难积极调动包括逻辑思维、创新思维、批判性思维在内的各种思维能力，难以从多角度、多层面去分析和思考，难以形成独特的见解和解决方案。在跨学科主题教学的学习中，他们的思维深度和广度将受到极大限制。

此外，尽管以情境化或问题导向为线索的教学模式正逐渐被广大教师所采纳，课堂教学也一改曾经机械化的训练模式，转而培养学生逐步分析解决带有复杂现实背景的情景问题的能力，但学生学习依然陷于学用割裂的困境。一方面，授课情境单一化，具体知识点对应的情景背景有限，学生初见需要稍加思考，但反复练习后便屡见不鲜了；另一方面，情境背景或问题任务群的设立往往还是停留在理论层面，学生重理论轻实践的习惯没有得到有效纠正，知识依然是抽象且孤立的存在，无法与现实应用产生更深的联系。当需要运用知识解决问题的时候，学生往往不知所措，无从下手。而跨学科主题教学能够通过多学科的联结与融合丰富情景背景，增加动手实践的机会，为学生提供更多的实践与应用的平台，促进学生的全面发展。

跨学科主题教学涉及多个学科之间背景、知识、方法、理念等多方面的深度融合，这就要求另一关键教育主体——学科教师不仅掌握本学科专业知识，还要能够跨越学科界限，打破学科壁垒，运用综合性的思维方式与教学理念来进行教学实践。但我国绝大部分教师的教学经历都集中在单一学科上，虽然背景专业性强，但涉猎范围往往仅限于本学科，在跨学科的兼容性与适应性方面也显得较为薄弱。

古人云:“水之积也不厚,则其负大舟也无力。”过去讲要给学生“一碗水”,老师必须要有“一桶水”,现在看来已经不够了,应该是“一潭水”。知识储备太少,见识不够广博,那么跨学科主题教育课程的开展必定会捉襟见肘,难以游刃有余。此外,当前教师培训阶段几乎也不会涉及跨学科主题教育相关课程,以致教师往往心有余而力不足,缺乏将不同学科知识融会贯通的能力,也缺乏在跨学科教学中引导学生探索创新的思维方式和教学技巧。

2. 教育现状

长期以来,我国教育体系一直注重分科教学,即传统的按照学科知识进行组织与授课,更强调各个学科的独立性与专业性,而忽视了学科之间的联系。目前,不少教育行业工作者对跨学科主题教学持怀疑态度,他们认为这样的学科融合行为会破坏学科的完整性和深度,导致学生在各个学科都只能浅尝辄止。现今的教育评价体系依然过分关注学生的学科知识掌握情况,即注重对应试能力的考察,而非综合素质。教育的主要目标依然是让学生掌握大量学科知识,并通过考试分数断定学习成果。而跨学科主题教学强调多个学科的整合、应用与创新,它要求学生能够将不同学科的知识进行有机融合,并能够在实际问题中灵活运用。现有的评价方式无法对此进行有效评估,而综合评价又缺乏一套统一的科学的标准与流程,导致评估结果不够可靠,教师也因此缺乏实践的动力与信心。

最后,目前跨学科主题教学往往是以课题项目类的形式存在,需要耗费极大的时间与精力。如何有效渗透到常规课?如何让这样的教育理念常态化?这些问题导致了如今的跨学科主题教学的实施困境。

二、浸润批判性思维的“物理+”跨学科主题设计原则与流程

(一) 设计原则

跨学科的关键在于“跨越”而非“否定”。跨学科旨在跨越不同知识领域,打破

以往界限分明的学科壁垒，但这并不意味着学科界限的完全消失或学科之间毫无边界，也不是要消除各学科独特的魅力与特性，更不是简单地将两个或者多个学科的内容进行堆砌或相加。相反，它是指在坚守各学科本质的基础上，寻求与其他学科的深度交融与碰撞。在这个过程中，学生需整合学科知识，掌握将不同领域知识有机融合和贯通的方法，锻炼多学科视角，培养批判性思维，从而提升解决复杂的真实情境问题的能力。

值得注意的是，学生通过跨学科主题教学所获得的不仅仅是学科知识、方法与技能，更是一种策略性的思维方式——批判性思维。这种思维方式鼓励学生不仅要接受知识，而且要对其来源、真实性和适用性进行质疑、评估和分析。在浸润批判性思维的“物理＋”跨学科主题教学活动中，学生需要运用批判性思维来审视不同学科间的联系与差异，理解它们如何在物理学的框架下相互补充和强化。通过批判性地分析和评估信息，学生能够更准确地把握知识的内在联系，构建更为完整和深入的知识体系。最终，学生能够将各学科中的知识方法迁移到其他学科乃至实际问题解决中，实现知识的高效转化与应用，从而更好地适应未来多变的社会环境，成为具备创新精神、批判性思维和解决复杂问题能力的复合型人才。因此，浸润批判性思维的“物理＋”跨学科主题教学不仅是教育的一种趋势，而且是培养学生全面发展的重要途径。

教育部对普通高中课程标准进行修订时，提出了基于核心素养的基础教育课程改革理念，以培养“全面发展的人”为核心，体现党的教育方针。核心素养并非各学科领域具体的知识和技能，也不是传统意义上理解的认知能力，而是个体应对和解决复杂现实问题时的综合性品质，这与跨学科主题教学的实践宗旨不谋而合。因此，浸润批判性思维的“物理＋”跨学科主题教学应当以物理学科为核心与出发点，坚守物理本位，始终确保物理学科的主导地位，以提高学生物理批判性思维能力为核心和基石，以培养学生的物理学科核心素养为导向和最终目标展开研究与实践。

如图 9-3 所示，浸润批判性思维的“物理＋”跨学科主题设计应当遵循以下原则：

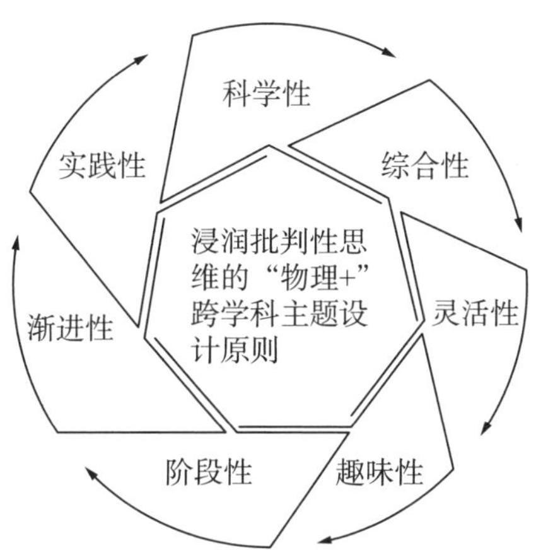

图 9-3　“物理＋”跨学科主题设计原则

科学性。物理学作为自然科学，其研究方法和结论都基于严格的实验验证和逻辑推理。在浸润批判性思维的“物理＋”跨学科主题设计中，必须确保所涉及的物理概念和原理准确无误，所引用的数据和实验结果可靠有效。同时，具体内容选择也应基于科学事实和研究进展，循名责实，实事求是，避免引入未经证实的观点或假设，切勿为了促成教学活动捏造或者编撰与现实相悖的情境。

综合性。在以分科为主的课程体系中实施跨学科教学，主题设计的综合性也至关重要。教师需要围绕学生核心素养的发展，精心筛选出关联度较高的学科知识，搭建不同学科之间的桥梁，使得多个学科从分立走向联合，形成综合的主题设计背景。综合主题情境的呈现有助于引导学生深入思考，进而不断提出质疑，并尝试用证据推理来给出判断，这与批判性思维的培养进程不谋而合。

灵活性。跨学科主题设计本身复杂且多元，涉及多个学科的知识与方法。每个学科都有其特点与重难点，同时随着科技社会的快速发展，教育领域也必须与时俱进，不断创新。此外，学生的知识背景、能力水平和兴趣方向各不相同。因此，主题设计必须具备灵活性，能够根据不同的情况和需求进行调整与优化，确保跨学科主题教学能够紧贴学生的“最近发展区”，满足个性化需求，实现实践效益的最大化。此外，批判性思维的培养需要在一个开放、包容、自由的环境下进行，学生需要能够自主探索、表达、质疑与反思。主题设计的灵活性给了学生更多钻研与发展的空间，再辅以灵活的教学策略和教学方法，既有助于提升教学效果，又激发了学生的学习积极性，助力批判性思维的养成。

趣味性。长时间单一学科的学习往往枯燥乏味。在“物理＋”跨学科主题教学中，教师通过将物理知识与其他学科元素结合，设计富有趣味性、互动性、挑战性的实践活动，有助于提高学生的参与度，使学生在较为轻松的学习过程中感受到乐趣，潜移默化中积极主动地从多角度思考问题，相互讨论并评价。在此过程中，批判性思维得以培养，想象力与创造力得以激发，学习压力相较传统教学模式大幅度降低，学习愿望愈发强烈。这对学生核心素养与综合素质的培育意义非凡。

阶段性。一方面，学生的认知发展具有阶段性，这是教育心理学中一个重要观点。具体而言，学生在不同的年龄和成长阶段，其认知结构、思维方式、信息处理能力和学习方式都会有不同的特点与发展水平。因此，跨学科主题设计需要根据学生的认知发展阶段来设计安排相应的教学内容与活动，以确保教学内容与学生的认知发展水平相匹配。另一方面，跨学科主题教学具有层次性，以物理学科为本位的主题设计与其他学科的融合是需要逐步深入的，从知识到应用，从表层概念到原理本质，需要逐个阶段地进行。阶段性的活动，可以帮助学生逐步建立并完善知识体系，让学生反复经历“感知—质疑—假设—推理—判断”的思维过程，有效培养批判性思维。同时，教师组织和实施教学活动更具可操作性，方便及时评估与调整，提高教学效果。

渐进性。“物理＋”跨学科主题设计需要循序渐进，确保学生在每个阶段都能够充分吸收和理解知识，避免内容过于简单、过于复杂或跳跃性过强而导致的兴趣丧失或挫败感。教师应当通过分立任务、小组合作等形式逐步增加内容的难度、深度、复杂性和挑战性，通过逐步引导与启发，不断激发学生的学习兴趣和学习动力，鼓励学生主动学习和发展，帮助他们逐渐建立起批判性思维的框架和方法，提高他们的思维能力和解决问题的能力。

实践性。杜威提出的“从做中学”理念，其核心在于强调学校教育应将所学知识与学生日常生活紧密相连，推动学生从间接经验的接受者转变为直接经验的探索者。这一转变不仅有助于学生对学科知识的理解，也能有效激发他们的思维发展，培养自主探究能力。跨学科主题教学应当是对“从做中学”理念的继承与发展，是一种创新实践，具体体现在主题任务具有实践性，以学生为中心，将学生置于更加现实化、生活化的背景下，引导学生借助多学科知识与技能解决真实的复杂问题。这一过程中，学生需要深度思考与合作探究，不断在实践中反思，在探索中成长。这不仅促进了学生实践能力、创新能力的提升，也有助于批判性思维的深化。

（二）设计流程

如何具体地去设计一节浸润批判性思维的“物理＋”跨学科主题教学活动呢？

如图 9－4 所示，首先，需要从物理本位与核心出发，明确跨学科主题教学活动的教学目标，确保这些目标跟物理学科与核心素养紧密相连。随后，结合其他相关学科知识，精心创设跨学科主题。这一主题可以在原有物理教学设计的基础上进行适当的调整和融合，或者以项目式、课题式等全新的方式设计。在选择和设计过程中，务必确保物理学科的主导地位，并遵循设计原则，使教学活动既具有可操作性，又富有意义，避免简单的生拼硬凑和牵强附会。

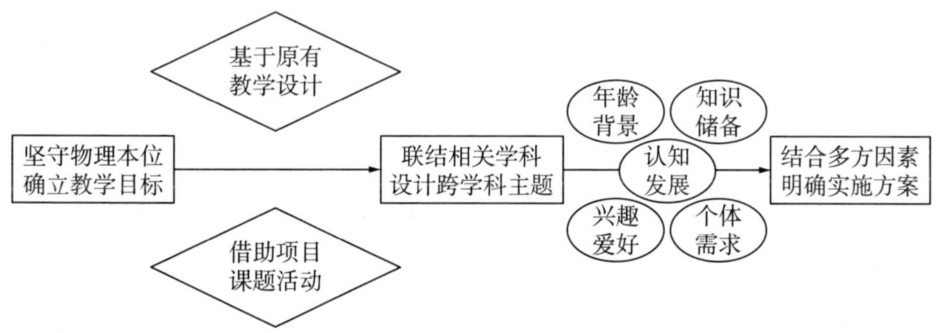

图 9－4　浸润批判性思维的“物理＋”跨学科主题设计

在设计过程中，需综合考虑学生的年龄特征、认知发展阶段、知识储备、兴趣爱好以及个体需求等多方面因素，以确定“物理＋”跨学科主题教学内容的难易深浅、呈现方式及教学方式等，确保教学设计能够高效且有成效地实施。接下来，从构建跨学科体系和设计批判性思维活动两方面入手，通过组织研讨会等教研活动，邀请相关学科老师共同参与教学环节的设计，细致打磨授课细节，探讨如何构建一个完整、连贯的跨学科知识体系，以及如何引导学生主动地思考问题、分析问题、提出假设，并进行验证与反思。整个教学过程需要注重知识的内在逻辑性和层次性，确保学生能够逐步深入理解和掌握知识。

（三）浸润批判性思维的“物理+”跨学科主题教学模式与评价改革

1. 教学模式

(1) 整合设计，提前渗透

跨学科教学需要打破学科壁垒，将不同学科的知识、方法及视角有机融合在一起，构建一个综合的知识体系。通过整合多学科知识内容，并创新教学形式与流程，教师可以为学生营造一个更为复杂且真实的情境背景和学习环境。这样的学习环境能够极大地促进学生的知识感知与内化，加速知识的有效迁移。在解决实际问题的过程中，学生需要运用多学科的知识和方法，这不仅有助于学生形成全面的认知，理解物理现象在不同学科中的应用和展现，还能培养他们跨学科解决问题的能力。

批判性思维强调学生的独立思考、分析评价及质疑创新的能力。在跨学科教学中，教师应引导学生深入探究和思考物理现象，从多个维度审视问题，形成个人的见解和判断。提前向学生渗透相关知识，有助于他们提前建立对主题的认知框架，为课堂上的深入探究和思考奠定基础。同时，这也能激发学生的学习兴趣和主动性，使他们更加积极地参与到课堂活动中。

以“电容器”教学为例，在上一节课末尾，教师可以演示“电解氯化铜溶液”（图9－5）和“盐水电力风扇”（图9－6）两个小实验，并留下悬念：在“电解氯化铜溶液”

的实验中观察到了什么现象？这些现象指向了什么？“盐水电力风扇”实验中的电扇为何能够转动？其原理何在？教师告知同学们下一节课将探讨电容器，以此激发学生的好奇心与求知欲。为什么物理课前用化学经典实验铺垫？因为这样的安排会促使学生自主思考，为后续课程的开展做了铺垫。

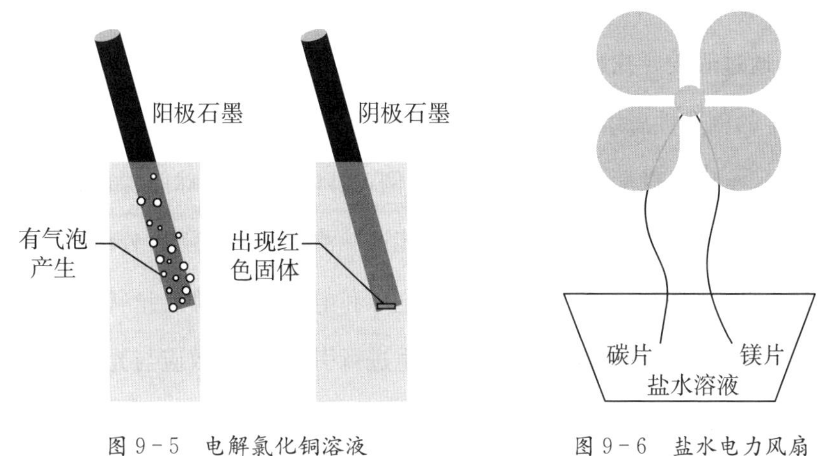

图 9-5　电解氯化铜溶液　　　　图 9-6　盐水电力风扇

通过整合设计和提前渗透，教师能使课堂教学更加紧凑、高效。在课堂上，学生可以迅速进入学习状态，深入理解教学内容，提高学习效率。同时，这也有助于学生形成对知识的整体把握和系统性理解，更好地掌握和运用所学知识。同时，教师还能在课堂上更灵活地调整教学策略和方法，以适应学生的不同需求和水平。

(2) 问题导向，合作研讨

以问题为导向的教学是激发学生批判性思维的重要手段。问题能激发学生的好奇心与探究欲，使学生经历的教学活动不再是单纯的知识灌输，而是需要学生主动思考、分析、评价和解决一系列问题的过程。这种教学方式强调学生的主体地位，鼓励学生从多角度审视问题，提出假设，并通过查阅资料、小组讨论等多种方式进行验证。在寻找答案的过程当中，学生会自发投入更多的思考与精力，从而激活思维活动，培养批判性思维能力。

在问题导向的教学中，学生通常需要在小组合作中与同伴共同解决问题，同样的，合作研讨也是促进学生批判性思维发展的重要途径。在合作研讨中，学生们需要共同讨论问题、分享观点、提出假设，并通过交流、辩论和协商达成共识。在此过程中，学生需要运用已有的知识经验，提出假设，不断质疑和反思，对已有的观点和假设进行挑战和修正，这种质疑与假设的过程正是批判性思维的核心要素之一。此教学模式能够培养学生的沟通协作能力，还能让他们在交流中不断发现问题、提出问题，并通过假设寻找解决方法，从而深化对问题的理解。此外，合作研讨还能够激发学生的创造性思维，促进新思想和新观点的产生。

以“物理＋环境科学＋社会学”课堂为例，教师可借助全球能源现状引入情境，强调可再生能源的重要性，进而探讨太阳能这一清洁能源。随后分组探究，要求各小组设计小型太阳能电池板，测量其输出电压和电流，并计算能量转换效率。在学生研讨过程中，教师可通过以下提问对学生进行引导：光伏效应与光电效应有何异同？太阳能电池是如何工作的？影响太阳能电池能量转换效率的主要因素有哪些？能否设计一款高效利用太阳能，并同时解决特定社会问题（如偏远地区供电、城市热岛效应等）的创新产品？这些问题从基础知识到实际应用，全面培养学生的批判性思维、跨学科能力、团队协作能力和创新能力。

浸润批判性思维的“物理＋”跨学科主题教学的教学模式，通过以问题为导向的教学和合作研讨的方式，让学生在不断地质疑和假设中，深化对问题的理解，能够有效地培养学生的批判性思维能力和创新精神。

(3) 任务驱动，综合构建

任务串的设计往往聚焦一个核心的物理概念或原理，通过一系列具有层次性和逻辑性的任务，逐步引导学生从简单到复杂、从具体到抽象，深入理解和掌握知识。任务驱动的学习模式能够激发学生的探索欲望，促使学生主动参与到学习中来。通常，任务串中的每个核心任务都具有一定的挑战性和实践性，要求学生运用所学的物理知识和方法去寻求解答。面对这些任务，学生需要主动搜集信息，包括数据、事实、文献等，随后对信息进行深入分析、筛选、研讨和评判，评估其可靠性和有效性,以支持或反驳假设,最终提出解决方案。在整个过程中,学生需要根据已有知识,运用批判性思维去识别、推理,并通过实验等方式验证假设的正确性或解决方案的可行性,这有助于深度思考和深度学习。在完成任务后,学生还需要进行反思和总结,回顾整个流程,分析自己在提出假设、收集证据、推理论证等方面的得失,以便进一步优化与提高。

例如,讲授“闭合电路的欧姆定律”时,教师可以通过一系列递进的任务,如电路中灯泡亮度变化影响因素、路端电压减小原理、内电压与外电压如何测量(借助原电池)、推导闭合电路欧姆定律以及通过实验测出原电池电源电动势,带领学生从感知现象到提出质疑,再到假设与推理,最终得出原理并解决实际问题。

在浸润批判性思维的“物理+”跨学科主题教学中,教师通过任务来驱动学习,能够更有效地帮助学生综合构建知识体系。在此过程中,学生需要运用批判性思维提出假设、收集证据、推理论证,并通过反思和总结来不断提升学习能力。

(4) 反思评价,改进提升

批判性思维作为一种高阶认知技能,要求个体不仅要对信息进行理性分析和评估,还要基于事实证据进行深入反思。教师可以在教学中为学生提供正、反两方面的证据,让学生通过接触和分析多样化的信息与证据,逐渐学会辨识信息的真伪,理解不同观点的合理性和局限性,从而培养对信息的批判性接收和处理能力。这样有助于学生全面认识问题,形成多角度、多层次的思考方式。学生在自主或合作寻找证据支持观点后,需要对所获信息进行反思,对研究流程进行反思,对自我进行反思,以及对同伴进行反思与评价,从而促进深度学习,实现核心素养的生成。

例如,在“闭合电路的欧姆定律”的教学过程中,通过干电池和恒压源作为小灯泡并联电路的电源,观察小灯泡亮度的变化情况,推理得出电压变化与电源有关的结论。随后,为了可视化电源电压,将原电池作为电源进行实验设计,得到设计电路(图 9－7)与实验方案,并进行实验,成功验证了电源内电压、内电阻的存在。然而,这一教学阶段并未结束。学生在通过假设、推理以及实验验证得到了结果之后，还需要对整个思维过程进行反思与评价，思考实验设计和理论推理的合理性以及是否存在优化的空间。例如，当原电池因离子移动能力较弱而导致电导率较低、内阻过大、实验现象不尽如人意时，应如何解决？这些问题需要进一步思考与讨论。

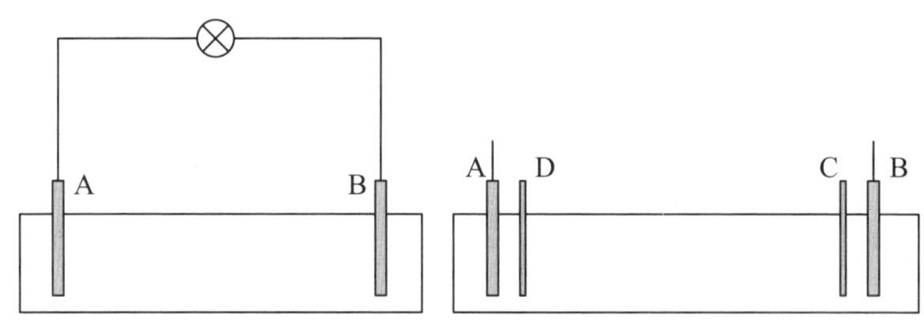

图 9－7 利用原电池充当电源，设计电路实验

在浸润批判性思维的“物理＋”跨学科主题教学反复的质疑、假设与推理过程中，学生能够在多学科中实现思维的不断跨越、知识结构的完善、批判性思维能力的提升。

(5) 实践促学，知行合一

实践是检验真理的唯一标准。跨学科教学注重知识的整合和应用，学生在实践中可以更好地融合不同学科的知识，深化对各学科知识的理解，形成跨学科的综合素养，并提升解决问题的能力。同时，批判性思维也不仅是一种理论思维，更是一种实践思维。在实践中，学生需要不断提出问题、分析问题、解决问题，这有助于培养他们的批判性思维和创新思维。

教师可以设计探究性的学习任务，让学生在实践中进行探究、实验、调查等活动，通过亲身体验和实际操作来学习和掌握知识。在实践过程中，教师应引导学生不断反思学习过程和方法，总结经验和教训，形成自己的学习策略。同时，教师也应给予及时的反馈和指导，帮助学生提高自己的学习效果。在具体的实践中，学生可以通过小组合作、交流讨论等方式，共同解决问题、分享经验、互相学习。

例如，教授“闭合电路的欧姆定律”时，教师采用“物理＋化学”跨学科主题教学，在课堂中融入相关电化学知识，以辅助物理电学的教学。具体而言，可以通过原电池帮助学生理解内外电压的概念。在课堂的结尾，教师顺势提出综合性实践问题：能否利用原电池进行实验测出电源电动势？教师还可以通过“原电池电路中电势是如何变化的？”“能否画出电路电势变化图？”等引导性问题激发学生思考，促进学生设计实验，实现电源电动势的测得。再比如，在“电容器”一节的最后，教师可以介绍自动体外除颤器（AED），要求学生绘制除颤仪的简易电路图（图 9－8），并阐释其原理。AED 是重要的急救设备，在学习了电容相关知识后进行“物理＋医学”跨学科学习，既能够巩固所学知识，锻炼模型建构的能力，培养处理现实问题的本领，又能够顺势进行相关医学急救学习，防患于未然。

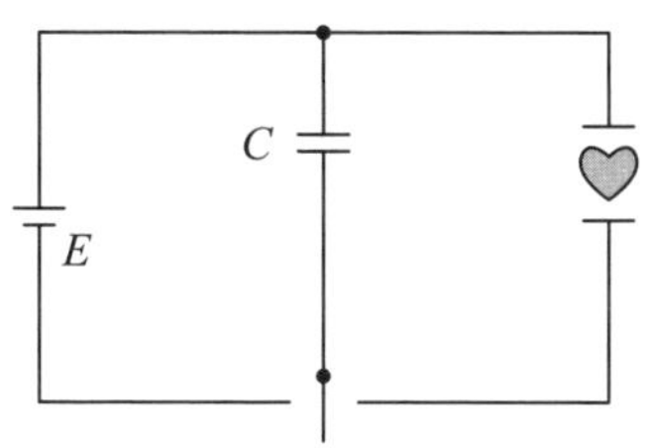

图 9－8 除颤仪的简易电路图

物理学是一门以实验为基础的实证科学，理论与实践紧密相连。在浸润批判性思维的“物理＋”跨学科主题教学的教学模式中，学生不仅需要理解批判性思维的理论知识，还需要将这些知识应用到实际问题中，通过实践来锻炼和提升他们的批判性思维能力，将理论知识转化为实践能力，形成自己的思考和判断方式。为了实现知行合一，教师需要精心设计“物理＋”跨学科教学内容，并鼓励学生在实践中探索和创新，以提高学习效果，培养核心素养。

2. 评价改革

浸润批判性思维的“物理＋”跨学科主题教学评价不能照搬传统的考核评价形式，而应根据实际教学内容和形式做出相对应的调整与改变。

首先，要注重评价主体的多元化。评价不仅要重视教师评价，也要注重自我评价，对自己的深入反思与分析有助于培养学生自我认知与自我管理的意识与能力；要鼓励同伴互评，同伴互评可以促进学生对同伴的观察与分析，以及对自我的不断审视，有助于相互学习、取长补短，促进相互间的支持、协作与交流；要参考家庭评价，家长对学生各方面有着更为深入且专一的认识，家庭评价既能够帮助教师全面评估学生的学习进度与能力水平，还能够通过家长的良性监督给予学生实时的鼓励与督促，增强信心与动力，促进家校共育，形成合力，为学生创造一个更加和谐的学习环境；还要关注社会评价，社会评价会带来更加丰富的评价视角与评价信息，能够拓宽学生的视野与思维，增强学生的社会责任感与使命感，促使学生不断思考理论与现实的联系，需要学生运用批判性思维进行识别、分析与判断，以便进一步矫正与发展，同时，社会评价的现实性与复杂性也能够帮助学生明确个人职业方向，促进理论科学与社会的融合。总之，浸润批判性思维的“物理＋”跨学科主题教学需要老师、学生自己、同伴、家长、社会等多方位共同形成一个“评价共同体”，以获得全面、客观、有效的真实评价。

其次，要注重评价维度、评价形式的多样化。从时段上划分，评价一般包括过程性评价和结果性评价。传统唯成绩论的结果导向式评价是不可取的。跨学科主题教学活动强调直接让学生亲历知识发展的过程，因此应将过程性评价贯穿学习的全过程，再结合结果性评价形成整体评价。过程性评价或称档案袋式评价，重视对教学全过程的记录和追踪，如课堂表现、对话交流、思考质疑、项目成果等，使学习进程可视化，让实践活动成为“可观测的”，这既有助于教师提供持续的指导与建议，也是实现评价主体多元化的助力。同时，结果性评价也不容忽视。这里的结果性评价一方面是考试和过程性评价的综合结果，另一方面也要考虑到关键能力的培养与思维模式的发展。跨学科教学虽然涉及多个学科，各个学科的学科起点、学习方法等或许各不相同，但当视角聚焦至学生个体成长的时候，均可表征为可横纵贯通的学习能力。因此，能力的培养成效以及思维模式的发展也应当被考虑进结果性评价。

第三节　案例与评析

本节以“闭合电路的欧姆定律”相关章节教学为例，具体说明浸润批判性思维的“物理＋”跨学科主题教学的行动路径。

一、教学内容与思维发展关系分析

(一)《课程标准》内容分析

通过探究实验理解闭合电路欧姆定律，掌握电源电动势与路端电压、内电压的关系，并能用能量观点进行解释。通过对实验现象的观察和解释，理解电动势的概念和物理含义，知道电源电动势和内阻是标志电源性能的重要参数。能用闭合电路欧姆定律设计“测量电源电动势和内阻”实验方案，通过实际操作测量出电源电动势和内阻，学习相关的电路连接和测量方面的实验操作技能与规范，通过对实验数据的处理，体会图像在物理研究中的作用。

(二) 教材内容分析

本节内容位于《普通高中教科书　物理　必修　第三册》第十二章的第二节，它承接了前一节关于电路中的能量转化的内容，将能量转化的思想应用于本节，并为下一节测量电池电动势和内阻的知识奠定基础。本节内容主要包括电动势、闭合电路欧姆定律及其能量分析、路端电压与负载的关系三部分。这些内容对于学生理解电路的构成起至关重要的作用，学生需要明确电路有内外之分，理解电源外部是静电力做功，而电源内部是非静电力做功，并从做功的角度分析能量的转化。其中，引导学生认识电源的内阻是最大的难点。

(三) 学生学情分析

学生已经初步学习了“部分电路的欧姆定律”和“电功率”相关知识，掌握了欧姆定律的表达式，并能通过实际功率来比较小灯泡明暗程度。此外，学生还初步掌握了静电力、电势等相关基础知识，对电路中的能量转化有了大致的了解，对电路中的各类元器件及其作用也有所认识。然而，学生尚未形成外电路与内电路的概念，对于静电力与非静电力做功还不甚了解，可能会对电源内部存在内阻产生疑惑。

在化学课“氧化还原反应”的学习中，学生已经对物质的氧化性、还原性有了基本的认识，对于电极电势与电势差的理解也较为容易。同时，学生已经对原电池的工作原理有了一定的认识，这将有助于他们更好地理解电动势和内阻等物理概念。

(四) 思维发展分析

此阶段的学生已经通过前面课程的学习，初步建立了自己的思维方式和习惯。然而，他们的抽象思维能力尚需加强。电动势、电源内阻、内电压、外电压等又是一些全新的概念，对学生来说较为陌生。因此，学生在理解、实验和应用上都存在一定的难度，特别是从实验中总结规律，这需要教师大量的设问引导，合理联结其他学科以辅助新概念的强化，助力学生批判性思维的形成。

二、批判性思维与教学目标的制订

(一) 物理观念

1. 通过分析了解电源在电路中所起到的作用。

2. 明确电动势的物理概念、物理意义和物理性质，并能准确书写闭合电路欧姆定律的表达式。

3. 理解电势差和闭合回路是构成原电池的核心要素，并利用原电池模型与原理构建各物理量之间的关系。

(二) 科学思维

1. 通过实验分析推导闭合电路欧姆定律的表达式。

2. 能够根据闭合电路欧姆定律分析和解决具体问题,构建与完善能量守恒的思想。

3. 通过对化学原电池基本原理的分析进一步认识闭合电路欧姆定律。

(三) 科学探究

1. 通过对比实验现象比较分析电源在电路中所起到的作用。

2. 通过分析电路中静电力与非静电力做功情况,推导闭合电路欧姆定律以及电路中能量转化的情况。

(四) 科学态度与责任

1. 通过分析生活中的现象, 利用物理知识解释现象,提升物理学习的积极性。

2. 了解能量守恒定律在电路中的体现,能够以守恒的观念解决生活中的实际问题。

三、教学重点、难点与教学策略设计

(一) 基本设计理念

本节课的核心在于阐释闭合电路中各物理量之间的关系,特别是内、外电阻的分压关系。在此基础上,我们选择用实验探究的方式得出 $E=U_{外}+U_{内}$ 的结论,这种方式不仅易于学生接受实验所得结论,还能有效避免理论讲解电动势时可能遇到的困难(特别是让学生理解电动势是一个定值),从而降低学习难度。

传统教学中,内电压无法直观展示给学生,因此我们采用了化学原电池作为辅助工具,结合学生已有的氧化还原和原电池基本原理的知识。通过设计相关电学实验,学生能够直接测量出内、外电压,并利用溶液的电阻定律理解电源的内阻。

实验直接得出的结论——闭合电路内、外电压之和保持不变，为学生提供了对闭合电路的第一印象。这个结论也是研究闭合电路的核心规律。然而，仅凭实验结论并不能让学生理解电动势为什么是不变量，以及它所具备的物理意义。因此，我们还需要辅以理论推导，从最简单也最有力的能量守恒定律出发，推导出电动势的定义式，从而使学生进一步理解这一不变量的物理意义，并坚信它是一个不变量的结论。

主要的逻辑关系：观察现象做出解释，发现现象与预期不符。引发思考，从而引出本节课的目标——解释灯泡为什么越来越暗。带着这个问题，我们不断做出猜想，再辅助以实验现象，让学生逐步认识闭合电路中各个量的关系。

在具体实验探究过程中，我们注重深挖细节，培养学生的观察能力，思维能力，以及发现问题、分析问题和解决问题的能力，注重批判性思维的培养。在综合应用部分，我们充分联结其他学科，设置丰富的“物理＋”现实背景，提高学生联想与应用水平，锻炼其处理综合问题的能力。

(二) 教学重点、难点

重点：闭合电路欧姆定律的实验探究和理论分析。

难点：对闭合电路电势变化的理解及测量方法的理解。

(三) 主要教学方式及策略

本教学案例的主要内容是利用原电池理解闭合电路欧姆定律，教学目标是让学生掌握电源的电动势、内阻、外阻、内电压、外电压等概念以及闭合电路欧姆定律的含义和应用。教学过程分为以下几个环节：

导入新课。教师通过一个简单的实验，让学生发现实验结果与预期不符，引发学生的认知冲突和求知欲，让学生对现有知识进行批判性思考，发现传统电路知识的不足，从而导入新课主题。

猜想与验证。教师通过新、旧电池或电池与恒定电压源的对比，引导学生打破传统的思维定势，猜想电源内部存在内阻并具有分压作用，并通过电源发热证实电源内部存在电阻，从而引出内阻、内电压等概念。教师通过设计真实情境，让学生从实验中得到准确的结论，训练批判性思维能力，并引发一个问题：为什么会有内电阻？

跨学科探究内电压。教师介绍化学中原电池的原理，并通过测量原电池的内电压，得出守恒量，论证闭合电路欧姆定律的公式以及电动势等于内、外电压之和的关系；借助学生已有的氧化还原反应认知，利用离子交换层的认知结合电阻定律加深学生对内电阻认识；再通过原电池的内、外电压测定的实验，让学生从质疑到理论猜想，最终眼见为实，一步步训练科学思维、科学探究、批判性思维能力；同时，基于化学知识，让学生理解能量守恒的含义。

学以致用。教师引导学生利用闭合电路欧姆定律，研究路端电压随负载的变化规律，从而得到原电池的电动势与内阻，培养学生的实验能力和分析能力。通过以上过程再对电源电动势进行定义，这样比课本上直接给出定义更让学生信服。从思维发展的角度来讲，先得到一个守恒量再去追究守恒量所蕴含的意义，更符合批判性思维的发展要求。

总结提升。教师通过复习、提问、讨论等方式，帮助学生总结本节课的重点和难点，解决学生的疑惑，提高学生的理解和应用能力；通过对测内、外电压实验的跨学科思考以及利用电势变化来深究其中的含义，让学生进一步思考，电动势是等于内、外电压之和，但并非仅仅是内、外电压之和；同时，提供进一步的改进实验作为学生课后探究的拓展性实验。

教法：讲授法、情境教学法、实验演示法。

学法：小组合作探究、讨论法、归纳推理法。

四、教学过程

（一）体验与感知

情境：电路中小灯泡亮度变化。

问题 1：灯泡的亮度如何变化呢？

[教师活动]

（1）展示电路板以及实验电路图（图 9－9），作为电源的干电池较旧。随后，让学生猜想闭合开关之后电路中灯泡亮度的变化。

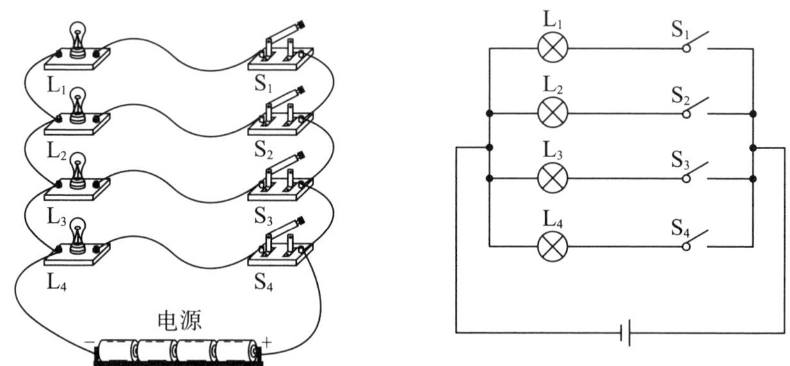

图 9－9　实验电路图

（2）教师展示现象。

[学生活动]用所学知识，对小灯泡亮度的变化情况进行猜想。

设计意图：此环节旨在利用学生认知上的不足，引导他们基于以往不全面的知识做出一个与实际结果可能相违背的猜想，从而引发认知冲突。这种冲突促使学生对以往的知识进行再思考，引发对原有知识的批判性思考。

学生发展：对于学生来说，认知冲突是批判性思维能力的重要源泉。面对新的发现，学生会自然地产生疑问和质疑，这种质疑正是认知冲突的表现。通过解决这些冲突，学生能够不断修正和深化自己的理解，从而培养出独立思考和批判性思维的能力。

问题 2:灯泡的亮度变化与哪个元件有关?

[教师活动]引导学生思考灯泡亮度变化可能跟哪个元件有关,并讨论如何验证这一猜想。

[学生活动]猜想并联后灯泡变暗是因为灯泡两端电压变低,可能跟电源有关,可以换新电池再试试。

[教师活动]

(1) 使用新电池重复实验,发现亮度虽有变化但不如之前明显。

(2) 提问学生:为何此时亮度变化小?

[学生活动]分析后得出结论,如:亮度的变化小说明此时小灯泡两端电压的降低幅度没有之前大。

[教师活动]

(1) 提出问题:如果采用一个输出电压为定值的电源给小灯泡供电,是不是应该没有变化呢? 随后介绍恒压源,并利用恒压源进行实验,发现小灯泡亮度并未随着开关的闭合而发生变化。

(2) 综上引导学生得出结论:最初实验的电压变化与电源有关,部分电压损失了。

设计意图:通过以上实验,学生直观地观察到灯泡亮度的变化确实与电源有关。在这个过程中,学生不仅掌握了电路的基本知识,还学会了如何观察、分析和解决问题。这对于培养他们的批判性思维能力具有重要意义。

学生发展:在实验过程中,教师引导学生思考更深层次的问题。例如,为何要使用恒压源而非直接使用干电池? 恒压源在实际生活中有哪些应用场景? 这些问题的探讨有助于拓宽学生的知识视野,激发他们的学习兴趣。

通过开展一个简单的电路构造实验,我们可以让学生意识到电源对电器设备的影响,进而引发他们的深度思考。这对于培养学生的批判性思维能力具有重要意义。希望这个实验能够帮助更多的学生掌握电路知识,同时培养他们的思维能力和创造力。

(二) 质疑与假设

情境:重复实验利用电压表测出路端电压,发现路端电压不断减小。

问题 1:减小的这部分电压去哪里了?

[教师活动]利用原电池充当电源进行实验,原电池工作原理图如图 9 - 10 所示,电路图如图 9 - 11 所示。

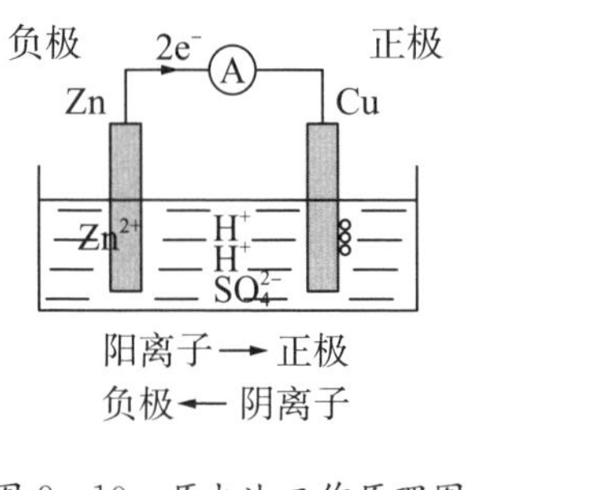

图 9 - 10　原电池工作原理图

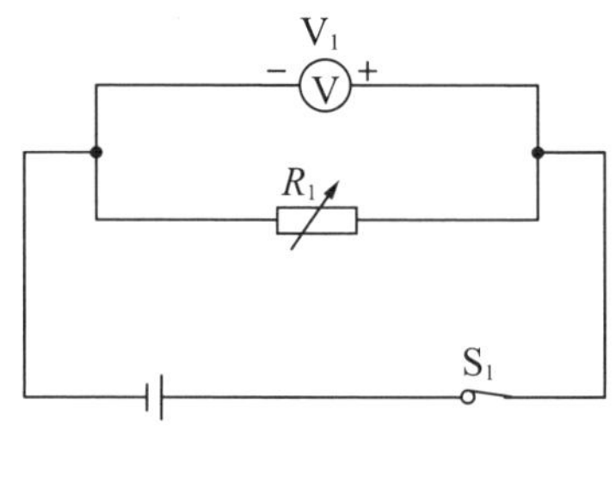

图 9 - 11　电路图

[学生活动]

(1) 分组进行探究实验:调整电阻箱的内阻,并总结电压表电压随着外电阻变化的特点。

(2) 通过实验发现电压表的电压不断发生变化,电阻箱阻值变大时,电压升高;阻值减小时,电压降低。

(3) 说明电阻箱变化的这部分电压并未消失,而是仍然存在于电路的某一部分。那极有可能是电源没有全部提供出来,即仍在电源内部。学生猜测,电源作为元件,可能也存在电阻。

问题 2:电源内部为什么也需要电压呢?

[教师活动]为了验证同学们的猜想,利用一节干电池,通过小电阻和导线将电源正、负极直接相连,并邀请几位同学用测温枪感受一下电源的变化——发现电池发热。向学生提问:这实际上向我们透露了一个信息,通电之后能发烫、产生热量的元件是什么?

[学生活动]根据之前所学的知识，我们知道电路中发热是由于电阻。因此，电源发热说明电源内部有电阻。

[教师活动]通过刚才的分析，我们可以发现，电池的内部确实存在电阻，我们称之为内阻。这样，我们就将电路分为内电路和外电路两个部分(图 9－12)。从结构上来看，电源的内阻与外电阻是串联关系。那么，我们能否从这个结构出发，猜想一下我们之前实验中的现象呢？

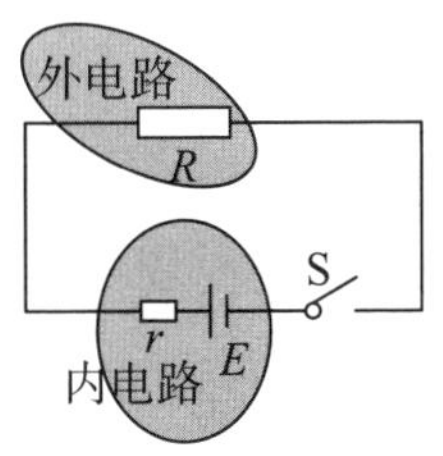

图 9－12　内、外电路

[学生活动]从结构上来看，电源的内阻与外电阻是串联关系，当通电时，内、外电阻都会分担电压，形成分压关系。因此，当外电阻增大时，外电压变大，而内电压则会变小。

设计意图：电源的内部结构及其对电压的影响是重要的概念。电源不仅具有内阻，而且其电压还被分为内电压和外电压。为了帮助学生理解这些概念，我们必须通过实验进行探究。

学生发展：在分组实验过程中，教师引导学生观察，启迪学生提出猜想，并关注实验细节和科学本质，这样的教学方式有助于提高学生的科学思维能力，发展他们的科学探究能力和批判性思维。通过实验探究，学生不仅可以更好地理解这一现象，还可以提高科学思维能力和批判性思维能力。

(三) 推理与论证

情境：利用原电池进行实验。

问题 1：原电池工作原理是什么？

[学生活动]结合所学化学知识，我们可以知道，原电池的工作原理是将两种活泼性不同的金属用导线连接后插入电解质溶液中，形成闭合回路。在这个过程中，还原反应和氧化反应分别在正、负两极进行。负极(氧化反应)上失去的电子流入正极(还原反应)，从而产生电流。

[教师活动]提供一个原电池和小灯泡构成的闭合电路。

(1) 开始时两个极板距离保持足够远，闭合开关，灯泡不亮。

(2) 减小极板距离，灯泡变亮。

(3) 让学生分析现象，得出结论。

[学生活动]结合化学原电池的工作原理，我们知道锌和铜在两极附近发生氧化还原反应。在化学反应过程中，会产生大量正、负离子。由于静电吸引和扩散的双重作用，使得在电池两电极及其附近形成带异种电荷的两个稳定的双电层。这两个双电层将电池内部的两电极之间分成了3个区域。

如图9-13所示，A和B为两极，在其周围发生化学反应，将化学能转化为电能；靠近两极附近是反应区，但在反应区之间，也就是C、D之间，是离子交换区，该部分应该为内电路，具有一定的电阻；该部分满足电阻定律，所以在极板面积不变的情况下，两极之间距离远，则相当于电阻比较大。因此，在开始的实验中灯没有亮。当原电池工作时，C、D部分有电压，也就是内电压。

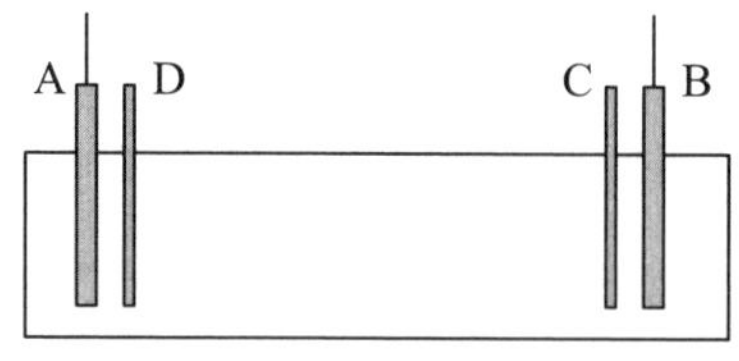

图9-13　原电池

问题2：如何设计电路以测量内电压和外电压？

[教师活动]引导学生结合化学电池的知识，对原电池进行内电压和外电压测量。

[学生活动]如图 9－14 所示，利用惰性金属作为探针插入 A、B 两极附近，根据化学知识可以知道，由于惰性金属不参与反应，因此可以作为测量离子交换层两端电压的工具，从而测出内电压。对于外电压的测量，直接利用电压表测量电阻箱两端电压即可。

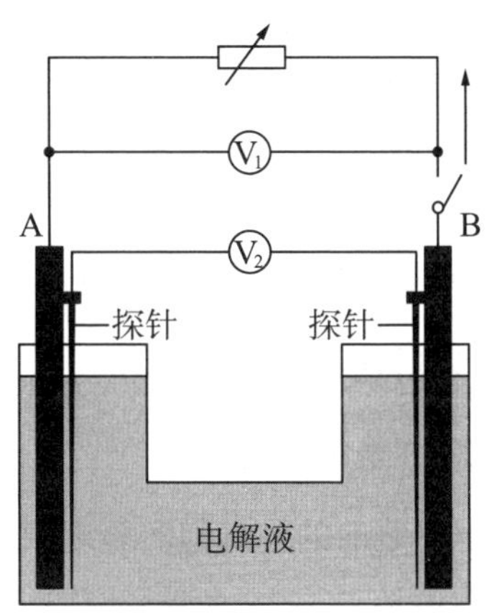

图 9－14　原电池内、外电压测量

设计意图：围绕“内电压与外电压如何测量?”这一核心问题，引导学生结合化学里面的原电池的知识进行深入分析、猜想，并自主设计实验方案。这一过程旨在提升学生的实验设计能力和科学思维水平，锻炼学生科学探究能力。通过自主实验，学生可以对教材内知识进行再审视，有助于批判性思维的形成。

学生发展：实验不仅是一种验证知识的手段，而且是一种深入探索和质疑知识的方式。通过实验，学生可以从实际操作中发现问题、提出假设，并验证自己的想法，从而形成自己的理解。这一过程不仅可以提高学生的实践能力，而且培养了学生的批判性思维。

(四) 分析与评估

情境：对原电池内、外电压测量实验结果的分析。

问题 1：根据实验数据(表 9－1)可以得出什么结论?

表 9-1　实验数据

测量次数	U_1/V	U_2/V	电压之和/V
1	1.70	0.25	1.95
2	1.80	0.20	2.00
3	1.88	0.12	2.00
4	1.90	0.10	2.00
5	1.92	0.09	2.01

[教师活动]带领学生回顾实验过程,并整理实验结论。

[学生活动]分析实验结果后,我们发现内、外电压之和为一个定值,这表明电源提供电能时,其内、外电压之和是恒定的。

[教师活动]提问:如何解释之前的小灯泡实验现象?

[学生活动]分析并回答:根据分析可知,电源存在内阻。闭合开关越多,并联的灯泡越多,外部电阻越小,电路总电流越大。内电阻上分担的内电压升高,由于内、外电压之和为一定值,所以外电压相应下降。这导致小灯泡两端电压降低,从而导致亮度变暗。

问题 2:内、外电压之和不变是什么原因造成的?

[教师活动]提问:原电池能让灯泡正常工作,这里的能量是哪里来的?内、外电压之和为何不变?我们该如何利用原电池工作原理来解释这一现象?

[学生活动]分析并回答:根据原电池的工作原理,活泼金属与电解液发生氧化还原反应时,将化学能转化为电能。灯泡的电能来自化学能的一部分;同时另一部分转化来的电能变为内电路中的电能。根据能量守恒定律,这两部分能量之和等于反应产生的化学能总和。因此,内、外电压之和为一定值。

[教师活动]介绍电源电动势的概念和意义,并引导学生推导闭合电路欧姆定律。

附教学片段:

将原电池电路等效为如图所示电路图(图 9－15),外电路电阻为 R,内电阻为 r。

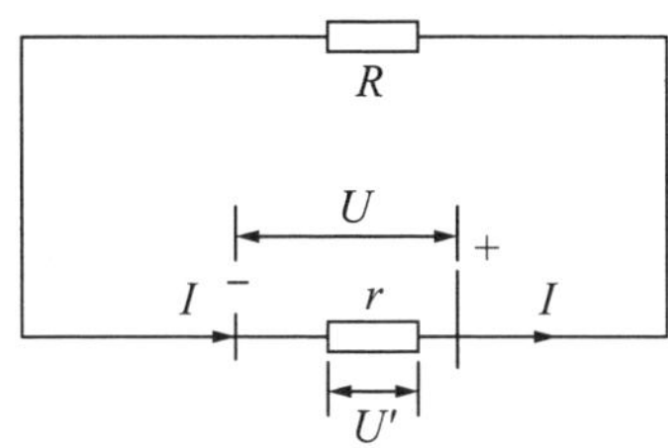

图 9－15 等效电路图

师:电路中能量从何而来?

生:电源提供了电路中电能。

师:在时间 t 内电源提供的能量为多少?

生:电源内部非静电力所做功等于电源提供的总电能,即 $W_{非}=Eq=EIt$。

师:能量转化与守恒定律在该回路中是如何体现的呢?

生:电源内部通过非静电力做功将其他形式的能转化为电能,其值等于内、外电路中电能转化为其他形式能的总和,$W_{总电}=W_{内}+W_{外}$,也就是 $EIt=I^2rt+UIt$。

师:适当变换公式,我们可以得到什么结果?

生:可以得到 $E=Ir+U$,我们可以进一步推导出闭合电路欧姆定律 $I=\dfrac{E}{r+R}$。

设计意图:利用原电池的工作原理和结构,我们直接测量了内、外电压,并通过数据分析发现内、外电压之和是一个定值。在此基础上,我们从学生已有认知规律出发,结合物理学中能量的视角,对实验现象的内在规律进行了科学探究。这一过程引导学生进行推理、综合分析,发展了他们的思维,并将物理和化学进行了深度交融,让学生更好地理解了电源的本质,并进一步思考了电动势的物理本质。

(五) 综合与创造

情境:探索利用原电池通过实验测出电源电动势的方法。

问题：在原电池电路中，电势是如何发生变化的？

［教师活动］如图 9－16 所示，结合原电池工作原理和结构进行解析，由于外电路持续消耗电能，从 A 到 B 电势差会逐渐减小；在两极 AD、BC 区域内，化学反应发生，将化学能转化为电能，因此 B 到 C 的微小区域内电势会升高；而在 C 到 D 的离子交换区，电势会进一步降低，直至 D 到 A 区域通过化学反应，电势重新升高。基于以上分析，我们可以绘制出全电路电势变化图（图 9－17）。外电压为 $U_{外}=\varphi_A-\varphi_B$，内电压为 $U_{内}=\varphi_C-\varphi_D$，电动势为 $E=U_{AD}+U_{CB}$。

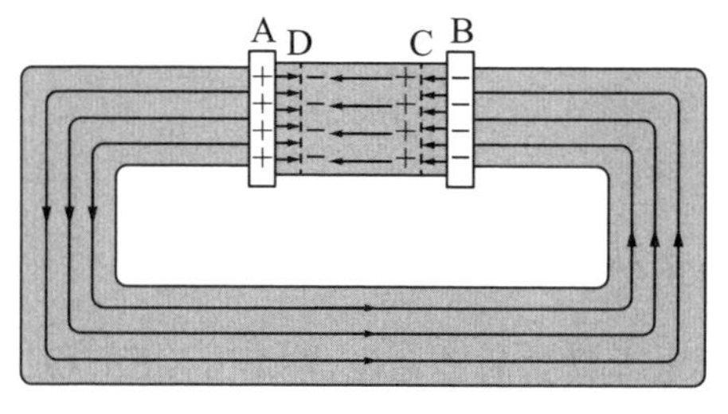

图 9－16　闭合电路电流可视图

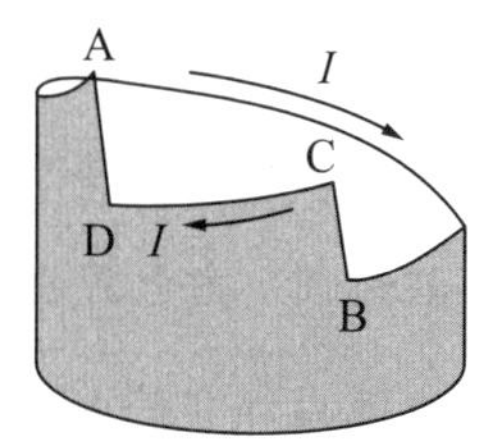

图 9－17　全电路电势变化图

［教师活动］提问：根据电势变化图以及原电池结构设计，我们是否能构思出不依赖于内、外电压直接测量电动势的实验方案？

［学生活动］分析并回答：根据以上分析，我们可以直接测量探针和电极之间的电势差。具体来说，就是分别测量两个电极跟邻近的探针之间的电压，这两个电压之和为电动势。根据以上分析，可以设计出如图 9－18 所示的电路图。

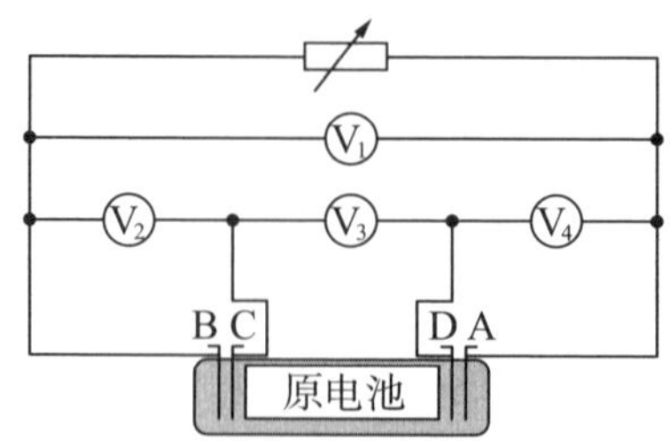

图 9－18　测量电动势实验电路图

设计意图：在教学过程中，通过提出更具挑战性的问题，激发学生的思维能力，引导其达到更高的思考水平。通过深入分析电源内部电势变化，结合化学知识，学生能够更深刻地理解电源的工作原理。此外，通过逐步递进的问题设计，学生可以培养思维能力。利用电势差的本质来设计实验，能够让学生在实验过程中获得更为强烈的成就感和满足感。

五、板书设计

闭合电路欧姆定律

1. 内电阻
2. 内电压与外电压之和为定值
3. 路端电压与外电阻的关系
4. 电源电动势
5. 闭合电路欧姆定律 $I=\frac{E}{R+r}$

六、评析

（一）对案例的反思

本节课我们采用了物理和化学的跨学科教学设计，旨在帮助学生在形成观点的过程中学会理性思考。传统教学中，内电压难以直观展示给学生，因此我们引入了化学学科中重要的模型——化学原电池，并结合学生已有的氧化还原、原电池基本原理等素养与知识。通过物理和化学的跨学科教学设计，学生学会了如何理性地评估各种理论和观点，从而在形成自己的观点的过程中，能够做出全面、科学、理性的判断。

要实现物理和化学的跨学科教学设计，我们需要设计出能够涵盖物理和化学两个学科课程内容的方案。这要求我们对两个学科的知识体系有深入的理解。同时，我们还需要设计出能够引导学生进行跨学科思考的教学活动，这需要我们对教学方法进行深入研究。最后，为了有效评估学生的批判性思维，我们需要开发出有效的评估工具和方法。

物理和化学的跨学科教学设计是培养学生批判性思维的有效途径。尽管在实施这种教学设计的过程中，我们会面临一些挑战，但随着教育技术的发展，我们有理由相信，我们能够成功实施这种教学设计，从而有效地培养学生的批判性思维能力。

（二）“物理+”跨学科主题教学中融入批判性思维的体现与教学建议

“物理＋”跨学科主题教学是一种创新教育模式，它将物理学与其他学科知识有机融合，旨在通过跨学科的整合，加强学生的批判性思维能力。在此教学模式下，批判性思维的体现尤为显著，主要表现在以下几个方面：

问题导向的学习。通过设定具有挑战性的问题，如环境变化对物理现象的影响，学生需综合运用物理原理与其他学科的知识进行分析。这不仅加深了学生对物理定律的理解，还让他们认识到这些定律在跨学科领域中的实际应用和联系。

数据分析与实验。在“物理＋”模式下，学生需亲自收集和分析数据，进行实验验证其理论。例如，在学习物理和化学的交叉课程的过程中，学生可能会探究不同金属对原电池电动势和内阻的影响。这一过程中，学生不仅要掌握物理和化学理论，还需具备批判性地分析数据和实验结果的能力。

论证和辩论。教师可以组织辩论或小组讨论，让学生围绕某一物理现象与其在其他学科中的应用展开深入讨论。这样的活动鼓励学生从多个视角看待问题，用批判性的眼光审视各种观点和理论，从而培养他们的逻辑思维和辩证思维。

为了有效地在“物理＋”跨学科主题教学中融入批判性思维，以下是一些教学建议：

设定跨学科项目。设计一些需要学生综合使用物理与其他学科知识的项目。例如，设计一个关于可持续能源的项目，让学生探讨和比较不同能源的物理原理、环境影响及经济可行性。

强化思维训练。在日常教学中，教师应经常性地提问和挑战学生的思维，激发他们的好奇心和探究欲。例如，可以提“如果改变这个物理变量，将如何影响系统的其他部分?”这样的问题，引导学生深入思考。

多元评估方法。采用包括项目作业、团队合作、口头报告和实验报告在内的多样化评估方法，全面评估学生的批判性思维能力和跨学科知识运用能力。

专业发展培训。为教师提供跨学科教学的专业发展培训，帮助他们掌握将批判性思维技能融入教学的策略和方法，提升他们的跨学科教学能力和水平。

“物理＋”跨学科主题教学在培养学生批判性思维方面具有显著优势。它能够打破传统学科界限，帮助学生建立更加全面和系统的知识结构。通过将物理学原理与其他学科如生物学、化学、数学甚至社会科学相结合，学生能够更好地理解复杂问题的多个维度，从而培养他们的综合分析能力和创新思维。

在实施这种教学设计的过程中，我们确实面临一些挑战。首先，教师需要具备跨学科的知识背景和教学能力，这对教师的专业发展提出了更高的要求。其次，课程设计和评估体系需要进行相应的调整，以适应跨学科教学的特点。再者，学生可能需要一定的适应期来接受这种新的学习方式。此外，学校的资源分配和时间安排也需要做出相应的调整。

然而，随着教育技术的快速发展，我们拥有了更多工具和资源来应对这些挑战。例如，在线学习平台可以为学生提供丰富的跨学科学习资源；虚拟现实（VR）和增强现实（AR）技术可以创造更加生动和互动的学习环境；人工智能（AI）辅助的个性化学习系统可以帮助学生根据自己的进度和兴趣进行学习。这些技术不仅能够提高教学效率，还能激发学生的学习兴趣和主动性。

此外，越来越多的教育研究表明，跨学科教学对培养学生的批判性思维、问题解决能力和创新能力有显著的积极影响。这种教学方法有助于学生建立更加灵活和开放的思维方式，使他们能够从多个角度审视问题，提出创新性的解决方案。

我们有理由相信，通过不断的实践和创新，我们能够成功地实施“物理＋”跨学科主题教学，从而有效地培养学生的批判性思维能力。这不仅将提高学生的学习效果，还能够更好地培养他们适应未来社会和职场需求的核心素养。作为教育工作者，我们应积极探索和推广这种教学方法，为学生的全面发展和终身学习奠定坚实的基础。

后　记

400 多年前，在意大利比萨斜塔上，伽利略让两个铁球同时自由落下，结果两个铁球同时落地，令人们惊诧万分。至今这一故事仍广为流传，不过，很多人往往聚焦于实验内容本身，而忽视了对其背后思维方式的挖掘。伽利略在落体实验中，首先提出假设，随后进行了多次实验验证，所得结论与假设高度吻合。伽利略还通过恰当的逻辑推理，赋予了结论更广泛的适用性。这一过程正是逻辑思维与物理学科紧密结合的生动体现，而批判性思维正是以逻辑和实证来突破现实经验王国的桎梏。

在人工智能的浪潮席卷全球的今天，批判性思维业已成为数字时代的生存技能。面对网络上纷繁复杂的科学谣言，具备批判性思维的人能够运用科学原理进行理性分析。当看到“永动机”的宣传时，他们会自觉运用能量守恒定律进行逻辑推演；当面对“量子波动速读”的伪科学时，他们能从物理规律出发揭示其荒谬性。批判性思维能力的培养，使学生在信息洪流中保持清醒的判断力，成为理性的思考者而非盲目的追随者。

今年是我从事教育的第 30 个年头，回望自己这段教育历程，内心充满了感慨与感激。《批判性思维与中学物理教学》这本书的诞生，源于我对“批判性思维浸润物理课堂教学”这一未知世界的好奇与向往。在撰写过程中，我和我的团队不仅查阅了大量资料，提出了本土化的教学理论，而且还进行了生动化的课堂实践。书中的每一个故事、每一个案例、每一个观点，都是我和我的团队心血的结晶，我的团队成员包括：任虎虎、吕朝阳、祁红菊、曹红梅、居津、姜万松、陈光才、傅竹伟、王曦晨、申庭庭、左祥胜、许飞飞、黄文雅、王智荣、董芳芳、毛奇和古梦颖。还要特别感谢为本书作序的董毓、李春密和穆良柱教授，没有大家的支持和参与，本书得以面世是不可能的。

物理学科的知识体系本身就是逻辑思维的完美呈现。从牛顿力学的公理化体系到麦克斯韦方程组的演绎推理，每一个物理概念的建构都遵循着严密的逻辑链条。学生理解“力是改变物体运动状态的原因”这一命题时，需要经历从现象观察到概念抽象、从经验归纳到逻辑演绎的思维过程。而学生分析“伽利略理想斜面实验”时，实际上正在进行着假设检验、逻辑推理和模型建构的综合思维训练。这种思维训练所铸造的科学理性如利刃一般，使学生能够刺破表象的遮蔽，直抵事物的核心本质。

我们深知，教育的价值并不在于让学生记忆很多事实，而在于锻炼他们的大脑，使其学会批判性思考。站在教育变革的十字路口，物理课堂理应成为诱发学生批判性思维产生的主阵地。我们以科学精神为灯塔、以逻辑思维为舟楫，必能引领学生穿越知识海洋的迷雾，抵达闪烁理性光辉的彼岸。这既是物理学科教学本质的回归，又是时代赋予物理教育的神圣使命。

参考文献

BAO, et al, 2006. Model Analysis: Representing and Assessing the Dynamics of Student Learning [J]. Physical Review Special Topics-Physics Education Research, 2(1): 010103.

FOGARTY R, 1991. Ten ways to integrate curriculum [J]. Educational leadership, 49(2): 61 - 5.

NEWTON, et al, 1999. The place of argumentation in the pedagogy of school science[J]. International Journal of Science Education, 21(5): 553 - 576.

RICHARD A. DUSCHL, 2012.第二维度:跨领域概念:解读《K - 12 科学教育框架》[J].叶兆宁,译.中国科技教育(4):40 - 44.

RODGER W. BYBEE, 2012.在 K - 12 阶段教育中的科学与工程实践——对 K - 12 科学教育框架的解读[J].姜景一,译.中国科技教育(2):41 - 46.

埃德加·莫兰,2004.复杂性理论与教育问题[M].陈一壮,译.北京:北京大学出版社.

安德烈·焦尔当,2015.学习的本质[M].杭零,译.上海:华东师范大学出版社.

安富海,2014.促进深度学习的课堂教学策略研究[J].课程·教材·教法,34(11):57 - 62.

巴特勒,1990.教学过程系统分析:七要素相互作用模型(上)[J].盛群力,译.外国教育资料(04):8.

白梅，等，2019.物理中的 SSI 专题讨论式教学：以“能源与可持续发展”的教学为例[J].物理教学，41(05)：43－45.

保罗·齐泽维茨，等，2007.物理：原理与问题[M].杭州：浙江教育出版社.

鲍良克，1984.教学论[M].叶澜，译.福州：福建人民出版社.

邴杰，等，2021a.科学教育中实施社会性科学议题教学的策略研究[J].教育科学研究(01)：67－72.

邴杰，等，2021b.国际科学教育中科学教师 SSI 教学知识的研究进展与启示[J].天津师范大学学报(基础教育版)，22(03)：33－39.

邴杰，等，2024.欧盟社会性科学议题开放教学资源的设计与应用：以 ENGAGE 科学教育项目为例[J].比较教育学报(01)：164－175.

蔡铁权，等，2008.我国课程与教学概念的演化及两者关系的转变[J].教育科学研究(05)：45－49.

曹义才，2016.基于核心素养导向的中学物理实验教学表现性评价[J].物理教师，37(07)：9－11.

陈刚，2014.论物理概念和规律意义学习的教学设计：学习心理学的视角[J].全球教育展望，43(12)：58－71.

陈建文，等，2022.中国大学生批判性思维倾向的结构与测量：基于《德尔菲报告》的修订[C].批判性思维教育研究(00)：107－115.

陈坤，等，2019.国外迷思概念研究进展的探析及启示[J].教育学术月刊(06)：17－24.

陈梦寒，等，2024.科学教育中的概念转变：理论观点、代表模型与实施路径——以物理学科为例[J].首都师范大学学报(自然科学版)(1)：1－10.

陈寿，2009.三国志[M].北京：中华书局.

陈烟兰，等，2023.基于 SSI 促进社会性科学推理的生物学教学研究[J].天津师范大学学报(基础教育版)，24(03)：48－53.

陈振华，2014.批判性思维培养的模式之争及其启示[J].高等教育研究(09)：

56－63.

崔允漷，2019.如何开展指向学科核心素养的大单元设计[J].北京教育（普教版）(02)：11－15.

崔允漷，等，2021.溯源与解读：学科实践即学习方式变革的新方向[J].教育研究，42(12)：55－63.

董毓，2012.批判性思维三大误解辨析[J].高等教育研究，33(11)：64－70.

杜华，等，2022.人工智能促进知识理解：以概念转变为目标的实证研究[J].华东师范大学学报（教育科学版），40(09)：67－77.

顿继安，等，2019.大概念统摄下的单元教学设计[J].基础教育课程（09）：6－11.

樊文娟，等，2023.施瓦布“实践取向”课程思想研究五问[J].全球教育展望，52(07)：16－23.

冯杰，2020.物理概念教学与物理规律教学之差异性探讨[J].物理教师，41(01)：2－8.

符吉霞，等，2019.科学课程中批判性思维培养的特征研究：以加拿大安大略省为例[J].基础教育，16(06)：100－108.

付瑞莹，等，2021.高中地理教师使用教科书中单元活动的现状调查[J].天津师范大学学报（基础教育版）(02)：77－80.

高文，1999.维果茨基心理发展理论与社会建构主义[J].外国教育资料(04)：10－14.

格兰特·威金斯，等，2016.追求理解的教学设计：第二版[M].闫寒冰，宋雪莲，赖平，译.上海：华东师范大学出版社.

郭华，2016.深度学习及其意义[J].课程·教材·教法，36(11)：25－32.

郭培东，2019.基于核心素养培养的初中物理概念教学的思考[J].中学物理(1)：2－3.

郭玉英，等，2011.高师物理专业本科生科学推理能力研究[J].物理教师，

6(01):1－6.

郭玉英，等，2013.整合与发展：科学课程中概念体系的建构及其学习进阶[J].课程・教材・教法(02):44－49.

郭元祥，2015.课堂教学改革的基础与方向：兼论深度教学[J].教育研究与实验(06):1－6.

郭元祥，2017.论深度教学：源起、基础与理念[J].教育研究与实验(03):1－11.

国务院办公厅，2019.国务院办公厅关于新时代推进普通高中育人方式改革的指导意见：国办发〔2019〕29号[A/OL].[2024－2－24].https://www.gov.cn/zhengce/zhengceku/2019－06/19/content_5401568.htm.

核心素养研究课题组，2016.中国学生发展核心素养[J].中国教育学刊(10):1－3.

胡久华，等，2018.在中学课堂中开展社会性科学议题教学的探索[J].教育学报，14(05):47－54.

怀特海，2021.教育的目的[M].严中慧，译.上海：文汇出版社.

黄镇宇，2023.质疑分析推理检验培养学生的批判性思维[J].物理教师，44(09):94－97.

季薛庆，2012.科学论证取向的实验教学探索[J].全球教育展望，41(02):87－91.

姜力铭，等，2022.基于真实问题情境的批判性思维测评：现状与挑战[J].中国远程教育(12):58－67＋77＋83.

蒋鸣，2015.在物理概念构建中提升批判性思维意识[J].物理教师，36(04):13－15.

教育部考试中心，2019.中国高考评价体系[M].北京：人民教育出版社.

孔博鉴，2015.自我调节学习中元认知对认知学习策略的影响[D].东北师范大学.

李春艳，2022.中学地理逆向教学设计：释义与策略[J].天津师范大学学报(基础教育版)，23(04):75－80.

李贵安，等，2015.中学物理教学中高阶思维能力的培养探究[J].物理教师，36(08):2－4＋13.

李金露,2017.核心素养视域下批判性思维培养的问题及对策[J].教学与管理(30):14-17.

李晶晶,等,2018.高二学生物理问题解决过程中的批判性思维水平分层研究:基于SOLO分类评价理论[J].物理教师,39(03):2-6.

李晶晶,2019.物理学科领域中学生批判性思维能力培养研究[D].华东师范大学.

李军,等,2024.基于项目式学习的跨学科实践教学案例研究:以“探究桥梁的科学、人文和艺术之美”为例[J].物理教师,45(01):37-40.

李如密,等,2003.关于教学要素问题的理论探讨[J].当代教育科学(09):11-14.

李松林,2020.以大概念为核心的整合性教学[J].课程·教材·教法(10):56-61.

李文辉,2022.基于核心素养的大单元和大概念教学[M].重庆:西南大学出版社.

李永婷,2020.学生批判性思维进阶的实践逻辑:基于默会知识论的视角[J].当代教育科学(09):24-29.

理查德·保罗,等,2016.思辨与立场:生活中无处不在的批判性思维工具[M].李小平,译.北京:中国人民大学出版社.

连彬星,2020.基于“UbD”模式的物理规律探究教学设计:以高一物理“匀变速直线运动的研究”单元为例[J].物理教师,41(05):6-9.

廖伯琴,等,2019.高中物理学科核心素养解读及教学建议[J].全球教育展望(9):77-88.

廖元锡,2016.物理教学培养批判性思维探讨[J].物理教师,37(12):2-4.

林恩·埃里克森,等,2018.概念为本的课程与教学:培养核心素养的绝佳实践[M].鲁效孔,译.上海:华东师范大学出版社.

林雁平,2022.深度学习视域下单元学习活动设计及实施[J].上海教育科研(01):89-92.

刘徽,2020.“大概念”视角下的单元整体教学构型:兼论素养导向的课堂变革

[J].教育研究(06):64－77.

刘佳丽,等,2024.二十年来我国中学理科课程跨学科研究现状及展望[J].中小学课堂教学研究(02):1－5＋15.

刘家卉,等,2020.基于课堂提问的批判性思维的培养[J].人民教育(19):79.

刘立毅,2015.培养思维批判性品质的实践探索[J].中学物理教学参考,44(05):25－27.

刘权,2020.批判性思维培养的实践路径分析[J].物理教师,41(02):37－40.

刘增泽,等,2023.指向物理核心素养的思维外显型概念教学探索[J].天津师范大学学报(基础教育版),24(05):26－32.

罗莹,等,2018.科学概念转变教学的新视野与新思路[J].教育学报,14(02):49－54.

罗宇晨,等,2024.混合式协作学习促进批判性思维发展实证研究[J].开放教育研究,30(02):109－119.

吕艳坤,等,2022.指向学科核心素养的物理概念教学反思与重构[J].天津师范大学学报(基础教育版),23(05):41－46.

吕艳坤,等,2023.从“追求取代”到“承认共存”:科学概念转变研究的新动向[J].教育学术月刊(11):96－102.

马利红,等,2020.审辨思维:21世纪核心素养5C模型之二[J].华东师范大学学报(教育科学版),38(02):45－56.

迈克尔·马修斯,2022.科学教学:科学史和科学哲学的贡献[M].刘恩山,郭元林,黄晓,译.北京:外语教学与研究出版社.

毛奇,等,2024.晶体热各向异性实验的创新[J].物理教学,46(07):34－37.

孟献华,等,2010.国外“社会性科学议题”课程及其研究综述[J].比较教育研究,32(11):31－36.

苗东升,2020.复杂性管窥[M].北京:中国书籍出版社.

母小勇,2022.“还原”物理课程的跨学科实践逻辑[J].物理教师,43(09):2－

8+14.

欧军明,2012.基于CIS战略的学校形象建设研究[D].广西师范学院.

彭正梅,等,2017.迈向教育改革的核心:培养作为21世纪技能核心的批判性思维技能[J].教育发展研究,37(24):57-63.

彭正梅,等,2020.如何提升课堂的思维品质:迈向论证式教学[J].开放教育研究,26(04):45-58.

戚业国,等,2020.我国普通高中学生批判性思维状况与教育应对[J].教师教育研究,32(02):63-70.

钱旭升,2002.中国的“综合实践活动”和日本的“综合学习时间”的比较研究[J].外国教育研究,29(8):41-45.

乔治·莱考夫,等,2018.肉身哲学:亲身心智及其向西方思想的挑战[M].李葆嘉,孙晓霞,司联合,殷红伶,刘林,译.北京:世界图书出版公司.

秦世军,2023.大单元教学的理念与操作[M].北京:新华出版社.

人民教育出版社,等,2019a.普通高中教科书 物理 必修 第一册[M].北京:人民教育出版社.

人民教育出版社,等,2019b.普通高中教科书 物理 必修 第二册[M].北京:人民教育出版社.

人民教育出版社,等,2019c.普通高中教科书 物理 必修 第三册[M].北京:人民教育出版社.

人民教育出版社,等,2020a.普通高中教科书 物理 选择性必修 第一册[M].北京:人民教育出版社.

人民教育出版社,等,2020b.普通高中教科书 物理 选择性必修 第二册[M].北京:人民教育出版社.

人民教育出版社,等,2020c.普通高中教科书 物理 选择性必修 第三册[M].北京:人民教育出版社.

任虎虎,2021.基于思维型课堂获得学科大概念的教学策略[J].中学物理教学参考,50(34):1－3.

任虎虎,2022.基于 HPS 促进高中物理深度学习的教学探索:以人教版新教材“电磁感应现象及其应用”教学为例[J].物理教师,43(11):21－24＋28.

任长松,2014.如何在探究活动中发展学生的批判性思维[J].课程·教材·教法,34(11):52－56.

任长松,2022.理性的批判,辩证的批判,建设性的批判[J].中国教育科学(中英文),5(06):14－25.

沈霞娟,等,2023.深度学习能力:概念框架、核心维度与测量体系[J].电化教育研究(12):1－7.

宋婷,等,2024.中美初中物理教材“力与运动”部分体现批判性思维的对比研究[J].物理教师,45(04):78－81.

孙宏志,等,2021.核心素养指向下高阶思维发展的表现性评价设计[J].电化教育研究,42(09):91－98.

陶洪,1996.物理实验论[M].南宁:广西教育出版社.

陶威,等,2022.批判性思维可教的涵义及实现[J].教育理论与实践,42(10):51－57.

田慧生,1993.略论教学环境的系统,要素与结构[J].教育评论(3):65－69.

屠莉娅,2022.批判性思维培养的全球聚焦:走向课程与教学的实践场域[J].上海教育(24):24－30.

托马斯·库恩,2012.科学革命的结构(第四版)[M].金吾龙,胡新和,译.北京:北京大学出版社.

汪明,2021.批判性思维与中学物理[M].北京:中国人民大学出版社.

汪明,等,2023.浸润批判性思维的物理教学框架与策略:以人教版“动量守恒定律”教学为例[J].物理教师,44(11):20－24.

王洪伟,2016.基于学生核心素养的单元学习活动设计[J].现代基础教育研究(02):86－90

王建，等，2018.批判性思维与创新思维的辨析与培育[J].课程・教材・教法，38(06)：53-58.

王卫国，等，2015.国外高校虚拟仿真实验教学现状与发展[J].实验室研究与探索，34(05)：214-219.

王星乔，等，2010.论证式教学：科学探究教学的新图景[J].中国教育学刊(10)：50-52.

吴多星，等，2020.从感性认识出发到理性认识回归：以“匀变速直线运动位移与时间的关系”教学为例[J].中学物理教学参考，49(22)：15-17.

吴加澍，2005.对物理教学的哲学思考[J].课程・教材・教法(07)：64-69.

吴彤，2021.复杂性的科学哲学探索[M].北京：商务印书馆.

吴娴，等，2008.概念转变理论及其发展述评[J].心理科学进展(06)：880-886.

武桂欢，2023.基于深度学习的物理情境教学：以“牛顿运动定律的应用”为例[J].中学物理教学参考(3)：43-46.

武晓蓓，2018.沃森-格拉泽批判性思维模型[J].考试周刊(80)：3-4.

夏丹丹，等，2024.基于深度学习的U型模式教学实践：以“物体的浮沉条件”教学为例[J].物理教学，46(01)：47-49+53.

夏青，2020.批判性思维的育人价值[J].教育科学研究(08)：18-24+30.

夏雪梅，等，2017.核心素养中的“学会学习”意味着什么[J].课程・教材・教法，37(04)：106-112.

肖建华，2019.基于批判性思维的物理学科素养培养的教学实践[J].物理教师，40(07)：5-8.

肖利，等，2014.科学教育的新视野：社会性科学议题教学：一种先进的国外教学模式引入初探[J].物理教师，35(05)：6-8+12.

邢红军，等，2018.物理概念与规律的教学要求：反思与重构[J].课程・教材・教法，38(02)：91-96.

邢红军，等，2022.论物理概念与规律的认知机制：深化与发展[J].课程・教材・

教法,42(03):124－130.

徐宁,等,2009.国外物理概念转变研究:借鉴与启示[J].课程・教材・教法,29(06):92－96.

徐王熠,2020.基于"概念框架"的高中生科学概念理解水平研究[D].华东师范大学.

许桂清,2016.学生迷思概念与科学概念比对图模型的建构与应用[J].课程・教材・教法,36(06):97－102.

薛昱,1987.浅谈物理习题课教学中学生发散思维能力的培养[J].零陵师专学报(S1):43－48.

阎金铎,等,2008.中学物理新课程教学概论[M].北京:北京师范大学出版社.

阎金铎,等,2019.中学物理教学概论[M].北京:高等教育出版社.

杨学友,等,2024.基于单元任务驱动的物理跨学科教学实践研究:以"能量与物质"为例[J].物理教师,45(01):27－30.

杨燕,等,2010.高师理科教学与学生科学推理能力的培养[J].教育学报,6(02):42－47＋53.

叶成林,2021.初中物理科学探究中培养学生批判性思维的教学实践:以苏科版8年级"浮力"教学为例[J].物理教师,42(09):53－55.

易红郡,等,2018.实验教学40年:回顾与展望[J].课程・教材・教法,38(06):14－20.

殷世东,2009.美、俄、法三国中小学综合实践活动课程常态化开设的启示[J].外国中小学教育(1):60－63.

游佳雪,等,2023.物理学科背景下的跨学科实践研究:基于美国跨学科教学活动案例的探索[J].物理教学,45(11):72－76＋80.

袁维新,2003.概念转变学习:一种基于建构主义的科学教学模式[J].外国教育研究(06):22－27.

袁维新,2004.科学的本质与科学本质教育[J].课程・教材・教法(07):68－73.

袁维新，2007.科学概念的建构性教学模式与策略探析[J].教育科学(01)：24－28.

袁维新，2010.HPS教育：一种新的科学教育范式[J].教育科学研究(07)：48－54.

张楚廷，2000.教学要素层次论[J].教育研究(6)：65－69.

张惠晴，等，2024.基于跨学科主题学习的“5E”教学设计：以“磁场对通电导线的作用力”为例[J].物理教师(4)：13－16.

张军，2018.从简单到复杂：复杂性科学之旅[M].北京：首都经济贸易大学出版社.

张留华，2021.批判性思维教育的一个议题：教人论证，还是教人探究?：罗素、杜威和图尔敏[J].华东师范大学学报(教育科学版)，39(06)：71－81.

张四方，等，2024.“教、学、评”视域下中学化学常态课堂教学行为比较研究[J].教育与装备研究，40(02)：36－44.

张雪，等，2024.基于学生质疑创新思维发展的概念转变教学设计：以高中物理“光的全反射”为例[J].天津师范大学学报(基础教育版)，25(02)：33－37.

章巍，2023.大概念教学15讲[M].北京：中国人民大学出版社.

赵芸赫，等，2024.基于测量工具制作过程的初中物理跨学科实践活动的设计——以“自制浮力秤”为例[J].物理教师，45(03)：28－32.

郑旭东，等，2019.从“教育过程”到“教育文化”：百年回望布鲁纳[J].电化教育研究，40(06)：5－10.

郑永和，等，2023.科学教育的本质内涵、核心问题与路径方法[J].中国远程教育，43(09)：1－9＋27.

中国法制出版社，2010.国家中长期教育改革和发展规划纲要(2010—2020年)[M].北京：中国法制出版社.

中华人民共和国教育部，2020a.普通高中课程方案(2017年版2020年修订)[S].北京：人民教育出版社.

中华人民共和国教育部，2020b.普通高中物理课程标准(2017年版2020年修订)[S].北京:人民教育出版社.

中华人民共和国教育部,2021.教育部关于印发《普通高中学校办学质量评价指南》的通知:教基〔2021〕9号[A/OL].[2024-2-24].http://www.moe.gov.cn/srcsite/A06/s3732/202201/t20220107_593059.html.

中华人民共和国教育部,2022a.义务教育课程方案(2022年版)[S].北京:北京师范大学出版社.

中华人民共和国教育部,2022b.义务教育科学课程标准(2022年版)[S].北京:北京师范大学出版社.

中华人民共和国教育部,2022c.义务教育物理课程标准(2022年版)[S].北京:北京师范大学出版社.

中华人民共和国教育部,2023.教育部等十八部门关于加强新时代中小学科学教育工作的意见[J].中华人民共和国教育部公报(05):20-24.

中华人民共和国教育部师范教育司,2000.中学物理实验教学与自制教具[M].上海:上海教育出版社.

钟启泉,2020.批判性思维:概念界定与教学方略[J].全球教育展望,49(01):3-16.

周栋梁,2012.对人教版教材中几个物理规律的重构建议:问题解决视野下高中物理教材重构之实践[J].教学月刊(中学版)(07):41-44.

周洪宇,等,2016.生活力、自动力、创造力:陶行知的学生核心能力论[J].教育科学研究(12):12-17+30.

周祥清,2024.新课程理念下的小学数学大单元教学探析[J].教育与装备研究,40(03):38-41.

朱铁成,等,2010.物理课程与教学论[M].杭州:浙江大学出版社.

朱玉成,2013.社会性科学议题(SSI)之议题中心教学模式初探[J].教育科学,29(06):21-25.